À François !
Pour le meilleur
et sans le pire !
A Moreau
2013
514-279-4808

La bête est porteuse
de la divinité

La bête est porteuse
de la divinité

ANDRÉ MOREAU

Éditions
Point-Zéro

Bibliothèque et Archives Nationales du Québec

Bibliothèque et Archives Canada

Moreau, André

La bête est porteuse de la divinité

Conception, graphisme : Nicolas Lehoux

ISBN n° 978-2-923541-31-0

Éditions Point Zéro
Montréal (Québec)
www.editionspointzero.com

Imprimé au Canada

LA BÊTE EST PORTEUSE DE LA DIVINITÉ. — Quelles que soient les circonstances qui font l'Histoire, le grand dessein de la vie s'accomplit toujours moyennant les événements et les bouleversements vécus par les hommes et programmés, par eux. Bien sûr, une telle affirmation n'a de sens que dans un contexte immanentiste ou la matière n'existe pas et où ce qu'on appelle le monde n'est rien d'autre que l'ensemble des représentations constituées par la conscience. C'est dans une telle perspective que Hegel, et Platon avant lui, développèrent un système de pensée qui, tout en faisant une certaine place à l'Histoire, abolissait finalement celle-ci en l'intégrant à un cadre logico-ontologique chez l'un et cosmique chez l'autre. Le but fondamental de ces hommes était d'assumer leur individualité en tant que pur esprit et d'affranchir la pensée des limites que lui imposait l'expérience. Ils furent amenés à considérer le mal, le hasard, la violence, la souffrance, le destin et la mort d'un point de vue qui débordait largement le principe existentiel auquel tout individu en tant que personne se sent assujetti. En réalité, ces philosophes, sans vraiment rejeter le point de vue héraclitéen qu'ils incorporèrent à leur système, accordèrent la prééminence à celui de Parménide en décidant de considérer toutes choses *sub specie* *aeternitatis.* Une telle orientation de leur part les amena à interpréter la vie en fonction de l'absolu, c'est-à-dire comme une excroissance empirique balbutiante dont le déploiement ne faisait qu'annoncer les principes éternels dont elle était issue. Le recours chez Platon à un ciel des essences intelligibles et la volonté chez Hegel de tout rapporter au savoir absolu donnaient une vision exacte de l'usage que ces deux philosophes entendaient faire de la raison, c'est-à-dire ériger en corps de doctrine une science de l'infini à laquelle se subsumerait tout ce qui peut être imaginé sur la terre comme au ciel. Une compréhension aussi vaste de la vie ne pouvait qu'impliquer une sagesse née de l'opposition des contraires déjà présente chez Platon et portée à son plus haut niveau de perfectionnement chez Hegel. Ainsi ce que les Juifs appelaient la Bête et qu'ils identifiaient par le chiffre 666 se trouvait intégré à une dialectique qui lui faisait servir les desseins de la pensée, pour ne pas dire ceux de Dieu. On vit apparaître à l'époque moderne toutes sortes de justifications du mal et de la guerre issues de cette vision. C'était mésinterpréter Platon et Hegel qui ne justifiaient pas nécessairement toutes choses par la dialectique mais "intégraient" celles-ci à une compréhension plus haute, quitte à leur trouver un usage logique ou ontologique compatible avec l'unité de leur système. Ces deux hommes, cependant, ne vont pas assez loin à mon goût, ayant laissé de côté certains aspects existentiels irréductibles à la pensée comme la femme, l'érotisme, le jeu, l'orgasme, le risque chaleureux, l'aventure intégrale, la comédie, l'absurde, le scandale, la violence créatrice et l'arbitraire. Ayant compris ce qu'ils avaient tenté de faire, je m'employai fort jeune à former de véritables cocktails Molotov idéologiques fondés sur la rencontre de l'érotisme et du sacré, de la femme et du spirituel, du meurtre et de la douceur, du jeu et de l'absolu, de l'absurde et du système, cherchant par tous les moyens à faire exploser les catégories désuètes du mental pour faire accéder celui-ci à la compréhension englobante de l'être.

8

Ainsi, Auschwitz et le Goulag, la pornographie et le vanda-
lisme, la torture et la pédophilie pouvaient occuper une
fonction au cœur du système, qui, sans être honorable,
contribuait à l'instauration d'un équilibre constitué de dé-
séquilibres et d'une harmonie constituée de dissonances.
Ces exagérations dues aux soubresauts d'une conscience
mystifiée par sa biologie ne se trouvaient pas justifiées en
vertu d'une perspective morale mais prise en considération
par la raison devant le fait qu'elles répondaient aux intentions de pensée parfaitement orchestrées qui les avait rendues possibles. Ainsi, dans mon système, il n'est jamais
question de blâmer une attitude ou de déplorer un résultat
d'acte, puisque chacun – individu ou peuple – reçoit constamment le salaire de ses pensées. La vision immanentiste
ne permet pas à des raisonnements issus de la culpabilité
et de l'autocondamnation de s'ériger en tribunal de l'Histoire. Son rôle est de considérer ce qui est, tout en comprenant
qu'il n'y a pas d'injustice dans le monde et qu'à tout moment il est fait à chacun selon ce qu'il pense, veut ou désire
de façon réfléchie ou irréfléchie. Il suffisait d'y penser. La
liberté triomphe toujours, mais sur la base d'une nécessité
qui fait de chacun le responsable de ce qui lui arrive. Ainsi
la Bête est porteuse de la divinité, car elle permet l'accomplissement du sens secret de l'entéléchie.

-2-

GÉRER L'IMPOSSIBLE. –
    " Le stratège suprême est celui qui sub-
    jugue l'ennemi sans livrer bataille".
                               Sun Tzu

    J'ai toujours pensé que les grandes batailles sont
psychiques et que c'est à soi-même qu'il faut les livrer. Bien
sûr, Alexandre, César, Saladin, Gengis Khan, Tamerlan,
Napoléon et Hitler ne seraient pas nécessairement d'accord

avec moi. Mais peut-être Saddam Hussein le serait-il, lui qui s'inspire du stratège chinois Sun Tzu. Il sait que ce n'est pas toujours celui qui se montre le plus actif qui gagne la guerre, mais qu'une certaine dose de passivité, de docilité dirais-je, est nécessaire au triomphe final. Les grandes dépenses d'énergie sont toujours un peu vaines. On admire beaucoup les pyramides d'Égypte, mais si elles ont été érigées au prix d'un million de morts, elles ne représentent plus que des chimères quand je considère les entreprises humaines, je les évalue rarement du point de vue de la productivité. Ce qui compte, c'est la créativité dans ce qu'elle a de plus inutile, de plus arbitraire. Le seul problème de l'avenir viendra de la difficulté de choisir parmi les innombrables solutions qui se présenteront pour résoudre un problème. Gérer l'impossible est l'équivalent de faire du judo avec les événements. Comment amener ceux-ci à nous servir ? C'est déjà la grande question de l'heure. La seule ressource naturelle digne de ce nom, pensent les Japonais, est l'intelligence. Mais, si vous voulez mon avis, ce qu'il y a de plus extraordinaire dans l'intelligence n'a rien de naturel. Tant que l'intelligence sert à quelque chose, elle n'est qu'un instrument du mental limité. Ce n'est qu'à partir du moment où elle laisse libre cours à sa créativité qu'elle produit enfin des résultats miraculeux. Plus un homme est intelligent, plus sa vie est facile. Il sait ce qu'il faut faire pour rentabiliser son énergie. Tandis que d'autres cherchent une inspiration dans le domaine du relatif, c'est vers l'absolu que se tend son regard. Nous avons beaucoup à gagner à travailler avec l'invisible. C'est en méditant que le sage, le génie ou le saint accède aux ressources secrètes de la personnalité profonde. On parle d'énergie atomique ou d'énergie spirituelle, mais ce ne sont là que des abstractions. Il y a une énergie qui les englobe toutes : c'est l'énergie êtrique. Le plus gros obstacle que doivent affronter ceux qui veulent s'en servir est l'incapacité où se trouvent les gens de pouvoir unifier en une même vision les notions de bien et de mal. Même dans les romans ou les films de science-fiction les plus avancés, les protagonistes sont toujours divisés en deux camps : ceux qui utilisent le côté clair de la force et ceux qui utilisent son côté obscur. Mais c'est strictement la même chose. Voilà la pierre d'achoppement fondamentale de l'humanité. Cette incapacité où se trouvent les intellectuels, les penseurs, les théologiens de trouver une origine commune aux paraboles de Jésus et aux discours d'Hitler tient à ceci qu'ils voudraient les expliquer tantôt par un Verbe de pouvoir lumineux, tantôt par un anti - Verbe néantisant. C'est toujours la même bonne vieille dichotomie qui revient : le bien d'un côté, le mal de l'autre. Cette vision limitée ne peut qu'entraîner des guerres de plus en plus horribles, car ceux qui cherchent à maintenir ce dualisme ne comprennent pas que chaque émotion est inéluctablement amenée à verser dans son contraire, l'amour dans la haine ou la haine dans l'amour. Tant que l'idéal humain sera fondé sur une hypostasiation matérialiste des émotions, le combat continuera jusqu'à l'anéantissement final. Quand il n'y aura plus rien, la guerre cessera et l'*urgrund* reprendra ses droits. Gérer l'impossible signifie qu'on réussisse à dépasser le bien et le mal en instaurant un point de vue absolu par-delà tous les points de vue relatifs. Que penserait Dieu de la guerre, par exemple ? Il ne serait d'aucun côté, absorbé en son éternité, suprême réconciliateur des armées, à condition bien sûr que celles-ci déposent les armes. Or, tant qu'il y aura des fanatiques du bien pour dénoncer la Bête, le combat reprendra. En attendant l'ère du monisme intégral, je crains qu'il nous faille tenter de minimiser les effets destructeurs des conflits qui surgissent entre les hommes en pratiquant la stratégie de Sun Tzu qui consiste à subjuguer l'ennemi sans avoir à se battre.

L'ÉTAT, C'EST LA DICTATURE DE LA BÊTISE ÉRIGÉE EN SYSTÈME DE RÉFÉRENCE. — Mon œuvre tout entière est à la fois une systématisation des thèmes fondamentaux de ma réflexion et une âpre critique des institutions. N'ayant pas de chronique dans les grands journaux ou à la télévision, ne participant pas à des revues d'avant-garde et n'enseignant pas à l'université, ne faisant partie d'aucun comité de consultation du gouvernement et n'étant pas traduit à ce jour, ma vision du monde progresse lentement. On sait que j'existe, mais l'impact de ma doctrine est limité. Mon seul outil de propagande sérieux est mon salon philosophique, mais il n'est fréquenté que par une poignée de gens qui n'occupent pas de postes de pouvoir dans l'appareil de l'État. Il me faut donc ruser, chaque fois qu'on m'invite à une émission humoristique à la télé, pour parvenir à transmettre ma pensée sans avoir l'air trop dangereux, si bien que seul quelqu'un d'assez intelligent peut décrypter mon message. Je n'en porte pas moins des coups sérieux à l'appareil manipulateur ploutocratique par mes 365 conférences par année et mes publications à grand tirage. Il est quand même surprenant que je puisse survivre avec une position aussi critique à l'égard des valeurs établies. Quand les rentrées d'argent ne sont pas assez importantes, je m'abaisse même jusqu'à la sollicitation. C'est là une démarche difficile, car je n'ai pas à donner de reçus de charité déductibles d'impôt. Je fais néanmoins passablement de bruit pour ameuter la population des villes et des campagnes et servir de référence à tous ceux qui parlent de philosophie au Québec. Je reçois de temps en temps des invitations à parler devant des groupes professionnels. Ma présence parmi eux ne passe pas inaperçue, puisque je m'attaque subtilement à leurs propres structures ainsi qu'à la mentalité qui les rend possibles. On cherche à m'utiliser, je sais. Et je n'ai rien contre le fait d'être partiellement récupéré pour pouvoir jouir d'une tribune pour propager ma philosophie. Mais le nombre des ouvertures est limité, tant on redoute ma jactance proverbiale. On vient voir de temps en temps si je n'ai pas adouci mes positions. On croit que je vais changer avec l'âge. Je consens à donner cette image jusqu'au moment où j'occupe une position de force, et là, je dénonce la dictature de la bêtise érigée en système de référence. Stupéfaction dans la salle ! L'homme qu'on croyait rangé est un forcené du verbe qui dénonce tous les tabous. Mon enthousiasme pour des choses incompréhensibles du point de vue du vulgaire est ce qui choque le plus ceux qui n'ont pas la culture nécessaire pour apprécier mon discours. Il n'est pas rare qu'un ministre en campagne électorale vienne me serrer la main devant les photographes, mais pas trop longtemps : il faut qu'il puisse tirer le meilleur parti de ma popularité, contestable j'en conviens, sans se nuire. Je suis donc comme une patate chaude dont on ne sait trop s'il faut l'avaler ou la rejeter dans son assiette. Et cela m'amuse, car je dois toujours travailler à reconstruire mon image en ruine, chercher à acquérir une réputation neuve sur les débris de la précédente. Une telle dépense d'énergie dans la joie ne peut que me tenir en très grande forme, si bien que mes détracteurs peuvent s'attendre à ce que je dérange leurs rêves paisibles pour au moins cinquante ans encore.

-4-

DÉLIRANTE ET SUBLIMINALE APOCALYPSE. – Chaque fois que l'Histoire égrène les derniers coups d'un millénaire, les consciences individuelles se déchaînent et les événements importants se multiplient. Au début du premier millénaire, ce sont César et Jésus. Au début du deuxième, ce sont la construction des cathédrales gothiques et les Croisades. Avec l'arrivée du troisième, voilà Saddam Hussein et l'Apocalypse. Mais, entre vous et moi, y a-t-il là

13

de quoi fouetter un chat ? Les gens s'entretuent. Rien de neuf là-dedans. Le choléra ou le sida menacent. Ça vaut bien la peste de l'an mil, le typhus ou le vomito negro. Il y a toujours eu des imbéciles qui s'agitaient dans le monde, des pénitents qui rêvaient d'être écorchés vifs et des tortionnaires à la recherche de victimes dites innocentes. Rien n'a vraiment changé. Après la première guerre mondiale, il y a eu la seconde et l'on parle de la troisième. Toutes ces guerres étaient destinées à mettre fin à la guerre. Elles n'ont fait qu'enrichir les marchands d'armes et nous gratifier d'un progrès douteux : la bombe atomique dont on pourrait se passer, la chirurgie du cœur avec des cicatrices longues comme ça, la télévision qui rend les enfants myopes, l'automobile qui pollue l'atmosphère. Nous voilà bien avancés. Je n'ai vraiment rien contre les hommes de sagesse tel Abassi Madani du Front Islamique de Salut qui réclame une civilisation de l'harmonie par opposition au progrès technologique et à la soi-disant libération au nom de l'Occident. Ces gens savent pertinemment, malgré l'obscurantisme de la religion, qu'ils favorisent les voies de l'avenir en obligeant l'homme à se tourner vers lui-même pour trouver une solution à ses problèmes. J'approuve cette passion de l'intégrité, non que je sois le partisan d'une vie intérieure coupée du monde par opposition à une vie extérieure, sociale, dispersée, mais bien parce que je comprends que tout ce qui rapproche l'homme de lui-même l'amène à tenir compte de son être et privilégie sa libre circulation dans l'infini. Au moment où les grandes Bourses du monde s'apprêtent à s'effondrer, où les églises ferment leurs portes parce que les fidèles découvrent leurs propres ressources immanentes, je mise de plus en plus sur la philosophie pour gérer la crise, car les nouveaux défis auxquels nous sommes confrontés exigent de nous une fine analyse du détail de l'expérience psychique qui constitue le matériau de base des projections événementielles qui marquent notre fin de siècle. Oui, quelque chose s'effondre dans la culture et la civilisation et ce serait le cas de dire, pour paraphraser Benedetto Croce, que le temps est venu de séparer dans notre monde ce qui est vivant de ce qui est mort. Cette apocalypse colorée et délirante n'a plus rien à voir avec le beau discours de Valéry sur les "civilisations mortelles". Nous sommes engagés dans un processus de destruction créatrice qui nous laisse entrevoir comme au cinéma des scénarios qui tiennent à la fois de la volupté et de la violence, de l'amour et de la haine, de l'initiative et du cauchemar. Nous entrons de plain-pied dans le domaine de la science-fiction et ce qui nous reste à vivre mettra à rude épreuve nos facultés d'adaptation, puisque nous nous retrouverons devant des situations insolites qui solliciteront notre intelligence de façon drastique. En même temps, je vois se développer les idées nouvelles apportées par la philosophie jovialiste comme autant de graines profitant de ce fumier historique pour germer. Cela n'ira pas sans une certaine ivresse, car il y a dans les mécanismes de mort qui ponctuent la fin des mondes des aspirations à l'immortalité qui se nourrissent de la dégradation générale de l'atmosphère ambiante. En d'autres mots, le merveilleux système d'équilibration psychique mis en place en chaque individu par la pensée pure offrira à l'humanité des possibilités de jouissance expresses qui viendront compenser pour le deuil des illusions anciennes.

-5-

LE NÉANT M'INSPIRE. – Si nous ne pouvons pas jouir de ce qui nous détruit, nous sommes foutus. C'est probablement la psychologie qui inspire les guerres, mais c'est aussi la motivation secrète de ceux qui ont à vivre un changement radical. Il est vrai que la nature semble indifférente aux bouleversements intérieurs et qu'elle n'en continuerait pas moins de fleurir s'il n'y avait plus un homme sur terre. Cette permanence des formes naturelles, cette égalité des climats, l'apparente stabilité des astres ne doivent pas nous détourner de l'idée que le cosmos lui-même, avec le rythme qui lui est propre, court à la ruine. Tout ce qui peut être représenté s'inscrit dans un cycle de destruction et de reconstruction où l'on sent l'élan du monde tantôt fou, tantôt sage. Une chose est certaine, la nature ne m'inspire plus confiance. Elle a perdu à mes yeux cet état de grâce dont l'auréolaient les grands récits romanesques du passé. La conscience elle-même qui représente un ordre supérieur à celui de la nature ne m'enchante pas plus qu'il ne faut, car elle est trop profondément mentalisée pour ne pas être essentiellement liée à ce qu'elle constitue. Une conscience pure est une chose rare, car la pensée est dominée par le souci du monde au lieu de s'occuper d'elle-même. Lorsque la conscience devient pure, elle disparaît aussitôt, absorbée par l'être. Évidemment, à ce stade, on retrouve tout ce qui semblait avoir été laissé derrière. La nature y est plus exubérante que jamais, les humains semblent réconciliés entre eux, la conscience ne donne plus l'impression d'être à la solde du temps. Mais le néant aussi se révèle sous un autre jour. On n'y retrouve plus le même dégoût, la même amertume, la même nausée que chez Sartre, comme si une pureté s'était installée dans les prémices de l'être et nous donnait à penser que toute situation qui confine au néant est riche de promesses innombrables, car rien c'est encore quelque chose, c'est une sorte d'appel, c'est une direction. C'est pourquoi le néant m'inspire. Lorsque les passions, les ambitions, les projets, les entreprises se réduisent à rien, une paix s'installe, comme si l'humanité, parvenue au point zéro, s'étonnait d'exister encore, mais en négatif. Les gestionnaires de nos sociétés décadentes savent-ils que le chaos qu'ils administrent est riche d'un renouveau inespéré et impénétrable ? Probablement, mais je doute qu'ils puissent éprouver de la joie face à cette anarchie insurmontable. On parle de faillites, de récession, de chômage, mais personne ne rit. Seuls quelques grands illuminés que la désolation actuelle inspire se lancent à l'assaut de la réalité morte et réussissent à tirer parti d'une situation condamnée. Ils me font penser à ces entreprises qui s'enrichissent avec la vente du fumier ou des déchets recyclables. Ce qui est un cul-de-sac et une impasse pour les autres, devient chez eux la raison de la prospérité. Je ne sais trop pourquoi, mais chaque fois que je pense à la décadence, j'imagine les cols bleus municipaux en guerre avec les rats, comme si la misère et la dégradation des conditions de vie ne pouvaient être illustrées au mieux que par une invasion de rongeurs sortant des égouts et porteurs de toutes les maladies. Un de mes copains avait envisagé un jour la survie difficile des citoyens des grandes villes de l'avenir et décrivait dans son livre des policiers qui abattaient des rats géants sur le point de pénétrer au Capitol à Washington. Nous en sommes déjà là dans plusieurs grandes villes nord-américaines où les conditions d'existence des pauvres ressemblent progressivement à celles des bidonvilles d'Amérique du Sud ou de Calcutta. Sans doute ai-je une vision dantesque de l'avenir, mais il me semble que la véritable prospérité sur terre ne peut être installée et maintenue que si on surmonte dans la joie le caractère sordide de la vie humaine livrée aux pires déchéances. Si je n'avais pas déjà vu, tout petit, la beauté sans nom miroiter comme un soleil ardent dans un fond de cour misérable où un enfant nu faisait des cercles avec sa bicyclette sous le regard attendri de sa mère et des voisines, je ne pourrais parler comme je le fais. Quant à cette lutte contre les rats géants, elle n'est pas sortie de mon imagination délirante. Je l'ai vécue dans les quartiers pauvres de Montréal. Je pourrais même dire que c'était la toile de fond de mes joies quotidiennes les plus extraordinaires. Je sais aujourd'hui que la conversion du regard implique aussi une conversion de la conscience et qu'on peut se croire au paradis dans des conditions extrêmement difficiles pour ne pas dire impossibles. L'humain réconcilié avec lui-même arrive à un niveau de compréhension à la fois enjouée et détachée qui le situe au-dessus de toutes les vexations et vicissitudes de la vie. C'est comme s'il prenait plaisir à transmuter ce qui ne fait pas son affaire en des expériences savoureuses et riches en utilisant un art magique qu'il n'a pas appris mais dont il connaît l'usage au fond de lui-même. Un jour, peut-être, admettra-t-on que ni le progrès technologique, ni la richesse, ni même la santé ne suffisent à assurer le bonheur. Ce jour-là, il faudra trouver les racines de l'être au cœur du chaos et s'appliquer à reconnaître sa joie même au cœur du tourment.

-6-

LE CERVEAU POURRI DE VOLTAIRE. — Lorsqu'on ouvrit le crâne de Voltaire après son décès, un liquide noirâtre et purulent s'en échappa. Il ne restait plus qu'une bouillie informe de ce qui avait été le plus grand cerveau de son temps. Et l'on se prend à songer que, dans les dernières heures de son existence, le grand homme tirait ses fines réparties de ce magma nauséabond, comme si le génie parvenait à penser à partir de n'importe quoi sur n'importe quoi, pourvu qu'une étincelle de vie en soutienne l'existence. Il y a une grande leçon à tirer de cette force éclatante qui réussit à briller au cœur des ténèbres, contre toute attente, à rebours du bon sens. On a toujours pensé que pour produire une œuvre, il fallait certaines données de base nécessaires. On se disait qu'il fallait savoir écrire ou du moins connaître son alphabet pour faire un livre. Mais voilà que Mahomet enfante le Coran à partir de rien. Comment un analphabète a-t-il pu produire un écrit aussi lumineux ? Tout interrogatoire est vain. Quand il s'agit d'un miracle, aucune explication n'a de sens. Un caporal corse débarque à Paris, devient général à vingt ans et conquiert l'Europe, ratant de peu la conquête du monde. Comment cela a-t-il pu se faire ? Nul ne sait. Tout ce que ses adversaires pouvaient dire, c'est qu'il ne se battait pas selon les règles. Alors il improvisait ou quoi ? On s'aperçoit qu'il n'y a pas de règle fixe par où l'on puisse évaluer le génie ou prévoir sa soudaine percée au firmament de la pensée. Comment expliquer ce coup de pinceau prodigieux de Gauguin ou de Renoir autrement qu'en invoquant l'énigme de toute création ? La puissance s'accomplit dans la faiblesse. Tamerlan était boiteux, Beethoven sourd et Einstein arriéré. Qu'à cela ne tienne ! Leur handicap leur servit à dépasser la moyenne. On n'aurait jamais fini de recenser les faiblesses des grands hommes, Hitler un assisté social, Baudelaire un syphilitique, Dostoïevski un épileptique, Roosevelt un invalide. Apparemment les gens normaux ne font pas d'étincelles. La carrière des gens équilibrés, beaux, sérieux, responsables, ne démarre pas. À l'origine de la création, il y a une colère, une amertume, comme si la joie ne pouvait grandir que par opposition à la misère. Face à l'infini qu'il s'agit de révéler aux hommes, ça prend un voleur, un prestidigitateur capable de briser le sceau du secret et de provoquer l'émancipation des consciences. Je ne cherche pas à réhabiliter ici le vice ou la perversion. J'indique seulement que celui qui attend les conditions idéales pour agir n'agira jamais. L'idée qui meut les destins se moque des règles. Elle sait que du seul fait d'exister, sa réalisation est possible. C'est au nom d'une vision totalement irréaliste que les grandes choses arrivent dans le monde. Un individu trop bien adapté à la réalité se contente au lieu de se révolter contre elle. Tout se passe comme si le génie, le créateur, le saint, savaient d'avance tout ce qui va arriver. Cette certitude, née de l'arbitraire d'une pensée têtue, est ce qui fait la différence entre les grands hommes et les hommes ordinaires.

-7-

AUTORÉALISATION. – Voilà un mot que n'aiment pas les croyants. Ils se sentent vides tant qu'ils n'ont pas trouvé Dieu. Ils le cherchent avec passion au lieu de s'exa-

19

miner attentivement pour en venir à comprendre qu'ils vivent de leur propre substance. Ils finissent par trouver une communauté de fidèles où ils se jugent bienvenus et adhèrent à un rituel qui les sécurise et les réconforte jusqu'au moment où ils comprennent, s'ils le peuvent, que leur foi est un placebo et que les grandes questions qu'ils se posaient autrefois n'ont pas trouvé de réponse satisfaisante. Lorsqu'un croyant me rencontre, il est d'abord frappé par mon enthousiasme à l'égard de la vie. Je suis rempli d'une joie inextinguible qui l'étonne. "D'où tenez-vous cette joie ?" me demande-t-il. On devine ma réponse : "Pourquoi voudriez-vous que je la tienne de quelqu'un ou qu'elle vienne de quelque part ? Je suis joyeux tout simplement, parce que je m'aime, parce que je me sens exister". Mais cela ne satisfait pas le croyant qui cherche toujours au-delà de lui-même une cause, une origine, un principe. "Qui vous a donc permis d'exister ?", me demande-t-il. "Mais personne. Pourquoi voudriez-vous que j'aie besoin de quelqu'un pour exister ? Du point de vue absolu où je me situe, je nais maintenant, le monde commence maintenant. Je me suffis. Or, une longue habitude de la prière, de la dépendance à l'égard d'un principe premier transcendant, interdit au croyant de se suffire. Il vit par un autre. Il trouve tout naturel d'éprouver de la joie par procuration. Pour lui, Dieu n'a de sens que sous la forme d'une médiation. Jésus, Mahomet, Bouddha sont ses médiateurs. Il ne lui viendra jamais à l'idée de rester tranquille et d'examiner comment son être s'affirme maintenant comme la clé de tout ce qui est dans la joie paisible des profondeurs. Le croyant veut une réponse. Il la veut tellement qu'il oublie qu'il est la réponse. Mais sa stupide identification au corps du péché, son propre corps, sa propre chair limitée, ne lui permet pas de comprendre qu'il est infini. N'étant pas centré sur lui-même, il ne connaît pas l'expérience d'être une source de référence pour ses propres pensées, ses actions, sa vie. Curieusement, face à la métaphysique immanentiste du "Je suis" intussusceptif *pantocrator*, le croyant d'aujourd'hui est devenu "l'Insensé" dont parlait Saint Anselme de Cantorbéry. Il cherche en Dieu un refuge qu'il doit trouver en lui-même en comprenant qu'il est Dieu. C'est trop fort pour sa logique. Alors il devient fanatique. Privé du Dieu transcendant que sa foi n'est pas assez forte pour maintenir devant lui, il s'abîme dans son Moi pécheur et devient un autoclos. À partir de là, il est presque impossible de lui faire comprendre qu'en tant qu'être infini, il n'est pas séparé de quoi que ce soit. Il ne peut qu'être irréductiblement lui-même... par opposition à tous les autres. C'est ce qui fait que le croyant est misérable. Une fois le Moyen Âge oublié, le Dieu des cathédrales gothiques s'estompe dans la mémoire des hommes et ceux-ci hésitent à reconnaître dans leur vie la révélation de leur propre divinité immanente.

-8-

LES THÉRAPIES BIDON. – Je suis opposé à toutes les thérapies, sauf aux thérapies sexologiques où le sexologue se sert de son propre corps érotisé pour guérir. Cet aspect de ma pensée ne passe pas du tout auprès des spécialistes. Ils considèrent encore que le thérapeute possède une science qui le situe au-delà de son patient, alors qu'en réalité il souffre très souvent des mêmes problèmes que celui qui vient le consulter. Tout sexologue est malade de toutes les maladies dont viennent lui parler ses patients. Il se trouve à suivre avec eux la cure qu'il leur prescrit, car s'il ne prenait pas sur lui de les racheter symboliquement à leurs propres yeux, il ne serait qu'un vague témoin qui se tient à distance de ce qu'il veut observer. Contrairement aux autres spécialistes, le sexologue doit intervenir et son bureau de consultation doit devenir un lieu de réflexion sur les pratiques, de l'amour. Imaginez un peu le spécialiste confronté à une femme qui vient lui avouer candidement en le regardant dans les yeux qu'elle masturbe son garçon de douze ans. L'enfant l'accompagne et attend sagement le verdict. Je vois tout de suite la levée de boucliers qu'entraînerait la déclaration suivante du thérapeute : "Montrez-moi donc, madame, comment vous procédez". On accuserait volontiers ce sexologue d'être le complice des pratiques perverses de la mère. Mais peut-être que cette mère et cet enfant cherchent quelque chose que notre société encore nourrie des principes religieux du Moyen Âge se refuse à leur donner, c'est-à-dire une compréhension active qui viendrait transformer la pratique perverse en jeu, en moquerie, en tendresse. Mais de mon point de vue, aucun acte sexuel n'est mauvais, condamnable ou dégradant, à condition que tous les participants y trouvent leur profit. Je suis à la recherche d'une esthétique du plaisir qui permettrait de transgresser tous les tabous sans que le transgresseur ait à craindre constamment d'avoir la police sur le dos. C'est Freud qui a eu le mérite incomparable d'attirer l'attention sur le fait que l'agressivité et la libido constituaient les deux tendances fondamentales de la vie humaine. Mais sait-on que jusqu'ici la religion chrétienne a plutôt cherché à s'inspirer de l'agressivité pour gérer les affaires humaines et qu'en conséquence de ce choix, l'amour initial enseigné par Jésus s'est dégradé en campagnes de propagation de la foi, en colonialisme et en guerres ? D'ailleurs, que font donc tous les ascètes chrétiens, si ce n'est retourner contre leur propre corps cette agressivité que d'autres utilisent contre leurs semblables ? Peut-il en être autrement dans le cadre d'une religion du renoncement et de la souffrance expiatrice ? Or, dans cette perspective, on semble avoir tout à fait éludé la question de la créativité de la libido, car celle-ci présuppose une orientation toute différente, axée non sur le renoncement mais sur la jouissance sans restriction et l'intégration des pulsions. On devine que cette nouvelle attitude, honnie des spécialistes en tout genre de la mortification, correspond davantage à une vision moniste et immanentiste de l'être qui cherche à rassembler tous les aspects humains dissociés dans la perspective précédente. Mais peut-on être chrétien et ne pas haïr son corps, ses soubresauts de jouissance, ses pulsions libertaires ? Peut-on être chrétien et savourer pleinement sa beauté sans se sentir coupable ? C'est tout à fait impossible. La fête chrétienne porte en elle l'écho des souffrances consenties dans le but d'accéder à la pureté. C'est une fête grave, sérieuse, pour ne pas dire désincarnée. Jamais l'Église ne consentira à glorifier la nudité orgasmique d'un couple d'amoureux copulant sur les autels. C'est la raison pour laquelle nos sexologues et tous ceux qui prétendent libérer l'esprit humain de l'ascèse vertueuse que la religion impose à la libido n'ont d'autre choix que de devenir des transgresseurs et de se faire réprimander par les tribunaux ou de se laisser bâillonner par les préjugés en transmettant à leurs patients une morale d'assis fondée sur la démission de la raison face à l'instinct.

-9-

OMNISCIENCE ÊTRIQUE. – Si la plupart de ceux qui posent des questions pouvaient comprendre que si on leur posait ces mêmes questions dans un contexte où ils n'auraient pas le choix de ne pas répondre sans être menacés de perdre la face, ils trouveraient aisément une réponse aux plus grandes énigmes tout simplement en scrutant le fond de leur pensée. Il est même possible qu'ils ne chercheraient plus jamais à apprendre quoi que ce soit, mais découvriraient qu'ils savent déjà tout à condition d'être confrontés à la nécessité de le prouver. On ne peut que s'étonner d'une telle conformation de l'esprit humain dont l'orgueil est tel qu'à la seule pensée de passer pour ignorant s'il ne relève pas instantanément le défi de tout savoir, il en vienne à s'investir de la science suprême, de l'omniscience êtrique, quitte à mobiliser toutes ses énergies dans une ultime tentative pour donner l'impression qu'il est Dieu. D'où lui vient donc ce ressort ? Qu'est-ce qui peut bien motiver un tel élan ? C'est qu'au fond de lui-même, par-delà le scepticisme ou le relativisme dont il veut bien colorer ses déclarations, il ne doute jamais. L'homme possède une certitude devant laquelle il devient timide chaque fois qu'il a à affronter ses semblables. Il sait bien que tout le monde, sous des dehors de fanfaronnade et de jactance, cherche à se gagner la sympathie des autres en passant pour ignorant. Aussi, quand vient le temps de faire valoir ce qu'il sait, la gêne s'empare de lui. Il bredouille, il élabore des hypothèses, des théories. Il fait semblant de chercher, pour ne pas sembler trop brillant, comme ce dentiste spécialisé qui multipliait les préparatifs devant son client tellement il se trouvait honteux d'exécuter si facilement ce pourquoi on le payait si cher. Mais en démissionnant ainsi devant ses propres capacités à cause des autres qui ne l'accepteraient pas, l'esprit se laisse prendre à un piège subtil et finit par considérer comme normaux ses bredouillements et ses errances. Alors il s'interroge sans s'apercevoir que chaque fois qu'il se pose des questions, il se prend pour un autre. En réalité, nous savons toujours tout, mais nous n'osons croire à notre bonne fortune. C'est pourquoi nous inventons des programmes académiques, des cycles d'études et des universités pour justifier notre sagesse. Au fond, ce ne sont là que des prétextes. Le seul véritable savoir est absolu et réside dans l'omniscience êtrique.

-10-

DERRIÈRE CHAQUE DÉSIR ÉROTIQUE POINTE LE DÉSIR ESSENTIEL. – C'est Paul Diel qui a employé pour la première fois, à ma connaissance, l'expression de désir essentiel. Je n'ai probablement rien retenu d'autre de cet homme qui se définit comme un apologète de la vie dans laquelle il voit le remède à tous nos maux. On comprend que ces réflexions n'aient pas eu le succès escompté dans mon cas, puisque la vie me fait chier. Bien sûr, il faut vivre et de préférence en éprouvant du plaisir, car la souffrance, c'est trop dur. Mais de là à miser sur la vie, il y a un abîme que je ne franchirai pas, car la vie est pour moi une sorte de trucage émotionnel dont l'expression la plus édulcorée est l'amour, une sorte de sentiment grotesque pour attardés mentaux victimes de leurs hormones. En d'autres mots, la vie est une mystification qui tend à détourner l'individu volontairement conscient de ses devoirs êtriques fondamentaux. Mais là où Diel me rejoint, — et je ne l'ai pas lu assez pour savoir à quel point — c'est lorsqu'il voit par-delà nos désirs quotidiens ce désir essentiel qui est en fait une sorte d'appétit de l'absolu. Évidemment, j'ai saisi cette expression au vol parce qu'elle s'accordait avec ma conception de l'absolu immanent au relatif. Je ne crois pas cependant que Diel enseigne que le désir essentiel s'épanouit au cœur de chaque désir érotique. J'ai plutôt tendance à penser qu'il voit dans les petits désirs quotidiens une sorte de perte de temps. Mais moi qui ne médite qu'au cœur de l'action, je ne peux considérer la moindre expression de la vie comme une perte de temps du moment qu'elle est consciente. Voilà la grande affaire. La conscience, qui n'est rien de très important en soi, est la clé lumineuse qui ouvre la porte de l'être. Bien sûr, une fois la porte ouverte, on peut jeter la clé. Or, même si certains individus peuvent être dits réalisés sur terre, je ne considère leur libération complète que lorsqu'ils ont quitté ce plan d'une façon ou d'une autre. C'est donc dire que jusqu'à la mort, ou en tout cas jusqu'au moment où s'accomplit la conversion en lumière, l'individu désireux d'opérer le dépassement de la logique analytique du Moi dans la dialectique synthétique du Soi n'a d'autre alternative que de vivre chacune des expériences de sa vie consciemment ou de disparaître. C'est ainsi que Socrate apprenait à faire de la poésie – art dans lequel il n'avait jamais excellé – quelques jours avant sa mort, ne serait-ce que pour faire arriver quelque chose de nouveau dans sa vie de quoi il puisse prendre conscience. Évidemment, à cause d'une trop longue tradition qui nous a enseigné à vivre le sacré par opposition à l'érotisme, vivre l'absolu dans le relatif de façon à investir celui-ci d'être et de lumière n'a de sens pour nous que si nous choisissons le relatif le plus opposé, le plus réfractaire à ce que nous avons toujours considéré comme étant supérieur, transcendant, surnaturel, et j'ai nommé l'érotisme. Pensez seulement à ce que l'image d'une madone pratiquant la fellatio sur son fils Jésus, tout nu dans ses bras, pourrait représenter pour un croyant. Folie, absurdité, sacrilège, scandale ! Voilà autant de mots qui signifient pour moi l'éveil. Ce foutu croyant n'est même pas suffisamment brillant pour comprendre qu'il s'est fait piéger par une antithèse à la con dont lui et ses semblables souffrent depuis deux mille ans. Chaque fois qu'un individu entre en convulsions, se met à vomir ou à débiter des menaces de mort devant une idée contrariante, il devrait s'interroger pour savoir s'il aurait dû laisser s'installer dans son cerveau une conception de la vie qui le met dans un tel état au seul contact de cette idée. Je considère comme de parfaits endormis, des esclaves consentants, des machines idiotes tous ceux qu'une seule idée, si banale soit-elle, réussit à faire sortir de leurs gonds au point d'en perdre la raison et de devenir des assassins potentiels. Allons-y donc pour le désir érotique qui devient, par la force des choses, l'autel nouveau où l'on sacrifie à la pureté, à l'authenticité et au sacré. Bien sûr, un tas de gens souscriront à cette vision sans comprendre que c'est leur vie tout entière qui va éclater devant cet accès de liberté, ce souffle propre à tout balayer. Évidemment, ils connaîtront l'insécurité, la disette et peut-être même la ruine. On ne change pas d'univers sans voir s'effondrer les valeurs symboliques de celui qu'on quitte. Mais cet appauvrissement momentané et, pourrais-je dire, ce chaos ne sont que passagers. L'individu qui s'appliquera à comprendre la présence de la divinité en chacun de ses désirs érotiques, libidineux, lubriques, lascifs, impudiques, obscènes, pornographiques, aphrodisiaques, aura

26

certes fort à faire au début, mais il sera récompensé de cette prodigieuse tension qu'il inflige à son esprit lorsqu'il verra sa chair investie de grâce et d'harmonie comme s'il célébrait les noces de l'enfer et du paradis. Je comprends que certaines personnes éprouveront des réticences violentes devant la perspective de se sentir à la fois Dieu et Diable, Christ et Golem. On n'abandonne pas le parapluie protecteur de la morale du bien et du mal sans certains haut-le-cœur face à l'immensité que l'on révèle en soi. Il se peut même que les plus hardis conquérants de cette vision réconciliée où s'enlacent vicieusement les termes contradictoires se sentent comme les naufragés du radeau de la Méduse, c'est-à-dire solitaires, désœuvrés, pleins de regrets et sans espoir. Mais une voix s'élèvera en eux pour leur faire remarquer que leurs pires tourments ne sont encore que du cinéma et une joie sublime, féroce, himalayenne grandira en eux lorsqu'ils entreprendront d'arrêter le film, de renverser le projectionniste et de sortir de la salle en criant : "Je suis libre !" Mais encore et encore devront-ils se familiariser avec le spectre de la jouissance qui menace leur tranquillité, car il faut beaucoup de courage au cerveau avili par vingt siècles de malheur chrétien pour assumer ses voluptés quotidiennes de façon détachée.

-11-

LE STOÏCISME EST VENU FOURNIR UNE BASE ASCÉTIQUE AU CHRISTIANISME DES MARTYRS. – La souffrance humaine a suscité les réactions les plus diverses chez les philosophes. Très peu y ont vu le résultat d'une étroitesse du champ de la conscience. La plupart ont cherché à lui donner un sens tout en la jugeant inévitable. Les Juifs croient qu'elle n'a pas de sens et qu'aucune souffrance n'est rédemptrice. Enfin, certains ont pensé qu'on pouvait la contrôler et que le meilleur moyen d'y parvenir était de s'y préparer. Les stoïciens ont exploré cette perspective avec beaucoup de soin, certains se précipitant volontairement dans la souffrance comme pour la défier ou la nier. On connaît la célèbre réplique d'Épictète à son maître qui l'avait fait mettre aux fers pour insubordination. Soumis à la torture, la jambe prise en étau, le philosophe aurait dit à celui-ci : "Si tu continues ; tu vas la casser". Et comme le maître donnait le dernier coup de roue qui devait casser la jambe, le philosophe s'exclama : "Ne te l'avais-je pas dit ?" Il ne viendrait à l'idée de personne de citer Épictète parmi les martyrs. Et pourquoi ? Tout simplement parce que les martyrs sont tragiques dans leur volonté de souffrir pour leur foi, tandis qu'Épictète est comique dans sa détermination arrogante de ne pas souffrir sous la torture. Les deux subissent des violences et chacun la supporte à sa manière. C'est peut-être ici que le stoïcien annonce le chrétien. Je ne doute pas un seul instant qu'il y ait eu un certain défi chez ces chrétiens offrant leur chair aux lions, car ils se savaient soutenus par un pouvoir invisible. Aucun pouvoir ne soutient Épictète. Il tient tête à son bourreau avec une opiniâtreté orgueilleuse qui l'empêche de reconnaître qu'il souffre. On peut se demander de quelle nature est cette volonté qui n'a presque plus rien d'humain. Elle est de nature ascétique. Epictète ne peut agir ainsi que parce qu'il hait son corps. Un esthète de la chair se voudrait servile pour sauver sa beauté. Épictète n'a rien à sauver ; il méprise cette charogne. Il vit entièrement dans son mental. Mutilé, il exhibera son bras tordu comme une insulte. Sans cette victoire amère et hautaine, l'existence aurait-elle encore un sens ? Eh bien, c'est à ce sens restauré de l'existence que s'adresse la volonté d'auto-obnubilation du martyr ! Il croit que sa souffrance peut changer le monde parce qu'elle est soutenue par la grâce de Dieu. Je ne vois aucune humilité dans une telle attitude, sauf que les malheureux qui étaient dévorés par les lions devaient certainement verser des larmes sincères. C'est pourquoi le martyr n'est pas drôle. Il ne surmonte le tragique de la vie qu'en l'assumant. Les premiers philosophes chrétiens qui s'inspirèrent du stoïcisme comprirent qu'ils venaient de trouver là une base ascétique à la foi des martyrs, trop nue pour inspirer les raisonneurs. Ainsi devait naître une tradition nourrie à la fois de la sagesse païenne et de la charité chrétienne. On peut croire cependant que c'est plus Épictète que Jésus qui influença Montaigne et qu'il y a un bon nombre de docteurs de l'Église qui trouvent plus rassurant de composer avec le pouvoir que de s'y opposer. Mais nous sommes encore loin de l'humour libertaire prôné par le Jovialisme qui voit dans la souffrance une caricature satyrique des limitations de la pensée humaine.

-12-

UNE DÉCISION SUFFIT. — Rien n'est inéluctable sur le plan humain. Quelqu'un peut prendre la décision de souffrir vingt ans, puis un bon matin, renverser sa décision et commencer à être heureux. Les événements y sont pour peu. Le bonheur est une chose qui se décide. L'amour aussi d'ailleurs, mais c'est une autre histoire. Je suis un volontariste des émotions. Je n'éprouve que celles que je me permets de voir surgir dans ma vie. C'est volontairement que je me jette dans les grandes passions comme Empédocle dans l'Etna. Notre vie tout entière dépend de notre humeur. J'ai cherché en toutes choses cette tonalité de base qui permet de vouloir longtemps ce qu'on a voulu initialement. J'aime le mouvement, mais je n'aime pas le changement. J'adore la vitesse, mais je rêve de ne plus me déplacer. Ma vie tout entière est faite de contradictions assumées. Le temps délaye les oppositions radicales et permet de comprendre qu'elles sont d'une même mouture. Je ne peux m'empêcher de penser ici à Bertrand Russell qui supplia un jour Ludwig Wittgenstein d'admettre qu'il y avait au moins deux choses dans le monde. Mais ce dernier ne voulut jamais en convenir et persista à soutenir qu'il n'y avait qu'une chose dans l'univers. Tout est là. La véritable sagesse consiste à reconnaître sa volonté partout. Tout ce que je vois, tout ce qui m'arrive est mien, non par une volonté d'appropriation captatrice, mais par une sorte de compréhension englobante pour laquelle il n'existe pas de séparation ontologique entre les individus. La vie est un phénomène global qui mérite d'être considéré dans son ensemble, car c'est la seule façon de passer au-delà. Il est à noter cependant que rien ne peut être au-delà de l'être, puisqu'il est déjà au-delà de lui-même. Ainsi donc, dès qu'un individu s'assume comme être, sa volonté s'ouvre ; elle devient une sorte de coïncidence significative entre tout ce qui existe. Celui qui a compris ce phénomène réalise du même coup qu'il est tout-puissant. Il peut donc décider d'être heureux et le devenir pour toujours à cette seule pensée. Mais pour en arriver là, il faut être sorti de la sphère de la souffrance rédemptrice. Il n'y a rien à sacrifier ; tout renoncement est vain. Le bonheur ne se mérite pas, il est gratuit.

-13-

LE "FAIRE" PUR. – Nous n'avons jamais à supplier la lumière de nous éclairer dans notre maison. Il suffit d'actionner le commutateur. De la même façon, nous n'avons pas à prier Dieu pour obtenir ce que nous voulons. Il nous suffit d'agir de façon appropriée. On se rappelle la grande question de Lénine "que faire ?" Cette question est toujours d'un intérêt actuel. Ce qu'il y a à faire d'essentiel échappe à la majorité des humains qui agissent toujours dans un but déterminé. Ils veulent faire ceci ou cela. Ils ne savent pas jouer avec leur énergie. Apparemment pragmatiques, du fait d'utiliser tant d'appareils, de mettre en marche tant de processus, ils sont au contraire très irréalistes et plutôt gauches. Ils tripotent des mécanismes au lieu de s'adresser à leur être. Ils obtiennent des bribes de résultats au lieu de changer la vie tout entière. Ils multiplient le nombre des hôpitaux au lieu de rendre la maladie impossible. On pourrait croire à les voir tant s'activer qu'ils sont sur le point de parvenir à un niveau de vie qui leur permettra de vivre comme des dieux. Mais en réalité, ils ne font que perfectionner leurs outils sans jamais laisser la place à l'intelligence créatrice qui travaille sans outil. Au lieu de se concentrer sur la finalité de leur vie qui consiste à réaliser leur entéléchie, ils multiplient les interventions inutiles en accordant la préséance aux moyens. Dépourvus du véritable sens pratique de l'être, ils se mettent à spéculer à en perdre haleine sans parvenir à une solution dès que se posent les grandes questions de l'existence. Au fond, pour voir clair il suffit de briller. La majorité des gens croient qu'il faut acquérir des connaissances pour découvrir le sens de la vie. C'est là un processus long et ennuyeux. Il suffit de s'allumer intérieurement pour que tout s'éclaire. Une fois la compréhension installée dans leur vie, les humains découvrent avec étonnement que ni la matière ni Dieu n'existent vraiment et que ce sont là les termes antithétiques d'une opposition factice qui tend à disparaître avec l'acquisition de la sagesse. Dans la vie quotidienne des gens, la matière est la source de toute angoisse, car elle représente, à la fois ce qui les rassure et ce qui les perd. Mais la matière n'est qu'une abstraction cosmologique sans fondement et c'est pour s'en débarrasser que les hommes ont inventé Dieu. Si une telle monstruosité épistémologique doit exister, seul un Dieu peut nous en délivrer. Mais si la matière n'existe pas, le danger disparaît et la nécessité d'une sauvegarde avec lui. Une fois Dieu disparu à son tour comme abstraction théologique, il ne reste plus à l'humain qu'à éliminer la personne comme abstraction psychologique pour découvrir que derrière cette façade il est à la fois lui-même et tout ce qui existe. On pourrait presque dire que la vie humaine sur terre est une quête d'immensité que la mort vient interrompre dans la plupart des cas. Seuls ceux qui ont réussi à surmonter la triple abstraction cosmologique, théologique et psychologique de leur vivant réussissent à s'en sortir. Encore faut-il qu'ils vivent dans la simplicité et s'appliquent à ne jamais transgresser la règle de la facilité consciente qui est la clé de leur accomplissement.

-14-

C'EST EN NOUS QU'EST LA RÉGION DU SOLEIL. – "Qu'est la Terre ? demandait Timothy Leary. Un noyau de métaux fondus recouverts d'une fine couche de tissu organique doux et vulnérable". J'aime cette vision des choses puisqu'elle nous permet de plonger dans un âge d'or extatique. Leary considérant la ceinture de Van Allen comme la plus haute intelligence qui protège la Terre des radiations mortelles du Soleil, n'est-ce pas cette naïve pensée antimatérialiste que méprise tant la science ? On se prendrait à rêver au jardin d'Éden en utilisant les principes de base de la chimie et de l'électronique qu'on ne parviendrait pas à mieux exprimer le caractère à la fois surréaliste et positiviste (dans le sens d'Auguste Comte) qui anime toute une génération de chercheurs désireux de considérer l'intelligence créatrice comme la première des ressources naturelles de notre planète. Leary pensait convaincre les députés, les recteurs d'université et les psychiatres d'utiliser le LSD comme si l'utilisation des drogues permettant d'émanciper la conscience allait de soi. Il n'en reste pas moins que si l'entreprise psychédélique a entraîné son auto-annulation, elle a aussi contribué à souligner que c'est de notre for intérieur que surgissent les dieux et les démons qui animent notre cinéma quotidien. Un grand coup a été porté ici à l'idée classique que l'on se faisait de l'inconscient. Freud en avait fait le repaire des inhibitions, c'est-à-dire des démons. Leary montra qu'on y trouvait également des aspirations idéalistes constituées sous forme d'énergie, c'est-à-dire des dieux. J'ai assisté à la transformation pro-

32

gressive de l'absorption compulsive des drogues en une profonde compréhension des symboles de la psyché sous le triple impact de l'art, de la philosophie et de la méditation. Je sais aujourd'hui qu'on peut aller beaucoup plus loin sans les drogues qu'avec elles, mais que celles-ci ont ouvert la voie. C'est en nous qu'est la région du soleil sauf qu'à cause de notre éducation et de nos préjugés, il n'est pas possible d'y accéder sans passer par la nuit obscure de l'inconscient. Quand je parle d'inconscient, je n'envisage pas là un domaine d'ordre réel dont l'existence serait démontrable, mais seulement une sorte d'abstraction créée par le mental venant justifier l'impuissance où se trouve celui qui a refusé de laisser grandir son être. Il me suffit de regarder le beau visage clair d'Andrée à qui je dicte mes textes et d'admirer son aura qui danse autour de ses cheveux sombres pour comprendre que la vision que chacun peut avoir de l'absolu dépend de la qualité de son propre regard. Pour voir clair, il faut d'abord être clair. Pour comprendre tout l'univers au moyen d'un regard bienveillant et circulaire, il faut commencer par ne plus se sentir séparé de quoi que ce soit.

-15-

COMMENT LES ENDORMIS SE FONT VOLER LEUR VIE. – "Je viendrai comme un voleur", nous dit Jésus. Eh bien, zut ! Tu ne me voleras rien. Moi, je m'en irai comme un voleur. On ne m'attrapera pas si facilement. Les endormis se font cueillir comme des pâquerettes. Essayez donc de berner un homme éveillé. L'énergie infinie de son être lui donne le temps de vivre pleinement sa vie sans craindre qu'on la lui enlève. Son être étant sa seule valeur, il ne craint pas les voleurs. Il se tient ferme devant la mort, il l'épuise du regard et, quand elle se présente, il la congédie. Avant même de mourir, il se fait lumière. La mort ne saisit que du linge sale. L'homme éveillé sait tout ce qu'il doit savoir. Il est présent à son corps, bénit chacun de ses organes et passe au-delà. Chaque limite est une nouvelle occasion pour lui, d'assumer l'infini. Il considère les voleurs de vie comme de doux illuminés qui ne menacent que ceux qui ne s'occupent pas de leurs affaires. Je préfère encore vivre une relation pluridimentionnelle claire avec Francine, Andrée et Madeleen que de me vautrer dans la mosaïque des expériences mystiques dans l'espoir de découvrir l'énergie-maya-prana-conscience. Je suis rendu et, si je ne peux voir que je vis ici et maintenant dans l'énergie du Dieu Vivant, je dois m'avouer sincèrement que je suis aveugle et malade du toucher, car je ne me vois pas et ne me touche pas moi-même.

-16-

UN *A PRIORI* NOUVEAU. – Kant a dit qu'un "Je pense" logique était à la base de toutes nos représentations. Impossible de nier une telle évidence. C'est vrai à en crever les yeux. Maintenant, parlons de l'éveil. À la base de tous mes actes de conscience, il y a un "Je me bénis" *a priori*. Je ne peux poser un seul geste sans me bénir, sans me rappeler de soi, sans m'enliasser intérieurement, sans faire l'amour à ce que je suis. La bénédiction n'a de sens que si je m'adore et me sens Dieu. Je ne peux même pas aller faire pipi sans avoir dans les yeux un air d'éternité parce que je me sens béni d'exercer cette fonction pourtant si naturelle. Ma respiration la nuit quand je dors est une bénédiction rythmique que j'ai installée dans mon sommeil par une conscience aiguë de ma propre identité divine. Parfois, ma compagne se redresse sur un bras pour m'observer, croyant saisir cette paix divine qui émane de mon visage de petit garçon. Je ne suis pas un homme de cinquante ans, je ne suis pas né en 1941, je ne m'identifie pas à mon corps ; c'est aujourd'hui que commence ma vie. Celui qui est né à cette époque n'est pas moi. Je suis différent. Je m'arrache au néant à chaque instant. Si je raconte mon histoire, c'est qu'elle constitue la frange intuitive de ma raison êtrique actuelle. Je veux bien qu'on parle de moi comme du petit Jésus, mais ce que je suis pour moi, c'est-à-dire Dieu, dépasse mon pas en tout sens au point de faire de moi le contemporain éternel de tout ce qui fut et sera. Tout cela m'est venu en bénissant. C'est une activité parfaitement inutile, admirable et illuminatrice, car plus tu bénis, plus tu comprends que tu deviens toi-même, et ce que tu es, tu l'es pour toujours.

LE DÉTACHEMENT N'IMPLIQUE PAS NÉCESSAIREMENT L'ABANDON. – Comment vivre le détachement parfait dans la jouissance frénétique ? Voilà à mes yeux la seule question digne d'intérêt pour un philosophe immanentiste, car si l'absolu est immanent au relatif, il ne peut y avoir de détachement que dans la pleine possession. Évidemment, mon raisonnement semblera hermétique à ceux qui croient pouvoir l'attaquer des points de vue matérialiste et spiritualiste. En effet, ce n'est que dans une perspective immatérialiste que l'on peut parler d'un investissement êtrique total dans la vie phénoménale. Comme Berkeley l'avait fait remarquer de façon admirable, le miracle des noces de Cana n'a plus rien de mystérieux si la matière n'existe pas. Tout se joue au niveau des représentations constituées par la conscience de ceux qui assistent à l'événement. Une telle vision, cependant, n'est pas familière à la majorité des esprits qui subissent une quelconque influence religieuse. En effet, pour les fidèles des religions, le corps résiste, la matière s'oppose à l'esprit, rien n'est clair sur le plan phénoménal, tout salut vient d'en haut. L'idée qu'un homme puisse vivre spontanément dans la transparence n'est pas dans les mœurs. Cela se constate aussi bien au niveau des affaires qu'au niveau amoureux. Tout ce qui relève de la chair appartient au domaine du mensonge.

Voit-on ici d'où vient l'opposition à ma pensée ? J'annonce que l'homme n'a pas besoin d'être sauvé parce qu'il n'est pas menacé. Et pourquoi n'est-il pas menacé ? Parce que la matière n'existe pas, parce que les limites qu'il se donne à vivre sont le fruit des abstractions de son mental et non un mal moral qui vicie sa liberté. L'homme n'est pas impuissant, il joue à l'être. Il se laisse tenter par l'ombre, alors qu'il est la lumière. Il accepte l'idée qu'il est pécheur, alors qu'il lui suffirait de se convertir à son Soi lumineux pour comprendre qu'il est Dieu. Or, dans un contexte où la matière n'existe pas, tout ce cinéma se trouve dénoncé par les faits. La vie est facile, tout sacrifice est vain. L'effort est le signe de l'erreur. Il faut qu'il en soit ainsi, puisqu'un simple changement de perspective fait que l'individu passe de l'enfer au paradis. Une situation se transforme en un tour de main. La pseudo-résistance du réel à l'esprit n'exprime que la fermeture de celui-ci face à ses possibilités infinies. Comprend-on que dans un contexte matérialiste, tout détachement est signe d'abandon, de pauvreté, de renoncement, tandis que dans un contexte immatérialiste, le détachement ne fleurit que dans l'abondance, la fête, la jouissance totale ? Si les humains se donnaient la peine de recenser leurs expériences d'immanence, de dématérialisation, de transparence et de conversion, ils comprendraient comme je l'ai fait que l'infini les sollicite constamment et ils verraient dans leurs préjugés et leurs habitudes les raisons de leur peur et de leur ignorance.

-18-

NE VOUS DIVISEZ PLUS ; MULTIPLIEZ-VOUS. – Il est possible que les premiers chrétiens aient fait une grossière erreur en interprétant les paroles de la Bible : "Allez, croissez et multipliez-vous". Ils ont probablement pensé qu'on les invitait à devenir féconds comme des lapins et ils se sont mis à se reproduire à travers le monde. Je vois plutôt dans ces mots une invitation à s'augmenter du dedans, à s'accroître face à soi-même en se nourrissant de sa propre substance et à se multiplier les uns par les autres au lieu de se diviser. C'est au niveau amoureux que j'ai voulu vivre cette expérience métaphysique. On dit qu'un homme se partage quand il aime plusieurs femmes à la fois, qu'il est incapable de les satisfaire toutes parce qu'il court de l'une à l'autre. Mais a-t-on pensé qu'un homme et une femme ne sont pas faits pour vivre ensemble constamment et que l'amour entre eux est plus solide lorsqu'il est aéré ? Combien de femmes n'osent pas dire à leur mari d'aller se promener parce qu'elles le voient trop ? Combien de mariages résistent à trop d'assiduité ? On s'aperçoit vite que les moments de grâce où l'homme et la femme se retrouvent ensemble doivent pouvoir être intenses, puissants, constamment renouvelés, malgré le temps qui passe. Le mariage fondé sur la possession mutuelle exclusive est impropre à stimuler la créativité des amoureux. Et de plus, il favorise la transgression du contrat initial, ce qui entraîne le mensonge et l'hypocrisie, et par conséquent la laideur physique et la maladie. Pourquoi ne pas prendre le parti d'élargir le couple, quitte à maintenir une ou des relations privilégiées qui fondent les amours contingentes dans des amours nécessaires et obligent les membres de cette union pluridimensionnelle à devenir autonomes sans jamais revendiquer pour eux seuls l'amour d'une personne qu'ils finiraient par voir trop de toute façon. J'ai appris que la passion s'entretient mieux lorsque les amoureux sont capables d'espacer leurs rencontres tout en continuant à mener une vie riche en expériences de toutes sortes. J'appelle structure en étoile ces relations combinées entre plusieurs personnes qui se multiplient les unes par les autres au lieu de se diviser. On me dira que pour vivre ainsi, il faut pouvoir compter sur une fidélité de base qui assure la permanence indéfectible de la relation, qu'il faut assumer ensuite cette idée d'une bienheureuse insécurité en amour favorable à l'émancipa-

tion de l'être et qu'en dernière analyse, il faut une compréhension des rapports humains dépassant l'attachement
juvénile foudroyant qui détruit ceux qui le pratiquent. Est-
ce à dire que le coup de foudre est impossible dans mon système amoureux ? Pas nécessairement. Toujours aux aguets
de nouveaux partenaires beaux, profonds, extraordinaires,
l'individu éveillé sait qu'il ne doit rien attendre d'eux et que
chacun ne peut donner que ce qu'il est, ce qui signifie qu'il
ne leur demandera jamais d'outrepasser leurs possibilités
humaines. Et comme les attractions sont proportionnelles
aux destinées (Fourier), coups de foudre, amitiés amoureuses, amours romantiques, passions orageuses, liaisons
sexuelles et amours êtriques se côtoieront dans un chassé-
croisé d'énergies qui rendra possible les rêves les plus fous
sans cesser de consolider les priorités êtriques de chacun.
Je considère la très grande majorité des humains comme
incapables de vivre ouvertement un tel système à cause de
la fragilité de leur système nerveux d'une part, mais également à cause de leur manque d'être d'autre part. Il y aura
donc encore des crises, des séparations, des divorces, des
meurtres passionnels, des foyers monoparentaux et des
enfants seuls tant que les conséquences nocives du Judéo-
christianisme, qui a tenté de sauvegarder les mœurs de la
tribu primitive en les coiffant d'une onction surnaturelle,
n'auront pas disparu de nos vies.

-19-

À PROPOS DE L'ENFER. – C'est un fait indéniable
que la plupart des humains sur cette planète sont des bourreaux pour eux-mêmes. Ils n'ont pas besoin de persécu-
teurs, de tyrans et de tortionnaires ; ils sont parfaitement
capables de se rendre la vie impossible sans l'aide des autres. Ils ont, pour mener à bien une telle entreprise, un appareil de torture personnel que j'appelle la conscience morale. Tout croyant confronté à son Dieu finit pas s'accuser

lui-même de tous les péchés du monde au lieu de vivre en paix. La conscience morale représente pour lui la possibilité de vivre en opposition avec ses instincts et de se faire connaître l'enfer s'il juge que sa façon d'en jouir n'est pas conforme au code de lois édicté par son Église. Je connais des milliers de cas absolument déplorables qui illustrent ce fait. L'humanité excelle à se faire des reproches. Certes, elle n'aime pas être bafouée, mais quand cela lui arrive, elle y voit une punition, un juste retour des choses. La plupart des gens vivent mal, n'ont pas confiance en eux, croient qu'il y a au-dessus d'eux une force qui règle leur vie et qui sait tout mieux qu'eux-mêmes. Acculés à la contradiction avec soi, ils se font payer les plaisirs qu'ils se permettent. Il en a toujours été ainsi sauf que le masochisme chrétien des deux derniers millénaires a accru cette tendance. Je ne crois pas que les gens iraient travailler machinalement chaque matin comme ils le font s'ils ne se sentaient pas profondément coupables et s'ils n'entretenaient pas en eux une volonté d'expier. S'il fallait du jour au lendemain que toute autocondamnation cesse sur cette planète, une grande paresse s'emparerait des gens. Ils jouiraient béatement du moment présent et tout le foutu système du progrès technologique qui les leurre sur leur propre valeur êtrique irait à vau-l'eau. Il y aurait sur terre une entraide formidable. La possession dramatique d'autrui cesserait. L'amour deviendrait permissif. Les biens de consommation seraient partagés. Sans doute me reprochera-t-on de rêver. Mais je vis ainsi. Il m'arrive de favoriser la prospérité d'autrui avant d'assurer la mienne, tellement je considère mes affaires comme secondaires par rapport à ce que je suis. Quand on se sent Dieu, il ne peut en être autrement. C'est quand on n'est pas sûr de soi et qu'on s'inquiète de l'avenir qu'on devient agressif, compétitif, réactif. La guerre naît de l'inquiétude de ceux qui ne se suffisent pas et rêvent vaguement de s'autosupprimer plutôt que de supporter l'angoisse qu'ils éprouvent face à l'inconnu. Le seul enfer que je connaisse est celui de l'imagination qui s'est vendu, l'idée qu'elle n'est pas à la hauteur de ses tâches.

-20-

LE CORPS, VÉHICULE D'EXPRESSION.- Tu n'as pas besoin d'avoir un dossier à la police ou au gouvernement, tout est écrit sur ton front. Il n'est pas nécessaire de dire ce que tu éprouves ou ce que tu ressens en amour ou en affaires ; ta peau parle pour toi. J'ai vu des peaux crier au secours comme si on les maltraitait délibérément. J'ai vu des yeux exprimer de la tristesse, de la violence, de la rage, pour finalement s'éteindre complètement. Que penser de cette femme trompée par son mari qui met au monde un enfant sourd, muet et aveugle ? Toutes les fois qu'il la prenait dans ses bras pendant sa grossesse et qu'il lui déclarait son amour, elle se raidissait en pensant : "J'aime autant ne pas t'entendre, je ne veux plus te voir". La docilité de notre corps est une chose étonnante. Il semble conçu pour répondre aux exigences de notre pensée. Or, celle-ci, amplifiée par les émotions, devient un message immédiatement perceptible pour la sensibilité qui le traduit dans le physique. Je ne suis pas du tout étonné que la peau des saints sente la rose et que celle de certaines prostituées sente la décomposition. Je n'ai pas de misère à reconnaître chez un cancéreux l'expression de la haine du corps. La moindre pensée, même chez celui qui se contrôle, devient perceptible pour qui sait observer. Dans certains cas de possession, on a même vu des lettres apparaître sur le corps pour demander de l'aide. On pouvait lire sur la chair boursouflée, "À l'aide !" Voilà un bel exemple de sculpture corporelle. Imaginez maintenant ce qu'une joie perpétuelle, un enthousiasme permanent, une continuelle satisfaction de soi peuvent donner. Le corps devient irrésistible, il appelle les caresses, les compliments, l'admiration. Comment pourrait-il en être autrement, puisque la chair est une représentation constituée et que son rôle est d'exprimer les pensées profondes qui animent l'esprit ?

LES LIEUX DE L'ESPRIT. – Je lisais il n'y a pas si longtemps un article intitulé "Saint-Moritz, rendez-vous de la fortune". L'auteur, Tom Weissmann, un journaliste attaché à la Presse Canadienne, y rapportait qu'Aristote Onassis, Maria Callas, le Shah d'Iran et Greta Garbo fréquentèrent jadis cette station suisse avant de céder la place aux Roger Moore, lady Diana, Adnan Khashoggi. Chaque année, dès qu'arrive la période des fêtes, de nombreux jets privés amènent sur les lieux armateurs grecs, riches industriels allemands, princes arabes et vedettes d'Hollywood en mal de plaisirs coûteux de ski à haute altitude et de shopping dans les boutiques exclusives. Curieusement, je n'envie pas ces richissimes vacanciers et mes phantasmes m'entraînent plutôt à visualiser un tout autre contexte plus favorable à l'avenir de ma philosophie. Je rêve que Montréal devient le carrefour spirituel de la planète après la chute du Vatican, la destruction de La Mecque et la ruine du Mur des Lamentations, non que j'ambitionne d'attirer à moi des autobus de pèlerins américains, comprenez-moi, car mon but est purement spéculatif, mais plutôt parce que je vise un ralliement mondial d'intellectuels cherchant dans l'atmosphère des cafés, des librairies sophistiquées et des salles de conférence somptueuses une ambiance propre à la pensée pure, aux contacts chaleureux et aux événements stimulants pour l'esprit. Je crois qu'il existe des rendez-vous de l'esprit comme ce fut le cas jadis à Weimar, à Florence, à Cordoue et à Athènes. Il s'agit seulement de favoriser l'éclosion de tels lieux en formant des noyaux de pensée qui provoquent l'enthousiasme des cerveaux. C'est ainsi que naissent les écoles philosophiques et que leur célébrité rejaillit sur les villes qui les abritent.

LA RÉPONSE À TOUTES LES QUESTIONS. –

Tant qu'un homme ne s'est pas interrogé pour savoir d'où lui viennent ses certitudes intérieures, il ne réalise pas qu'elles naissent en lui sans le secours de l'extérieur et qu'il possède de façon innée la réponse à toutes les questions. Je fais depuis toujours des lectures de visages qui sont, à plus proprement parler, des lectures de destinées. De plus en plus, les gens me coupent la parole pour me parler d'eux-mêmes. Ils n'attendent pas que je leur dise ce que je vois dans leur vie ; ils veulent que je les écoute. Et quand ils ont fini de tout dire, ils me quittent en me remerciant chaleureusement non sans me remettre un symbole concret de leur gratitude. J'ai beaucoup réfléchi à la façon dont les gens se comportent. Plus je leur fais des conférences profondes et exaltées, plus ils quittent mes salles comme si, confrontés à cette nourriture intellectuelle trop riche, ils faisaient une indigestion psychique. Je sais depuis toujours qu'il me suffirait de porter le turban et la djellaba pour qu'immédiatement on me prenne au sérieux. Un électricien de mes amis a décidé de s'y mettre et il fait fortune. Il n'a aucune formation ésotérique ni aucun don particulier de guérisseur. Mais il accepte de dire aux gens ce qu'ils veulent entendre. C'est encore trop à mon goût. Le suprême savoir consiste à garder le silence. Les gens veulent parler ; ils ont besoin d'une oreille. À partir du moment où l'individu constate qu'il est mûr pour le savoir absolu, tout arrive comme par miracle. Sa vie devient une aubaine. On le recherche de partout. Il doit même repousser les avances de la foule. Ce n'est qu'en apprenant à exister très fort, de façon silencieuse et limpide, que toutes ces merveilles deviennent possibles.

CE MERVEILLEUX PASSÉ QUI M'A AIDÉ À DE-VENIR MOI-MÊME. – Je suis persuadé qu'exister, c'est se donner en spectacle en se faisant applaudir. Mais il faut être assez culotté pour provoquer l'admiration d'autrui par ses propres jouissances. On a peut-être cru jadis que le peuple aimait la tragédie. En réalité, il aime qu'on le fasse rire. Dans certains pays comme le Québec, l'humour est devenu la nouvelle religion. Plus c'est drôle, plus c'est vrai. Je crois qu'il y a un fondement de vérité dans cette croyan-ce. Mais si on l'applique aux choses de la religion, alors c'est la crise. On en arrive presque à dire : plus c'est tragique, plus c'est faux. Effectivement, notre époque tourne le dos au malheur. Ce n'est pas une époque résignée. Elle se veut enjouée, moqueuse, sans souci. Comme à l'époque de la Re-naissance italienne, on met l'accent sur le corps, sur les atours. On se dit qu'un beau corps bien enveloppé est fait pour la jouissance : la sienne et celle des autres. J'abonde en ce sens, quoique mes raisons ne soient pas narcissiques. Je crois que c'est l'anticipation de l'être qui pare la vie de colorations merveilleuses. Très jeune, j'ai senti que la jouis-sance était une forme d'art. Il est facile de brailler comme un veau ; point d'effort à faire pour inspirer la pitié ou le dégoût. Le malheur rend laid. Mais dès qu'un individu est beau, il provoque le goût de la fête, l'appétit de la chair. On veut le toucher, le faire jouir en jouissant soi-même, s'em-parer de lui comme d'un trésor. Enfant, j'étais l'objet d'at-tentions excessives de toutes les personnes qui m'entou-raient. J'ai compris quel parti je pouvais tirer de cette ad-miration. Très vite, je me suis considéré comme un orne-ment. Mon corps devenait un objet esthétique, mon cerveau le réceptacle du génie. Je pouvais tout me permettre à condition de rire, de danser et d'être beau. Ma voie était toute tracée. Je voulais plaire. Je plus. Mon auto-adulation plastique débordait dans la communion extatique générale à mon essence. Je devins professeur, conférencier, éveilleur. Je me sentais bien parmi la foule, quoique je devinasse ses mouvements tumultueux et pervers. Quand on se mit à me haïr, je tirai parti de cette haine et je me sentis bien d'être haï. J'éprouvai quelque chose de troublant comme si la haine des autres me nourrissait, renforçait mes tendances. Face à ce mal bon, je prospérais, je jubilais, j'exultais. Ma vie devint un jardin des délices. J'accumulai les échecs comme d'autres les réussites. Il me semblait que me tromper ne pouvait pas être mauvais. Je me mis donc à aimer en moi la négativité au lieu de la repousser et de la dénoncer. Je cessai de faire mon autocritique. Il fallait que mes erreurs m'enrichissent. J'en arrivai même à voir dans le mécanisme qui engendre l'erreur une parthénogénèse de la vérité. Saint Augustin aurait appelé cela une pédagogie du péché. J'étais devenu suffisamment vaste pour me faire un capital de mes erreurs, rentabiliser mes échecs et faire la fête à mes misères. Tout acquérait un sens, même ce qui n'en avait pas. La clé de toute cette exubérance est que je m'aimais, mais d'un amour débordant, démesuré, que je n'ai jamais regretté. Je devins le modèle de ma vie, le critère de mes pensées, ma raison suprême d'exister. Quand j'annonçai que je me sentais Dieu, on me demanda si j'étais un envoyé. "Oui, dis-je, je me suis envoyé moi-même !" Si je n'avais pas pris si jeune l'habitude de jouir de ma substance et de m'en nourrir, je ne serais jamais passé au travers du cortège des difficultés que ma pensée vit se dresser devant elle. Mais ma mémoire heureuse me sauva. Toujours, je communierai à ce temps absolu de l'enfance où éclatait mon bonheur. Toujours je sentirai palpiter en moi les eaux maternelles de mon être. Chaque jour je me donne un passé plus riche, plus profond, plus merveilleux, car mon passé n'est rien, si je ne jouis pas au cœur de mon présent de la béatitude parfaite.

CASSER LA MACHINE À PROGRAMMES. – Quelqu'un me dit un jour qu'il travaillait à substituer en lui des programmes positifs à ses anciens programmes négatifs. Il croyait bien faire. Il fut stupéfait par ma rebuffade : "Mais c'est encore être programmé ! C'est la machine à programmes qu'il faut casser". Mon interlocuteur resta la bouche ouverte, incapable de comprendre ce que je venais de dire, mais devinant qu'il se trouvait là devant une évidence incontournable. C'est ce genre de répartie que les hommes d'affaires n'aiment pas chez moi. Ils voudraient améliorer la machine ; je veux la détruire. En ce sens, je suis l'ennemi du progrès. Je n'ai que faire de ces perpétuelles transformations en cours dans la société. Ce que je veux, c'est une stabilité profonde dans l'insécurité totale, car, reconnaissons-le, exister, c'est surgir du néant sans justification et sans alibi, avec comme seule consigne de trouver le moyen d'être heureux pour rien, d'être libre sans avoir à se battre pour le devenir et de se sentir Dieu. Tout cela est totalement absurde, mais cette absurdité rend joyeux, elle donne le goût de délirer, de rire, de chanter, de danser. Ainsi donc, moi qui suis pourtant un enfant de l'Occident, je me sens tout aussi détaché que le Chinois qui regarde se lever le soleil en mangeant son bol de riz. Qu'ai-je à perdre ? Les maisons de crédit me possèdent à l'os, les banques me rançonnent et ma caisse de retraite est vide parce que l'État s'en est emparé pour payer ses dettes. Je me sens donc comme un enfant qui vient de naître et regarde le monde avec étonnement. Oui, tous ces gens qui s'agitent follement sont étranges. Ils veulent survivre et pourtant ils se condamnent. En quête de programmes positifs, ils ne s'aperçoivent pas que ce qu'ils désirent le plus est de se comporter comme des machines. Il n'y a rien à faire avec eux si ce n'est de rire et de les faire rire. Si j'étais capable de les faire mourir de rire, je m'y appliquerais, car il n'y a rien de plus terrible que de mourir sénile. Quelques-uns d'entre eux, cependant, donnent l'impression de vouloir se réveiller. Parfois, on entend dire que quelqu'un a mis la hache dans son écran de télévision ou qu'un autre a étranglé son patron. "Sympathiques amis, suis-je tenté de penser ; vous êtes gauches, mais vous essayez de vous en sortir. Je vous comprends, sans nécessairement vous approuver dans le choix des moyens que vous prenez. J'aimerais vous enseigner une révolution fleurie, une douce violence faite de rires et d'humour". J'enseigne à être Dieu, mes disciples sont rares. Mais je ne désespère pas d'accomplir quelque chose, car si j'ai eu l'idée de dynamiter l'appareil manipulateur ploutocratique, quelqu'un y parviendra avec mes conseils, j'en suis sûr. M'a-t-on compris ?

-25-

L'IMMERSION DANS L'ÊTRE CHASSE TOUTE CULPABILITÉ. – La stabilité d'un individu s'évalue à la façon dont il harmonise ses moments d'instabilité. Prenons mon cas. Je suis terriblement instable, mais à la façon d'un joueur de hockey qui va marquer un but. Apparemment en déséquilibre sur ses patins, il n'en conserve pas moins son équilibre puisqu'il ne tombe pas. C'est une question de mouvement, d'attitude. Quand j'examine ma vie, – et je n'aurai jamais fini de l'examiner –, je dois reconnaître que j'ai su tirer parti de mes faiblesses et rentabiliser mes défauts de caractère. Mais si j'ai pu parvenir à cet état d'équilibre, c'est que je me suis plongé volontairement dans des expériences d'une profondeur inouïe, comme si j'avais su qu'il fallait que j'entretienne mon goût de l'infini, ma familiarité avec le mystère. Tout se tient dans la vie. Lorsque j'ai retrouvé la sensation de mon énergie centrale que les tâches quotidiennes m'ont fait oublier, je me mets à arranger ma bibliothèque, à classer les nouveaux titres, à feuilleter les anciens. C'est comme si j'œuvrais directement sur mon être. Je me sers de la manipulation de mes livres comme pour rétablir l'ordre en moi. Et l'ordre, bien sûr, c'est ce mouvement puissant qui me soutient, m'inspire, me rassure, m'amène à me sentir si heureux, si vaste, si démesuré que j'ai l'impression de pouvoir sauter par-dessus les toits. Je me sens alors fort comme une armée en marche. On me pardonnera cette métaphore militaire, puisque j'ai établi d'ores et déjà dans ma vie que je serais fort pour rien. Quand je veux retrouver le sens secret de mon immensité, il m'arrive aussi de visiter mes compagnes comme si je menais un round de consultations. Je me laisse annoncer par elles ce que je ne vois plus très bien par moi-même. Baignant toujours dans mon atmosphère, elles se trouvent alors à me rappeler qui je suis du seul fait de savoir qui elles sont, car mon atmosphère est celle de l'être et, par conséquent, celle de tout être, donc la leur. Il m'arrive de deviser avec Andrée en tenant dans mes mains son pied nu que j'embrasse, ou encore de m'enrouler autour de Francine pour recueillir ses commentaires sur une émission de télévision qu'elle regarde. Le contact physique le plus anodin m'aide à refaire le plein, à me recentrer, à délivrer mon esprit de l'oppression des soucis. Faut-il s'étonner que je ne me sente jamais coupable ? Oh, bien sûr, ma mère est sans doute le seul être au monde qui puisse me faire éprouver de la culpabilité une demi-journée. Mais je ne marche pas. Je n'ai rien à me reprocher, puisque j'agis toujours consciemment. Ce n'est certes pas parce que je l'ai torturée qu'elle est restée autonome et heureuse jusqu'à 94 ans. Je me suis beaucoup occupé d'elle et je continue à le faire. Mais en même temps, je lutte contre la personne en elle qui se fait du cinéma. Il me suffit de me retrouver moi-même pour que la situation se transforme. L'immensité dissout les impasses. Évidemment, le ciel, la mer, le désert, l'altitude peuvent nous donner une impression d'infini. Mais il s'agit là d'un mauvais infini, comme dit Hegel. Le véritable infini est celui que nous dévoile la conscience attentive qui transforme tout vécu en lumière par le voir donateur originaire. Comprenons-nous bien ici. Il peut s'agir de n'importe quel vécu. La conscience peut être confrontée à un vécu de haine, de violence ou de tristesse. Peu importe, elle en fera son affaire. Le rôle de la conscience est de créer de l'immensité en s'effaçant devant ce qu'elle révèle. Malgré son importance, elle n'est pas là pour durer. Elle doit céder la place à l'être en qui elle se résorbe, car l'être est tout et la conscience est le révélateur du tout. Lorsqu'un individu fait sur lui-même le travail d'harmonie, il anéantit l'inconscient ; il met la clarté jusqu'au fond des phénomènes et même, il se reconnaît en eux. Seule une compréhension profonde permet d'élucider les fantômes et les chimères que l'imagination entretient souvent en l'homme. Une telle compréhension est la plus haute acquisition sur terre, puisqu'immédiatement l'être surgit.

-26-

DES CATHÉDRALES D'IDÉES. – À notre époque où l'on convertit des églises en discothèques et où l'on met la gestion de l'espace au service des loisirs, il me revient à l'esprit qu'au temps où les maîtres maçons érigeaient des cathédrales de pierre, il se trouvait des philosophes pour construire des cathédrales d'idées. À travers mon œuvre, c'est la nostalgie de cette immensité qui s'exprime. J'ai le goût de bâtir un nouvel univers de formes, de pensées, d'harmonies, de couleurs et de parfums. En d'autres mots, je veux mettre le Dieu que je suis en système, non que je rêve d'encadrer mon essence, mais parce qu'aujourd'hui il est nécessaire de proposer aux esprits libres une vision structurée qui les rapproche d'eux-mêmes tout en satisfaisant leurs exigences rationnelles. Il n'est pas sûr que la vaste synthèse que je propose ne soit pas ce qui convient le mieux à notre présent, bien qu'elle sera sans doute plus appréciée des gens de l'avenir. Le Québec où je pense ma philosophie n'est qu'un petit pays à peine plus populeux que la Suède. Bien sûr, sur la carte géographique, c'est tout un morceau. Mais en réalité, nos universités et nos gratte-ciel poussent dans les champs et nous avons encore des querelles avec les Amérindiens. C'est dans ce contexte primitif que j'élabore ma *weltanschauung* tout en entrevoyant les routes du futur qui passeront par ici, faisant de notre pays un des éléments du nouvel ordre mondial. C'est dans la mesure où il voit grand que le philosophe aide à intégrer le cosmique au domaine quotidien, car c'est dans cette direction que nos vies se développent. Tôt ou tard, la terre sera intégrée à un système plus vaste auquel nous avons à préparer nos esprits, sans quoi nous succomberons au choc de la nouveauté, au dépaysement provoqué par le surgissement de l'inconnu.

-27-

LES JEUNES FRIANDS DE PORNO. – C'est sous ce titre qu'un journal de Toronto a annoncé que les jeunes de 12 à 17 ans sont les principaux consommateurs de pornographie au Canada et que 37 p. cent d'entre eux regardent des vidéos sexuellement explicites au moins une fois par mois. Et, croyez-le ou non, il s'est trouvé des adultes pour se scandaliser d'une telle nouvelle. Pourquoi ne pas admettre que ce sont les jeunes qui sont davantage intéressés aux jeux sexuels, puisqu'ils sont à l'époque de leur plus grande vitalité et que leur organisme ainsi que leur psychisme requièrent fortement ce genre de stimulation ? Ce n'est pas à l'adulte aguerri ou au vieillard décrépit que la vie s'adresse d'abord spontanément, mais aux jeunes dont l'imagination furibonde réagit favorablement aux stimuli extérieurs. Avant d'accéder à l'âge des idées, les jeunes doivent commencer par se nourrir d'images. Or, c'est la sexualité qui constitue pour les jeunes la plus grande banque d'images, parce qu'elle s'adresse directement à leur sensibilité sans leur donner le loisir de réfléchir à ces impulsions nouvelles. La réflexion n'arrive qu'au moment où le jeune est capable de comparer ses expériences. Tant qu'il en est à emmagasiner des perceptions nouvelles, il est trop préoccupé par le caractère stimulant de son vécu pour l'analyser. C'est donc le moment où il aurait le plus besoin de l'appui inconditionnel de ses parents qui l'amèneraient à comprendre sa quête de sensations fortes tout en lui apprenant à se servir de son corps non comme d'une occasion de souffrance mais comme d'un projet de jouissance. Presque aucun enfant ne reçoit une éducation érotique normale en Amérique du Nord. Aucun guide des caresses n'est disponible à leur intention dans les écoles. Aucun professeur ne s'aventurerait à leur montrer comment profiter au maximum de la masturbation. Aucun livre de classe ne comporte des illustrations pornographiques. On considère que tout ceci doit rester caché et, ce faisant, on réduit l'imaginaire à la sphère des phantasmes au lieu de le faire déboucher sur le réel en tant que moteur de l'initiative empirique. En coupant nos enfants d'une véritable source d'informations érotiques, on se trouve à leur inculquer une discipline fondée sur la maîtrise de soi qui fait d'eux des candidats à la névrose et à la dépression. Le sport n'est qu'un dérivatif des pulsions sexuelles et vise à fatiguer le jeune corps plutôt qu'à l'épanouir. Peut-être qu'un jour il sera possible de renoncer aux sots préjugés judéo-chrétiens qui ont inspiré notre morale anti-vie axée sur le mépris des instincts.

-28-

BIG BANG OU BIG CRUNCH, PEU IMPORTE. – Le monde des philosophes et des savants est trop souvent considéré de façon globale comme un tout qui échappe à la pensée. Kant a montré l'inanité de la notion métaphysique de monde et l'a réduit à un ensemble hypothétique inapte à servir de fondement à la réflexion. Il a cependant indiqué la voie d'une construction nouvelle du monde sous forme de représentation en accordant à l'imagination transcendantale le privilège de fonder le schématisme de la conscience. À part Schopenhauer, Fichte, Schelling et Hegel au XIXe siècle, ainsi que Husserl et quelques idéalistes français au XXe, on n'a pas semblé prendre au sérieux sa célèbre critique. Il se trouve encore aujourd'hui des savants pour réfléchir sur les origines de l'univers comme si cela pouvait avoir encore un sens après Berkeley et Kant. Et ce sont ces hommes dits sérieux qui délirent sur des hypothèses qu'on va consulter quand on veut trouver un sens aux conduites humaines. Pour illustrer le ridicule des théories scientifiques, je soulignerai seulement qu'en réponse à ceux qui proposent un modèle inflationniste de l'univers, on a déjà proposé un modèle réductionniste qui amènerait les morceaux, une fois lancés en l'air, à s'effondrer sur eux-mêmes dans un Big Crunch. Peut-on aller plus loin dans l'insignifiance ? Je suis persuadé que s'il existe des civilisations plus avancées que la nôtre scientifiquement, elles sont toujours aux prises avec le même problème, car la science ne trouve pas les véritables réponses. Ce n'est qu'un outil de domination aux mains des scientifiques, des militaires et des politiciens. Le savoir authentique n'a rien à voir avec ces vues en perpétuel changement. C'est quelque chose qui tient du miracle en ce sens qu'il échappe à la spéculation. Mon monde n'a rien à voir avec les théories et les modèles élaborés par les savants. Il représente ma liberté déployée. Je m'y retrouve moi-même partout comme s'il était constitué de ma propre substance répandue à l'infini. Sachant que tout est représentation, je me promène parmi mes pensées comme dans un milieu subtil ouvert par ma compréhension. Je vis ce qui est, car ce monde est moi-même à l'infini. L'idée qu'il puisse y avoir une séparation entre la réalité et la pensée m'est tout à fait étrangère et j'irai jusqu'à soutenir Wittgenstein quand il affirme qu'il n'y a qu'une seule chose dans le monde.

L'ESPRIT SUR LA PLACE DU MARCHÉ. – Lorsque j'ai commencé à donner des séances publiques de bénédictions et de formules de pouvoir avec Madeleen, il me semblait avoir trouvé la solution idéale à tous les maux de l'humanité. Je le pense toujours, sauf que l'humanité n'en a pas voulu. Il est venu trois cents personnes lors de la première séance, cent lors de la seconde, cinquante lors de la troisième, et quand nous avons cessé nos activités, il n'en restait plus que treize. Ainsi s'est effondré un beau projet faute de combattants. Qu'est-ce qui m'avait donc tant frappé dans les bénédictions ? Hormis le fait que je bénisse depuis toujours, et que c'est ce qui m'a amené à donner des conférences avec Madeleen qui bénissait aussi, je dirais que ce qui a retenu mon attention dans l'acte de bénir, c'est la grande harmonie qu'il fait descendre sur nous. Bénir est vraiment un acte absolu, un geste de Dieu, sauf que ce Dieu lumineux et bénissant, c'est ce que je suis au plus profond de moi-même. Je crois bien que c'est ce qui n'a pas marché. Les gens veulent bien prier Dieu, mais de là à se conduire comme un Dieu, c'est une autre paire de manches. Je suis presque certain que l'échec de nos séances publiques est venu de la crainte du ridicule qu'éprouvaient les participants. Les gens qui nous rencontraient nous lançaient : "Ah, vous et vos prières !" Cela voulait tout dire. Le caractère répétitif des bénédictions leur faisait penser au chapelet en famille. Aucun d'eux ne réalisait que les résultats des bénédictions venaient de la force du groupe de l'intensité déployée par les consciences. Quand le curé de la paroisse où nous nous réunissions en province rencontrait Madeleen sur la rue, il lui déclarait : "Je vais prier pour vous", et elle lui répondait : "Moi, je vous bénis". Ça ne faisait pas l'affaire du curé. Il n'avait pas l'habitude de recevoir la bénédiction d'une femme qui accomplissait cet acte de sa propre autorité. Alors il nous a expulsés de la salle où nous nous réunissions après s'être prévalu d'une lettre de condamnation de son évêque, et le bon peuple a suivi. Nos salles se sont vidées ; personne ne nous écoutait plus. Ma popularité de comique de la télévision n'en a pas souffert. Personne ne nous parle de nos bénédictions, mais tout le monde vient me féliciter pour ma dernière apparition à la télévision. Qu'à cela ne tienne ! Je continue de bénir chaque jour et même la nuit quand je me réveille. Je ne bénis pas seulement dans une perspective intéressée, en vue d'obtenir un résultat ; je bénis pour mon plaisir, comme quelqu'un qui se répand en alléluias. Je suis trop joyeux, c'est sans doute ça. Je bénis les arbres, les chiens, les poubelles, les humains, le ciel, les yeux d'Andrée au dessus de son écran cathodique, mon orteil... pour ne pas être en reste avec Abassi Madani. Toute cette affaire s'est retournée contre nous. Alors que notre but était strictement philosophique, voilà maintenant qu'on nous inonde, d'appels au secours. Les gens nous supplient de les bénir, de les guérir, comme si nous étions des thaumaturges. Je me demande même parfois en riant si je ne vais pas ouvrir une crypte comme le frère André pour recevoir tous les témoignages et remerciements totalement inutiles que cette humanité souffrante, bêlante et pleine de reconnaissance fait converger vers nous, mais j'ai l'habitude de voir mes intentions primitives de pensée déformées par l'opinion. J'en ai pris mon parti. Je n'ose même plus croire que l'avenir me comprendra.

-30-

LA PEUR DU SAVOIR ABSOLU. – Je connais peu de gens qui ont peur de l'ignorance, mais j'en connais beaucoup qui ont peur d'en savoir trop. C'est ce qui les amène à se détourner du bonheur, par crainte d'avoir à assumer une trop forte charge d'énergie. Ce qu'ils redoutent le plus, c'est d'exploser. C'est pourtant ce que je leur souhaite de tout cœur. Il y a un tas de gens qui auraient intérêt à perdre tout ce qu'ils ont accumulé et à se retrouver face à eux-mêmes de façon à pouvoir utiliser leur être propre. Mais ils possèdent trop peu de données pour pouvoir mener à terme une telle tâche. Ce n'est pas que je les trouve trop peu informés. L'information n'a rien à voir là-dedans. C'est plutôt que je les trouve trop confortables dans l'ignorance. Il faut avouer que Krisnamurti ne les a pas aidés à s'en sortir en leur enseignant que l'honnêteté consiste à pouvoir dire "Je ne sais pas". Nous savons toujours, mais nous n'osons pas le reconnaître. Nous préférons l'humilité, l'obscurité sécurisante de l'ignorance qui nous conforte dans nos sots préjugés. Tout en reconnaissant que Krisnamurti a divulgué un enseignement très élevé, je dois signaler que c'est un enseignement pour handicapés. Où est la fête, le jeu, l'érotisme, l'humour, le flirt, le risque chaleureux, l'excès dans un tel savoir ? Quand on sait qu'il y a des milliards de jeunes qui se masturbent sur terre, n'aurait-il pas été très pratique de leur dire qu'ils pouvaient méditer en se masturbant ? Mais le délicat Krisnamurti ne parle ni de sexe, ni d'érotisme. Ce n'est pas un blagueur que nous avons là, mais un homme sérieux, drapé dans sa dignité naïve. Au fond, si les gens ont peur du savoir absolu, c'est qu'ils ont peur de vivre totalement, de tout assumer, de tout oser, d'être libres et sans frontière.

-31-

HYPOCRISIE. – On est prêt à tout montrer aux enfants, la haine, le mensonge, la guerre à la télévision, les querelles des parents, la maladie mais l'érotisme, des couples en train de faire l'amour, jamais ! C'est trop cochon. C'est odieux. C'est dangereux. C'est mal. Voilà pourtant quelque chose d'intéressant ! Le sexe avec les enfants révolte tout le monde. On les élève avec un rare souci de moralité. On leur interdit de se coucher nus avec leurs parents, mais on leur achète des révolvers jouets à Noël. Les centai-

nes de prêtres qui ont comparu au cours des dernières décennies devant les tribunaux du pays pour avoir enculé des
petits gars ont tous dénoncé l'érotisme des enfants et la
promiscuité entre ceux-ci et les adultes. Ces prêtres sont
pourtant le résultat d'une éducation institutionnelle donnée
par l'Église à ses pasteurs. Ce sont eux qui bénissent les
champs de bataille avant la tuerie. Ils sont au service de la
loi générale comme tous les autres agents de l'appareil manipulateur ploutocratique. Je n'irai pas jusqu'à dire qu'il
faut tous les tuer, mais il faut faire quelque chose pour endiguer le flot des bons sentiments dont ils nous repaissent
dans leurs prônes et leurs sermons. Tous les parents qui
ont eu un fils tué à la guerre sont coupables d'avoir pactiser
avec le pouvoir de séduction des moralistes de l'establishment qui détestent la jouissance des enfants et de tout le
monde en général parce qu'ils veulent une éducation stricte
qui favorise la vente des canons et l'exploitation de la chair
à canon.

-32-

**JOE QUI PRÉDIT LA PLUIE AVEC SES RHUMA-
TISMES NE GUÉRIRA JAMAIS.** – Je veux rapporter ici un
exemple précis et pratique du pouvoir de la pensée. Vous
avez sûrement connu dans votre entourage des hommes
comme Joe, mon voisin de 66 ans, qui sentaient venir la
pluie quand se déclenchaient leurs douleurs rhumatisma-
les. Ils pouvaient vous dire qu'il allait pleuvoir dans douze
heures ou vingt-quatre heures avec une rare précision. Ils
se faisaient un point d'honneur de battre la météo. Ils n'en
souffraient pas moins, mais ils éprouvaient une certaine
fierté à l'idée de prédire la température, si bien qu'on en
venait même à les consulter. Jamais personne n'a fait remarquer à ces vieillards respectables qu'ils étaient des ma-
sochistes orgueilleux et qu'ils entretenaient en eux d'horribles souffrances et tous les défauts de caractère qui accom-

pagnent la souffrance pour attirer l'attention de leurs semblables, parce qu'on se refusait à admettre que les maladies
sont les véhicules d'expression de la pensée et des états
émotionnels. On résiste toujours à cette idée aujourd'hui,
mais avec moins de force. Un grand nombre de personnes
âgées qui viennent m'entendre en conférence réfléchissent
énormément à ces questions. Un homme est venu me voir
pour me dire qu'il allait essayer de briser le lien mental
qu'il avait créé entre ses rhumatismes, la température et
l'estime qu'on lui porte. Il n'y est pas parvenu, car avec le
temps, ces choses sont comme soudées en lui. Il est bien
décidé cependant à continuer de bénir ses membres en santé et ses articulations. Il en parle à ses amis, quitte à faire
rire de lui. Il voudrait bien pouvoir recommencer sa vie,
mais il est tard. Je lui ai parlé de ma mère qui a redressé
ses doigts tordus par l'arthrite en les caressant et en leur
parlant avec douceur. Il trouve cette expérience admirable,
mais il manque de confiance. J'ai identifié son problème. Au
moment où il aurait le plus besoin d'utiliser son autorité
pour faire arriver des choses dans sa vie, il continue de fréquenter l'église et de demander l'aide de Dieu. En d'autres
mots, au lieu d'utiliser son énergie de façon positive, il la
laisse s'écouler en Dieu qui devient une sorte d'abstraction
ruineuse capable de détruire sa volonté. Eh oui, Joe est
croyant ! Entre vous et moi, il lui est bien difficile de guérir
quand le Dieu qu'il prie est mort sur la croix dans d'horribles souffrances. Est-ce assez clair à votre goût ?

-33-

SAINT GEORGES ET LES FEMMES. – La légende
de Saint Georges inspire depuis des siècles peintres et illus-
trateurs. Une toile d'Uccello à la National Gallery de Londres m'a beaucoup fait réfléchir à ce sujet. En général on se
représente la dame captive du dragon devant un chevalier
au visage rayonnant qui vient la délivrer. Or, cette toile

nous montre un chevalier monté sur un cheval blanc qui tue le dragon ailé. La dame semble demander pourquoi d'un geste de la main tandis qu'avec l'autre main elle tient le dragon en laisse. J'ai sans doute mal vu, mais je serais prêt à jurer que l'intention d'Uccello était différente de celle de ses confrères qui se sont penchés sur ce thème. Je suis sûr qu'il a voulu montrer qu'il existait une complicité entre la dame et le dragon face à la brutalité vindicative du chevalier en armure qui joue au sauveur. J'ai tenté une explication des personnages selon un modèle qui m'est cher. Je me suis dit que le dragon évoquait l'instinct, rebelle à l'égard de la raison représentée par le chevalier, mais soumis à l'égard de la psyché personnifiée par la dame. Cela expliquerait le geste équivoque de la dame qui devine les motifs secrets du chevalier : tuer la bête qui lui a ravi l'amour de la dame. Oui c'est ça, le chevalier est jaloux. Il représente le mental dans ses aspirations violentes. Toute son attitude est fausse. La dame est loin d'être en danger ; elle promène le dragon au bout d'une laisse. Mais la raison ne veut rien savoir de l'inspiration qui descend des hauts cieux du cosmos intérieur. Le temps est venu de faire entendre raison à la raison.

-34-

DE LA BRUTALITÉ OBJECTIVE. –

"Le système du droit est l'empire de la liberté réalisée, le monde de l'esprit produit comme seconde nature à partir de lui-même".

Hegel
Philosophie de droit

C'est curieux comme "l'empire de la liberté réalisée" diffère d'un auteur à l'autre, d'un penseur à l'autre. Quand je vois ma liberté réalisée, ce n'est pas le système du droit qui apparaît devant mes yeux, ni l'État qui prend en charge l'individu, ni même les services sociaux si prompts à tirer le citoyen de sa misère. Je vois plutôt s'étaler devant moi l'expression limpide de ma pensée accomplie dans les choses. Je n'y peux rien. Ma vision de la liberté tient tout entière dans l'expression de mon être qui est pure pensée. Je me trouve donc partout devant ma liberté réalisée et l'acte par lequel la mante religieuse dévore le mâle qui l'a fécondée ne m'est pas moins familier que la violence de la guerre retransmise par la télévision dans mon salon, sauf que la tâche que je m'attribue en tant qu'être éveillé est de tout assumer en conscience, c'est-à-dire de répandre la joie au cœur des conflits, des tensions, des limitations, bref d'amener l'absolu dans le relatif. Hegel n'avait pas une conception pratique de la pensée. Sa logique ontologique n'était que l'expression du mouvement de l'Histoire en tant qu'appareil à broyer les individus. C'est pourquoi son système put si aisément inspirer celui de Marx. Tout le point de vue de la liberté de l'acte individuel conçu comme un exploit singulier a été évacué de la philosophie hégélienne. D'où la protestation kierkegaardienne. Aujourd'hui, après bien des malheurs historiques, je peux tenir compte de ce qu'il y a d'admirable dans la pensée de Hegel tout en faisant grand cas de la pensée de Kierkegaard, non sans me rappeler, bien sûr, que ces deux penseurs étaient chrétiens et que je ne le suis pas. Je comprends que le système du droit développé par Hegel avait pour tâche de rassembler les citoyens autour du prince tout comme la critique institutionnelle de Kierkegaard avait pour but de rassembler les croyants autour de Dieu. Mais la tragédie intérieure ou sociale de l'homme ponctue ses visions. Nul ne peut s'inspirer du christianisme et enseigner le respect de la vitalité rieuse des individus réconciliés avec eux-mêmes. Il y a toujours ce déchirement profond qui dure trop longtemps même s'il mène à une sainte réconciliation. J'accepte à la rigueur que les systèmes classiques aient préparé la voie en philosophie à une vision comme la mienne qui rétablit la joie de vivre au cœur de la mystique des actes individuels. C'est comme si l'humanité en avait assez des histoires d'amour qui finissent mal comme des grands projets avortés derrière lesquels traîne un relent de mélancolie. Peut-être verrons-nous désormais la liberté s'accomplir dans le système des devoirs êtriques envers soi-même. Cela aurait pour conséquence de ramener tout le monde phénoménal dans le giron de l'être infini pour qu'il achève sa conversion.

-35-

AVOIR RAISON, C'EST SUICIDAIRE. – J'ai trouvé cette répartie chez Wolinski, le célèbre auteur de bandes dessinées. "J'étais heureux quand j'étais dans l'erreur", pense un de ses personnages. Rien n'est moins ironique que cette constatation désabusée qui exprime avec une rare clarté l'état actuel de la pensée. C'est comme si les événements se plaisaient à nous rappeler que l'erreur rapporte, que l'échec ennoblit, que l'incompétence paye. Qu'on me comprenne ici. Je veux bien rentabiliser mes échecs, mais je ne veux pas me jeter tête baissée dans l'échec pour avoir le plaisir de me racheter moi-même en me dénonçant. Certains individus, j'en conviens – et je suis sans doute du nombre – ont le démérite d'avoir raison trop longtemps. Ils ne peuvent malheureusement compter sur une volte-face de leurs critiques, surtout si la réforme qu'ils préconisent touche les mœurs ou bouleverse les habitudes acquises. Il aurait fallu que le marquis de Sade vive deux cent cinquante ans pour voir sa démarche réhabilitée. Et encore, celui-là, on le connaît. Combien d'autres ont été enfouis dans les cachots de l'Histoire sans qu'on n'entende jamais parler d'eux. Au fond, ce qui compte, c'est de célébrer son être en créant autour de soi une fête perpétuelle. Avoir raison ou tort est secondaire. C'est seulement par l'épanouissement de sa joie de vivre qu'un individu peut se soustraire aux aléas de la reconnaissance d'autrui. Pourquoi dès lors ne pas figer autrui sans délai dans sa morne arrogance en nous écriant comme Léon Bloy : "Mon ingratitude vous surprendra" ? La seule façon d'échapper à la dépression inévitable qui guette le créateur est de s'annoncer soi-même comme le principe de son autosuffisance êtrique en ne se référant à personne d'autre pour être heureux et vivre librement.

-36-

LA PHILOSOPHIE JOVIALISTE. – La vraie philosophie n'a rien à voir avec ce mouvement qui a amené les philosophes à travailler dans les hôpitaux, les palais de justice et les Parlements aux États-Unis et en Angleterre. La philosophie y fait figure d'attitude pratique permettant de relancer les affaires, l'entreprise privée, la politique. Beaucoup de gens parlent même de *philosophy boom*. Je vois plutôt dans cette intégration de la philosophie aux tractations de l'appareil manipulateur ploutocratique comme le déclin de la philosophie. À partir du moment où des gens comme Russell, Wittgenstein et Chomsky ont commencé à élaborer des systèmes symboliques fortement inspirés de l'algèbre pour expliquer les lois de la pensée, non seulement ils ont cessé de faire de la philosophie, mais ils ont ruiné la fonction philosophique comme principe d'équilibre de la pensée humaine et comme vision intégrale de l'homme et de l'univers. Sans doute des hommes comme Sartre et moi-même faisons-nous figure d'enfants pauvres avec nos réflexions métaphysiques sur le vécu en comparaison avec l'essor de la pensée utilitariste qui a réussi en grande partie à mettre la philosophie au service du rendement professionnel et de la production économique. Mais il y a quelque chose que l'avenir regrettera parce qu'elle sera alors en mesure de le comprendre et c'est qu'en renonçant à son inutilité, la philosophie aura contribué à renforcer le matérialisme qui domine aujourd'hui sur la planète. Certes, il n'est pas moins scandaleux que la philosophie ait été jadis la servante de la théologie que le fait qu'elle soit maintenant au service du Capital. Dans les deux cas, ce fut l'échec de la pensée pure, car en abandonnant ses prérogatives métaphysiques, elle a renoncé au pouvoir de la claire lumière. Aussi, je ne cherche rien d'autre qu'à refuser de servir l'économie politique sous toutes ses formes, puisque chaque fois que je reviens vers moi et que je comprends que je me suffis, je suis plus heureux et tous ceux qui m'entourent s'en portent mieux.

-37-

SACRIFIER LE SACRIFICE. – C'est bien la dernière chose qu'on songe à sacrifier en effet. Personne ne pense à cela. C'est une suggestion de Monsieur Gurdjieff. Elle m'a fait sourire. Il s'agit en fait d'annuler l'offrande de nos souffrances à l'infini. Vous connaissez l'habitude qu'on tente d'inculquer aux enfants d'offrir leurs contrariétés à Jésus. N'y aurait-il pas plus belle offrande à faire à l'insondable et au mystère ? Je ne sais trop si quelqu'un à part moi a déjà considéré ses orgasmes et ses extases comme des présents dignes de ses plus hautes aspirations. Chose certaine, il faudrait songer à investir de conscience chaque moment de volupté et de gourmandise de façon à faire de ceux-ci un vécu précieux, un ornement de la psyché, un geste de complicité à l'égard de la transcendance des astres. C'est en retrouvant le goût de la vitalité que nous apprendrons à déculpabiliser ces doux excès quotidiens qui nous permettent de nous sentir plus heureux. Je veux bien rire avec les initiés, badiner avec Jésus, mais il faudra que ce soit comme un banquet, une fête du gaspillage, une expérience de débordement gratuite et inutile. Du cœur de mon indifférence, je peux encore faire des clins d'œil au destin. Il faut que je reste espiègle et goguenard, car la loi générale peut toujours revenir me chercher. Elle a mille tours dans son sac pour m'obliger à me soumettre. Tenez, récemment, elle s'est servie de mon amour filial pour me vider de toute mon énergie. Je lui ai échappé de justesse en faisant appel à la fête, car je sentais déjà sur moi le poids tragique de ses facéties grotesques. Ce que j'ai de mieux à offrir, il faut que ce soit dans la joie et non en me privant ou en me vidant de moi-même. Le contact avec l'essence des choses est toujours radieux. L'individu qui a pris conscience de la félicité des profondeurs ne pense plus à se sacrifier.

-38-

L'ÉCHEC DU SEMBLANT. – Je ne crois qu'aux expériences qui projettent en moi des éclats d'infini ensoleillés. Il me faut des êtres féeriques, vrais, joueurs, éclatants, sans quoi j'ai l'impression de me déprécier moi-même à leur contact. Je ne peux souffrir le semblant ; il me faut la vérité. Mais voilà, je ne crois pas à la vérité sans la joie. Une vérité blafarde et triste, celle des gens en pleurs, celle des ghettos et des bidonvilles, me fait horreur. Il me faut de la tendresse, de l'érotisme, de la faconde, du panache. Cela m'oblige à quitter certaines personnes précipitamment au beau milieu d'une conversation, car je n'aime pas fréquenter les démissionnaires, les morts, les fantômes usés par la machine. Peut-être trouvera-t-on que mes écrits parlent un peu trop de la belle folie et du chaos créateur, mais je ne vois pas d'autre remède aux maux de notre époque tourmentée par l'esprit de sérieux et la productivité à outrance. On parle beaucoup d'espoir dans ce monde de béton, d'acier et de verre que constituent nos villes modernes. Mais je n'ai que faire d'un tel espoir qui remet à plus tard le soin d'être heureux maintenant. C'est Camus qui demandait dans *La peste* : "Peut-on être un saint sans Dieu ?" Il posait là la plus grande question du XXe siècle. Dieu ayant plié bagages, il ne reste plus qu'à élaborer une métaphysique sans théologie comme l'annonçait Orage. Il est évident, cependant, que le déploiement de la pensée en ce sens ne peut se faire que sur la base d'une intussusception de soi-même qui mène à l'absolu dans la joie. Cela concerne-t-il encore les humains court-circuités constamment par des interruptions de conscience dues au sommeil, à l'absence, au coma, aux crises d'hystérie ? C'est Henry Miller dans *Tropique du Capricorne* qui décrit "ces millions d'êtres gisant sur le dos, morts pour le monde, la bouche large ouverte, sans que rien d'autre émanât d'eux que des ronflements". Peut-on encore tirer d'eux quelque chose ? Je ne crois qu'aux gens qui sont beaux quand ils dorment. Eh quoi, on voudrait que je fasse confiance à des macchabées attendant l'heure de l'annihilation en laissant s'échapper d'horribles, bruits d'un visage vert ! J'accorde une grande importance dans mon système au fait de plaire et d'être plaisant, au sourire, aux gestes gracieux, à la volupté, à la jeunesse. Cela concerne aussi les gens d'un âge certain qui hésitent entre la démission et le scepticisme. Je regardais, il n'y a pas si longtemps, une photographie où l'on pouvait voir l'archevêque de Cantorbéry, le Dr Robert Runcie ; l'archevêque de Thyteira et de Grande-Bretagne, son Éminence Methodios ; le pape Jean-Paul II et le Dalaï-Lama lors d'un meeting de prières pour la paix dans le monde. Ils avaient l'air si faux, si hypocrites, si endormis, que je ne pus m'empêcher de m'exclamer. "Mais que font ces quatre bouffons ?" Comment se fait-il que ce ne soit pas une jolie femme sympathique qui dirige les destinées spirituelles de sa région au lieu de ces vieux rabougris ? Si la spiritualité ne devient pas synonyme de beauté, d'excitation, de lumière et de jeunesse, c'est l'humanité tout entière qui est finie. À l'heure qu'il est, je crois davantage à un artiste qui n'a pas un dollar en poche mais dont la musique m'enchante dans le métro qu'à tous ces travailleurs disciplinés qui perdent leur vie à la gagner en se rendant chaque matin à l'usine ou au bureau. Parfois, j'ai l'impression d'être tombé de la planète Uranus. Que font tous ces gens qui s'agitent ? Savent-ils qu'ils courent vers la mort en se demandant lequel d'entre eux arrivera le premier ? Par la compréhension englobante de mon être, je cherche à abolir la différence fondamentale que le mental a instituée entre les phénomènes, les événements et les personnes pour retrouver l'unité limpide de la pensée pure, de la vie totale, de l'infini. Lorsque je me surprends en train de m'inventer, de me laisser être, de me sentir Dieu, l'impression que j'ai n'est jamais celle que m'imposerait la nécessité de m'adapter à un ordre préétabli, au passé, à des idées reçues. C'est plutôt comme si je me sentais en état de grâce, animé par un enthousiasme délirant, absurde, surréaliste. La raison raisonneuse de ceux qui vivent sous la loi générale ne peut absorber cette surcharge d'énergie rieuse, cette gaieté féroce qui met en danger les institutions et bouscule les coutumes. Il nous faut un renouveau total qui redonnerait aux gens leur énergie, leur envergure, qui leur rendrait leur identité. Je ne me sens pas obligé toutefois de réveiller mes semblables de force s'ils ne veulent pas m'entendre. Je n'ai rien du prophète qui crie dans le désert. Je veux seulement qu'à mon contact les gens comprennent que je suis vrai même si ça ne leur plaît pas et que j'ai trouvé en moi le principe de ma vie.

-39-

LA PAROLE COMME SEMENCE. – Je mène ma vie rondement. Si je donne de moi-même autant de clichés surprenants dont s'emparent les humoristes de la radio et de la télévision, c'est que je "parle" ma vie. Je suis un homme explicite qui n'hésite pas à entrer en contact avec l'inconnu. Je n'aime pas me faire conduire par le bout du nez, de sorte que, lorsque je ne claque pas la porte des studios que je fréquente, ce sont les directeurs de programmes qui m'éconduisent. C'est qu'au fond de mon attitude, il y a une intransigeance et une radicalité enthousiastes, une énorme

64

gaieté. Quand j'étais concepteur de publicité, mon patron immédiat ne voulait plus que je me rende au bureau et préférait me donner rendez-vous chez moi, tellement il trouvait que ma présence perturbait ses vendeurs. À un certain moment, je me suis mis à fumer le cigare, mais comme je devenais vert à chaque fois, j'ai abandonné ce numéro d'exhibitionniste. À un autre moment, j'ai porté la barbe ; mais là encore, il a fallu que je fasse marche arrière, car on m'insultait sur la rue. Certains ont le vin triste, moi j'avais la barbe agressive. Au cours de mes séances de création nocturnes devant témoins qui se transformaient en beuveries sur des thèmes joyciens, il m'arrivait d'épuiser trois secrétaires et de dicter vingt-cinq pages dans un brouhaha digne d'un capharnaüm. Mes voisins, cependant, ne m'ont jamais fait de misère, à l'exception d'une cinglée qui appelait la police toutes les heures pour m'accuser de tapage nocturne. Finalement, c'est elle que les policiers ont embarquée parce qu'elle les insultait. Quand je donnais des conférences de philosophie, j'aimais casser la baraque. Il faut dire qu'aucun de mes collègues de l'université ne s'y serait retrouvé, puisque mes conférences publiques ont toujours été des expériences de création troublantes, emportées, géniales, hilarantes, scandaleuses et mystiques. Si j'ai rencontré tant de femmes et, parmi elles, celles avec lesquelles je devais faire ma vie, c'est parce qu'elles se pressaient dans mes salles après avoir lu un de mes livres ou m'avoir entendu à la radio et à la télévision. Heureusement, je suis toujours tombé sur d'assez belles femmes, qui avaient une intelligence digne de leurs fesses. C'est très rare. La majorité des femmes qui s'intéressent aux choses de l'esprit se sentent obligées de s'habiller en hommes, d'avoir une poitrine plate et de refuser tout maquillage. Au fond, c'est un peu la même chose pour les hommes qui finissent par sentir la pipe et la sueur dès qu'ils s'enferment trop longtemps dans une bibliothèque. Peu d'intellectuels, de génies sont séduisants. Pour ma part, j'ai longtemps travaillé avec une bouteille de rhum à côté de ma machine à écrire. J'allumais toutes les lumières de mon appartement et je mettais la radio à tue-tête. Souvent on m'appelait pour m'offrir une conférence de motivation pour des vendeurs de biscuits à chien ou des éleveurs de poulet. J'ai toujours considéré avec ironie ce genre de demande qu'on me fait constamment, car les gens ne semblent pas vouloir reconnaître que je suis philosophe. Ce que j'apprécie le plus, c'est de faire des surprises à mes femmes au moment où elles s'y attendent le moins, de partir en voyage en coup de vent sans prévenir, de recevoir mes commandes de vieux livres de la librairie Joseph Vrin de Paris ou de dicter furieusement des sentences hermétiques et lapidaires portant sur des domaines inconnus des gens normaux. J'écris très rarement dans les revues, tout simplement parce qu'on ne m'invite pas à le faire. J'ai peu de contacts avec les jeunes, parce qu'on se refuse à m'inviter dans les collèges et les universités, mais je les rejoins par le biais de la télévision. J'ai parlé ce matin devant deux cents personnes spécialisées dans la restauration dont la moyenne d'âge était de vingt-cinq ans. Je peux vous dire qu'ils ont savouré mon discours parce qu'après m'avoir entendu souvent à la télévision au cours des années, ils sont familiers avec tous les thèmes de ma pensée. J'ai choisi de vivre en appartement plutôt que d'acheter une maison, car je suis paresseux et ne me sens aucune dextérité manuelle. Par contre, j'ai toujours eu autour de moi mes amoureuses principales, mon secrétaire, mes parents et des admirateurs qui déménagent volontiers dans ma tour pour avoir le privilège de me côtoyer, tel ce comédien qui m'observe scrupuleusement comme un limier platonicien épiant un penseur socratique. Dès que j'ai un moment libre, je ne pense qu'à une chose : m'arrêter complètement, prendre un bain chaud à la lueur de la chandelle, échanger avec mes compagnes, noter par écrit mes impressions. Il m'arrive de rencontrer dans mon salon du samedi une visiteuse d'un soir qui me plaît assez pour que je l'invite à monter dans mon "baisodrome" lors de l'intermission. Le peu de temps disponible que j'ai pour jouir de ses charmes m'amène invariablement à transformer cette expérience érotique en événement énergétique. La femme se retrouve nue, le cœur battant, délirant doucement entre mes bras comme cette fille que j'avais prise lors d'un de mes anniversaires et qui m'entretenait, entre deux soupirs, de ses parents, de son chat, de son coiffeur, croyant ainsi trouver une contenance qui la rendrait respectable. Mais personne n'est respectable quand il est flambant nu. Je continue donc, d'une autre façon, à dévoiler la vérité tout en pénétrant mes concubines improvisées qui se trouvent plongées subitement dans le maelstrom apocalyptique de mes pensées. Une fois, une femme fut si surprise par ce genre de performance à laquelle elle avait été mêlée presque sans le vouloir la veille de son départ pour la Floride qu'une fois rendue sur la plage, elle me vit constamment, étendu parmi les nuages comme un dieu méditatif accompagnateur de ses songes. "Tu es vraiment très fort, me dit-elle au retour ; je te voyais partout, tu étais grand comme le monde". Sans trop savoir ce qui se passait, son mari demanda par la suite le divorce parce qu'il croyait que sa femme avait des visions. Je crois bien que toute ma vie se passe entre les femmes, et la philosophie parce que ce sont les femmes qui sont les principaux véhicules de ma philosophie dans la société d'une part, et que d'autre part la philosophie est la seule attitude intellectuelle qui me rende vraiment heureux. Je parle donc aux femmes pour les subjuguer, les séduire, les instruire. Je parle aux foules pour tenter de leur communiquer le goût de l'éveil. Et je parle encore quand j'écris, puisqu'en fait je dicte de plus en plus et que le langage articulé qui sort de mon esprit est davantage conçu pour être parlé qu'écrit. Je rejoins donc l'art des sorciers primitifs tout en me comportant comme un visionnaire de l'ère du Verseau familier des ordinateurs et des média. Je suis rarement malade, mais je connais des moments d'épuisement subtil provoqué par des surdoses de travail. Tout ce que je souhaite au plus profond de moi-même, c'est d'en arriver un jour à ne plus avoir à courir les routes du Québec comme je le fais pour rester chez moi à écrire, en réponse aux commandes des éditeurs. Je me vois installé devant une grande baie vitrée avec une pile de feuilles bleu lavande à la portée de la main, entouré de deux ou trois personnes m'alimentant en nouvelles, impressions et renseignements divers susceptibles d'inspirer ma plume. Je peux encore passer un mois à lire un traité de fond en comble, mais de façon générale je repère très vite ce dont j'ai besoin pour écrire dans les livres. J'ai développé un don de seconde vue qui me permet de connaître le contenu d'un livre en le palpant et en le feuilletant rapidement. Je peux ainsi, en un clin d'œil, passer à travers la bibliothèque d'un ami que je visite et parvenir à savoir des choses sur son compte que personne ne connaît, sauf sa femme ou ses anciens professeurs. Mon lieu privilégié de séjour est mon lit. Je m'y retrouve si parfaitement moi-même que je comprends ces dieux antiques représentés étendus, la tête appuyée sur la paume de la main, en train de manger une grappe de raisins. Ce n'est pas le travail mais la paresse intelligente qui est la clé de l'avenir. L'attitude vraiment créatrice repose non sur l'activation à outrance, mais sur la passivité et l'abandon, car on ne peut faire fondre les limites du mental ratiocinateur qu'en se plongeant dans la *dolce farniente.* Comment un homme peut-il être un fou, un saint, un génie, un écrivain, un philosophe, un amoureux, un fils aimant, un culturiste et un personnage de la télévision sans éclater ? La réponse à cette question est très simple : quoi que je fasse, je m'en fous ! Mais alors, même là, je vise l'excellence.

-40-

L'ABSURDITÉ DU RIGORISME ÉTHIQUE. – J'aurai connu dans ma vie à la fois le calme lumineux des détentes suprêmes, aériennes, jovialistes, et la tempête de l'action consciente orientée vers le but unique de mon existence, être ! Ayant eu à réfléchir récemment sur les concepts de "vrai", de "juste" et de "droit" chez Kant, j'ai pu être en mesure d'examiner à quel point le rigorisme éthique me pue au nez. Est juste ce que tu fais conformément à l'appel puissant, fondamental que tu ressens en toi et rien d'autre. Est juste ce qui te ressemble, ce qui fait appel en toi à ton intimité profonde, à ta valeur essentielle. J'ai pu observer à maintes reprises des hommes tenter d'ajuster leur conduite aux lois sociales, extérieures, à un système de commandement impersonnel greffé sur leur propre conscience comme un appareil de sédition visant à les déposséder de leur liberté. Il y avait parmi eux des hommes très valables, honnêtes, sérieux, authentiques. Je ne peux pas dire qu'ils n'étaient pas conscients, mais il leur manquait de pouvoir jouer, d'être heureux pour rien, de connaître la grande excitation colorée de la vie totale, et je peux dire que tous ont échoué lamentablement. Il y avait parmi eux de bons amis. Certains plus âgés que moi auraient pu être des modèles pour moi, mais j'étais déjà trop proche de moi-même, trop résolu à ne pas me laisser décentrer, trop désireux d'incarner pour moi-même mon propre idéal en vivant consciemment, en essayant d'être. Je n'ai jamais pu dissocier d'ailleurs le rigorisme en éthique du formalisme en éthique. Il faut que ce qui constitue la norme idéale de l'action soit un plan incitatif, moqueur, aimant, susceptible d'orienter notre vie de chaque jour vers le mieux et non une espèce de discipline érigée en vindicte hétéronome chargée d'abolir tous les instincts. Le durcissement des normes imposées à la conduite humaine est dû à une sorte d'aveuglement provoqué par le fait que nous n'acceptons pas d'être Dieu, de vivre dans la claire et éclatante lumière, dans la joie parfaite d'être nous-mêmes, de nous aimer profondément et de nous vouloir du bien. Partout où ce durcissement a prévalu, je n'ai plus ressenti l'éclat paradisiaque de la vie magique, totale et inspirée. Au moment où je dicte ces choses, la tête pleine des sourires d'Andrée, de Francine, de Madeleen, je cherche un endroit où garer ma voiture non loin de l'Hôpital Saint-Luc, où ma mère se trouve depuis deux mois, et je n'en trouve pas. À peine ai-je fait cette constatation qu'une place se libère devant moi. Le jeune homme roux au volant de la voiture qui s'en va me sourit ; il m'a reconnu. Je ne sais pas s'il s'est dit : "C'est le Dieu Vivant", ou bien s'il a pensé : "C'est le comique de la télévision". Ce n'est pas important. Il fait ma chance aujourd'hui. Il semblait bien sympathique. Je bénis cette opportunité, et le jeune homme roux et son sourire qui disparaissent progressivement de l'espace de mes pensées au fur et à mesure que je marche vers l'hôpital par ce bel après-midi plutôt froid de fin d'hiver. J'apporte avec moi une tablette de suppléments alimentaires pour arriver à me tenir debout, car j'ai mal dormi depuis des semaines, j'ai mal mangé et j'écris sans arrêt dans une atmosphère de fièvre qui mobilise toute mon attention et ruine ma mémoire des choses empiriques courantes. J'ai acheté pour ma mère des journaux sur la vie artistique et je lui apporte en outre *La Presse* du dimanche. Au moment où je traverse la rue, je prends conscience de ma joie énorme et ma splendeur êtrique éclate autour de moi, englobant le monde. Un concert de klaxons accueille mes réflexions alors que les automobilistes cherchent à m'éviter. Mais la force est avec moi. Ils ne peuvent me frapper. Je ris de ces bolides qui m'entourent en grondant. Je gravis quatre à quatre les marches qui mènent au 3e ouest, rencontrant infirmières, médecins, visiteurs, mais toujours me rencontrant moi-même, me retrouvant partout. Dès mon arrivée, la senteur aseptisée de l'hôpital agresse mes narines. L'homme essoufflé qui marche dans ces corridors n'est pas vraiment moi. Je ne suis qu'une esquisse de quelque chose qui n'existe pas encore totalement. Un enfant qui bâille me regarde. Le poste de garde est désert. Je pousse la porte de la chambre de ma mère. Au moment où elle m'aperçoit, elle lance des cris de joie ; elle m'embrasse. Je lui annonce que j'ai lavé moi-même ses vêtements souillés avec beaucoup d'amour. Elle me dit : "Tu n'aurais pas dû. Tu sais, c'était un accident". Mais je la rassure en lui souriant ; elle prend mon visage entre ses mains en m'abreuvant d'exclamations de gratitude, de petits mots d'amour et de tendresse. Une énergie formidable pénètre en moi, sans doute un effet du travail accompli mais aussi une conséquence de cette exultation si caractéristique de l'état d'extase êtrique dans lequel je me tiens toujours. Un peu plus tard, en revenant de la cafétéria où je suis allé chercher du café pour ma mère, j'observe les infirmières drapées dans leur uniforme, dévoilant à mon imagination une chair désirable que seul ce fragile rempart de tissu empêche de déborder sous mes yeux. Certaines ont une démarche aguichante et prennent le temps de s'assurer à la dérobée que je les regarde. L'une d'entre elles prend plaisir à me frôler au passage en me faisant des sourires. Inutile, me dis-je à moi-même, de commencer quelque chose que je ne pourrai pas terminer. Elles finiront par me gagner et j'irai chercher du café pour tout le poste. Après de longues minutes d'entretien avec ma mère, où j'ai vu son visage s'éclairer sous le coup des douceurs que je lui ai prodiguées, j'ai l'impression d'avoir contribué à transformer le monde d'une façon plus subtile et je suis tout fier de moi. Comme je le constate très souvent dans le milieu hospitalier où j'ai à intervenir pour permettre à ma mère d'obtenir des soins plus adéquats, rien ne résiste à la gentillesse et au sourire. Il me suffit de demander quelque chose pour l'obtenir. On a même fait des entorses au règlement pour me satisfaire. Même les visages les plus fermés s'éclairent quand on procède avec diplomatie. Je suis sûr que la guerre avec l'Irak aurait pu être évitée si on avait accepté de jouer avec le problème du Koweit. Les Arabes sont des vénusiens qui aiment sentir qu'on les sollicite. On aurait dû envoyer la chanteuse Madonna auprès de Saddam Hussein puisqu'elle le proposait. Elle était prête à faire l'amour avec lui pour l'amener en douceur à changer d'idée et à évacuer le Koweit. Son offre n'a pas été retenue. Elle eut sûrement passé aux yeux des musulmans pour une putain infidèle, mais cela eut mieux valu pour Saddam que de céder à la pression des armes et finalement du rigorisme éthique, car c'est bien de cela qu'il s'agit, n'est-ce pas ? Cette expression de "nouvel ordre mondial" utilisée par les Américains était déjà présente chez Marx qui s'en servait pour annoncer une société communiste plus juste, sauf que se profile derrière elle l'exigence d'un moralisme excessif aux conséquences désastreuses pour l'humanité. La paix est revenue, dit-on, mais deux pays ont été presque entièrement détruits pour sauver la loi morale. Je ne vois pas comment on peut sauver quoi que ce soit en tuant tout le monde. Je me retrouve maintenant au volant de ma voiture sur le pont Jacques-Cartier au cœur d'une circulation fébrile. Je me rappelle qu'enfant, j'empruntais ce même chemin avec mon père quand nous allions à la pêche à l'île Ste-Hélène. Nous nous installions tout près du quai où plongeaient les baigneurs, car toute cette agitation dans l'eau attirait le brochet, poisson très curieux de nature. Il y avait toujours à cet endroit une atmosphère de joie sans âge, peut-être à cause du contexte qui se prêtait à la détente, à la farniente, peut-être aussi à cause de l'eau. L'élément aquatique invite tellement à la relaxation, au ressourcement. Et puis, il y avait les poissons. Dans mes rêves, ils apparaissent toujours comme des symboles d'abondance, comme des cadeaux du soi. C'est à cette époque que j'ai constitué les principaux archétypes de mon imaginaire, que je suis devenu puissant, inventif, frivole, ludique, ému devant ma propre grâce et ma propre beauté. Ce midi, avant de quitter mon appartement, sous la douche, tout en promenant mes mains sur mon corps que je caressais doucement en le félicitant de me servir si bien en ces moments de grandes dépenses d'énergie, j'avais l'impression de retrouver le paradis de mon enfance, une sorte de monde sans frontière dominé par l'excitation, le désir, la beauté, la transparence, l'amour maternel complice de mes jeux interdits et pourtant si doux. Curieusement, c'est quand je suis nu au soleil l'été, près de la piscine avec Madeleen, sur ma terrasse, quand les femmes m'observent à la dérobée en faisant leurs commentaires sur mon anatomie et mon mini cache-sexe, que je me retrouve le plus près de l'absolu. Je crois que chaque humain est une explosion de parfums, de couleurs, d'harmonies, d'audace, de créativité, de jubilation, de doux éclats de beauté. Rien de tout cela ne confine à la morne exigence de la loi générale qui nous veut ternes, soumis, sérieux, un peu comme le sont les hommes d'affaires pressés de l'univers qui se promènent avec leur attaché-case autour de la planète pour vendre des bombes ou des boniments. Cette splendeur païenne, pure et vraie ne peut être ni enrégimentée, ni aliénée, ni rationalisée, ni militarisée. Être, dans l'acception la plus large du mot, est un défi lancé à la règle commune, à l'esprit d'obéissance. Je cingle maintenant vers Drummondville à bord de ma Oldsmobile. J'observe la nature mise à mal par l'hiver, la pollution, le manque de soleil. J'ai peu de respect pour le pouvoir qui a conçu tout cela même si je sais qu'il séjourne en moi avec ses imperfections. Rien n'est achevé ici-bas. Tout n'est qu'un prisme où s'émiette la lumière. Comprend-on que je préfère ignorer la nature dans laquelle je ne vois que la projection de nos pensées limitées ? Quand je considère mon monde, j'entends par là mon être sous toutes ses formes ; cela n'exclut pas la nature qui est recueillie, certes, mais qui échoue souvent à exprimer cette exubérance étrique totale, cette abondance pâmée que je sens en moi. Je ne peux que m'étonner devant cette expression fantasmagorique de moi-même qui illustre perpétuellement ma capacité de création comme si je n'avais pas le choix de ne pas me retrouver devant certains aspects objectivés de ma propre subjectivité emballée. Au moment où je note ces pensées, une CRX tente désespérément de me doubler en me faisant bouffer sa pollution, comme pour me rappeler qu'au cœur de la joie, de la beauté, subsiste encore une machination, un danger, la mort sur terre accompagnant toujours les plus hautes réalisations. Il y a pourtant autre chose à vivre, à créer, à inventer. Par-delà les lois, il y a une liberté encore plus grande. Il est vain de s'obliger à payer un prix pour jouir d'un privilège. Seule une très grande facilité peut nous permettre de dépasser le cortège des obligations.

-41-

L'INVERSION DU RÉEL. – Il est extrêmement rare de rencontrer quelqu'un qui prétend incarner à lui seul une vision totalement contraire à toutes les coutumes, toutes les traditions, toutes les idées à la mode et toutes les philosophies. C'est le genre de performance que j'ai réussi presque malgré moi à force de me respecter, de rester fidèle à mes principes. Je devine ici que plusieurs de mes lecteurs s'étonneront de m'entendre parler de principes, puisque ma pensée détruit à elle seule un si grand nombre de principes qu'on peut se demander s'il en reste encore. Eh bien, oui, il reste les miens ! Contrairement à Malraux qu'on décrit comme un visionnaire institutionnel, je suis un praticien mystique opposé furieusement à la loi générale, à l'ingérence des institutions dans la vie individuelle, à l'action de l'État-Providence, au Nouvel Ordre Mondial ainsi qu'à l'appareil manipulateur ploutocratique dans son ensemble. Peut-être est-il difficile d'admettre qu'un seul être puisse attaquer avec autant de vigueur et d'enthousiasme un aussi grand nombre de principes et continuer à mener une vie prodigieuse, énorme, totale, vouée à la création, destinée à servir d'exemple aux générations futures et portant haut le mépris de l'historisme. Mais il est très facile d'en arriver là. Je n'ai pas, comme Mérimée, à me mesurer avec des monuments historiques, ou comme les Français modernes avec de Gaulle et Napoléon, pour savoir ce que je vaux et qui je

74

suis. Si je connais bien le domaine des idées et le monde classique, c'est que je m'y suis trouvé à l'aise. Je n'ai pas cherché à m'y identifier. Ma philosophie est sans justification ; elle ne se compare à rien, elle ne ressemble à rien. Elle est l'expression parfaite de ma pensée et celle-ci se veut libre de tout. Il est possible que le Jovialisme en vienne un jour à inspirer la planète entière et peut-être le cosmos parce que c'est une philosophie qui exprime la richesse de la vie au cœur même du mouvement de l'être. Si quelqu'un vient me dire que je suis un voleur, un intrigant ou un blasphémateur, je ris. Je ne suis pas sensible aux accusations. Si l'on m'assure que je suis un comédien, un farceur, un plagiaire, un misérable, je ris encore. Pourquoi ne rirais-je pas ? Ce que la grande masse des gens pense est bon à jeter aux poubelles. On est si bien quand on s'appartient, quand on est réfractaire aux modes, aux conventions, aux compromis, quand on dit tout haut ce que l'on pense et qu'on ne veut rien entendre d'autre ! Le réel a tort. Et je sais pourquoi. Les représentations que nous constituons ; une fois laissées à elles-mêmes, deviennent le réel schizophrénique, hystérique, épileptique. Tout en se développant dans l'immanence de notre pensée, il finit par nous échapper même s'il nous ressemble, car il est un peu comme une caricature face à son modèle. Cette tendance qu'ont les phénomènes à se suffire en surface n'est qu'une forme de cinéma due aux abstractions de notre mental. Nous n'avons rien à voir avec tout cela. Il nous faut nous débarrasser très vite des systèmes, des structures, de la paperasse, des fonctionnaires, des codes civils, des lois, des juges surtout, des Églises et des prêtres. Voilà un tas d'enfoirés qui sous prétexte d'incarner la dignité de la loi ne font que le jeu d'un système qui ruine la liberté. C'est pourquoi il y a dans ma joie de l'hostilité, un goût de renverser l'ordre des choses dans un élan barbare inspiré, un défi lancé à la face de tous ces misérables vendus qui prétendent gouverner le pays alors qu'ils s'emplissent les poches.

À LA LIMITE DE LA CRÉDIBILITÉ. – Le ciel tout entier est joyeux. Comprendre cela, c'est saisir l'enthousiasme caractéristique des mouvements cosmiques. De plus en plus, je m'oriente vers une conception cosmique des émotions. La joie, le désir, la terreur ou la colère sont déjà dans la pierre et s'épanouissent dans les plantes. Il s'agit de regarder toutes choses dans leur signification profonde. Le voyageur égaré dans la forêt hivernale sent l'engourdissement du froid qui va lui enlever la vie comme une joie. Il peut regarder tomber les flocons de neige comme une pluie de micro-météorites scintillants qui s'agitent dans toutes les directions à la façon des gerbes d'atomes soumis à l'action du principe de déclinaison ou *clinamen* dont parle Épicure. Il peut même s'asseoir tranquillement et sourire à la fantasmagorie qui se déroule devant ses yeux. Qu'a-t-il à perdre ? Une illusion. Même la mort est extase. Surtout la mort, devrais-je dire, car elle emporte avec elle la ruine du mental. Je vois même dans les hôpitaux les spécialistes de la bonne mort inviter leurs patients en phase terminale en ces mots : "Venez vous faire éteindre, laissez-nous ruiner votre mental. Nous viendrons à bout de toutes les formes de votre cinéma quotidien". On m'accusera sans doute maintenant de parler de la mort, mais il faut bien mourir lorsqu'on est dominé par des pensées limitées. Et je parlerai bien également de l'immortalité, puisqu'on peut vivre éternellement quand notre esprit est dominé par des pensées d'infini. Pour le moment, je suis plutôt en quête d'expériences qui permettraient aux individus de dépasser leur propre cinéma sur cette terre. Ces expériences que j'ai déjà décrites dans *Pour réveiller le Dieu endormi* constituent le plus beau recueil de perceptions subliminales qu'une personne puisse expérimenter dans sa vie. Beaucoup d'humains ont fait des expériences concernant l'au-delà au cours de leur existence : apparitions de fantômes, expériences de dématérialisation, d'ouverture, de symbiose, communications extrasensorielles, voyages astraux, rencontres du troisième type, extases mystiques, etc. Mais peu d'entre eux ont compris que la vie était fusion, exubérance, débordement. Ce qui effrayait tant Pascal dans le ciel nocturne, c'était sa propre peur de l'inconnu. Il redoutait la rencontre avec le Dieu transcendant. En réalité, s'il avait été réconcilié avec lui-même, il aurait pu danser de joie en regardant les étoiles briller. Je suis cette joie qui anime les enfants dans les cours de récréation des écoles, le grouillement humain des rues du centre-ville vu d'un soixantième étage ou le Christ pantocrator des mosaïques byzantines. Je ne suis plus séparé de rien de sorte que ma joie est une joie cosmique inaltérable et folle.

-43-

DES JÉSUS ET DES LAO-TSEU INNOMBRABLES. – Je me demande si les couples qui font l'amour songent à commander aux forces cosmiques un dieu ou une déesse dont ils auront la charge une fois leur enfant né. Les gens osent si peu. Peut-être, au mieux, espèrent-ils que leur enfant soit une étoile du hockey ou du cinéma. Rêve-t-on encore en faisant l'amour ? Y a-t-il sur terre des couples qui songent aux cieux infinis en se disant qu'ils reflètent leur propre immensité intérieure ? La psychanalyse nous a habitués à une sexualité grossière et banale. Mais il existe aussi une sexualité-lumière, une sexualité créatrice, spirituelle et cosmique. Quand je songe que mes masturbations d'adolescent étaient colorées de culpabilité et qu'il m'a fallu me battre avec moi-même pour en arriver à faire de celles-ci des expériences de construction de mon être, je comprends que j'arrive de loin. Il m'en a fallu du courage pour rêver à vingt ans de faire l'amour sur les autels ou imaginer un prêtre en train de bénir mes accouplements vicieux. Je cherchais à créer des collisions ou des collusions, comme

vous voudrez. Il me semblait important de défendre la liberté de pensée et d'action. La perspective que tel lutteur
connu était une ex-religieuse qui avait changé de sexe ou
que le petit garçon de la rue d'à côté était mort étouffé, la
tête prise dans le vagin de sa mère, faisait délirer mon cerveau. J'avais l'impression que si je ne faisais rien pour moi
d'important, personne d'autre ne le ferait. Il me fallait exploser. Et les visites que nous rendions ma mère et moi à
une très riche parente qui se faisait servir ses repas dans
de la vaisselle d'or ont sûrement contribué beaucoup à attiser mon imagination et à réveiller en moi un entendement
gigantesque. Mystères du Moyen Âge, utopies socialistes,
scandales du bizarre, orgies de neuf jours, rencontres avec
des extraterrestres, apparitions du fantôme d'Elvis Presley,
tout me séduisait. C'était ma façon à moi de me sortir du
quotidien, de m'aider à devenir un être supérieur et finalement un Dieu. Je n'ai pas oublié les leçons que m'a dictées
mon solide appétit de gloire ni les expériences prodigieuses
que mon instinct sexuel débridé m'a amené à vivre. Pour
devenir un Jésus ou un Moreau, il faut de l'audace, du cran,
du défi, de la violence, des visions et le choc brutal de la
réalité. Les batailles que mon père livrait aux rats qui in-
festaient la maison ont inspiré ma vie. Jamais je n'ai cru
véritablement à l'enfer ou au châtiment pour nos fautes. Le
mal n'était pas plus important que ces rats aux yeux cruels
que mon père tuait à coups de pelle. Oui j'ai reconnu la
beauté partout, même au cœur du mal, au fond des cours
sordides et même dans les dépotoirs. L'individu qui veut
s'éveiller doit se pousser lui-même vers le haut. Il sait
d'instinct comment il faut se comporter pour s'allumer intérieurement. Au point de départ, il accepte de choquer, de
déplaire, de décevoir. Mais en même temps, il sait qu'il reti-
rera une immense popularité du fait d'être lui-même. Même
si je n'avais communiqué à mes contemporains que cette
conviction qu'il faut s'aimer démesurément pour devenir
Dieu, j'aurais accompli une grande tâche. Il y a, tout autour

de nous, dans les quartiers populaires, des jeunes génies, des surdoués, de futurs créateurs auxquels il faut accorder un soutien immédiat. Qu'on se le dise et qu'on cesse d'alimenter les téléthons pour venir en aide aux misérables et aux handicapés.

-44-

NOCTURNE AUGURE. — Une goutte de sang est comparable à une galaxie, disait l'inventeur du LSD. Notre corps est un conglomérat de sensations intégrées à des représentations. Ce qui est ici est comme ce qui est en haut, dans l'unité de la présence totale. Moi, l'homme du jour, c'est la nuit que j'examine mes pensées. Les messages venant du Soi, les splendeurs du cosmos intérieur sont plus claires quand tout se tait. La nuit, on peut entendre le bourdonnement du sang dans ses oreilles allongé sur son oreiller, on peut saisir les pensées d'un massif végétal qui nous caresse en passant, on peut communier à l'aura d'une ville, voir monter et descendre des forces invisibles le long de l'échelle de Jacob. Nos perceptions sont différentes parce que notre ouverture-toucher pluridimensionnel contact chaleureux-joie-hilarité-goût-ferveur êtrique-béatitude joue à plein quand les interférences du jour se sont tues. Alors on peut sentir venir à soi des réalités transcendantes qui s'actualisent au cœur de l'immanence de la pensée. La nuit, les fleurs, les sons, les harmonies, les pierres, les œuvres d'art nous font la confidence de leur intimité débordante comme si l'inanimé s'exprimait soudainement par des mouvements furtifs, des pensées sourdes, des intuitions océaniques. De même que le sommeil anéantit le dormeur, les impressions nocturnes éveillées anéantissent la raison. C'est la nuit qu'agissent les poètes, les amoureux et les grands chefs de guerre. Ils ont des yeux pour voir dans les ténèbres. Ils se servent de l'abîme pour favoriser leurs plans. Ils descendent au tombeau pour préparer la résurrection. La respiration change la nuit. Hugo disait du dormeur : "Il n'est pas dormant, il est planant". Je me sers de cette force qui travaille autrement, de cette lumière obscure qui éclaire d'une autre façon pour percer à jour les secrets de l'existence et me rappeler à moi-même que je les ai constitués à partir de cette énergie que je retrouve la nuit comme une force qui m'est déjà trop connue mais dont j'ai à me ressouvenir.

-45-

UNE ÉPIPHANIE DU CERVEAU. – Chaque fois que je commence à dicter à Andrée, elle se met à éternuer. Sont-ce mes pensées piquantes ou mes odeurs intimes exotiques qui provoquent chez elle cette réaction ? Ma peau sent-elle l'ambroisie ou la cannelle ? Suis-je l'encens offert à mon être qui titille tant les narines de la belle Andrée ? Il m'arrive de penser que mon cerveau a besoin d'étranges nourritures pour pouvoir fonctionner en parfaite symbiose avec les pensées ailées qui descendent sur lui des hauts cieux de ma psyché-univers. Pas besoin de prendre du LSD dans mon cas. Je peux assister à une tempête magnétique sur la planète Neptune, contempler une grenouille sur un nénuphar de l'étang voisin, passer une matinée glorieuse à prendre des cafés crème au 1 Côte Ste-Catherine ou rêver des mégalopoles jovialistes futures sans même absorber ne serait-ce qu'une aspirine. Ma force vient de ma passion intérieure pour moi-même, de ma capacité de me ressourcer au contact de ma propre substance, d'écouter le murmure êtrique immanent que me révèle ma troisième oreille. Je considère tous les gens qui viennent me visiter pour m'acheter un livre ou me consulter comme des pèlerins en fleurs venus s'épanouir auprès de moi. Ce sont des gens qui ont abandonné depuis longtemps l'idée d'acquérir du pouvoir par l'argent et qui se targuent de trouver dans leur harmonie propre la clé de l'abondance de l'infini. Apprenez comme moi à investir de conscience chaque battement de

80

paupières et vous découvrirez la ronde des molécules multicolores qui créent leur propre spirale énergétique. L'existence sur terre est une fête dans la mesure où l'on se reconnaît capable de faire jaillir la joie de ses tréfonds. L'exultation de l'être est ce qui crée dans ma vie de tous les jours
cette atmosphère de familiarité avec les choses de l'au-delà.
C'est en découvrant la nature de mes perceptions que j'ai
compris que je pouvais dépasser la simple appréhension des
phénomènes et me retrouver en eux, à travers eux, dans
une sorte d'univers limpide fait de conscience, de liberté et
de bonheur. Aussi me suis-je progressivement entraîné à
provoquer en moi des kyrielles de joyeuses pensées, des
applaudissements émotionnels innombrables, des rires
cosmiques inusités, des débauches anarchiques de concepts
irrationnels, et tout cela dans le but de m'inciter à la défonce métaphysique. J'avoue m'être servi un peu de l'alcool,
mais rien ne m'a autant aidé que la sexualité en fête. Tel
Ponce de Léon qui cherchait l'élixir de vie en Floride, je me
promenais dans mon jardin magique intérieur en quête
d'immensité, d'éternité et de divinité. J'ai seulement compris avec le temps qu'il n'y avait rien à trouver parce que
j'étais déjà en possession de l'absolu. Cette seule évidence
nourrit toujours mon cerveau et le plonge dans des catarac-
tes d'épiphanies ensoleillées.

-46-

L'ÉVEIL EST UN PÉRIL POUR L'ORDRE ÉTABLI.
– Je suis sûr que je vais mettre la main un jour sur la formule qui va me permettre d'éveiller les gens en série, non
que je ferai le travail à leur place – car cela est une chose
qui relève de la liberté de chacun – mais bien parce que
j'aurai réussi à rassembler en un même point ceux qui sont
prêts pour la visitation suprême de leur être. Je rêve à
l'équivalent mystique de ce que fut la Renaissance historique italienne. Le *quattrocento* avait produit un véritable

archipel de génies. J'aurai provoqué l'explosion de l'assemblée des dieux. Berkeley parlerait de la république des esprits et Husserl de la communauté gnostique des sujets pensants compossibles *a priori*. Il n'est pas question d'évolution ici, mais d'harmonisation. Je ne crois pas que nous puissions aller au-delà de nous-mêmes, puisque nous sommes Dieu. Mais nous pouvons transcender nos imperfections natives en faisant exploser nos cadres rouillés et nos vieux moules. Quand j'invite les jovialistes à vivre totalement leur volonté, je ne les invite pas à sombrer dans une sorte d'égocentrisme grossier mais plutôt à se lancer dans le développement infini de leur individualité superjective. Point nécessaire de renoncer au Moi empirique ici ! L'important réside dans la conversion. Il s'agit de laisser tomber en nous le flic-dans-la-tête, de renoncer à cet appareil de torture personnel qu'on appelle la conscience morale et d'assumer en toute impudicité la beauté troublante de notre "Je suis" intussusceptif pantocrator. Il y a un tas de gens qui ne croient pas à leur être. J'ai même rencontré un grand professeur qui lisait mes livres depuis des années sans y croire. Peut-être considérait-il la découverte de ma pensée comme un exercice intellectuel distrayant. Jamais il n'a soupçonné que la pratique de l'être dont je parlais équivalait à devenir Dieu dans les faits. Son oreille était charmée par mes propos, mais son cerveau n'enregistrait pas les évidences que je lui communiquais. En d'autres mots, il ne faisait pas confiance à son système nerveux. Je découvris par la suite qu'il vivait dans une angoisse perpétuelle, que ses convictions les plus élémentaires reposaient sur la croyance en la matière. Or, il enseignait précisément le contraire. Je connais beaucoup de ces gens dont Héraclite dit : "Présents, ils sont absents". C'est comme si un mécanisme de défense intervenait en eux pour les détourner des effets de l'éveil. Je reconnais là les conséquences de la loi générale dans la vie des individus trop faibles pour lui résister. Il n'est pas rare qu'une de ces personnes imbues d'elles-mêmes vienne me faire des confidences déroutantes sur sa vie intime, comme si elle espérait trouver en moi un complice qui lui dirait : "Va donc, tu sais très bien que ce que j'enseigne est une façade et qu'au fond, je ne suis sûr de rien". Quand alors je me refuse à pactiser avec elle, elle s'en retourne comme si elle avait perçu dans mon attitude un énorme manque de confiance à son endroit du fait que j'aie refusé de me livrer à elle totalement et sans protection. Or, j'ai pleinement assumé dans mon vécu les conséquences pratiques de mes deux conceptions fondamentales : 1- la critique de la matérialité abstraite ; 2- l'immanence de l'absolu au relatif, en d'autres mots que la matière n'existe pas et qu'en conséquence, il n'y a pas de Dieu transcendant. Je n'entretiens aucune distance métaphysique entre moi et ce que je pense. Constamment, je passe de la pensée à l'acte et même il m'arrive de penser mes conceptions en les pratiquant, tellement il me semble absurde d'élaborer d'une part un système de pensée théorique et d'autre part une éthique chargée de déterminer ma conduite pratique. J'ai aboli tous les ponts, j'ai annulé toutes les distances imaginaires ou réelles, j'ai condamné tous les chemins. Mon être constitue l'essentiel de mes pensées.

-47-

LE PÉCHÉ CAPITAL DE LA NUDITÉ ET DU RIRE. – Il faut une certaine dose d'intelligence pour vouloir son propre bien et pour comprendre que c'est ce que chacun veut sur terre. La majorité des gens sont dépourvus de cette lueur minimum d'esprit qui leur permettrait de s'aimer. Ce qu'ils éprouvent n'est donc pas de l'amour, mais une forme d'égoïsme minable qui n'a rien à voir avec le narcissisme, car celui-ci au moins les sauverait de la laideur. Sans doute me dira-t-on que ce n'est pas là le sens du narcissisme et que les gens qui sont affectés de cette pathologie sont au fond d'eux-mêmes très malheureux. Mais, comme en toutes choses, j'ai voulu donner un ton aimable aux excès les plus outranciers comme aux perversions les plus graves. Il m'a semblé assez vite, au cours de mes réflexions, que l'individu qui parvenait à se trouver beau et à s'aimer avait plus de chance de passer au travers des difficultés de la vie. Malencontreusement, depuis que cette plaie spirituelle du judéo-christianisme s'est étendue à toute la planète, les regards d'admiration envers soi-même sont devenus des regards empoisonnés par la haine de la chair découlant de cette morale insurrectionnelle anti-vie dont le but est de ruiner à jamais l'érotisme et la volupté. Aussi, la plupart des humains sont-ils tout à fait incapables de savourer leur nudité en riant et en se caressant sans éprouver d'affreux sentiments de culpabilité. Bien sûr, on a voulu compenser pour cette carence en créant des camps de nudistes un peu partout. Mais les avez-vous observés, ces fameux camps ? Les gens s'y prélassent derrière des palissades de façon à soustraire leur anatomie aux yeux des non-initiés et tout geste sexuel ou lascif est interdit dans cette enceinte naturiste, comme si le corps nu ne devait plus inspirer le désir et qu'on devait le dégénitaliser pour satisfaire aux préjugés qui entourent la nudité. Tout ceci est totalement absurde et je ne serai satisfait que le jour où les lois permettront aux hommes et aux femmes de s'accoupler en public au soleil sans avoir à demander de permission à qui que ce soit. Il est évident que dans le contexte où nous vivons, avec ses rythmes effrénés et ses tensions violentes, l'idée qu'on puisse faire la fête à son corps semble anachronique. Les produits et les soins de beauté sont un luxe que seuls les plus riches peuvent se permettre, si bien qu'en fin de compte, toute attention portée au corps semble contraire aux usages naturels du plus grand nombre. Et je ne considère pas la frénésie qui s'est emparée de ceux qui fréquentent les salles d'entraînement ou qui s'exténuent à faire du jogging comme une attitude particulièrement saine à l'égard du corps. Les sports sont généralement dépourvus de cette volupté si nécessaire au corps angoissé par ses tâches quotidiennes. L'exercice physique devient une tension supplémentaire orientée à l'attrait de la silhouette idéale par la perte des kilos à tout prix. Hormis l'antigymnastique qui semble s'inspirer d'une attitude jovialiste, nous n'avons pas encore créé un système de paresse qui rende justice aux besoins du corps qui se nourrit surtout de l'admiration dont on l'entoure. Tout individu dans une chair cherche à se montrer nu dès qu'il se trouve beau. Il veut se faire désirer, apprécier, féliciter, car il sent que son rapport à autrui passe par la complicité de la beauté partagée dans l'harmonie. Mais voilà, la nudité joyeuse, impudiquement étalée, sollicitant les applaudissements et la participation active des spectateurs qui la contemplent, passe pour un péché capital dans notre société. Je ne sais pas combien de siècles il nous faudra encore pour échapper à la condamnation de la chair érigée en devoir pervers par la chaste morale de l'Occident.

-48-

LA PETITE BÉATRICE A VU LE PARADIS. – C'est en ces mots que l'agence France-Presse a fait grand état il y a quelques années de l'expérience qu'a vécue cette jeune fille de treize ans avant de mourir pour de bon. Après avoir été présumée morte pendant trois heures, elle s'est réveillée pour dire à ses parents : "J'étais dans un pays merveilleux", avant de s'éteindre quelques minutes plus tard. La télévision s'est emparée de cette affaire, qui s'est déroulée en Italie, car elle y a vu une possibilité d'éclaircir le mystère de l'au-delà. En réalité, Béatrice n'a fait que se détendre au maximum devant la perspective de sa disparition physique. Ramenée à la vie par quelque mécanisme énigmatique, elle a eu le temps de décrire ce paradis où plonge tout individu normal qui cesse de se débattre furieusement et renonce à ses habitudes convulsives. En fait, tout individu pourrait vivre dans cet état sans mourir s'il acceptait seulement de lâcher prise, de se relaxer, de capituler devant les exigences absurdes de la réalité schizophrénique. L'homme dont toute la vie a été employée à assumer son être est rempli d'une légitime assurance devant la mort, parce qu'il se sent déjà sans frontière et qu'en un certain sens, il a renoncé depuis longtemps à se démener pour rester en vie. Il devient alors une sorte de suicidé vivant tout à fait joyeux et sans besoin. Ses désirs sont imprévisibles parce qu'inspirés de l'arbitraire de son être, mais il n'est plus lié à eux ; du fait d'avoir renoncé à leur étroitesse. Tout saint, tout sage est un homme de désir, car, débarrassé du besoin, son désir est pur, créateur, violent, essentiel. La réalisation n'est possible que par la multiplication de ces désirs fous et bienheureux où l'on retrouve la spontanéité des enfants mise au service de l'accomplissement êtrique. Ceux qui prétendent qu'il n'y a plus de désirs au paradis sont des sots. Il n'y a plus de besoins, de dépendances, mais il y a toujours du désir, car l'être n'a de sens que par le désir d'être.

-49-

DES BULLES D'ÉTERNITÉ DANS LE TEMPS. – Samuel Alexander appelait ces phénomènes intemporels des objets idéaux éternels. Était-ce parce qu'en leur présence il avait l'impression de perdre la notion du temps ou parce qu'il entrait en les contemplant dans une dimension qui rappelle celle du rêve ? Je ne sais trop. Une chose est certaine, ce métaphysicien australien cherchait sans doute à échapper à l'évolutionnisme qui a tant marqué sa philosophie par le biais de ces objets idéaux qu'il présentait comme des hypercatégories du réel et de la pensée. Il est évident que ces phénomènes possèdent une troublante réalité pour tout individu qui rêve sans dormir et occupe son esprit à inventorier les richesses de l'infini. N'est-ce pas Pessoa qui disait que la vie est une pelote que quelqu'un d'autre à emmêlée ?" Il semble que tous ceux qui se sont penchés sur cette confusion vitale ont cherché à y jeter des balises permettant à l'esprit de trouver le réconfort dans ce monde chaotique. Ces objets purs sont autant de stabiles proposant à l'esprit un havre dans une mer de mobiles innombrables. Nous avons besoin de cette permanence, même si elle n'est qu'un oasis, car, comment autrement pourrions-nous échapper à la granularisation héraclitéenne du temps ? Ceux qui se raccrochent à un Dieu transcendant comme à une perspective de salut ignorent tout de la nécessité de vivre l'absolu au cœur de la vie quotidienne. Tout au long de l'Histoire, les classiques ont cherché à exprimer cette nécessité fondamentale par un retour à l'heureux paganisme des temps pré-chrétiens. Examinez les tribulations d'Ulysse, de Faust, d'Hamlet, de Gargantua ou de Don Quichotte ; vous n'y trouverez pas beaucoup d'auto-apitoiement. Ces hommes, s'ils ont effleuré la piété, ont plutôt cherché à s'en remettre à eux-mêmes qu'à un Dieu préexistant. Leur démarche est simple : créer un héros, l'établir dans un temps absolu, montrer qu'il se suffit même dans la solitude, le doter d'une inaptitude à vivre dans le réel empirique parce qu'il a la tête pleine des cieux dont il se nourrit. Nous sommes très proches ici de l'homme jovialiste qui voit fleurir son cerveau comme une promesse d'infini. Les classiques nous ont donné le goût de l'exploit singulier. Aussi nous amènent-ils à fixer notre attention sur les faits et gestes du héros archétypal qu'ils nous présentent. Seule une ironie très grande a sans doute permis aux génies qui ont conçu ces vies exemplaires de se passer d'un recours à la transcendance. Ils préféraient encore s'en remettre à la "nécessité" des Grecs, faisant de la vie de leur héros une fatalité en perpétuelle création à laquelle correspondait une liberté dangereuse. Avec l'avènement de la démocratie ; il est de plus en plus difficile de rencontrer un de ces archétypes vivants qui se veut Homo-Logos. Je n'ai pas honte de dire que la démocratie a nui aux lumières de la pensée, car elle nous a imposé la banalité du trop connu, une culture informatisée, une conception monotone de la vie. L'existence de ces objets idéaux éternels dont parle Alexander nous rappelle qu'il est absurde de fuir par en haut (vers Dieu), par en dedans (vers l'âme, vers l'inconscient), par en dehors (vers la matière), par en arrière (vers le passé) [ce qui élimine la possibilité d'un recours à l'évolution ou à la réincarnation] ou par en avant (vers l'avenir) [ce qui discrédite à jamais la notion d'espoir]. C'est le présent qu'il faut investir de pensée et d'être pour qu'il devienne l'élément absolu de la vie. Chaque fois que nous vivons une expérience d'infini, le temps s'abolit pour ne plus laisser subsister que ce présent vivant porteur de toutes les extases.

-50-

ORPHÉE, UNE ÉNERGIE À CONQUÉRIR. – Qui ne connaît pas la figure légendaire d'Orphée ? Ce dieu représente l'aspect le plus mystique et le plus irrationnel de la civilisation grecque. Il n'est que poésie, musique et mystère. On sait seulement que les Thraces l'honorèrent après l'avoir tué. C'était un peuple de cavaliers qui se déplaçaient beaucoup. Aussi accordaient-ils une grande importance au mouvement, à la lumière et à la royauté. La Thrace était située sur l'emplacement de l'actuelle Bulgarie. Dans ce pays, on pleurait à la naissance et on se réjouissait à la mort. Sans doute Orphée a-t-il existé d'une certaine façon, car il y a un fond de vérité à toutes les légendes. Je conçois qu'un initié puisse vouloir aller chercher son épouse jusqu'aux Enfers. Il s'agit là d'une volonté de reconquérir l'*anima* aliénée et de briser le sceau de la séparation ontologique. Orphée y est-il parvenu avant Jésus ? Je sais seulement que la tradition orphico-phytagoricienne fait état d'une science de l'immortalité qui se veut une sagesse pratique. Tout comme Jésus, Orphée vit en chacun de nous dans la mesure où nous lui accordons le privilège de représenter notre faculté de conversion en quelque chose de plus nous-mêmes que nous-mêmes. C'est pour moi une énergie à conquérir, à exprimer, à laisser être. Je me sens parfaitement à l'aise dans cette image d'un cavalier galopant du fond des âges pour venir apporter la lumière au monde actuel. Sans doute toutes les figures mythologiques qui ont incarné l'absolu dans le relatif n'en font-elles qu'une seule qui trouve son sens dans notre être profond constitué comme la ressource fondamentale de notre vie. Orphée, à ce titre, ne serait rien d'autre que la constitution d'une harmonie qui répond en nous à des potentialités expresses d'ordre infini dominées par une dynamique de l'insertion de la personne dans le "Je suis" intussusceptif.

-51-

LE ROI DE LA CHALEUR. – Je sais pourquoi j'ai peu d'amis. J'ai horreur qu'on me donne des conseils. Or, les amis, sous prétexte de vous aider, se mêlent constamment de vos affaires. Dès que quelqu'un devient un chef, il doit tous les congédier, car ceux-ci abuseront de lui tôt ou tard. D'ailleurs, les amis exigent l'égalité. Ils veulent vivre en démocratie. Impossible de leur vendre l'idée qu'on les dépasse de cent coudées. Ils ne veulent rien entendre. Leur unique but est de démontrer leur valeur. Leur aide n'est pas magnanime ; elle est intéressée. Lorsqu'un individu commence à tenir compte de son propre instinct dans la conduite de sa vie, il se met à rayonner et ce rayonnement importune ses amis. Ils veulent monter jusqu'où il est monté. Il suffit qu'un homme se sente Dieu pour que ses amis veuillent le ramener à la raison ou se mettent à raconter à la ronde qu'il se sent ainsi depuis longtemps. J'ai trouvé le moyen de disperser la légion des donneurs de conseils. Je me suis rendu dans une station de radio et j'ai déclaré : "Ici le roi de la chaleur. Je me propose de faire fondre tous ceux qui s'approcheront de moi à moins d'un kilomètre. Je vais les brûler des exigences de mon amour. Je vais leur demander des sacrifices absurdes. Mais, en aucun cas, je ne reconnaîtrai leur valeur. Qu'ils l'assument par eux-mêmes. Je ne m'autorise pas de leur amitié pour penser ce que je pense. Qu'ils en fassent autant. Je m'en remets à moi seul et je me fous de leurs commentaires. L'essentiel est que je me sente roi dans mon royaume". Il est évident que la majorité des gens qui se soumettent facilement à la loi établie, qui se veulent dociles devant l'autorité, qui défendent l'égalité des hommes, sont des médiocres qui n'ont même pas la force de dire ce qu'ils pensent sans consulter les autres. Je crois qu'il est temps de congédier l'esprit de compétition et jusqu'à la saine émulation. J'ai pour mon dire qu'il n'est pas nécessaire de regarder à gauche et à droite pour faire un pas en avant. Je n'ai pas à m'assurer que les autres sont prêts à partir. Je pars. Il est extrêmement important de ruiner les prétentions des égalitaristes à tout crin. Cette société de consommation est calquée sur l'esprit de troupeau qui règne dans les Évangiles où les humains sont assimilés à des brebis innocentes. Eh bien, dirait Cocteau, vous êtes accusés d'innocence ! Il est temps que chaque individu suive sa pensée profonde et cesse de tergiverser à propos de ce qu'il doit faire. Que tous ceux qui sont hésitants et irrésolus se retirent. Je sais que cela équivaut à congédier une bonne partie de la planète. C'est sûrement dans le domaine de la politique que l'hésitation et l'irrésolution dominent le plus, car la politique est le lieu de l'abrutissement collectif au nom d'idéaux dépassés. De Périclès à Lénine, de Saint Louis à Kennedy, rien de notable n'a vraiment été fait pour l'humanité. La Grèce s'est endormie pour deux mille ans après un effort de cinquante années. Voilà la moyenne des rapports entre le génie et la connerie. J'ai toujours eu l'impression que les voies de la culture suivaient celles du commerce, sauf dans certains cas où l'on voit un Jésus, un Mahomet, un Kierkegaard ou un Moreau

90

sortir du désert. Chaque jour on abreuve mes oreilles de propos débiles selon quoi une pensée comme la mienne ne peut se développer qu'en Europe ou aux États-Unis, là où se font les grands mouvements d'argent. Mais il s'avère que ma pensée se développe très bien au Québec et qu'elle se constitue comme une borne contre laquelle se démantibulent les lois du profit. Je n'ai que faire de cette bande de minables qui composent l'humanité grise chargée d'administrer l'appareil manipulateur ploutocratique. Quand je m'astreins à développer mes réflexions à haute voix devant une Andrée enthousiaste qui les prend en dictée, je sens que je constitue où je suis une force gigantesque qui n'a pas besoin pour s'ériger de l'appui des misérables qui vivent de la mendicité du système. Tels sont en effet les hauts magistrats ; les grands banquiers, les fonctionnaires de tous niveaux qui se donnent l'allure de gérer le système alors qu'ils vivent de ses miettes. Chaque fois que je rencontre un individu payé par l'establishment, je me dis : "Un moron de plus !" Je les croise sur les trottoirs du centre-ville quand ils vont manger le midi, troupeau en uniforme de couleur sombre, au pas pressé et aux tempes grises, avec l'air sérieux, préoccupé de ceux qui brassent de grosses affaires. Ils sont impressionnants... et vides. Il y en a des millions comme eux à la surface du globe. Il nous faudra bien un jour nous résigner à nous passer d'eux. La plupart des assistés sociaux et des chômeurs pourraient leur faire la vie très dure s'ils s'en donnaient la peine, mais leur absence de formation et leur manque de culture les empêchent de jouer un rôle essentiel dans le système, c'est-à-dire de ruiner les efforts de ceux qui veulent à tout prix le maintenir à flot. Il faut donc s'en remettre aux penseurs, dans la mesure où ils n'ont pas été récupérés, pour harceler sans cesse cette horde triste. Mais le veulent-ils ? Le peuvent-ils ?

LA NUIT DE LA DÉMATÉRIALISATION. – Les plus grandes expériences qu'un homme puisse faire dans sa vie relèvent de l'invisible. Il aurait beau chercher dans l'ordre de la nature des événements palpitants susceptibles de transformer son existence, jamais ceux-ci ne pourront revêtir l'importance des grands événements psychiques. Or, ces expériences ont surtout lieu la nuit, parce que le monde nocturne est silencieux, pacifié, ouvert. La nuit, tout devient possible. On comprend mieux sa destinée. On voit mieux où l'on va. C'est ce qui domine la pensée qui se concrétise alors de façon spectaculaire. Et comme ma pensée est dominée par une volonté d'être, une volonté de création, de voir clair, de libérer le champ de ma conscience de toutes les tensions, il m'arrive de voir ma volonté se tenir debout devant moi comme ce fut le cas lors de la nuit de la dématérialisation. Il est difficile de dire alors s'il s'agit d'un rêve ou d'une expérience de demi-sommeil à la frontière des mondes. Disons que je rêvais. Dans mon rêve, j'avais prévenu les gens que quelque chose d'énorme allait se produire, mais ils ne me croyaient pas. Sans doute ces personnes qui s'agitaient autour de moi représentaient-elles mes différents "Je" éparpillés. Soudain, dans un éclair, par l'action de ma volonté, le monde entier avec ses immeubles, ses villes, ses rivières et ses montagnes a été comme atomisé. Il s'est converti en quelque chose d'autre. Il subsistait, mais de façon altérée et comme lumineux. J'avais ce pouvoir d'ouvrir des perspectives sur l'infini. Une énergie extraordinaire circulait partout. Dans les bibliothèques, des millions de livres furent dématérialisés. Certains avaient disparu. D'autres restaient encore sur les tablettes, mais à mi-chemin entre l'existence et la non-existence. Sur la rue, les voitures semblaient porter la marque de l'absolu. Elles avaient l'air d'être remplies de Dieu, c'est-à-dire de moi. Je n'étais plus séparé de quoi que ce soit. Les gens surtout étaient changés. Tous les endormis avaient perdu l'esprit. Ils étaient devenus des zombies, comme si l'énorme pouvoir que j'avais lancé sur le monde les avait cristallisés dans leur nullité êtrique. De larges secteurs du monde étaient entrés dans l'au-delà. Par exemple, on pouvait passer d'une rue piétonnière directement dans le dévachan où les silhouettes lumineuses des disparus se mêlaient aux corps réels qui marchaient parmi elles. Ceux qui avaient prêté attention à mes propos, qui avaient fait sur eux un travail de vigilance, circulaient parmi les ruines métaphysiques du monde phénoménal englouti, étonnés de vivre en astral, observant les traces que l'immatérialité en acte avait laissées à la surface des choses. Les autres, c'est-à-dire ceux qui avaient écouté mes propos avec indifférence, semblaient prisonniers de vastes no man's land sans frontière. J'étais Dieu, mais d'une façon encore plus radicale que je ne le suis tous les jours. J'avais engendré cette catastrophe de pureté. La dernière image qui me reste de cet événement absolu est celle d'une émission de radio en images destinée à ceux qui maintenant pouvaient voir les sons. De vastes bandes multicolores qui semblaient constituées d'oxygène et de lumière sortaient des postes émetteurs pour venir s'enrouler autour de ces mutants qui avaient opéré la synesthésie de leurs sens. L'animateur qui me recevait, pris par l'atmosphère de cette émission où les notes de musique étaient représentées par des femmes nues qui dansaient, s'était dénudé lui aussi, délaissant la console technique pour s'intégrer à cet étrange ballet où les figurantes portaient le sceau des nombres pythagoriciens. Il régnait autour de nous à la fois une atmosphère de fin du monde et de début d'un temps nouveau. Jamais je n'aurais cru possible de voir mes pensées étalées ainsi devant moi comme l'expression de ma vision profonde. À cet instant même, j'ai compris que c'était ainsi qu'il fallait vivre et non autrement. La distance qui séparait les individus les uns des autres s'était évanouie. Seule régnait une communion totale. Par la suite, j'ai réalisé qu'à

moins de m'en tenir à ma conception immatérialiste du
monde à la faveur de laquelle je saisis l'immanence de l'absolu au relatif, je n'avais aucune chance de faire de ma volonté un vécu divin transposé dans les faits.

-53-

MOI, DIEU, PREMIER MOTEUR DE MA VIE. —
Comment se fait-il que les Averroès et Avicenne qui, à la
suite d'Aristote, nous parlèrent du premier moteur, signi-
fiant Dieu par ce terme, ne se soient pas arrêtés à se demander s'ils n'étaient pas en quelque sorte, eux, ce premier
moteur ? Sans doute à cause de leurs croyances religieuses
qui impliquaient une totale indépendance à l'égard du *Coran*. Mais il y a autre chose également. Cette période de
l'Histoire n'était pas favorable à la revendication par les
individus de leur identité divine. On a bien tué al-Hallâj,
n'est-ce pas ? Se dire Dieu, se sentir Dieu, n'était pas moins
un crime à cette époque qu'aujourd'hui chez les musulmans. On peut se demander comment j'ai bien pu avoir cette audace dans le contexte spirituel de la très catholique
province de Québec. C'est que je suis un héritier de l'idéalisme romantique allemand qui prône l'existence du Moi
transcendantal comme principe de tout ce qui existe. Mis
en péril, par la révolution matérialiste de Marx, Engels,
Lénine et Staline, cet idéalisme sort aujourd'hui fortifié de
ce siècle d'aberration idéologique qui a néanmoins eu pour
mérite de débarrasser la métaphysique de toute théologie.
Il m'est aussi facile, de ce point de vue par-delà tout point
de vue, de rejoindre la surenchère de la volonté de puissance du surhomme brahmanique que le triomphalisme des
idées libérales actuelles qui ponctuent le succès du capitalisme, car je n'ai pas à m'interroger pour savoir si j'ai le
droit de me prétendre Dieu, Nietzsche, Teilhard de Chardin
et Nisargadatta ayant anéanti les dernières réserves de
l'esprit humain face à cette ultime conquête. Je cherche

d'abord et surtout à me sentir à l'aise dans cette auto-affirmation de moi-même. Débarrassé de toute timidité, de toute forme de culpabilité ou d'angoisse, qui pourraient encore entraver ma démarche, j'opère sur moi-même l'ultime conversion qui me révèle qui je suis, m'inscrivant dans le cycle de mon auto-investiture divine. Vains mots, me lancera-t-on. Je sais qu'il existe des esprits bornés peu enclins à reconnaître leur propre infinité. Je les comprends, car je suis moi-même peu enclin à reconnaître ma propre finitude. Effectivement, il ne s'agit pas ici de contester que l'homme est homme et qu'il doit assumer ses limites pour pouvoir s'illimiter. Il y aura toujours place pour le rhume de cerveau dans la vie des dieux vivant sur terre. Comment pourrait-il en être autrement, puisque chacun est à la merci d'une révolte de la loi générale contre le principe de l'intus-susception êtrique ? À vrai dire, quand je me considère comme le premier moteur de ma vie, de toute vie et de l'univers, je n'exclus pas que ce corps auquel je ne m'identifie plus mais que j'ai reçu en partage puisse être soumis aux vicissitudes de la condition planétaire qui caractérise l'humain. J'ai eu à surmonter cette contradiction apparente lorsque j'ai découvert que j'étais un Dieu alcoolique et, plus tard, quand j'ai compris que je pouvais être un Dieu fatigué. J'ai même interprété cette fatigue comme un moment d'athéisme envers moi-même aux époques de ma vie où je ne comprenais plus le sens de ma propre grandeur. À tous ceux qui ont tendance à rire de moi, je serais tenté de répliquer qu'il est aussi facile de se penser Dieu que de se penser un homme, une brebis ou une étoile de mer et qu'à choisir entre ces options, je préfère encore me sentir infini. C'est une question de volonté, de désir essentiel. À la base de l'immatérialisme, il y a aussi une question de volonté. C'est comme si le déploiement de la volonté entraînait la manifestation d'une énergie. Je peux être ce que je veux, tout y concourt dans l'univers. Le fait que j'aie un corps humain et que je sois une personne n'entraîne pas du tout que je me sente dupe de cette situation. Je l'observe avec bienveillance, mais mes pensées m'entraînent beaucoup plus loin. Je sais, je sais, parfois je me laisse reprendre. Il m'arrive encore de souffrir, de me sentir la gorge nouée. J'appelle alors mon immensité à la rescousse et le détail rebelle se dissout dans le tout de ma pensée.

-54-

APERCEPTION PURE DE MOI-MÊME. – Telle la ville de Llanfairpwllgwyngyllgogerychwyrndrobwllllantysilogogogoch, je me sens si complexe dans l'expression de moi-même qu'il me faut abréger la nomenclature des éléments qui constituent mon être-au-monde-à-travers-un-corps pour me présenter sous le nom presque banal d'André Moreau. Cela sidère tout le monde évidemment. Dans la région de Montréal, il y a au moins une centaine d'André Moreau parmi lesquels se trouvent un lutteur, un garagiste, un marin, un antiquaire et je ne sais plus qui encore. J'appartiens sans contredit à ce groupe de mammifères supérieurs qui résident au bord du bouclier canadien, dans cette région du Saint-Laurent où l'on a construit une ville sur une île. Je n'ai qu'à me regarder dans le miroir pour comprendre que j'ai un corps normal, de taille moyenne, avec une tête qui m'apparente à certains acteurs de type sévère portant des lunettes comme Groucho Marx. Le fait que je sois philosophe ne contribue qu'à confondre les gens qui s'interrogent à mon sujet. Mais qu'est-ce qu'un philosophe ? se demandent-ils. La plupart de ceux que vous interrogerez là-dessus au centre-ville vous diront que c'est un humoriste qui s'occupe de sexe et publie des gros livres qu'ils n'ont pas lus. Certes, ils pourraient alléguer pour leur défense que je suis le seul philosophe qu'ils connaissent, encore qu'ils ne m'aient jamais rencontré personnellement, puisque ce qu'ils croient savoir de moi, ils l'ont appris par la télévision. Aucune de ces personnes ne sait que j'ai consacré des milliers d'heures pendant les dernières années de la vie de ma mère à rassembler des bénévoles afin d'assurer auprès d'elle une garde de vingt-quatre heures par jour. On ignore que je suis un fils dévoué et tendre qui cherche à assurer le maximum de confort à sa mère, depuis la mort de son père, tout en s'appliquant à rester détaché émotionnellement, ce qui est loin d'être facile, étant donné que j'essuie régulièrement ses explosions de colère, de chagrin et de dépit. On ne sait pas non plus que je suis docteur en philosophie, que je vis parmi un océan de livres que je connais par cœur, à la ligne près, et que mon cerveau est bien plus porté vers les choses de l'esprit que vers l'argent. Il y a en moi un créateur de mondes qui voudrait se répandre en hymnes, en festivités et en célébrations, un fou bienheureux à l'affût de l'inspiration des cimes, un dictateur loufoque qui veut imposer son bonheur à tous ceux qui le menacent de leur malheur, un érudit qui cherche à transmettre des connaissances incompréhensibles par le biais de la télévision et un Dieu absurde, alcoolique, en faillite, qui tend constamment à convertir sa misère en lumière, ne serait-ce que pour tirer parti des limites qu'il s'est lui-même imposées dans son désir de se reconnaître illimité. C'est ce type d'individu totalement incompréhensible aux yeux du vulgaire que les gens croient flatter sur la rue quand ils se précipitent vers lui en s'exclamant : "Mon comique favori !" Parfois, je suis obligé de faire taire toutes ces voix, d'imposer le calme à toutes les figures à travers lesquelles je m'exprime, de disperser la foule qui m'enveloppe sans cesse pour me livrer à cette aperception pure de moi-même qui me rappelle qui je suis. On demandait l'autre jour à un chanteur rock quelles étaient les choses qui lui tenaient le plus à cœur. Il a répondu : le chaos, l'amour et la mort. Eh bien, j'aurais été tout à fait incapable de répondre cela ! La seule chose qui me tienne à cœur, c'est d'être sans concession, dans l'idéalisme et la facilité, la joie triomphale et la création. Mon monde tel que je le conçois englobe tout. C'est un cosmos translucide que je vis dans le prolongement de ma peau à l'infini. Je n'en dirai pas plus.

-55-

L'HOMME EXTRAORDINAIRE, ÉCRIT KIERKE-GAARD, EST LE VÉRITABLE HOMME ORDINAIRE. – Seuls les gens intelligents me comprendront. Les autres, je les bénis. J'ai pour le moment à m'occuper de savoir ce qui convient le mieux à l'homme. Cela implique que je sache le centrer dans son essence pour pouvoir lui proposer un destin mesuré. Je ne crois pas que nous y soyons arrivés avec le christianisme. Cette période de deux mille ans commencée avec la conquête romaine et achevée avec l'assassinat de la nature par la pollution industrielle n'a pas permis de définir l'homme en fonction d'un équilibre qui lui manque encore. C'est comme si l'individu débordait de lui-même en tout sens sans parvenir à se contenir dans ses limites naturelles. Si seulement cette expansion était la conséquence de l'acquisition d'un noyau êtrique, on pourrait toujours penser que le phénomène en vienne à se stabiliser. Mais l'homme n'a pas de centre. Ses débordements sont émotionnels. Accroché au mythe du progrès, à la croyance en la matière ou à la foi en Dieu, il échoue à assumer son essence. Sa vie est inversée par rapport à son sens réel. Laissé à lui-même, il s'ennuie. Obligé de se lever tous les matins pour aller travailler, il s'use. Victime d'une mauvaise alimentation et de la pollution, il se tue. La solution à tous ces problèmes est dans ses pensées. Les limitations qu'il s'impose dans la vie sont issues d'un mauvais fonctionnement du cerveau. J'ai tenté d'insuffler à des individus comme à des foules des pensées d'infini susceptibles de les débarrasser des vieux moules psychiques qui les limitent encore. Peine perdue ! J'ai fait rire de moi et je me suis ruiné. Et pourtant, si je me remets inlassablement à la tâche afin de régler ce problème, c'est qu'au fond de moi-même je sais qu'il a une solution. Je pense toujours à la question de Lénine : "Que faire ?" Il aurait mieux valu qu'il ne réponde jamais à cette question de la façon dont il l'a fait. En proposant un canevas matérialiste d'action, il a amené l'humanité à se confronter avec sa propre machinalité comme si elle allait de soi. La dialectique révolutionnaire qu'il a proposée pour régler les conflits humains n'était qu'un ensemble de processus inaptes à fournir une solution permanente aux problèmes profonds de l'existence. En fait, le seul remède au mal dont souffre le cerveau humain n'a rien à voir avec la nature ou l'industrie, puisqu'il réside dans la pensée. Il s'agit d'apprendre à être. Il n'y a pas de technique précise pour y parvenir. Un chanteur rock drogué qui gueule des insanités devant cinquante mille spectateurs a autant de chances d'y parvenir qu'un employé de bureau qui s'applique à s'observer lui-même. Dans les deux cas, l'éveil est possible. Mais il faut se garder d'utiliser un modèle de pensée identique pour expliquer le comportement de ces deux hommes. Chacun d'eux va s'impliquer à sa manière. Inutile de leur demander de se comprendre. Ils fonctionnent dans des univers différents. Certains prétendront que la Vedette rock a un destin qui sort de l'ordinaire. Mais pour moi, ces deux candidats à l'éveil sont des hommes ordinaires. Par rapport à la grande illumination que constitue le fait de rompre ses dépendances pour pénétrer au cœur de l'innommé, aucun d'entre eux n'a ce qui est nécessaire pour lui permettre de trouver le geste juste. Il leur faudra l'inventer par instinct en s'appliquant intérieurement à ne jamais se désobéir. J'ai beaucoup d'affection pour les hommes qui savent se rester fidèle. Je voudrais leur dire qu'en s'appliquant à s'aimer, ils font du bien à l'humanité. Cela, bien sûr, n'a rien à voir avec la charité ou les œuvres de bienfaisance, ni même avec la bonne volonté. On ne peut que se détourner d'un individu qui cherche toujours à se faire plaisir. L'individu moyen, en tout cas, va lui tourner le dos. Seul celui qui cherche un compagnon d'armes dans la quête de l'absolu de sa vie lui trouvera du charme et de l'intérêt. Chaque fois que je me retrouve devant quelqu'un qui essaye de s'exprimer, même s'il ne fait que réciter des poèmes in-sultants ou vomir dans les buissons, j'ai le goût de le bénir pour que son auto-accouchement intérieur se fasse sans souffrance. Il est toujours inutile de souffrir, de détruire son corps ou de jouer au martyr. La vie aspire à la joie et ce n'est que par ignorance des merveilles qu'elle recèle que nous nous plaisons dans le style de l'écorché vif. Vite, il nous faut un guide des caresses psychiques permettant de guérir le cerveau de la danse de Saint-Guy où il se plonge chaque fois qu'il se croit obligé de souffrir pour accomplir une grande chose.

-56-

TOUTE STRATÉGIE EST INUTILE DANS L'AB-SOLU. – La véritable essence de la vie est insaisissable. Les formules mathématiques n'en esquissent qu'un aspect secondaire. Bien sûr, un jour, la science en viendra à créer un homme et une femme qui nous ressembleront. On vivra immortel sur terre ou peut-être dans les airs. Mais tout cela ne sera qu'une forme de pouvoir superflu. La liberté consti-tue l'élément essentiel de tout ce qui existe. La vie entière s'y baigne sans s'y réduire tout à fait, car l'absolu ne gran-dit ni ne décline. Comprendre ainsi l'existence humaine entraîne une transformation du regard, du toucher. C'est la compréhension qui peut le mieux aider l'humain à opérer en lui la synthèse du pouvoir et du savoir, car au-delà, il y a encore quelque chose. C'est dans cet au-delà que je circule librement, ici et maintenant. Je pourrais vous parler de ma vie en tant que Mahapurusha, en tant que supermaître. Vous auriez l'impression que je suis fou et nos rapports s'arrêteraient là. Quel lien peut-il y avoir en effet entre un individu qui fait son petit bonhomme de chemin en portant sa croix et un "Avadhoot" ? Quand on rencontre la lumière, on se perd dedans. C'est ce qui arrive à tous ceux qui cherchent à me cerner. J'échappe à toute tentative de définition. D'ailleurs, peut-on jamais définir quelqu'un ? Je tiens présentement entre mes mains une page d'un cahier de classe de mon père datant de l'époque où il étudiait les logarithmes en Belgique, en 1920. Je regarde son écriture, je retrouve sa présence dans mes pensées, je peux même lui adresser une bénédiction fugace. Mais quelque chose manque. Je me trouve devant le cahier de classe de mon père... sans mon père. Mais où est-il passé ? Qu'est-ce qui fait que je ne puis le retrouver ? Je pense à la fille de Joyce au cimetière qui du fond de sa folie s'écriait devant la tombe de son père : "Mais qu'est-ce qu'il fait sous terre, cet idiot ?" Le mot n'est pas trop fort. Un idiot, au sens grec du terme, est un irréductible. Il y a une forme d'originalité propre à chaque individu qui nous met en liaison avec l'absolu. Les retrouver, quand ils ont disparu, implique qu'on prenne contact avec soi-même au niveau où le Soi se déploie à l'infini. Un petit poème de l'époque où mon père traversait les bois de sa Wallonie enchantée pour aller à l'école me revient à l'esprit.

"Y plu
Le soleil luy
Les sorcières sont dans l'bois
Pour ramasser des œufs
Pour l'ducasse de Feluy".

Étrange, n'est-ce pas ? Des sorcières, sans doute jolies, dansant dans les forêts de chênes crépusculaires où les Belges autrefois défirent César ! Ceci exprime mieux mon père que toutes les analyses anthropologiques ou sociologiques. Il y a là un mystère rebelle à la science. J'ai hérité de cette incommensurabilité. Comprend-on pourquoi je n'aime pas calculer ? Pourquoi élaborer une stratégie quand on peut disparaître ? Je n'ai pas à lutter contre la vie. Il me suffit de sortir mon affiche "Absent pour cause de bonheur", de la suspendre à ma porte, et le tour est joué. Dans l'absolu, il y a plein d'aimables sorcières qui traversent les murs et chevauchent des rayons de soleil dans des forêts enchantées. En regardant un homme marcher sur la rue, je peux le voir se dématérialiser sous mes yeux. Il m'est arrivé souvent de constater qu'il n'y a rien là où se trouve un homme. Peut-être seulement une ombre lumineuse. Mais Nietzsche nous met en garde ici : "Ne soit pas l'ombre de ton maître, devient le maître de ton ombre". Les défis que je relève n'ont rien de ceux qui intéressent les individus de classe sociale normale. L'un veut être riche, l'autre veut finir sa vie en Floride, l'autre encore subvient aux besoins de sa famille. Pourquoi pas ? Mais cela a-t-il encore quelque chose à voir avec la lumière ?

-57-

UN GENGIS KHAN MYSTIQUE. – Mon père, dans ses vieux jours, était un sage muet. Ma mère, à 94 ans, est une véritable tornade ; elle se comporte comme un phénomène météorologique et épuise tout le monde. Quant à moi, je suis une sorte de conquérant de l'absolu qui pratique l'oubli de l'accessoire. Belle famille ! Greffez là-dessus une demi-douzaine de jolies femmes très libres, intransigeantes, soucieuses de leur indépendance, un aide de camp alcoolique qui se fait jeter à la porte des bars qu'il fréquente, un secrétaire-chômeur qui étudie le latin et un concierge méfiant qui a truffé l'immeuble de caméras et de micros, et vous aurez une image assez exacte de la situation où je me trouve. Imaginez-moi en train de dicter, plusieurs de mes phrases restées en suspens à cause de la sonnerie intempestive du téléphone qui retentit constamment, avec des piles de factures sur mon bureau, cinq manuscrits en friche et des départs chaque jour pour des destinations à l'extérieur de Montréal afin d'aller donner des conférences. Ceux qui ont dit que la vie de mon célèbre collègue américain Charles Bukowski était colorée ne m'ont probablement jamais rencontré, parce qu'ils seraient morts de rire, ne serait-ce qu'à essayer de noter tout ce qui m'arrive dans une journée. La question qui m'habite actuellement est celle-ci : puis-je continuer à être un Gengis khan mystique, un César avec un mental de Christ, quand je me promène avec des piles de couches pour ma mère et des caisses de livres dont je charge ma voiture ? Voilà toute une question. Quelqu'un est entré chez moi à l'improviste l'autre jour. Il m'a trouvé étendu sur le plancher, totalement inerte. Que faites-vous là ? m'a-t-il demandé. Je lui ai répondu que je jouissais d'un moment d'inutilité totale et qu'en plus c'était bon pour mes reins de m'étendre ainsi par terre. Eh oui, j'en suis rendu à comptabiliser mes moments de farniente et à les rechercher comme de véritables trésors. Une jeune femme très amoureuse de ma personne souhaitait à tout prix passer la nuit avec moi après avoir fait l'amour. Constatant qu'il était impossible de l'amener à renoncer à son projet, je laissai les faits s'en charger. Au premier bond que je fis dans mon lit à la suite d'une contraction nerveuse extrêmement violente, elle se réveilla en sursaut et me regarda avec terreur. À peine s'était-elle rendormie que je poussai un cri affreux en me débattant. Après une heure, je la vis se lever discrètement pour s'en aller chez elle. J'étais en train de la rendre folle. Je ne suis pas toujours ainsi. Il m'arrive par exemple de passer une nuit très paisible à ronfler comme une locomotive ou à noter mes pensées à la lueur de la chandelle. Je peux aussi marcher de long en large en grommelant ou tirer la chaîne des toilettes dix fois de suite parce que j'ai abusé de ma tisane purgative. Si toutefois je suis calme, la paix de la nuit peut être troublée par l'arrivée brusque des pompiers ou des policiers ; mon voisin peut avoir mis le feu sur son balcon ou avoir brisé ses fenêtres, pensant qu'il luttait avec des gorilles au cours d'une crise d'enthousiasme. Finalement, on me laisse en paix. Seule Madeleen réussit à dormir paisiblement à mes côtés. Celle qu'Andrée appelle le "buldozer chromé" possède une résistance à toute épreuve à cause de sa concentration mentale. Mais, entre vous et moi, que puis-je faire face à l'explosion de ma nature orgiaque ? Je ne vais tout de même pas m'enfermer dans une garde-robe pour éviter de déranger mes semblables. Aussi, j'ai pris le parti de m'aimer, quelle que soit la façon dont se présente la stupéfiante idiosyncrasie existentielle qui me pousse à me rappeler constamment à moi-même quoiqu'il arrive dans ma vie. Cela fait de moi un centre d'attraction. On veut me voir à l'œuvre, on vient m'entendre mais aussi me regarder parler, on m'observe, on m'illimite. Certaines femmes se sont dit : "Je vais me payer la traite une fois dans ma vie ; je vais faire l'amour avec André Moreau". C'est joué avec le feu, car sous prétexte de badiner, je peux procéder subrepticement à un catastrophique transfert d'énergie. J'avoue avoir rendu certaines personnes folles, mais j'ajoute à ma décharge qu'elles avaient des prédispositions. Mon contact n'a fait que renforcer leur conviction latente qu'elles l'étaient déjà. Je confirme dans son essence tout individu qui m'approche, qu'il soit un saint ou un tueur. Je n'ai pas à détourner les gens d'eux-mêmes. Je les confronte avec ce qu'ils sont, même quand ils veulent se supprimer. Un jeune couple qui avait fait un pacte de suicide m'a remis une caisse d'écrits sibyllins avant de poser le geste fatal. Quand les policiers sont venus chercher la caisse, ils m'ont demandé si j'avais lu les textes en question. "Non, leur ai-je dit avec indifférence ; j'ignorais que ces gens étaient aussi décidés". Je n'ai rien pu révéler aux enquêteurs. N'étant même pas concerné par moi-même, je ne vois pas comment j'aurais pu être concerné par ces jeunes gens. J'ai décidé que ma vie serait joyeuse et libre. Désormais, que ceux qui ont des problèmes le sachent, je considérerai mon bonheur comme un moyen de légitime défense face aux agressions de tous les dépressifs anonymes qui ont l'œil sur moi.

104

58

MOREAU VERSUS RIMBAUD. – J'aime bien les poètes mais je les trouve "heavy". Prenons le cas de Rimbaud. Un jeune frais qui clamait il y a cent ans : "Il faut être absolument moderne !" Je ne suis pas du tout d'accord avec Henry Miller quand il affirme que Rimbaud "quitta 'la littérature pour la vie", comme si pour vivre vraiment il fallait cesser d'écrire. "L'homme aux semelles de vent" était un homosexuel, un alcoolique et un vagabond qui finit par renoncer à la création pour se livrer au commerce des armes en Abyssinie. Tout cela n'a rien à voir avec moi qui suis un philosophe à plein temps, c'est-à-dire un penseur permanent de l'existence et de la vie. Donc, point de fuite, de démission, de renoncement pour moi, bien que je partage forcément ces mots de Rimbaud quand il parle de Jésus : "Christ ! Ô Christ, éternel voleur des énergies". Qu'est-ce qui me fait tant horreur chez Rimbaud ? Sa souffrance ! Il se fait tirer dessus par Verlaine à vingt ans et meurt dans un hôpital de Marseille après s'être fait couper la jambe à trente-sept ans. Pas de répit pour l'auteur d'*Une saison en enfer*. Voilà quelqu'un qui fuit la facilité. À l'époque de la Commune de Paris, il prend parti pour les insurgés et joue au franc-tireur. Quand il écrit : "Le poète se fait voyant par un long, immense et raisonné dérèglement de tous les sens. Toutes les formes d'amour, de souffrance, de folie ; il cherche lui-même, il épuise en lui tous les poisons pour n'en garder que les quintessences, on pourrait croire que c'est là une belle tirade sans conséquence. En fait, il nous annonce brutalement qu'il va détruire sa vie et qu'à ses yeux un poète est un damné de la terre. Malgré la beauté de ce style, je n'aurais pu écrire cela à dix-huit ans. J'avais le goût de rire, non de me droguer. J'ai bien pensé à faire de l'auto-stop jusqu'à la Nouvelle Orléans pour aller rencontrer Tennessee Williams, mais jamais je n'aurais songé à me dévergonder avec lui sous prétexte d'honorer un génie. C'était un violent. Un jour, il blesse un poète de sa canne-épée pour une question de rimes et s'enfuit à Bruxelles avec Verlaine qui fait allusion à lui dans un vers : "Monte sur mes reins et trépigne !" La belle affaire ! Finalement, après quatre ans de folie créatrice, Rimbaud abdique. Claudel verra en lui un "mystique à l'état sauvage" et prétendra s'être converti au catholicisme à cause de lui. C'est totalement ridicule. Peut-être y a-t-il une énergie à tirer de Rimbaud, mais elle est auréolée de soufre et de malheur. Je ne sais pas si les jeunes comprennent que le Jovialisme est anti-rimbaldien. Il y a moyen de tout vivre en beauté, sans se détruire ni être malade, Il est possible de rester jeune indéfiniment en cessant de consacrer ses réflexions à des pensées négatives. Certes, l'éternel adolescent Rimbaud que vante l'unique photographie acceptable du poète semble nous proposer un idéal formidable. En réalité, l'homme en question a un corps chétif, c'est un mal aimé qui ne connaît pas les femmes. Impossible de se le représenter roulant des muscles comme un culturiste. Il faut qu'il soit vulnérable. Par opposition à toute bourgeoisie intellectuelle, voilà un martyr maudit de l'existence. Les jeunes savent-ils qu'ils peuvent vivre une vie extraordinaire sans avoir à se torturer, à devenir des monstres ? Savent-ils qu'ils peuvent rire, faire la fête, se soûler de sexualité sans éprouver de culpabilité ni contracter le sida ? Il y aura toujours de grands souffrants mystiques désireux d'offrir leur corps à la poésie ou à Jésus. Je ne suis pas de ceux-là. Je n'engage personne à suivre cette voie sans issue. J'enseigne un optimisme décapant, un enthousiasme reposant, une belle folie qui débouche sur le rire et non sur le meurtre. L'état profond de la conscience est celui du repos translucide et calme, annonce Hegel. Le maître de Berlin n'échappe pas lui non plus au tragique, mais il a le mérite de ne pas l'enseigner. Ah si seulement Rimbaud avait su rebondir, se sauver de lui-même, de ses démons ! Mais il ne connaissait pas la dialectique.

IRRÉDUCTIBLE INDIVIDUALITÉ. – Avant d'être aux autres, il faut d'abord être à soi. C'est ce que tout homme bien né constate, souvent malgré lui, au cours de sa vie. Mais être à soi peut s'entendre à différents niveaux. On n'acquiert très souvent le souci de soi que pour être en mesure de le dépasser. Ainsi va la vie. Nul ne peut entreprendre de passer au-delà de lui-même sans avoir cherché - à être irréductiblement lui-même. Voilà ce qui confond le plus les mordus de la connaissance de soi. Ils s'imaginent que la connaissance peut tout régler alors qu'en réalité, c'est la compréhension qui permet le plus haut équilibre. Cette compréhension est d'ailleurs l'élément fondamental dans l'autorévélation de l'être, car elle constitue ce qui permet d'agir sans voir se défaire constamment la trame de son action. Il est déjà suffisamment difficile d'agir sur terre sans chercher constamment de nouveaux buts à assumer ; la seule façon d'échapper au jugement socratique "quoi que tu fasses, tu t'en repentiras", c'est encore d'entreprendre de se faire soi-même. Cela implique qu'un individu sache à tout moment ce que signifie pour lui sa vie. C'est seulement ainsi qu'il peut développer l'intensité suffisante qui va lui permettre d'acquérir un habitus êtrique qui s'exprime en général aux yeux de tous sous forme d'une idiosyncrasie. Ainsi, un individu volontairement conscient est en mesure de comprendre ce qu'il représente pour lui-même à chaque instant de sa vie, si bien qu'au lieu de reporter sur le futur ou l'ailleurs la nécessité d'incarner son propre concept, il entreprend de comprendre sa vie comme un présent réfléchi qui libère toutes les potentialités de son essence. Parvenir à réaliser cela n'est pas à la portée de tous, puisque chaque individu se méprend constamment sur lui-même à cause de l'état de non-coïncidence avec lui-même dans lequel il accepte de se tenir. C'est le propre de la jeunesse de ne pas discerner que ses décisions l'engagent pour la vie. J'ai déjà cité le cas d'un jeune millionnaire français qui affirmait que ce qui lui avait permis de réussir à vingt ans, c'est qu'il avait refusé de penser comme ses amis qui lui conseillaient de se préparer davantage avant de se lancer dans l'action. Pendant que les autres retardaient le moment de s'impliquer, il marquait des points. Il en va souvent ainsi. Les gens ratent l'occasion qui s'offre à eux d'être heureux, de faire fortune, de s'éveiller à des plans supérieurs. Souvent, on leur soumet une offre dont ils ne comprennent pas la portée et ils continuent de faire des projets d'avenir alors qu'ils ont sous le nez tout ce qu'il faut pour les réaliser sans délai. Cette mauvaise immédiateté qui perd tant de gens est une conséquence de leur inaptitude à se sentir être. Ils se débattent avec l'illusion qu'ils vivent dans le temps, alors que c'est le temps qui se déploie en eux en ouvrant l'espace de leur compréhension. Un jour peut-être cesserons-nous d'être distraits de nous-mêmes et comprendrons-nous la richesse du présent qui nous offre la jouissance de l'infinité.

-60-

JE NE VAIS PAS À LA CHASSE AUX PAPILLONS, JE CHASSE LE MAMMOUTH. – On me dit que l'espèce a disparu, que j'ai bien tort de m'entêter, mais de temps en temps j'en rencontre un. C'est du moins quelque chose qui ressemble à un mammouth. Ce peut être un évènement-mammouth, une expérience-mammouth ou un homme-mammouth. Je veux dire par là qu'on fait des rencontres tout à fait singulières au cours d'une simple promenade dans le réel. Le mammouth-comme-représentation est de moins en moins rare à notre époque. Avec l'arrivée des sauvages urbains, on peut vivre en ville comme à la campagne à l'époque des Peaux-Rouges. Le béton et l'acier, en contribuant à l'anéantissement de la culture, ravivent les anciennes valeurs de l'instinct rendues caricaturales par la démobilisation idéologique de notre époque. Aujourd'hui, on peut rencontrer n'importe quelle sorte d'animal préhistorique en ville. Mais moi, je préfère le mammouth, car c'est la forme par excellence que revêtent la bêtise, l'ignorance, la masse confuse des choses. Il ne faut pas s'y méprendre, depuis que j'ai appris qu'on pouvait pêcher le rat avec du bacon dans les égouts de Montréal, je sais que la décadence est commencée et qu'on ne peut plus se promener dans les rues sans une arme. La mienne, c'est le langage. Mais attention ici, je ne parle pas comme tout le monde, ni même comme les professeurs d'université ! L'un d'entre eux, l'autre jour, s'est senti obligé de m'assassiner moralement en classe. Il faut dire qu'une de ses élèves a fait circuler une photo de moi dévoilant mon anatomie, prouvant qu'elle me connaissait intimement et avait accès à mes leçons privées en phénoménologie. L'un de ces érudits de parloir s'est emporté jusqu'à lancer des obscénités sur mon compte. En se signalant à mon attention comme un mammouth, il a mis son enseignement en péril. Je le tiens par les couilles. Je vais saborder son cours en donnant un enseignement parallèle aux filles de sa classe qui ont les plus belles fesses. La chasse au mammouth n'est pas de tout repos. Il faut d'abord qu'il signale son existence par un mouvement quelconque, sans quoi il reste confondu avec le paysage. Mais dès qu'il bouge, c'est désastreux. Il piétine tout bruyamment et semble vouloir saccager le monde. C'est alors qu'il faut tirer avant qu'il ne fasse trop de dégâts. Le langage que j'utilise pour le tuer tient à la fois de la métaphysique, de la sorcellerie et de la méditation zen. Le coup est imparable. Le mammouth s'écroule. Comme il peut tomber n'importe où, il vaut mieux ne pas rester derrière. Je le sais par une anecdote qu'on m'a contée il y a quelques années. Un éléphant ayant avalé une souris avec sa ration de foin quotidienne s'écroula raide mort lorsque celle-ci, manquant d'air, lui sectionna une artère du cœur. L'éléphant s'écroula sur sa progéniture, si bien que cette souris anonyme s'est trouvée à tuer trois monstres. Alors, attention quand tombe le mammouth ! Un seul de ces professeurs perd le nord et l'université est fichue. Je me retrouve assez bien dans ce rôle de l'objecteur absent qui ruine la crédibilité des assis par personne interposée. Ce sera bientôt la jungle dans nos grandes villes. Alors aussi bien se préparer à la fin, du monde. La communication ne faisait déjà pas bonne figure, je viens d'apprendre qu'un poste de radio important de Montréal vient de congédier sa salle des nouvelles au complet. Même les ondes vont être touchées. Nous en reviendrons au tam-tam tribal. Il y a de la flibuste dans l'air. Rien ne sera plus pareil. L'Histoire, tel un cauchemar joycien, finira par être oubliée.

-61-

MA LIBIDO, C'EST RIO PENDANT LE CARNAVAL. – Je suis persuadé de détenir la clé de la santé parfaite et de la jeunesse éternelle : il s'agit de pratiquer l'érotisme sans culpabilité ! En fait, je pars gagnant. L'air que j'ai, – jeune, triomphant, superbe – je le dois à la sexualité libre, joyeuse, amusante, promue au rang de facteur créatif. Je ne ressemble pas à ce Gainsbourg des mauvais jours, décédé d'une crise d'écœurement de lui-même, l'œil hébété, la mine patibulaire. Il me faut de l'air, du soleil, des rêveries puissantes, des séances de flirt à rendre fou, des moments de rut mystique, des orgies de provocation rieuse, une oisiveté créatrice, une prospérité imméritée que je prends plaisir à ruiner en vains gaspillages. Et toujours, du muscle ! Vive le culturisme, les belles formes, les filles, dans leur jean trop serré, pâmées devant mes biceps saillants. Et, en outre, toute la ribambelle des sciences de l'esprit : dialectique ascensionnelle, phénoménologie transcendantale, anthropologie structurale, énergétique êtrique, épistémologie immatérialiste : autant de sciences qui contribuent à me faire me sentir jeune ! Je suis sûr que la maladie est le résultat de la retenue que la morale nous impose dès le plus jeune âge.

110

C'est parce qu'on interdit à l'enfant de vivre tous ses phantasmes qu'il s'intériorise, s'empoisonne, se ruine et finit par vieillir prématurément. L'atrophie de cette glande endocrine qu'on appelle le thymus est due à un mode de vie qui favorise la mort, la fatigue, l'usure. Il y a un usage de la sexualité qui ne fatigue jamais parce qu'il est libéré de toute autocondamnation, Il consiste à se remplir à nouveau d'énergie en faisant de l'acte amoureux une cérémonie psychomagique. Voilà le fruit défendu du paradis, terrestre. En restant toujours jeune, nous pourrions nous apercevoir que nous sommes Dieu ! Ah, la vilaine affaire ! Imaginez ce qui se passerait si tout le continent latin cessait d'invoquer ses dieux de l'ombre et ses Vierges chrétiennes pour ne plus jurer que par l'Être. L'Église s'effondrerait en entier. Soudain, le carnaval de Rio prendrait une tout autre allure. Il deviendrait la fête de l'immortalité, de l'expansion de la conscience, de la beauté divine, et cesserait d'être le bal des séropositifs et des tueurs. Comprenez-vous pourquoi les gens meurent ? Ils ont lié le sexe à des maladies infernales, à l'expiation et à la mort ! Ils ont senti le besoin d'instaurer dans la vie un facteur de destruction pour punir les jouisseurs. Cette mascarade doit cesser. Les saints sont des voluptueux, des jouisseurs conscients. Bien sûr, dans le judéochristianisme, la sexualité mène directement en enfer. Il y a rupture avec l'animalité heureuse. Cette rupture opérée par le contrôle de l'instinct est ce qui détruit l'homme en l'opposant à lui-même. J'enseigne une forme de conscience qui n'a rien de moral ni de limite. Elle est douce comme un océan de lumière et se vit comme une communion. Point de distance ici. Ma libido devient énergie libératrice porteuse de Dieu. La guerre contre soi-même est terminée. J'ai vaincu le tragique.

LES COLONNES DU TEMPLE. – En relisant *Les trois Dumas* d'André Maurois, je me suis rappelé de tout ce que je devais à Dumas qui m'a éveillé à l'écriture-fleuve et à Maurois qui m'a éveillé à Dumas. J'ai pensé aussi à Henri Tranquille, le libraire légendaire qui a bouleversé mon adolescence en me recommandant la lecture de Dostoïevski, de Gogol, de Joyce, de Kafka et, bien sûr, des *Trois Dumas*. Ce que j'ai éprouvé à la lecture de ce livre ressemblait à une forme de nostalgie de l'absolu. "Disraeli, note Maurois, un jour qu'on lui demandait ce qu'il souhaitait que fût la vie, avait répondu gravement : «Une magnifique procession de l'adolescence au tombeau ». Dumas aurait souhaité qu'elle fût une farandole amicale et somptueuse, se déroulant sur un rythme de galop". C'est là une formidable image, mais je me suis vite aperçu que ma vie de philosophe, même si je la menais à ce train, devait comporter des moments de méditation et de farniente propices à l'éclosion de mes grandes idées. Aussi, sans chercher à ralentir le rythme de mon travail, je m'appliquai à installer dans ma vie une paix nourrie de mes expériences mystiques. Mon tempérament est sans doute moins puéril que celui d'Alexandre Dumas, le père bien entendu. N'est-ce pas Gustave Planche qui soulignait que Dumas n'est pas habitué à penser et que chez lui l'action succède au désir avec une rapidité enfantine ? Je possède cette vitalité irrésistible, mais j'ai réussi à la harnacher par une réflexion austère et profonde, ce qui n'est pas sans entraîner des situations parfois cocasses. Ainsi le courriériste des *Riens sexologiques* voisine-t-il chez moi le prodigieux érudit du *Grand traité sur l'immatérialisme*. C'est qu'il me fallait à la fois gagner ma vie en parlant aux femmes par le biais des chroniques ou de la télévision et satisfaire ma passion des profondeurs en faisant de la philosophie. La plume devait me permettre de réconcilier ces extrêmes. Et là, la description que Maurois fait de la vie de

Dumas n'a pas cessé de m'enchanter depuis mes dix-huit ans : "Le bonheur de Dumas, c'était une chambre isolée ; une table de bois blanc ; une énorme pile de papier bleu lavande ; dix ou douze heures de travail par jour ; une femme jeune et ardente au déduit, etc." L'image m'est restée à l'esprit pendant plus de trente ans. Je pense aussi au cri que lui lançait une de ses femmes en passant la tête dans l'escalier : "Dumas, tes œufs sont cuits". Tant de femmes m'ont fait à manger depuis que je sollicite leurs faveurs ou que je pille littéralement leur beauté qu'un tel cri ne peut qu'éveiller en moi de doux souvenirs liés à ma création, c'est-à-dire à cette aventure intégrale qui consiste à la fois à vivre totalement, à écrire des kilomètres de réflexions, à donner des conférences, à paraître à la télévision, à faire l'amour et à rêvasser en regardant le ciel. Certes, je n'écris pas douze heures par jour, mais j'en passe bien quinze à assurer le financement de mon œuvre, ce qui s'avère parfois une impossibilité manifeste. Ma vie se tient tout entière entre les exigences de ma création et les délais de publication que m'impose la nécessité de trouver de l'argent pour payer les imprimeurs. On s'étonnera de la nature de cette difficulté quand on sait que la plupart des écrivains sont payés par leur éditeur pour écrire. Mais il ne faut pas oublier que je vis et pense au Québec, que ce vaste pays peu habité est encore en voie de développement, qu'il connaît des crises liées à l'ignorance, à l'inculture et à l'incertitude politique et que le public qu'on y trouve n'est pas plus réceptif aux idées nouvelles qu'aux idées anciennes qui lui passent par-dessus la tête. Il faut donc m'imaginer en train de me précipiter aux quatre coins du pays pour y donner des conférences et y vendre mes livres, faisant œuvre d'éducation en communiquant aux gens que je côtoie le goût de la lecture, de la pensée, de l'éveil. Quand je vois les hivers terribles que je dois affronter sur les routes, les publics hostiles que j'ai à conquérir, les rebuffades institutionnelles que je subis, j'ai vraiment l'impression d'être en train d'élever les colonnes d'un temple qui reste à construire mais dont j'ai l'ébauche dans la tête. Ce qui m'a le plus aidé chez Dumas, c'est sa rage créatrice, sa bonne humeur, son audace, son appétit de gloire et de scandales. Il me fallait cette force pour entreprendre de faire de la philosophie au Québec où mon goût pour Descartes, Hegel et Bergson me faisait passer pour un curé. Les gens ne connaissaient pas la philosophie ; dès que quelqu'un réfléchissait, on pensait qu'il était prêtre. S'il insistait pour parler, on faisait venir la police. Deux sortes d'hommes au Québec évitaient les soupçons quand ils prenaient la parole en public : les prédicateurs et les politiciens. Les autres pouvaient facilement passer pour des agitateurs. Comprend-on pourquoi je me suis adonné au culturisme, aux femmes, à la télévision ? Il me fallait échapper à l'image terne du professeur-fonctionnaire et m'imposer comme un penseur autonome. J'y suis parvenu, mais à quel prix. Je rêve maintenant d'une chronique illimitée qui me permettrait de couvrir les pages des gazettes matinales au nom de ce système philosophique que j'ai créé. Est-ce trop demander ? J'ai encore un temple à bâtir et je cherche des frères maçons.

-63-

CE QUE DIT LE BOUDDHISME PROFOND. – Entre un appel de Radio-Canada qui m'invite à participer à l'émission télévisée "Détecteurs de mensonges", un contrat de conférence pour l'Institut d'hôtellerie où je dois parler devant les futurs pâtissiers du Québec et des discussions à n'en plus finir sur le chanteur Jim Morrison dont on relance la légende dans le film The Doors, je réfléchis au bouddhisme profond tel que le conçoit Serge Christophe Kolm. Cet économiste recyclé en philosophie prétend que Bouddha n'a jamais soutenu la théorie de la réincarnation au sens populaire actuel du terme. Cette théorie décrirait le passage d'un état mental à un autre. En sanscrit, le mot "vie" signifierait "état mental", si bien que, dans l'enseignement de Bouddha, les allusions à la façon dont on passe d'une vie à une autre ne seraient que la description de la façon dont on s'y prend pour passer d'un état de conscience à un autre. Bouddha serait donc beaucoup plus proche de David Hume et de Carl Jung que des apprentis sorciers de l'hindouisme qui émaillent le courant du Nouvel Âge de leurs propos ésotériques farfelus. Le bouddhisme aurait réussi à identifier les dix-huit étapes intermédiaires très précises, ultrarapides, qui ponctuent le passage d'une pensée à une autre, si bien que la conquête de l'état d'éveil ne serait rien de plus que l'action de constituer un tout à partir de tous ces états d'esprit antérieurs que la mémoire nous permet de revisiter à la faveur d'un présent éminemment actif qui en constitue la synthèse. Cela me plaît plus que toutes les théories à la mode sur la réincarnation, car je me sens directement impliqué par la vision originelle de Bouddha. En effet, la rédaction de mon journal qui m'oblige à me pencher sur chacun de mes vécus et à y revenir quand je le mets au propre en vue d'une publication ainsi que celle de tous mes autres livres qui constituent une réflexion critique perpétuelle sur ma propre vie m'amène à rassembler tous les éléments valables de mon existence par une action convergente qui les fait culminer dans des moments de conscience de plus en plus hauts. Une telle perspective n'est pas sans m'apporter une joie extraordinaire qui me donne l'impression de tenir toute ma vie au cœur d'une même vision. Je sais qu'on ne peut pas procéder autrement pour constituer l'unité ultime de sa personnalité, puisqu'il s'agit dans tout travail que l'on fait sur soi d'amener à la pleine conscience tout le domaine de l'irréfléchi qui aurait pu échapper à un repérage quotidien. C'est seulement à partir de cette entreprise de rassemblement autour de l'être et dans l'être que peut s'achever l'intussusception.

L'ÈRE DES GÉNIES. – J'ai un faible pour les génies. J'aime leurs transes, leur folie, la beauté de leurs
éclats, la fureur héroïque qui les anime, la joie mêlée de
tragédie qui les habite, et surtout leurs œuvres. Je me rappelle qu'à l'époque où mon intelligence a commencé à bouil-
lonner, je vivais dans une agitation perpétuelle, m'amenant
à connaître la profondeur de mon être par des états de grâce qui succédaient à des états d'agonie, les deux mêlant
leurs accents prodigieux dans un concert à la fois merveilleux et épuisant. Tantôt je me prenais pour un personnage
de la Renaissance – Boccace, Pétrarque, Botticelli ou Michel-Ange – et je me nourrissais intérieurement de dialo-
gues philosophiques élevés sur le ton des lettres de Sénèque
à Lucilius. Mais le débit de mes réflexions prenait parfois
un tour inattendu. Ainsi, quand je me rappelais les conseils
du vieux sage à son protégé concernant l'amitié, il m'arrivait d'en altérer le contenu d'une façon magistrale au point
d'en venir à dire : "Mieux vaut te reprocher de ne t'être pas
occupé de ton ami que de te reprocher un jour de ne t'être
pas occupé de toi". Mais ces réflexions étaient elles-mêmes
tout empreintes de l'esprit d'indépendance de la Renaissance qui mettait l'emphase sur le Moi conquérant et l'indivi-
dualisme à outrance. Sans doute avais-je alors le désir de
constituer un jour un groupe de super cerveaux capables de
créer une époque aussi fertile que celle qui vit la gloire
d'Urbain II et de Michel-Ange. Je me mis aussitôt au travail, recevant chez moi dès l'âge de dix-huit ans, me poussant à exhorter mes condisciples de collège pour qu'ils se
stimulent au génie. J'avais même demandé à mes professeurs de se réunir pour me communiquer ensemble des doses massives de connaissances, ce à quoi ils s'opposèrent
pour des raisons abstraites dont j'ai parlé ailleurs. L'idée
que le génie pouvait sauver l'humanité bien plus efficacement que la médecine ou la religion était foncièrement an-

crée dans mon esprit. De mon point de vue d'alors, les gens avaient surtout besoin d'une vision du monde colossale et libératrice au lieu d'être guéris de leurs maux ou sauvés de leurs péchés. Déjà, j'avais la métaphysique en tête. Je dédaignais les solutions à court terme. Je critiquais vivement la spécialisation scientifique qui crée des handicapés intellectuels. Le mot de Maritain à l'effet que l'humanité avait davantage besoin de métaphysique que de pain hantait mon esprit. Je me mis progressivement à imaginer une sorte de géant spirituel qui tiendrait à la fois du poète, du conquérant, du philosophe et du Christ. L'idée transcendantaliste de savant pontife rassemblait tous ces éléments. Mais j'en vins à formuler l'ultime idéal de ma pensée avec l'expression de "Seigneur êtrique". Oui, c'était ce qu'il nous fallait devenir pour assumer l'éternité au cœur du temps, l'absolu dans le relatif. Il fallait que le génie devienne le plus grand expert sur lui-même et accomplisse son automédiation universelle. Je me mis au travail, encouragé par les mots de mon grand rêve d'initiation du 15 septembre 1973, "Tu es le Christ, tu es le Dieu Vivant". Je savais dès lors que j'étais mon propre but et que le génie ne pouvait avoir en tête rien d'autre que lui-même.

-65-

LE POUVOIR ABSOLU. – Peut-on connaître sur terre la satisfaction entière de la volonté ? On sent tout de suite que cette question exige une définition de la volonté pouvant servir de base à une explication. Or, je crois qu'il n'y pas une, mais des définitions de la volonté, selon le degré de ferveur de chaque individu. En effet, vouloir exige d'être. La volonté n'est pas une faculté spécifique mais l'expression d'une force intérieure qui tend à devenir immanente, c'est-à-dire qui s'enracine dans la subjectivité pour s'exprimer dans le tout. Cela présuppose une parfaite coïncidence entre l'intérieur et l'extérieur de façon à ce que l'unité règne là où s'exerçait la dualité. Au niveau des choses empiriques souhaitables, comme le fait qu'un homme recherche depuis son adolescence des femmes avec des gros seins, l'imagination va jouer un rôle amplificateur de la volonté. Beaucoup d'imagination et un peu de volonté suffiront. Les démarches de cet homme l'amèneront à se diriger vers les lieux où il pourra trouver les personnes qu'il recherche. Mais dès qu'on quitte le niveau empirique, la volonté devient de plus en plus importante tandis que le rôle de l'imagination décroît. Lorsqu'un homme ne fait que rechercher du sexe, de l'argent, un travail, la chance, il n'a pas à utiliser spécifiquement son être. Il lui suffit de tendre sans relâche vers le but visé. On a vu par exemple des gens peu intelligents devenir très riches, des hommes laids trouver une femme d'une beauté incomparable, des individus méprisables acquérir un énorme pouvoir, et à côté d'eux, des êtres remarquables échouer dans leur quête du minimum vital. Est-il bien normal de voir un génie divin comme Mozart mourir, de faim ? J'oserais presque répondre par l'affirmative, tellement les facultés d'un tel homme sont tournées vers le beau, le vrai et le sublime transcendentalement parlant. Mais la volonté de Mozart est gigantesque comparée à celle d'un simple travailleur qui cherche à s'enrichir, sauf que le génie de Mozart s'adresse à des choses divines. Son sexe, son cœur et son cerveau, pour mentionner les trois centres principaux de l'homme empirique, sont tournés de ce côté. Il met parfaitement en pratique le mot d'Henry Ford à qui l'on demandait comment il était devenu si riche et qui avait répondu "En y pensant toujours". Or, il y a une grande différence entre toujours penser à l'argent et toujours penser à l'harmonie des sphères, à la beauté céleste, à la pensée infinie. Comprend-on ici à quel point ma vision de l'absolu immanent au relatif est capitale pour favoriser la vie terrestre des génies ? En m'employant à dématérialiser le monde, je travaille à le rendre plus ouvert, plus accessible, plus habitable aux yeux de ceux qui cherchent à se réfugier sur les cimes. Je leur montre que le royaume des cieux peut exister sur terre à condition qu'ils acceptent de ne plus s'oublier du point de vue de l'expérience empirique. Supposons que tout me prédisposait dès l'enfance à connaître le sort de Mozart : idées fulgurantes qui indisposaient mes professeurs, incapacité de rejoindre mes camarades qui ne me comprenaient pas, orientations dans la vie qui faisait de moi un marginal, création d'une œuvre en opposition avec les valeurs de la société, etc. Aurais-je pu parvenir à vivre heureux sans l'émancipation de ma sexualité, les rêveries inspirées du cinéma et de la télévision, la pratique du culturisme qui devait mettre mon physique en valeur ainsi que des normes de santé susceptibles de me communiquer le goût de vivre ? J'en doute. Comme tant d'autres génies précoces, je me serais senti totalement isolé, incompris et fragile, j'aurais contracté des maladies résultant du rejet, de la maussaderie, de l'autodestruction. Mais même là, il n'est pas facile de vivre l'absolu dans le relatif de façon consciente. Alors que tout m'oriente à ne plus éprouver de besoins, à me nourrir de mes pensées profondes, à me suffire métaphysiquement, je suis amené à assurer ma propre survie en m'impliquant dans un monde social qu'il était encore possible à Mozart de fuir. À l'époque de la démocratisation des structures et des institutions, non seulement il n'est plus question de fuir, mais je dois me mettre au niveau de l'homme de la rue pour être accepté ou compris. Dans un tout autre contexte que celui de l'immanence de l'absolu au relatif, je serais mort depuis longtemps, brûlé par l'inadaptation, découragé, ruiné. Il m'arrive encore de me demander, en regardant les jeunes loups du commerce ou de la finance, comment on peut devenir millionnaire à trente ans. Mais je sais au fond de moi-même qu'il suffit d'avoir beaucoup d'imagination et un peu de volonté, ce qui constitue l'inverse de l'attitude que je suis invariablement amené à adopter quand l'argent manque pour financer mon œuvre par exemple. Habitué à fournir une énergie de fond inconcevable du point de vue de l'homme de la rue pour créer mon œuvre, je me lance dans le monde empirique avec la même force dévastatrice inutile qui me fait considérer comme un fou, puisqu'elle se trompe d'objet et qu'appliquée au domaine de la finance, elle rate sa cible de loin. Parvenir à vouloir aussi peu m'est extrêmement pénible, tellement je suis devenu un Hercule du monde invisible. Pour faire de l'argent, il faut pouvoir s'amuser avec les processus. Comprenez ma réaction : ils me font horreur. C'est comme demander à un homme sain de se véhiculer en fauteuil roulant pour ménager ses jambes. Je n'y arrive pas. D'ailleurs, le veux-je ? J'aurais l'impression de me livrer à une sorte de Vaudeville. Alors, que faire ? Faire descendre l'énergie au cœur du vécu quotidien ! Ce qui signifie : m'appliquer à être moins intelligent, à moins bien faire, à déposer à la porte de l'univers empirique mon armure de conquérant pour apprendre à compter des billets et à échanger des inepties avec des morons. J'ai toujours aimé cette réflexion de Monsieur Gurdjieff rapportée par Fritz Peters à l'effet qu'il était impossible pour les Américains de s'empêcher de lui donner de l'argent parce que cela leur procurait un sentiment d'importance". Il avait saisi là un trait caractéristique de l'homme d'affaires habitué à encaisser de l'argent. Sa richesse ne tient pas tant dans le fait qu'il en jouisse que dans le fait qu'il l'étale, qu'il la montre aux autres. Je connais bien ce réflexe. On ne peut connaître quelque chose sans vouloir l'enseigner. J'ai tenté de montrer ce que je savais et ce fut un désastre. Loin de se précipiter sur ce que j'avais à offrir, les gens se sont écartés brusquement, certains me regardant avec horreur, d'autres riant à gorge déployée devant le spectacle de quelque chose d'énorme mais de tout à fait inutile. Encore aujourd'hui, on ne comprend pas l'acharnement avec lequel je persiste à dire des choses incompréhensibles. On s'étonne surtout jusqu'au scandale de voir sur mon visage cette exaltation et cette ferveur en rapport avec des choses qui ne servent strictement à rien. Encore une fois, il me faut ajuster ma volonté à la vie empirique pour ne pas donner l'impression que j'allume un brasier dans une maison de papier. Constamment, j'ai à faire la distinction entre les gestes concrets qui donnent des résultats immédiats dans la mesure où ils exigent un compromis à l'égard des choses supérieures et le fait d'opérer mon être pour l'investir dans la vie pratique mais avec les délais inévitables qu'entraîne l'immixtion de l'éternité dans le temps, de l'absolu dans le relatif. Je ne renonce pas à affirmer mon être, mais je cherche à m'ajuster à la limite en laquelle je me reconnais.

-66-

LE MUR DES CONVENTIONS. – On me dit que rien n'est plus difficile que d'enfoncer le mur des conventions. Mais pourquoi le ferais-je ? Les préjugés sociaux sont des choses extrêmement tenaces. Par exemple, je me suis aperçu qu'étant fils d'ouvrier, je me trouvais à signaler mes origines par mon comportement, mes habitudes, mes attitudes. Immédiatement, les riches, les aristocrates, certains professionnels vont s'abstenir de me fréquenter. Le fait que je ne sois pas devenu riche avec le temps aggrave mon cas. S'il fallait que je souffre de cette situation, je trouverais la vie bien difficile. Or, non seulement je n'en souffre pas, mais je retourne la conjoncture à mon avantage ou peut-être est-ce à mon désavantage, peu importe. En effet, les seules personnes qui auraient intérêt à me côtoyer, parce qu'elles possèdent la culture que permet la fortune, me tournent carrément le dos de crainte d'avoir l'air fou une fois confrontées à mon érudition. Il y a donc une certaine catégorie de gens dans ma propre ville pour qui il serait enrichissant de me fréquenter et qui resteront à l'écart indéfiniment, jusqu'à en mourir, par peur de se compromettre, de ne pas être à la hauteur, de perdre la face dans une conversation ou d'être obligés de me payer un lunch parce que je ne fréquente pas les grands restaurants où ils ont l'habitude d'aller manger. Pendant ce temps, ma popularité grandit. Attention ici, je n'ai pas dit ma célébrité, car pour être célèbre, il faut être pistonné. Je n'ai donc comme seul ami que le temps. Eh oui, le temps me favorise, il me confirme. J'avoue que j'ai tendance à me conduire comme un individu qui serait détenteur d'un trésor dont personne ne veut. Il se tue à crier à gauche et à droite qu'il existe, mais on n'en fait pas de cas. Ma situation est délicate : je suis un ancien pauvre avec un supercerveau. Je dis "ancien", parce que mon mode de vie, mes goûts, mes préférences m'élèvent bien au-dessus des ambitions du peuple. Mais à vrai dire, je ne pourrais suivre les millionnaires que je connais dans leurs déplacements pour deux raisons : la première, parce que je n'ai pas les mêmes intérêts qu'eux ; la deuxième, parce que je n'ai pas leurs moyens. Il y en a peut-être bien une troisième aussi : étant extrêmement libre du fait de posséder une pensée aussi avancée, je n'ai nul besoin de me précipiter comme ils le font, de partir en croisière ou d'aller aux courses. Je rêve seulement d'écrire à ma table, dans un petit chalet qui donne sur le fleuve, du haut d'une falaise de Baie des Sables. Ceux qui passeront par là n'ont qu'à demander à Louis Rathé ou à Victor Smith du Motel Bel Air si je suis dans les environs. On leur montrera le chalet que j'occupe. Plus bas, entre les grosses roches, ils me trouveront peut-être en train de me vautrer sur une couverture avec une jolie fille nue. Un rien me suffit. J'ai vu Athènes, Rome, Paris, Bruxelles, Londres, Casablanca, Le Caire, Istanbul ; j'ai vogué sur toutes les mers ; j'ai habité des palaces, mais je n'ai rien vu d'aussi beau que Baie des Sables. Là, il n'y a pas de conventions. Même les plus riches redeviennent de simples mortels devant le philosophe nu qui prend son espresso. Je veux qu'on me fréquente pour mon être, car je n'ai à offrir que ce que je suis. Rien ne me manque dans l'abondance de l'infini, car la prospérité métaphysique se passe de cartes de crédit. Vous me trouverez en train d'applaudir quand toutes les Bourses du monde s'effondreront et que les banques iront en faillite. Ce jour-là commencera le règne du Grand Jovialiste.

-67-

LE TRIOMPHE DES DÉBILES. – J'apprenais récemment qu'il y aurait bientôt des tests oraux pour les analphabètes. Tout pour rendre l'ignorance confortable quoi ! Nous avions déjà des trottoirs en pente pour les handicapés et des concours de fauteuils roulants pour les distraire. Pourquoi pas de la nourriture pré-mâchée pour les paralytiques de la mâchoire ? Je tiens à ce qu'on sache mon opposition radicale à toutes ces mesures dont le but est de favoriser les faibles, les pauvres, les malades, tandis que, pendant ce temps, on se mobilise contre les génies qu'on traite de marginaux, contre les surdoués qu'on insulte à cause de leur langage inhabituel, contre les mystiques qu'on traite comme des psychopathes. Dans cette société post-chrétienne où le socialisme fait des progrès chaque jour, je constate le triomphe des débiles à tous les niveaux. L'incompétent qui s'accroche à sa situation hiérarchique est un débile à sa façon. L'ignorant économique, administratif l'est d'une autre façon. L'amoureux transi qui menace de se tuer parce qu'il se juge abandonné, le croyant qui pense toujours qu'un Dieu le sauvera de lui-même, le matérialiste qui ne s'aperçoit pas qu'il est devenu l'esclave du Capital, le sont tout autant. Partout, c'est le nivellement par le bas. Même quand il s'agit d'un concours d'excellence, la perfection visée par ceux qui veulent exceller est médiocre et banale. Nos héros ne sont plus des chevaliers inspirés mais des sauveteurs improvisés d'étangs aux canards qui se précipitent pour sauver du naufrage les bateaux en papier des enfants. Il nous faut retrouver le sens du dépassement vers l'invisible. Les Grecs auraient sûrement désavoué ces championnats olympiques menés chrono à la main pour sauver une fraction de seconde. Ils avaient le triomphe facile. Ils ne cherchaient pas des victoires mécanisées. Prenons l'exemple de ce champion olympique qui se droguait. Avant de passer les tests d'urine antidrogue, il allait uriner et, au moyen d'un appareil à transvider, il remplissait à nouveau sa vessie avec l'urine de son frère qui appartenait au même groupe sanguin. Quand j'ai appris cette histoire, j'ai ri comme on rit d'une caricature de la vie, d'une énormité flagrante devant laquelle on reste impuissant. Le malaise de la civilisation actuelle tient à la difficulté qu'éprouve la raison à rester saine. On rencontre partout des cyniques, des violents, des hystériques, des tortionnaires, des paumés, des drogués, des morons, des suicidaires, bref des débiles qui cherchent à imposer leur loi, qui réclament des droits, qui revendiquent l'égalité, qui établissent la médiocrité en règle et mesure du comportement humain. Qu'on ne se méprenne pas ici : la majorité d'entre eux portent l'habit et la cravate, opèrent dans les grands centres de contrôle de l'appareil manipulateur ploutocratique, se font accepter en tant que porte-parole de la loi générale, c'est-à-dire comme modèles d'insignifiance et de raisonnabilité suspecte. Tous ces gens se promènent la mine blasée ou sévère. Aucun d'eux ne rit. En notre temps, je vous le dis, seule la joie est saine.

-68-

LES CHAMPS FERTILES DE LA PYTHIE. – Je ne sais trop pourquoi Socrate reste persuadé qu'en mourant, il ira à cet endroit. Une femme d'une grande beauté lui a annoncé la chose en rêve peu de temps avant sa mort. On sait que les Grecs anciens accordaient une grande importance à ceux qui avaient bien mérité de la patrie. Sur terre, les héros étaient entretenus au prytanée aux frais de l'État. À leur mort, ils étaient transportés aux Champs Élysées. Toujours cette bonne vieille idée de champ. Pourquoi ? Probablement parce que l'idée que les Grecs se faisaient du ciel était liée à l'abondance de l'infini et que celle-ci, pour des esprits primitifs, faisait d'abord penser aux moissons. Attention ici, je n'entends pas par "primitifs" qu'ils étaient arriérés ou barbares, mais plutôt qu'ils étaient proches de leur principe, du sol originaire d'où émergent toutes choses. Mais il y a sans doute une autre raison qui nous fait entrevoir le monde astral et les mondes supérieurs comme des étendues de grâce et de lumière. C'est que la perception de ces sphères intelligibles et supra-intelligibles implique la notion de "champ" qui naît d'un inévitable balayage du champ de la compréhension par la conscience émancipée. On sent que l'esprit délivré des poids terrestres peut maintenant s'ouvrir à sa propre immensité qu'il reconnaît dans les choses. On sait que le bonheur n'est pas nécessairement lié pour les humains à la position verticale mais plutôt à la position horizontale. Les dieux grecs sont souvent dépeints en train de festoyer sur leur couche, élevant au-dessus de leur tête une grappe de raisins, ou flottant sur des nuages appuyés sur une main, comme si l'image du bonheur était liée à la farniente, au sommeil, à l'amour. C'est cela qu'implique la notion de "champ", car toute étendue fertile se confondant au loin avec l'horizon convie aux rêveries du repos et invite aux loisirs. Il peut aussi s'agir des moissons de la mer : éponges, coraux, poissons, crustacés, étoiles de mer, méduses phosphorescentes, lichens ondoyant au soleil au gré des courants marins. Qui ne rêve pas dans une autre vie de se balader sous la surface des flots telle une sirène enchanteresse conviée au banquet de Neptune ? Comme on le voit ; l'idée de la prospérité est liée à la béatitude de celui qui est délivré des poids et des inerties de la terre. La Pythie était femme, ne l'oublions pas, même si le rôle était assumé par une vierge à Delphes, l'image de la Pythie restera toujours celle d'une déesse bienveillante qui conduit les mortels jusqu'à la vie éternelle, d'une Mère de tous les humains inspirant leurs derniers moments. Il y a de la tendresse dans cette expression "les champs fertiles de la Pythie". C'est comme si après avoir trop travaillé les humains pouvaient dire ouf ! sans qu'on songe à leur demander des comptes. On en revient à cette expérience de la délivrance qui ponctue l'intussusception de l'être au cœur de la vie. Ah, si mes concitoyens savaient que je leur propose un bonheur infini !

-69-

DES PROPOS QUI OSCILLENT ENTRE LE NAZISME ET LA PORNOGRAPHIE. – C'est en ces termes qu'on m'a injurié récemment. La personne qui s'est ainsi déchaînée contre moi est quelqu'un de généralement bienveillant qui a soudainement explosé devant mon langage de puissance. Elle avait très certainement en tête en m'écoutant les griefs que les féministes entretiennent contre la pornographie et ceux que les Juifs nourrissent envers le racisme. Or, je ne suis ni féministe, ni Juif, ni raciste. Ce sont là des catégories qui ne font pas partie de mon quotidien. Les femmes auxquelles je m'adresse n'ont aucun droit à défendre et ne se liguent pas contre les hommes. La beauté, je l'ai déjà dit, n'a pas besoin de syndicat. S'il m'arrive d'utiliser le langage de l'ordure ou celui de la luxure pour décrire mes rapports avec les femmes, c'est dans la perspective du jeu, de la farce, de la fête, et parce que celles-ci aiment ce genre d'insanités au cœur des rapports amoureux, la grossièreté concourant, avec le sublime qu'elle voisine, à maintenir la lubricité nécessaire pour obtenir un orgasme total. Bref, mes rapports avec les femmes sont tantôt sales et tantôt propres. Pourquoi pas ? N'ai-je pas jusqu'ici réussi à me faire aimer d'elles ? Je dois savoir comment m'y prendre, n'est-ce pas ? Sans quoi je serais un homme solitaire, un sauvage, un laissé pour compte. Bien sûr, lorsqu'un chroniqueur m'entend parler à la radio, les cheveux peuvent lui dresser sur la tête s'il juge mes propos du point de

126

vue des valeurs établies. Je peux passer pour un dangereux énergumène décidé à ruiner la Civilisation pour pouvoir vivre en Harmonie. Mais moi, je n'ai pas à l'esprit les combats d'arrière-garde que mènent les factions féministes ou antiracistes. Je réclame de la pornographie pour les enfants, des audaces exhibitionnistes publiques pour les adultes, la nudité intégrale dans les parcs l'été, la joie totale, la liberté sans frontière. Je ne vois pas pourquoi un homme portant l'habit et la cravate ne pourrait pas être à l'aise devant un homme nu. Nous manquons de souplesse mentale. Nous sommes prêts à déclencher une guerre pour un morceau de peau. Ça va même plus loin que ça, puisque nous sommes prêts à nous battre pour la couleur de la peau. En Harmonie, on peut se moquer de la couleur de la peau des autres sans passer pour un raciste. Je suis du côté de cet enfant qui s'exclame devant sa mère honteuse face à un Noir qu'ils côtoient dans le métro : "Regarde, maman, comme il est sale le monsieur ! Il est tout noir". Il n'y a eu que le Noir en question pour trouver plaisante la boutade de l'enfant. Mais moi, je suis d'accord pour qu'on s'amuse aux dépens des Noirs, des homosexuels, des handicapés, des gens laids et des autres. N'oubliez pas que l'opinion que j'énonce en ce moment est celle d'un professionnel du ridicule. J'adore faire rire de moi parce que je sens que je fais du bien ainsi à ceux qui ne pourraient pas s'exprimer : autrement devant mon personnage. J'ai dit plus haut que je n'étais pas raciste. Il faut s'entendre. J'aime rire des Noirs ou des Jaunes, mais je les considère comme de la famille. On taquine bien un ami. Je crois que les gens sont surtout réceptifs aux vibrations des individus. Je peux me retrouver devant un furieux et le faire rire en lui disant : "Tu ne frapperais pas sur une image sainte, n'est-ce pas ?" Mais je n'ai pas peur de ce furieux ; je suis son complice, je suis le metteur en scène de sa fureur, c'est devant moi qu'il joue son rôle. Je peux le prendre au sérieux et devenir sa victime ou rire avec lui et désamorcer sa colère. Je sais que beaucoup de gens me reprochent d'aimer Hitler. Mais c'est un génie foudroyant, une sorte de diable halluciné étonné de ses propres performances. Écoutez-le parler, portez attention à ses aboiements rauques, sentez le personnage. Vous y verrez quelque chose d'étonnant. Une telle violence m'amuse. Salvador Dali disait que le dos d'Hitler lui faisait penser à un morceau de fromage "La vache qui rit". Il le trouvait éminemment comestible. C'était une façon de dire qu'il se l'envoyait sans s'attarder davantage sur ce qu'on a appelé son inhumanité. Il y a des Noirs du Bénin qui mangent des sandwichs aux fourmis. C'est sûrement monstrueux du point de vue de la fourmi. Mais qui veut s'identifier à une fourmi ? Alors, pourquoi vouloir vous identifier à un homme ? Les prisonniers d'Auschwitz qui attendaient en ligne devant les portes des fours crématoires connaissaient une extase insolite, celle de se sentir tout à fait étrangers à leur corps. Ils avaient déjà pris place dans l'au-delà. L'un d'entre eux cependant échappa dix-sept fois à la mort en s'inventant un prétexte nouveau chaque fois. Je ne peux considérer son aventure que du point de vue de la drôlerie. Imaginez le bonhomme levant la main pour déclarer qu'il avait un précieux renseignement à révéler à l'état-major et, chaque fois, transformant son numéro, comme s'il lui venait l'envie d'aller aux toilettes et que cela ne pouvait attendre. C'est là un génie prodigieux de l'improvisation. Je prétends qu'un tel homme s'est donné Hitler pour faire éclore son imagination créatrice. Je déclare que toutes les victimes se sont donné leur bourreau afin de découvrir comment elles pourraient s'en sortir, mystifiées par leurs propres scénarios mentaux. On s'en sort même en mourant vous savez. Suis-je un objet de scandale si je prétends que je suis un Hitler du bonheur ? Qu'ai-je à voir avec tous ces bien-pensants qui défendent l'ordre établi ? Je ne partage pas leurs valeurs. Celui qui s'amuse n'a qu'à se soucier de lui-même, et encore, il n'est pas obligé de tenir compte de soi. Je connais beaucoup de familles qui adorent mes propos échevelés à la télévision, parce qu'ils en ont assez de la nourriture préparée d'avance qu'on leur sert dans la société. Je les masturbe verbalement du berceau jusqu'au fauteuil roulant en insinuant dans leur esprit des pensées indicibles, innommables, inénarrables. Je suis celui qui aide les autres à s'éclater, à exploser comme des bombes vivantes de rire, de folie, de beauté, d'excès et de scandale. M'a-t-on compris ?

-70-

DÉRANGER LA GÉOMÉTRIE INTÉRIEURE DES GENS. – Être constitue l'acte le plus remarquable que puisse poser un homme dans sa vie, quoique ce ne soit pas un geste précis, une action délimitée, un fait qu'on peut isoler. C'est comme l'attente de quelque chose qui se résume en une intensité remplissante. En effet, il suffit d'être pour se sentir plein à en déborder, au point que tous ceux qui nous observent aient l'impression de se sentir emportés par cette démesure qui les concerne aussi. On comprend aisément ici que l'acte d'être qui correspond au choix de soi comme absolu dérange tellement les autres. Je ne veux pas dire que ceux-ci cherchent à lui résister, car à quoi résisteraient-ils ? Être n'est rien de défini, c'est comme une puissante décompression qui rend toutes choses faciles, provoquant ainsi l'inutilité des recettes, des modes d'emploi, des directives morales. Il n'y a rien de plus immoral que l'être. L'attitude de celui qui s'accroît de lui-même bouscule les lois par la légitimation de l'exceptionnel. Être est un fait si écrasant qu'il anéantit tous les autres faits. Il dérange la géométrie intérieure des gens par sa masse irrécusable qui constitue une sorte de preuve à l'infini de quelque chose de secret et de transparent. Face à cette immensité, les gens se sentent amputés d'eux-mêmes. La personne n'est plus nécessaire. J'ai déjà suggéré dans un autre livre que bénir les organes de son corps impliquait qu'on passe au-delà de chacun d'eux jusqu'au moment où on finit par passer au-delà de la personne tout entière. Comment réagirait quel-qu'un à qui son chirurgien annoncerait, une fois rendu dans la salle d'opération, qu'il va l'amputer de tout son corps ? Il serait certes interloqué et se demanderait inévitablement de quelle totalité on cherche à le dissocier en l'amputant de lui-même. C'est ce qui se passe lorsqu'un individu devient être. C'est comme s'il prenait toute la place d'un seul coup, mais une place invisible dont le poids de clarté ne se fait sentir que par énigmes. "Qu'y a-t-il donc de différent en toi ? se fait demander celui qui vient de s'ouvrir au principe de l'immanence. As-tu maigri ? As-tu changé de coiffure ?" Les gens sentent le changement, mais ils ne savent pas l'identifier. Ils se sentent à la fois élevés dans l'ordre de l'absolu et amoindris face à leur Ego empirique. C'est ce que je pourrais appeler le "grand dérangement". Il fait de nous des dérangeurs capables de poursuivre ceux qui résis-tent encore jusque dans leur dernier retranchement. Nous les aurons.

-71-

DES COUPS DE PIED DANS LES INSTITUTIONS.

– Que faisons-nous d'autre dans la vie sinon circuler autour des objets comme des fantômes incapables de les faire bou-ger ? Quand nous examinons notre personne, c'est un peu comme si nous n'avions ni bras ni jambes réels pour agir. Il suffit de fixer notre attention sur le va-et-vient d'un objet particulier comme un livre qu'on transporte dans différen-tes pièces de la maison. Le livre pourrait très bien se dépla-cer seul. Imaginons un instant que nous sommes invisibles et regardons aller le livre. Il se dépose ici et là, sur une chaise, sur un guéridon et revient dans la bibliothèque. Faisons maintenant apparaître la personne. Que fait-elle en somme ? Elle accompagne le livre. Cette lecture sera vite oubliée. Le livre sera perdu. La personne mourra. Tout se passe comme si nous n'étions pas faits pour ce genre d'activités ou plutôt comme si notre destin était de regarder aller et venir les choses. Avons-nous vraiment besoin d'intervenir ? J'ai constaté, quand je bénissais, que cette activité de la pensée me dispensait d'agir physiquement. J'agis alors comme si l'usage de mes bras et de mes jambes n'était pas nécessaire. Imaginez la déconvenue d'un individu récemment décédé qui s'attarde encore en esprit sur la terre. Il se rend chez un ami. Il s'apprête à frapper à la porte, mais il trébuche et passe à travers sans l'avoir ouverte. Comment peut-il bien se sentir ? Exactement comme nous, je suppose, quand nous constatons l'inutilité de notre agitation et de notre vie. Nous nous déplaçons, nous achetons et vendons des objets, nous nous vêtons et nous dévêtons, mangeons et travaillons. Mais, en réalité, quel type d'activité nous convient le mieux ? Le repos, à n'en point douter ; la silencieuse contemplation de tout ce va-et-vient. Nous n'habitons la terre que l'espace de quelques pensées. Nous défendons des droits, luttons pour notre liberté, donnons des coups de pied dans les institutions. À vrai dire, tous ces mouvements se perdent un peu comme les tentatives d'un fantôme pour ouvrir une porte. Ce n'est pas la solution. Il nous faut nous intérioriser davantage au moment où nous posons tous ces gestes inutiles, il nous faut apprendre à penser notre vie et surtout à comprendre que tout ce que nous voyons et percevons n'est qu'un ensemble de représentations orchestrées par nos intentions de conscience. Au fond, nous n'avons presque rien à voir avec ce qui nous arrive en ce monde. Le "Je" est mondain, comme l'a bien fait voir Sartre dans *La transcendance de l'ego*. C'est notre esprit et, plus profondément, notre être qui n'appartiennent pas au monde. Insaisissables, leur réalité tient tout entière dans leur fonction d'enveloppement. La véritable énergie ne peut être employée à faire arriver des choses. Sa fonction est d'être et cela est au-delà du connu.

HEGEL À LA RADIO. – Les paradoxes soulevés par l'utilisation des média électroniques modernes dans une civilisation encore marquée par la culture écrite n'ont pas fini de nous étonner. Lorsque j'ai entrepris mes premières réflexions philosophiques, malgré le progrès scientifique évident de cette époque, j'avais l'impression d'être le continuateur des grands maîtres classiques en compagnie desquels je me sentais souverainement bien. Mais, peu à peu, par l'allure et le style de ma pensée aussi bien que par mes préoccupations intellectuelles, il m'a fallu me rendre compte que j'étais plutôt l'initiateur d'un nouvel art de penser très différent de celui de mes prédécesseurs. L'avènement de la radio et de la télévision, la révolution sexuelle, la démocratisation de l'enseignement contribuaient à faire de la philosophie un outil de communication de masse en dehors des universités. Frais émoulu de la Sorbonne avec mon diplôme de doctorat en poche, penseur systématique ayant démontré l'inexistence de la matière, je dus me transposer à la radio pour répondre à des questions concernant mes premières publications. Je constatai sur le champ que mon vocabulaire était inadéquat, mais devant le succès que je rencontrai – les auditeurs qui ne me comprenaient pas pensaient que j'étais un humoriste qui faisait du bruit avec sa bouche – je décidai de continuer à employer mes mots savants, à petites doses, provoquant un phénomène de masse qui n'est pas prêt de disparaître. J'entends par là l'engouement absurde des gens pour ma personne et mon vocabulaire qui leur est tout à fait inaccessible. La preuve de ce que j'avance m'a été fournie par une femme lors du Salon du livre de Montréal où j'étais un exposant. En passant devant mon kiosque, m'ayant reconnu, elle se saisit d'un de mes livres et se mit à le feuilleter. Je vis alors sur son visage de l'incompréhension et même de l'effroi. "Mais comment ! Il est entièrement écrit. Je croyais que les livres que vous nous montriez à la télévision étaient constitués de feuilles blanches". J'ai donc réalisé que très peu de téléspectateurs m'avaient pris au sérieux le jour où je suis apparu au petit écran avec la colonne de bouquins constituée des trente et un titres que j'avais écrits alors. Ils croient que c'est une blague, que les livres que je montre sont un ramassis hétéroclite d'objets qui ont l'air d'être des livres sans en être réellement. Une fois, je me retrouvai dans une salle d'hôtel où je ne devais pas être. Je déclarai aux personnes qui étaient sur les lieux : "Pardonnez-moi, c'est par inadvertance que je me suis rendu ici". Un des participants à la réunion écarquilla les yeux en me lançant, intrigué : "Comment vous êtes-vous rendu ici ?" Le mot "inadvertance" l'avait totalement égaré. Il avait cru sans doute que c'était là un nouveau moyen de locomotion. Cela me fit penser à mon cher père à l'époque où il était contremaître à la Vickers. Il avait recommandé à l'un de ses hommes de travailler avec symétrie. Deux heures plus tard, ce dernier ne s'était pas encore mis au travail, car il attendait toujours "symétrie". On trouvera sans doute aberrant ce genre d'anecdotes. Et pourtant, elles relatent toutes des faits bien réels. Quand je commençai à travailler à la radio, j'avais l'impression d'être Hegel interviewé par un disc jockey. Cette épreuve devait m'amener à faire connaître aux masses des concepts dont elles ne soupçonnaient même pas l'existence. Je devins un éveilleur public, car malgré l'incompréhension dont ma doctrine est entourée, j'ai réussi là un tour de force, celui de faire descendre la pensée dans la rue. Mais, comment vulgariser sans devenir vulgaire ? J'ai vite compris qu'il était impossible de vulgariser sans déformer. Il fallait communiquer aux gens la vérité pure dans sa complexité souvent atroce pour eux, les faire rire, les caresser psychiquement au moyen de cette idée, en mimer les contours abstraits si tant est que cela soit possible. La première fois que je prononçai le mot "intussusception", les gens que je rencontrais le lendemain dans la rue se mettaient la bouche en cul-de-poule pour me susurrer le mot qu'ils avaient entendu la veille horriblement déformé. Je décidai de m'amuser de ces naïvetés, prenant même plaisir à voir les gens tenter de surmonter leur ignorance par affection pour le personnage populaire que j'étais devenu. Bien des choses changeront dans le monde à cause de la façon dont les média électroniques peuvent maintenant véhiculer la pensée. Les pédants professeurs de l'université voudront-ils néanmoins utiliser cet outil pour faire connaître leur vision du monde, après avoir ri de moi pendant trente ans ? Je crois bien que oui.

-73-

AI-JE LE DROIT DE MYSTIFIER TOUT LE MONDE ? – Je dirais à ce propos que les gens ont plutôt tendance à se mystifier eux-mêmes en se servant de moi. Quand quelqu'un me côtoie, il faut que ce soit pour l'aventure intégrale. Je ne tolérerai personne d'autre près de moi. Lorsque se pose la question de l'être, plus rien n'a d'importance en dehors de cette question. Les petits secrets du corps, la pudeur, la méfiance n'ont plus de raison d'être. Aussi bien aller nu sur la rue, puisque l'élément central de la vie n'appartient plus à la vie. Comprend-on ici que je puisse me servir du paradoxe, de la provocation ou de l'érotisme pour donner à ceux qui m'entourent le goût de l'être ? Tout ce qui dérange les gens de leur quotidien me sert à transformer leurs schèmes. Prenons le cas d'un adolescent timide qui vient jaser avec moi sur mon toit. J'ai soudain une envie d'uriner, mais j'ai les mains beurrées de crème solaire. Je lui demande donc de tenir ma verge pendant que je fais pipi. Il fige, il bafouille et enfin, il s'exécute. Je viens de l'attraper par un truc vieux comme le monde. Je l'ai saisi dans sa pudeur. Je l'ai amené à poser un geste qui n'avait aucun sens à ce jour pour lui. Alors je lui demande pourquoi il m'a obéi. Il ne le sait pas. J'insiste. Il m'avoue qu'il avait peur d'avoir l'air ridicule en refusant. Je soulève alors la question de ses valeurs acquises. Je lui montre qu'elles ne sont pas les siennes ; qu'il peut faire n'importe quoi à condition d'être conscient. Mais le pourrait-il ? Le choc de la nouveauté effraie tellement ceux qui dorment. Il n'y a pas que la sexualité qui dérange les gens. Tout ce qui n'est pas conforme à ce qu'ils ont appris les plonge dans le désarroi. J'ai déjà rendu un auditoire presque fou en déchirant du papier-monnaie. Je croyais déchirer des billets de deux et de cinq dollars, mais un billet de vingt s'était glissé dans le lot. Je vis donc des gens très équilibrés, à genoux par terre, tenter de ramasser les morceaux épars pour les recoller. L'homme qui m'avait appelé à la radio pour me dire qu'il était angoissé à l'idée de recevoir son premier chèque de pension de vieillesse et à qui j'avais conseillé de le déchirer pour se libérer de cette angoisse n'en est sans doute pas encore revenu après quatre ans. Toute la population s'était indignée de mon attitude envers lui. Les lignes téléphoniques du poste de radio avaient été submergées d'appels de protestations. "Vous êtes fou de lui avoir dit de déchirer son chèque", m'a-t-on crié sur tous les tons. Ces gens-là me font un peu penser à la femme qui m'a avoué un jour que l'envie lui prenait parfois de tuer ses enfants. "Donnez-les à vos voisins, à des parents, à des amis", lui avais-je conseillé. Elle s'était violemment indignée devant ce qu'elle appelait ma haine, ma cruauté. Mais ne valait-il pas mieux les donner que de les tuer ? Pensez un peu à ce que les gens doivent ressentir quand ils m'entendent pour la première fois. Certains n'acceptent même pas l'idée que je puisse faire dans mon lit des crises de joie nocturnes qui me tiennent éveillé. Alors j'en profite pour les mystifier en leur disant des choses énormes. J'ai déclaré l'autre jour à la télévision que les pauvres étaient des malades mentaux et qu'il était parfaitement aberrant de manquer d'argent avec une intelligence aussi prodigieusement développée que celle de l'homme. Quand mes interlocuteurs ont fini de rire, ils s'assoient sur une chaise les yeux fixes et se demandent ce qui leur arrive. Beaucoup n'ont pas encore réussi en vingt-cinq ans à trancher la question à savoir si je suis fou ou génial. Comme on le constate, j'attaque la débilité à plusieurs niveaux. Tantôt je m'en prends aux individus pour les faire réfléchir, tantôt je m'adresse aux masses. Je suis de plus en plus convaincu que les bonnes manières, la politesse, les conventions constituent un obstacle à la vérité. Pour ne pas blesser quelqu'un, on préfère lui mentir. Pour ne pas avoir l'air ridicule, on déforme les faits. Mais qui a le souci de son être ? Qui est prêt à se faire mal voir de ses voisins pour vivre comme il l'entend, à sentir posé sur lui le regard réprobateur de son conjoint parce qu'il s'est exprimé ouvertement ? Malraux disait qu'il ne croyait qu'aux témoins prêts à se faire égorger pour la vérité. Je n'en demande pas tant. Je demande seulement qu'on essaie dans un premier temps de ne plus se mentir à soi-même et de s'avouer les choses telles qu'elles sont. Curieusement, si tous les gens agissaient ainsi, un moins grand nombre d'entre eux s'abaisseraient. Lorsqu'on se dit la vérité, on grandit, on découvre sa perfection, on s'épate.

-74-

LA PROSPÉRITÉ PAR LA PENSÉE. – Ce ne sont pas mes conférences qui sont responsables de ma prospérité actuelle, pas plus que la vente de mes livres ; ce sont mes seules pensées. Le travail n'a rien à voir avec l'abondance. Certains auteurs se sont vendu l'idée que le travail est divin. En réalité, le travail est un mode d'expiation auquel sacrifient la plupart des gens. Personnellement, j'associe l'abondance à la liberté, à la création, à la conscience. Depuis que je me tiens dans l'idée de la prospérité, aucune récession, aucune inflation, aucune taxation, aucun chômage n'a pu me convaincre que mon activité était plafonnée à cause du faible pouvoir d'achat des consommateurs. Les

136

mauvaises performances de l'économie ne me concernent pas. Quand la Bourse joue au yo-yo et que flambent les taux d'intérêts, je sais que je peux tirer parti des tendances qui se dessinent dans la société. Je ne m'adresse jamais aux pauvres qui ne peuvent rien pour moi puisqu'ils ne peuvent rien pour eux-mêmes. Je m'adresse à ceux qui croient en leur pouvoir d'achat même si celui-ci semble limité par leur capacité de crédit. Ma confiance est inébranlable. Même ma faillite d'il y a huit ans m'a rapporté. Je ne considère pas du même œil que les économistes les variations de mon état de fortune. J'ai toujours ce qu'il me faut au bon moment. Mon optimisme est à contrecourant. Je réagis toujours brutalement aux pensées de pénurie qui accablent mes concitoyens. Je ne crois pas qu'il faille s'enligner sur les Américains pour déterminer le succès de l'économie au Canada ou en Europe. Chaque pays, chaque individu a le pouvoir de générer des profits illimités. Qui aurait pu prédire il y a cent ans que des sables du désert d'Arabie surgirait du pétrole et que ce pays déshérité connaîtrait une abondance qui fait l'envie du monde entier ? Prenons, tout à l'opposé, un pays comme le Québec. Vingt pour cent seulement du sol est cultivable. Mais nous pouvons approvisionner le monde entier en électricité, en minerai et en bois. Cela ne suffit pas pourtant, car la richesse ne vient pas des biens de consommation mais de la pensée. C'est l'intelligence qui est le facteur premier dans la manifestation de l'abondance. Lorsqu'un homme prend conscience de son intelligence, il travaille moins et consacre plus de temps à penser. Il prépare ainsi des créations capables d'entraîner le renouveau sans sa vie. Ce qu'il faut pour réussir, c'est moins de muscle et plus de matière grise. La prospérité se prépare dans la pensée par la compréhension de l'abondance qu'entraîne le surgissement de notre être infini. Soyons pratiques : cela ne concerne pas le Dieu des croyants, mais nous, au plus profond de nous-mêmes. Si nous pouvons penser l'infini, c'est que nous sommes infinis. Il s'agit de le reconnaître ouvertement, de l'affirmer puissamment dans nos œuvres et d'en tirer toutes les conséquences.

L'ART DE FAIRE RETOMBER LES FEMMES EN ENFANCE. – Je ne crois qu'à l'intelligence au sens ultime du mot. C'est bien connu, je fais moi-même œuvre d'intelligence en m'entourant de femmes, car celles-ci stimulent la création. Pourquoi ? Tout simplement parce qu'elles sont plus à l'écoute de leur être que les hommes. L'être n'est pas nécessairement ce qui incite à l'action. De façon générale, malgré le féminisme qui rend de très mauvais services à la femme, celle-ci court beaucoup moins que les hommes. Elle a moins d'ambition, elle pense davantage à elle-même, elle cherche à jouir du temps qui passe. C'est une femme qui m'a appris que chaque instant avait la saveur de l'éternité. Qu'est-ce qui fait donc que les femmes sont plus habilitées à développer un habitus êtrique ? Je crois que c'est parce qu'elles sont plus proches des enfants que les hommes. Ce sont elles qui jouent avec les enfants, qui badinent avec eux dans les parcs, à la piscine, dans les jardins. Les femmes aiment jouer. Elles sont toujours un peu mal à l'aise lorsqu'elles rencontrent un supermacho qui les brutalise. La plupart d'entre elles préfèrent les hommes qui les font retomber en enfance. L'exercice de la sexualité est une excellente activité pour chasser les inhibitions. Je citerai ici cinq exemples de comportements féminins qui ont largement contribué à former mon jugement sur les femmes. Le premier me ramène à l'époque où je revenais d'Europe. Cet été-là, je prenais du soleil à la campagne vêtu d'un mini cache-sexe que j'avais acheté au Danemark. J'ignorais que cette minuscule pièce d'étoffe pouvait grandement exciter les femmes, car le Québec sortait à peine de la "grande noirceur". Je surpris non loin de moi, de l'autre côté de la clôture, un mouvement furtif dans les herbes hautes. C'était une voisine et sa fille qui rampaient sur le sol dans ma direction pour mieux m'observer. Elles furent paralysées de peur lorsque je m'avançai vers elles. Elles n'osaient pas se relever pour s'enfuir, car ç'aurait été comme de s'accuser elles-mêmes. Je m'approchai des deux voyeuses et fit mine de vouloir lier la conversation avec elles. Mais ma semi-nudité les troublait, si bien qu'elles bégayaient. Il ne se passa rien entre nous ce jour-là. Mais je sais que mon érection à peine dissimulée les avait hypnotisées. Combien de temps dura ce moment de transe ? Je l'ignore. Il fut interrompu par l'arrivée intempestive du mari. Ce jour-là, j'ai su que les femmes ont beaucoup d'imagination quand il s'agit de sexe, mais qu'on peut rarement les surprendre en train d'afficher aussi librement leurs phantasmes. Je choisirai maintenant de décrire, comme deuxième exemple, les jouissances anales de Monick. C'était une très jolie femme qui semblait beaucoup apprécier le corps à corps amoureux. Quelque chose, cependant, me disait qu'elle n'allait pas au bout d'elle-même. Un jour que nous étions tous deux épuisés après une performance sexuelle très intense, elle fit mine de se lever pour s'en aller. Comme j'étais couché près d'elle, je la retins par une jambe. Elle se débattit, prétextant qu'elle allait être en retard. Je la tirai vers moi sur le lit, mais elle remuait de plus en plus. Pour l'immobiliser, je me jetai sur elle de tout mon poids. Comme elle était étendue sur le ventre, mon sexe qui s'était soudainement durci se trouva à explorer une partie de son anatomie qu'il n'avait pas encore fréquentée. Elle se mit à hurler. Je lui fis un "full nelson" pour la tenir plaquée contre le lit pendant que mon sexe pénétrait outrageusement l'orifice qui s'offrait à lui. Elle se mit alors à rire, à pleurer, à griffer, à mordre, mais j'avais le dessus. Il devait bien y avoir une dizaine de personnes dans les autres chambres du motel qui entendaient ses cris. Elle obtint le plus violent orgasme de sa vie dans cette position. Je m'attendais à la voir éclater de colère. Mais j'eus droit plutôt à un large sourire comme si je venais de la gratifier d'un formidable bonheur. Je compris que c'était une femme qui aimait être dominée. Cela me surprit fort, car j'avais plutôt eu l'impression pendant l'action qu'elle se révoltait avec fureur. J'appris au cours des rencontres subséquentes à l'empoigner avec fermeté... toujours dans la même direction. Et à tout coup, ses protestations se transformaient en gestes de reconnaissance une fois l'acte accompli. Mon troisième exemple s'inspire d'un court voyage que j'ai fait en Floride avec Madeleen, il y a quelques années. Nous étions entrés dans une boutique de sous-vêtements féminins de Fort Lauderdale pour examiner la lingerie fine. La propriétaire semblait très désireuse de nous être agréable et nous entourait de petites attentions. C'était une femme d'environ cinquante ans au look ravageur. Comme nous semblions hésiter entre deux articles, elle demanda à sa fille d'aller en essayer un et de poser devant nous. Il n'y avait aucun autre client dans le magasin, car l'heure de la fermeture approchait. En deux temps trois mouvements, la fille fut prête et sortit de la cabine d'essayage. Ainsi affublée des sous-vêtements, elle donnait l'impression d'être un modèle qu'on utilise pour des revues érotiques. Elle défila devant nous en nous montrant avec moult gestes comment le soutien-gorge moulait ses seins, puis passa, en se dandinant, à la description mimée des mouvements que permettait le mini-slip qu'elle avait enfilé. Elle s'assit, se releva, écarta les jambes, se passa la main dans l'entrecuisse, nous sourit, nous tendit les bras et s'éclipsa pour aller essayer une autre pièce de vêtement. Tout ceci se passa de la façon la plus naturelle du monde, sans que nul ne songe à s'émouvoir outre mesure, sauf que lorsque je me retournai, il y avait au moins quinze personnes qui s'étaient arrêtées devant la vitrine pour jeter un coup d'œil sur cette démonstration improvisée et haute en couleurs. Je compris alors que beaucoup de femmes se servent des exigences de leur vie professionnelle pour satisfaire leurs instincts lubriques et qu'elles peuvent aller fort loin en ce sens si, comme je l'ai fait, on leur manifeste le moindre encouragement. Mon quatrième exemple tiendra compte maintenant de l'importance que les femmes attribuent à leurs seins. Plus elles ont une grosse poitrine, plus elles cherchent à attirer des caresses sur ce secteur de leur anatomie. Je me retrouvai un jour devant une femme d'apparence très réservée qui, devant mon exubérance sexuelle, manifesta un désir qu'elle n'avait jamais exprimé. Nous venions de feuilleter une revue érotique où l'on voyait une de ces exhibitionnistes à la poitrine plantureuse retenir entre ses deux globes le sexe outrageusement gonflé d'un de ses partenaires. "C'est ce que je veux", fit-elle laconique. Je m'avançai donc sur elle, à cheval sur son thorax, et commençai à me masturber entre ses deux seins qu'elle tenait à pleines mains. Elle me serrait très fort si bien que je finis par éjaculer. Le sperme gicla dans toutes les directions et, à ma grande surprise, je vis cette femme très réservée s'en barbouiller la poitrine et sucer ses doigts poisseux avec volupté. Elle répétait sans cesse : « Ô Jésus, Jésus, que c'est bon ! » Je venais de découvrir que les femmes aussi sont sensibles aux photos suggestives, bien qu'elles ne veuillent pas l'admettre, et qu'elles sont prêtes à se conduire comme des dévergondées dès qu'on leur en fournit l'occasion et qu'on leur assure la discrétion. Comme cinquième exemple, je choisirai le cas de cette jolie lesbienne qui s'était entichée de mon œuvre. Elle me recevait chez elle dans des déshabillés ultracourts sous prétexte qu'il faisait très chaud. Je ne savais trop comment l'amener à faire l'amour avec moi, car je connaissais son idiosyncrasie. Je commençai donc par lui parler de mes livres tout en lui demandant la permission de me déshabiller moi aussi. Le prétexte étant bon pour elle, il devenait bon pour moi. Elle me laissa faire en multipliant les questions concernant mon écriture. Alors, comme je savais qu'elle aimait les femmes, je lui parlai des habitudes sexuelles de mes compagnes. Cela la mit en transe et elle me posa beaucoup de questions. J'y allai avec force détails, mimant avec mes mains les gestes et les positions qu'elles prennent devant moi. Elle finit par être très excitée et je la pénétrai sans autre forme de procès tout en lui décrivant une femme qui en léchait une autre. Elle avait un vagin qui ressemblait à une éponge. Tout le temps que je la travaillais, je ressentais autour de ma verge tuméfiée le doux mouvement voluptueux de millions de langues roses qui m'enveloppaient de leurs palpations pluridimentionnelles. J'éjaculai sans qu'elle songe à protester. Je ne la revis que quelques fois. Mes stratagèmes avaient de moins en moins d'effet sur elle, car elle se rendait bien compte que je la manipulais. Un jour, je reçus d'elle une magnifique photo. Elle avait demandé à sa mère de la photographier nue, étendue dans son lit, avec un exemplaire à la main de mon livre *Pour le meilleur et sans le pire*, qu'elle brandissait comme une Bible. Je souris intérieurement. La générosité des femmes était sans borne et transcendait les différences de sexe. Pour jouir de leurs faveurs, il suffisait de les amener à jouer.

-76-

MURMURES. – Quand j'étais enfant, ma mère m'emmenait prier à l'église du Mont-Carmel. J'aimais particulièrement le mois de mai parce que c'était le mois de Marie et qu'on y récitait les litanies de la Vierge. Cette église était le lieu de rassemblement des Italiens du centre-ville et son curé était le père Maltempi. Ce n'est que plus tard que je songeai à m'étonner de ce nom étrange. Mais à cette époque, je ne pensais qu'à m'évader en laissant mon imagination vagabonder au gré de l'énumération rituelle : Rose mystique, Tour d'ivoire, Maison d'or, Arche d'alliance, Porte du ciel, Étoile du matin, etc. C'était comme une incantation magique. Je comprends les Brésiliens d'avoir su si bien marier les rites liturgiques avec les pratiques locales de sorcellerie. Il me semblait que la Vierge était comme un port, un havre, un oasis. Je ne savais pas encore qu'elle représentait la projection de l'anima sous une forme symbolique. Je m'étonnais que la Vierge dont je contemplais la statue ne ressembla pas aux Italiennes voluptueuses qui priaient autour de moi. J'avais l'impression que l'image qu'on me présentait d'elle était incomplète. J'aurais voulu que ce fût une de ces Italiennes au buste proéminent qui me tende les bras dans un geste émancipateur. Mais les madones de nos églises affichaient toujours un air chaste et pur qui me démoralisait. Je comprends Saint Augustin de s'être senti partagé toute sa vie entre la madone et la putain. L'Évangile ne nous fournit pas de type de femme complet. Le concept de mère érotique est tout à fait étranger au christianisme. On voit par là à quel point sa vision est déréalisée par rapport à ce que nous vivons chaque jour. Je sais aujourd'hui que l'homme se retrouve psychiquement dans la femme qu'il aimé et que c'est son anima qu'il cherche à travers elle. Cela ne contredit nullement la vie, puisque les autres sont toujours des aspects de nous-mêmes, des modifications de notre conscience, l'amour n'ayant pour fonction que de nous amener à la fusion dans l'unité de l'être.

-77-

LA DESCRIPTION D'UN SECTEUR DE NOS SENSATIONS. – On construira bientôt un supertélescope permettant de voir jusqu'à des milliards d'années-lumière. On croit pouvoir parvenir au moyen de cet instrument à remonter jusqu'au big-bang primitif, cette explosion qui aurait engendré l'univers. Le télescope portera le nom de Keck II et coûtera cent millions de dollars. Il sera installé dans l'île volcanique de Mauna Kea dans l'archipel des Hawaï. Ce qui me frappe surtout dans l'attitude des savants, c'est qu'ils prétendent parvenir à comprendre ce qui s'est passé dans l'espace et le temps sans admettre que tout ceci n'a de sens que dans et par un esprit. À aucun moment, il ne leur viendrait à l'idée de procéder comme je le fais quand je cherche à éviter de me faire relativiser par la réalité. J'ajoute alors à chacun des mots qui désignent l'univers l'expression "comme-représentation". Ainsi je peux parler du big-bang-comme-représentation, d'Andromède-comme-représentation, de la création du monde-comme-représentation ou du soleil-comme-représentation sans jamais perdre de vue que c'est moi, en tant qu'être conscient qui me représente tous ces phénomènes. C'est ainsi que j'en suis venu à acquérir l'évidence vécue de l'immatérialité universelle, la matière n'étant qu'une abstraction vaine entretenue par le mental. Je vous assure que si les savants prenaient le temps d'acquérir une formation philosophique avant de se mettre à l'étude des astres, ils s'éviteraient bien des peines comme celle, entre autres, qui consiste à croire qu'il existe un monde extérieur à l'esprit. C'est dans l'entretien de cette illusion que nous sommes séparés de l'univers que réside leur erreur fondamentale. Nous ne sommes séparés de rien. Chacun de nous pourrait dire : je suis le ciel, je suis le soleil, je suis toutes les fourmis de la terre, mais il lui faudrait alors comprendre que son être est sans frontière et cela n'est pas pour demain, puisque la majorité des gens se débattent avec des problèmes de dualisme hérités de la religion. Comprend-on qu'il est impossible pour un esprit naïf de faire l'économie de Dieu si la matière existe ? Tout est là.

-78-

ACQUÉRIR L'ENTHOUSIASME ÊTRIQUE. — À l'époque où Hitler a pris le pouvoir en Allemagne, deux philosophies se heurtèrent soudainement au nom de la liberté de pensée et de la liberté tout court : celles de Martin Heidegger et de Karl Jaspers. Le discours que fit Heidegger en 1933 devant les étudiants et les professeurs de l'université de Fribourg devait à jamais opposer les deux hommes. Celui-ci avait pris parti pour le national-socialisme et rêvait d'embrigader l'université sous cette bannière. Jaspers, qui assista à ce discours, n'adressa plus jamais la parole à son collègue. Il faut dire que la femme de Jaspers était Juive. Sommé quelques années plus tard de choisir entre sa femme et son poste à l'université, Jaspers démissionna mais décida de rester en Allemagne. Hitler n'osa pas faire envoyer dans un camp ce philosophe qui était déjà célèbre, mais il se proposait de le faire lorsque soudain la guerre prit fin. Ce n'est pas uniquement la question juive qui opposait les deux hommes mais toute une conception de l'existence. La philosophie de Heidegger prônait un pessimisme existentiel axé sur une triple conception du néant à l'effet que l'homme est issu du néant, se veut néant par sa conscience et retourne au néant en mourant. Il y avait cependant dans la philosophie de Heidegger quelque chose de génial qui invitait les esprits à affronter cette condition existentielle misérable. Peut-être le côté magistral de son enseignement soutenu par son livre prodigieux *Être et temps* a-t-il joué un rôle dans la popularité qu'il a alors connue. Il y avait également dans la philosophie de Heidegger un côté nietzschéen qui, sans prôner un athéisme actif, invitait au développement d'une métaphysique sans théologie. Sur ce plan, Heidegger a toute mon estime. Face à cette métaphysique très proche du monisme immanentiste, se dressait la philosophie de Jaspers axée sur la croyance en un Dieu bon et secourable ; prêt à excuser la faillibilité du jugement humain. C'est peut-être à cause de cette conviction fondamentale que Jaspers ne put jamais haïr Heidegger qui avait contribué à le faire mettre au ban de l'université. Jaspers se voulait beaucoup moins systématique que Heidegger. D'abord médecin puis psychiatre, il devait consacrer différentes études à des génies proches de la folie comme Nietzsche, Strindberg et Van Gogh avant de se lancer dans le développement de la philosophie. C'est chez

Kierkegaard qu'il allait trouver le concept fondamental de sa pensée, celui de l'Existence. Plus radicalement encore que Heidegger, Jaspers devait mettre en lumière la misère ontologique de l'homme sans toutefois laisser celui-ci sans recours, puisqu'il avait toujours le loisir de se ressourcer à l'Englobant. Je ne crois pas cependant que le fidéisme existentiel de Jaspers lui ait permis d'accéder à une vision du monde radicalement libre. Il voyait trop les chaînes qui entravaient les mouvements de l'homme. Il a formulé sa vision à ce sujet dans sa théorie des situations-limites. Aussi, quand je me sens confronté à ces deux grandes pensées, suis-je tenté d'éviter leur problématique respective. Heidegger est trop sombre, trop radicalement fermé parce qu'incapable de surmonter le néant, trop tolérant envers l'absurde pour que je me rallie à sa pensée. Jaspers est trop résigné, trop soumis à la fatalité malgré son désir opiniâtre de la lutte, et finalement trop visiblement ému par la faillibilité humaine pour que je me sente attiré par son raisonnement. Il manque à ces deux hommes quelque chose de conquérant, d'audacieux et de limpide que j'appellerais l'enthousiasme êtrique et qu'aucune philosophie n'a développé à ce jour. Je comprends que Heidegger n'ait jamais remis en cause son adhésion au parti nazi, car il ne possédait pas cette notion de repentir qui est invariablement associée aux systèmes religieux qui soutiennent la légitimité de la conscience morale. Mais je comprends également Jaspers de ne pas avoir noirci son adversaire et je lui sais gré d'être resté en Allemagne pour tenir tête au nazisme même s'il se trouvait en résidence surveillée dans sa propre maison. Un homme comme moi surgit au bon moment, après bien des noirceurs, en cette Amérique française bien résolument déterminée à perpétuer le rôle de la France qui est la patrie de l'esprit.

QU'ADVIENT-IL DES EXTRATERRESTRES SI LA MATIÈRE N'EXISTE PAS ? – Je me suis sérieusement posé cette question depuis une trentaine d'années. C'est, en effet, à l'époque où je commençais à réfléchir sur l'immatérialisme que les témoignages concernant les extraterrestres ont commencé à être entendus. Et, depuis ce temps, ils n'ont pas cessé. Il est devenu courant d'invoquer les autres mondes de la galaxie où fourmillent des individus pensants plus ou moins semblables à nous. On nous a même montré un film où l'on pouvait voir le cadavre d'un extraterrestre conservé dans un laboratoire américain à la suite de l'accident de son vaisseau spatial. Je tiens à dire ici que je ne nie pas l'existence de ces visiteurs galactiques. Ils doivent avoir un sacré bagage d'expériences à nous communiquer. Tout comme les Zoulous, les Papous ou même les fourmis si elles savaient parler. Mais voilà, une vieille théorie de Carl Gustav Jung me revient constamment à l'esprit. Les soucoupes volantes, prétend-il, ne sont que la projection d'archétypes de totalité. Eh bien, croyez-le ou non, je suis d'accord avec ça aussi ! Que veux-je donc dire ? Ma vision va beaucoup plus loin que celle de Jung qui est strictement psychologique malgré des apports mystiques et métaphysiques. Mes réflexions m'ont amené à penser qu'il n'y avait pas que les soucoupes volantes qui étaient des projections d'archétypes, mais tout ce que nous pouvons nous représenter. Le schématisme imaginatif qui sert de base à l'activité créatrice de la conscience utilise les grandes figures archétypales héritées de nos ancêtres sous forme de genèses itératives faisant l'objet de constitutions rétroactives pour modeler ce que beaucoup de gens considèrent comme le réel extramental et dans lequel je ne vois pourtant que des représentations phénoménales. Tout ce que nous vivons, sentons, expérimentons, rencontrons est issu de nous, non pas de notre petit Moi agité, limité et stressé, mais de quelque chose où l'opinion de toute l'humanité s'inscrit de façon à rendre possible la constitution intersubjective. Ce quelque chose est le fond matriciel de la conscience. Ce n'est pas encore l'individu superjectif qui a développé son être par intussusception. C'est un Moi élargi qui rencontre tous les autres Moi dans une synthèse vivante d'énergie, de pensée et d'activité. Constamment, ce Moi reçoit des impulsions venant de la pensée pure qui s'intussusceptionne à travers lui. Il les traduit par une activité productrice dont découle ce que nous appelons le réel. Seule une déformation entretenue depuis des siècles permet à l'humanité de croire encore à la matière, car tout ce que nous pouvons nous représenter, sous quelque forme que ce soit, n'existe que dans l'ouverture de notre compréhension, si bien que les voitures qui filent sur l'autoroute ou les étoiles dans le ciel sont animées du même mouvement que celui des globules rouges dans nos veines et nos artères. Imaginons maintenant un extraterrestre. Comment est-il là devant nous ? Il surgit de la même façon que surgissent toutes les personnes que nous rencontrons. Nous nous figurons, à cause de l'illusion du mouvement local, que les personnes se déplacent comme des objets extérieurs pour en arriver à se côtoyer ou à s'éloigner les unes des autres. Nous pensons cela parce que nous vivons dans l'illusion de la dualité. Nous nous disons intérieurement que les autres ne sont pas nous. Mais il n'en va pas ainsi, car nous les constituons, nous les faisons apparaître dans notre univers ici et maintenant. Tout ce que nous pouvons imaginer de leurs mouvements, tout ce qu'elles nous disent d'elles-mêmes, c'est nous qui l'imaginons et nous le disons à travers elles. Les personnes ainsi rencontrées ne sont qu'une projection de nous-mêmes sous la forme de notre être-autre. Et vous pensez qu'il en va tout autrement des extraterrestres parce qu'ils viennent de loin ? Mais que veut dire "loin" ? Ce mot signifie qu'un grand nombre de complexes de sensations sont nécessaires pour nous permettre de construire la représentation que nous nous faisons à l'idée qu'ils viennent de loin. En réalité, la distance n'est jamais perçue mais constituée, interprétée, conclue. C'est en nous-mêmes que nous nous déplaçons sans jamais atteindre les frontières de notre être qui englobe tout. C'est à notre soif d'inconnu ou à nos cauchemars que correspondent les extraterrestres bien réels qui nous fréquentent. Jamais je ne nierai leur existence, sauf que je ne peux plus m'émouvoir devant les distances interstellaires qu'ils franchissent pour arriver chez nous. Tout ceci n'est qu'une interprétation de leur présence sur la terre. Avez-vous oublié la Terre-comme-représentation, Mars-comme-représentation, les extra terrestres-comme-représentation. M'a-t-on compris ?

-80-

UN COUP DE FIL DE L'AU-DELÀ. – Un bon matin, je répondis au téléphone. Au bout du fil, c'était mon père décédé qui me parlait de sa vraie voix, qui s'informait de moi. Je reconnus la chaleur de ses intonations, la force de sa présence réelle. C'était lui, à n'en point douter. Sauf que je me réveillai. C'était un rêve, me dis-je alors. Pourtant, lorsque je voulus utiliser mon appareil, la ligne était hors d'usage comme si elle avait sauté à la suite d'une surcharge. Est-ce un cas exceptionnel de synchronicité ? Je veux le croire. Les êtres décédés que nous avons aimés font partie de nos pensées profondes sans que la barrière du corps physique n'intervienne plus pour nous séparer d'eux. Alors que la plupart des gens pensent que la mort les sépare de ceux qui les ont quittés, je crois plutôt que la mort nous empêche à jamais d'être séparé d'eux. C'est le raisonnement que j'avais servi à ma mère qui s'attristait, peu de temps après le décès de mon père, de ne plus le voir et de ne plus pouvoir lui parler. Il s'agissait tout simplement pour elle de saisir que, par la compréhension englobante de son être sans frontière, elle n'était plus séparée de mon père. Dans les jours qui suivirent, elle le vit réellement auprès d'elle. Elle était bien éveillée, elle lui a touché. C'était comme une vision concrète. Ses sensations ne pouvaient la tromper. La représentation s'estompa, mais elle resta convaincue qu'il existait quelque part. Nous sommes tous ainsi, emboîtés les uns dans les autres, par une curieuse symbiose dont l'intensité s'accroît avec celle de nos sentiments. Le jour viendra où nous pourrons nous entretenir avec nos chers disparus à la télévision ou au téléphone. Leur présence chevauchera les ondes, se manifestera en nous et à travers nous jusqu'à devenir manifeste dans notre salon. Ce temps approche. Il suffit de prendre conscience de notre immensité pour que ces merveilles s'accomplissent.

-81-

LA SURBOUM DE LA PHILOSOPHIE SOLAIRE. – Je ne peux concevoir l'existence que sous la forme ensoleillée de la pensée pure exprimant sa fécondité inaltérable à travers la vie phénoménale. Je mets l'accent alors, non plus sur la géométrie, mais sur la beauté en mouvement. C'est ce que les hippies ont essayé de faire sous l'influence des drogues psychédéliques. Ils se sont livrés à une entreprise de déconstruction du monde de façon à manifester les vraies formes et les vraies couleurs de la vie. Là où il y avait des canons et des baïonnettes, ils ont mis des fleurs. Là où se dressait la silhouette des gratte-ciel, ils ont fait surgir des dômes géodésiques. À la morale, à la famille cloisonnée sur elle-même, ils ont opposé la permissivité sexuelle et l'harmonie de la tribu. Au lieu de porter des gaines et des pantalons, ils se sont drapés dans des toges et des djellabas. Quand ils le pouvaient, ils se mettaient nus. Ils n'avaient rien à cacher. Ils ne voulaient surtout rien posséder. Leurs fêtes étaient des happenings colossaux, des sit-in où il ne se passait rien. Les gens se contentaient de jouir de leur présence mutuelle. L'événement, c'était la vie. Opposés à la guerre, ils définissaient leur doctrine comme un systémicide apolitique. Ils aimaient lire James Joyce, fumer un joint et gratter leur guitare. Leur révolution fleurie s'est faite au son de la musique. C'est à leur époque que sont nés les grands groupes pop et rock. Assis dans les rues de San Francisco ou cueillant des pâquerettes dans les prés, ils rêvaient de l'Inde sans y aller puisqu'elle était déjà dans leur tête. C'est à cette époque que j'ai commencé à élaborer mon concept du cosmos intérieur. Il me semblait que tout homme devait se reconnaître en regardant les étoiles. Mon épistémologie immatérialiste correspondait parfaitement à cette nouvelle vision du monde véhiculée par les jeunes bourgeois "décrocheurs". Je trouve que les hippies ont mal vieilli. Presque aucun d'eux n'a su conserver dans sa vie le rythme d'autrefois. Ou bien ils ressassent constamment leurs souvenirs d'une époque démodée, ou bien ils se sont fait récupérer par l'establishment. Ceux qui visitent San Francisco dans l'espoir de trouver ces enfants blonds portant des clochettes à leurs vêtements ne les trouvent plus. Ils ont donné naissance à une mythologie purement imaginaire. En fait, la plupart d'entre eux ont précipité leur vision dans la ruine en refusant tout système de pensée. Le système est la forme inéluctable que prend tout savoir achevé. Or, il y avait là indéniablement un savoir. Les meilleurs ont cherché à s'accrocher à des psychologues comme Marcuse et Reich sans parvenir à s'associer un vrai philosophe, les bégaiements d'Alan Watts ne pouvant suffire à élaborer une vision du monde durable. Lorsque j'ai tenté de faire connaître mon œuvre aux États-Unis au début des années 70, il était déjà trop tard. Gary Snyder avait renvoyé les hippies dans les champs en leur proposant de s'occuper à quelque chose d'utile. Il aurait été payé par le gouvernement pour faire avorter cette expérience unique qu'il n'aurait pas mieux réussi. Le mouvement s'éteignit brutalement. Mais plus les années passent, plus je rencontre des gens qui ont la nostalgie de cette époque et qui ne savent pas comment la faire revivre. Seule une œuvre comme la mienne peut encore rappeler à l'humanité inquiète et embrigadée que c'est en nous qu'est la région du soleil.

-82-

L'UTOPIE EST DANS VOTRE CUISINE. – Beaucoup de gens sont encore incapables de faire le partage entre une saine folie, une utopie rafraîchissante et une attitude pathologique qui conduit à l'autodestruction. Dès que quelqu'un agite le spectre de l'irrationnel, ils brandissent leur sabre de bois comme s'ils voulaient lutter contre un fantôme menaçant. La majorité d'entre eux a ruiné à jamais sa faculté d'improvisation en se soumettant volontairement à des programmes et en s'associant à l'essor matérialiste de la société. On comprend l'ampleur de l'incompréhension inévitable que soulèvent mes écrits quand on sait que j'enseigne à ne se sentir séparé de rien alors que l'humanité tout entière vit dans la séparation conjugale, sociale, financière ou autre. Alors qu'il faudrait aller vers un élargissement des familles et un rassemblement des individus en fonction de leurs affinités, on s'isole, on se clôt sur soi-même, on communique à distance. Bref, c'est la ruine. La vie est court-circuitée. Pour retrouver le sens de cette chaleureuse vision sans laquelle les gens tombent malades et vieillissent, nous devons réapprendre à nous aimer. Et comme nous n'en avons plus l'habitude, il faut commencer par aimer nos perceptions, nos expériences, chaque instant de bonheur que nous apporte la vie. Mais qui peut encore vivre l'utopie dans sa cuisine, fredonner en brassant la soupe ou faire une crise de joie en sortant une tarte du four ? Qui peut encore transformer sa maison en jardin des merveilles où palpite une vie folle et prodigue ? Les conventions sociales nous inhibent même chez nous. Il y a des choses qui se font et d'autres qui ne se font pas. Une maîtresse de maison n'a pas le droit d'accueillir ses invités nue. Il n'est

152

même pas permis de manger ses pommes de terre frites avec des confitures ou de demander un parfait aux concombres sans que l'on considère comme un esprit dérangé la personne responsable de cette aberration. Nous sommes bien loin de l'époque où Pic de la Mirandole voyait en l'homme un animal divinisable. Il a fallu le génie de La Mettrie pour nous faire comprendre que l'homme est un appareil, une machine. Leibniz aurait dit un automate spirituel. Mais La Mettrie bannit toute spiritualité de l'automate en question. L'homme actuel fonctionne. Son aliénation vient de son absence de conscience. L'humanité se débat avec un cauchemar mécanisé. Quand elle se réveille, c'est pour pousser des cris d'horreur. Ne voit-on pas qu'une révolution est nécessaire et qu'il faudra sans doute passer par l'anarchie pour briser la loi générale, tellement notre mode de vie est stéréotypé. Beaucoup, dans cette perspective, ont imaginé une fin du monde qui remettrait tout en question. Incapables de comprendre que leur être leur apporte le miracle permanent, ils rêvent d'apocalypse à défaut de mieux. Or, je sais, parce que je vis dans ma chair, que la constitution d'un noyau êtrique en tant que centre de gravité de la personnalité peut tout changer. Je comprends ce qu'il y a d'illimité dans le fait d'être. C'est ce qui faisait dire à Héraclite qu'il y avait des dieux même dans la cuisine. Il ne s'agit plus de savoir si nous sommes prêts pour cette mutation. Elle est devenue nécessaire.

-83-

L'IMAGINATION EST PSYCHÉDÉLIQUE OU ELLE N'EST PAS. — Je ne sais trop comment s'y prennent pour vivre ceux qui refusent le pouvoir de leur imagination. Celle-ci est tellement inventive et débordante qu'elle peut à elle seule transformer une existence misérable en une fête perpétuelle. Il est possible que le préjugé populaire ait fait de l'imagination au cours des âges une faculté folle qu'il faut dompter. Effectivement, elle a beaucoup à voir avec les émotions, puisque les images qu'elle produit sont d'autant plus vives que l'émotivité est plus forte. Mais encore là, le préjugé populaire est également très vif à l'égard des émotions. La plupart des personnes que j'ai interrogées sont persuadées qu'elles sont victimes de leurs émotions. N'est-ce pas une attitude étrange, étant donné qu'il s'agit des productions de leur propre psychisme ? Une telle réaction émane invariablement d'individus qui se déclarent adeptes de la maîtrise de soi. S'étant persuadé que leurs émotions sont mauvaises, ils veulent à tout prix les contrôler et, comme l'imagination en est toute pétrie, ils se méfient de celle-ci. Il est dommage que les réflexions de Kant au sujet de l'imagination transcendantale soient inaccessibles au grand public. Un grand nombre de gens seraient surpris d'apprendre que l'imagination traduit en images des impulsions fondamentales issues du psychisme profond. Ce serait, pour reprendre le vocabulaire de Jung, la façon la plus efficace qu'a trouvée l'*anima* pour influencer la *persona*. Bien sûr, l'imagination transcendantale chez Kant est plutôt un pouvoir schématisant que celui-ci a tôt fait de remplacer, dans la deuxième édition de la *Critique de la raison pure,* par l'activité synthétique de l'aperception. Mais j'ai tendance à penser qu'elle représente une fonction oubliée de la pensée qui se sert d'elle pour exploiter les richesses de la sensibilité. Non seulement je ne crois pas que le pouvoir hallucinatoire de l'imagination dans ses scénarios les plus fous est pathologique et dangereux, mais je suis persuadé qu'il libère l'énergie nécessaire à la santé psychique générale d'un individu. J'ai constaté, en effet, que la majorité des gens qui ne se permettent aucune fantaisie dans leur vie ont tendance à rêver beaucoup comme si l'imagination suppléait à un défaut d'intensité de l'expérience empirique. Dès que ces personnes se mettent à exprimer ce qu'elles ressentent au plus profond d'elles-mêmes, la fréquence des rêves qui réussissent à percer la couche des inhibitions irréfléchies pour se révéler à la conscience diminue considérablement. On pourrait dire, en d'autres termes, qu'elles rêvent moins. Les spécialistes me comprendront ici. Dès que j'ai eu compris à quel point il était important pour un individu de se révéler à lui-même les impulsions profondes de sa pensée, je me suis mis à bâtir un schéma explicatif de la vie sur la base du concept d'aventure intégrale. Un individu ne peut pas vivre normalement s'il ne se permet pas d'expérimenter d'une façon ou d'une autre les désirs profonds qui grandissent en lui. Donner vie à ses phantasmes me semble la tâche principale qui doit préoccuper l'individu qui veut retrouver son équilibre intérieur. Une telle attitude évidemment aboutit à parier sur soi-même, à éprouver le risque chaleureux de la vie dans toute son intensité et à se lancer à corps perdu dans le défi de vivre sa liberté. Tout esprit raisonnable vous dira que ceci est une folie et que l'individu qui voudrait s'essayer à vivre de cette façon deviendrait vite un inadapté incapable de trouver le bonheur avec ses semblables. Or, je constitue une illustration parfaite de ce type d'individu inadapté qui a renversé la situation à son profit en allant même jusqu'à forcer les circonstances à s'adapter à lui. Et contrairement à ce que l'on pourrait penser, j'ai une vie extraordinaire pleine d'imprévus et de fantaisies. Non seulement j'ai trouvé en moi la force de résister aux critiques dont je fais l'objet mais j'ai réussi à m'amuser des réactions étonnées ou scandalisées des esprits raisonnables qui préfèrent la platitude de la routine à la richesse de l'improvisation créatrice. Il faut dire qu'en découvrant le pouvoir de mon imagination, j'ai découvert une ressource infinie, celle de la confiance hyperbolique. L'individu qui se sent imaginatif et créateur ne peut que développer une énorme confiance en ses capacités. Contrairement à la loi du stockage des marchandises qui implique une limite dans l'espace et le temps, les idées, les scénarios et les projets de l'imagination peuvent surgir en nombre illimité sans que celle-ci n'atteigne jamais un état de saturation. Ce qu'un homme peut imaginer est littéralement infini. Et s'il s'est doté de ce pouvoir, c'est pour suppléer à la faiblesse des constitutions empiriques de la conscience qui nous confronte à un réel invariablement banal. Pourquoi faudrait-il alors que les créations de l'imagination soient mesurées et encadrées ? Ne doit-elle pas plutôt échapper à tout contrôle de la raison de façon à permettre à l'esprit d'accéder en lui à l'abondance de l'infini ? L'imagination qui ne briserait jamais les cadres que lui assigne le mental échouerait à assumer sa fonction première qui est de transformer la vie en manifestant le pouvoir créateur de l'homme. On peut donc dire que l'imagination pleinement exploitée mène à la prospérité. Un individu imaginatif n'est jamais en difficulté. Il sait qu'il peut compter sur cette ressource sans réserve. Son intérêt n'est donc pas de restreindre ce merveilleux pouvoir, mais de le pousser à l'extrême de façon à ce que cette faculté du fantastique, comme l'appelait Vico, prenne la relève de la raison raisonneuse entravée par ses propres schèmes. Si j'ai proposé le mot "psychédélique" pour décrire le pouvoir de l'imagination, c'est que le LSD qui est à l'origine de son usage a joué un très grand rôle pour fracasser les frontières du connu et plonger les esprits raisonnables dans cette "bienheureuse insécurité" décrite par Alan Watts sans laquelle aucune percée dans l'infini n'est possible.

-84-

JE SUIS FORT DE TOUTE LA JOIE DU MONDE. – Un solide sens de l'orientation dans la vie fait défaut à la plupart des gens. Le doute, la peur, la culpabilité, la frustration les mettent à la merci des circonstances. J'en suis arrivé à penser que l'individu le plus respectable en cette vie est celui qui s'est assigné un but permanent qui sert de paramètre extérieur à la constitution de son centre de gravité. On m'objectera qu'avoir un but dans la vie relève du domaine des besoins et qu'on peut toujours s'en passer. Je réponds : pas si ce but est de vivre l'absolu ! Mon but est d'assumer en raison l'existence totale de mon être sans déroger de cette perspective. Il ne s'agit donc pas pour moi de nourrir des ambitions qui, ajoutées les unes aux autres, donneraient l'impression d'une grande réussite. Je ne tiens pas à me faire diviser par mes amours, mes affaires ou mes besoins. Ce que j'ai entrepris doit m'amener à me multiplier dans tous les sens. Mon but dans la vie n'est pas de faire le vide, mais de faire le plein. Je définis d'ailleurs l'intussusception de l'être en chacun comme l'augmentation de soi par soi. Il n'est plus question de me laisser relativiser par les événements. Alors que la propension de chaque individu est de se laisser couler tranquillement hors de lui-même, la mienne est de ne laisser rien échapper de ma précieuse substance et de la nourrir de tout ce qui entre en contact avec moi. On me dira que c'est encore une démarche empirique qui n'a rien à voir avec le fait de se sentir Dieu comme je le proclame bien haut. Je rappellerai à ces contradicteurs qu'on ne peut considérer l'être sur terre qu'à travers un "Je". Alan Watts dirait que l'être s'"en-je". Comme je le comprends ! Du point de vue de l'éternité, l'être a toujours été, donc il ne peut que s'"en-jeer". Mais du point de vue du temps, c'est à la construction de cet être lui-même que nous assistons par le travail de conscience. L'homme qui s'éveille bâtit Dieu. Je peux dire avec Nisargadatta que Dieu est parce que je suis. Une telle vision ne peut que m'amener à considérer mon être comme un état de croissance infini. Il serait si simple de pouvoir s'augmenter de tout ce qui existe. Je me sens puissant parce que je me reconnais... totalement dans la joie du monde. Faudra-t-il que j'explose de bonheur pour qu'on comprenne que j'ai ruiné à jamais la présomption du fini ?

LA PURGATION DE TOUTE SUPERFLUITÉ. — Un obèse qui s'était fait de moi une fausse idée m'a tellement haï qu'il va maigrir de soixante kilos en un an. Il se levait la nuit pour ronchonner contre moi et se punissait en se privant de manger. La bile qu'il sécrétait l'amenait aux toilettes plusieurs fois par jour, si bien qu'on pourrait dire qu'il chiait Moreau. Cela lui fit le plus grand bien sans me faire aucun mal. En fait, il avait rencontré en moi son contraire absolu et ne pouvait le supporter. Je ne connaissais presque pas l'individu en question, mais je sais que sa haine pour moi l'a ennobli. En effet, pendant qu'il s'empoisonnait lui-même en me maudissant, c'est à moi qu'il pensait. De mon point de vue qui est un point de vue absolu, on pourrait dire qu'il pensait sans cesse à Dieu. Et plus il me voyait ainsi, plus il chiait. Je comprends passablement ce qu'il a vécu. Il y a beaucoup d'attachement dans la haine d'un individu de ce genre. La preuve en est que lorsqu'il découvrit qu'il n'avait aucune raison de m'exécrer, il se mit à m'aimer si follement qu'il rêvait d'exterminer tous ceux qui voulaient me nuire. Personne ne cherche à me nuire bien sûr, mais il s'était constitué une galerie imaginaire de mes ennemis et s'apprêtait à les détruire lorsque je le détournai de ce projet par un mot d'apaisement. Je me suis aperçu que ces haineux impuissants étaient très nombreux. Plusieurs hommes politiques me haïssent du fait que le seul son de ma voix leur rappelle avec douceur qu'ils sont des hypocrites et des vendus. Jamais il ne me viendra à l'idée de les insulter personnellement, mais en écoutant mes propos à la télévision ou en lisant mes livres, ils savent pertinemment que la voie qu'ils ont choisie est un cul-de-sac. Pensez à toute cette dépense d'énergie inutile qui ne mène à rien tout en ruinant la vie de ceux qui en font les frais. Il y a beaucoup de gens en ce monde qui cherchent à expier la mauvaise opinion qu'ils ont d'eux-mêmes par le travail, la souffrance, le sérieux, l'égotisme. Je vais souvent manger dans un restaurant du centre-ville où des hommes politiques et des businessmen m'observent intensément bien qu'à la dérobée. J'imagine parfois leurs pensées : "Qu'est-ce qu'il fait ici ? Il ne peut pas nous servir. Il vient nous narguer ? Ce clown aurait-il la prétention de nous faire la leçon ? Avec qui est-il ? Comment peut-il se passer si aisément de nous ? Il est habillé comme nous, mais c'est un irréductible, un violent qui ne concède rien, un pur qui ne cherche même pas à s'en glorifier. Il ne veut rien savoir et pourtant il existe si fort". Oui, je lis dans les pensées de ces gens qui se targuent d'être utiles, importants et responsables. Savent-ils qu'ils n'empoisonnent qu'eux-mêmes par leur morgue et leur vanité ? Comprennent-ils qu'ils n'existent pas, qu'ils sont des *persona* sans *anima* ? Finalement, je me sens assez à l'aise dans toute cette haine. Le mal n'est-il pas le fumier dont le bien a besoin pour devenir le mieux ?

-86-

LES PORTES DE LA PERCEPTION. – Il y a une très grande différence entre dire : Dieu m'a créé, et c'est ce que j'ai à être qui m'a mis au monde. On a beau dire, on a beau faire, cette différence compte pour beaucoup parce qu'elle met en cause l'aptitude de l'humanité à souffrir. Celui qui se sent fils de son avenir comprend qu'il vit sur terre pour réaliser son entéléchie. Il ne relève que de sa propre loi. C'est à l'égard de lui-même qu'il devra répondre de ce qu'il a fait. Il n'en va pas de même pour celui qui se dit créé par Dieu. Dieu a beau être tout puissant et plein d'amour, le traiter comme son fils ou bien vouloir le racheter, c'est toujours un autre. La preuve que c'est un autre, c'est qu'on lui élève des autels. Personne ne songerait à s'agenouiller devant lui-même. Immédiatement s'impose le sombre devoir de la reconnaissance : tu m'as fait et je dois te plaire.

159

Quelle drôle d'idée : plaire à Dieu ! C'est strictement insensé. À la moindre déviation, l'enfer menace, la religion chrétienne propose la relation de l'homme à Dieu comme une histoire d'amour. Ne pourrait-il pas y avoir de temps en temps autre chose que l'amour pour justifier les grandes décisions de la vie ? À observer les croyants, on a l'impression que l'amour est un sentiment régressif. La créature s'abandonne aux mains de Dieu. Il la protège en échange de sa dévotion. Mais de quoi ? C'est l'identification au corps qui nous rend vulnérables. L'individu qui se sent Dieu lui-même n'a pas besoin de protection, parce qu'il n'est pas menacé. Je n'hésite pas à parler de "racket de la protection" quand j'entends parler de rédemption. Il est évident que pour pouvoir raisonner ainsi, il faut avoir les yeux grands ouverts, il faut s'être permis de se sentir vaste. Une femme mariée avec des enfants est venue me voir l'autre jour pour me dire qu'elle désirait un autre homme que son mari. Et alors ? lui ai-je demandé. Eh bien, me répondit-elle, je n'ose pas aller vers lui. Avez-vous le goût de faire l'amour avec lui ? lui demandai-je ; pensez-vous à lui toujours ; pensez-vous qu'il est dans vos bras quand vous jouissez avec votre mari ? À ces trois questions, elle m'a répondu oui. Alors qu'est-ce que vous attendez ? lui ai-je lancé. Je ne veux pas me séparer de mon mari, m'a-t-elle répliqué. Mais qui vous parle de vous séparer ? Ne pouvez-vous pas aimer les deux ? Là, elle m'a regardé avec terreur. Voilà une personne qui se sent obligée d'interrompre une relation amoureuse pour en commencer une autre. Elle n'a pas de problème, mais elle s'en crée un. Il est évident qu'elle est du genre à consulter quelqu'un d'autre pour agir. Elle a peur de se tromper, de sortir de son cadre familier. Jamais elle ne se dirait : je prends tout. Elle se croit obligée de choisir. Une telle personne est indéniablement marquée par la religion. Celle-ci lui a appris qu'il y a une distinction entre le bien et le mal, qu'on ne peut aimer deux hommes à la fois, qu'il faut s'oublier pour les autres, etc. Une autre femme est venue me consulter. Elle était en amour et voulait se remarier. Pourquoi voulez-vous vous remarier ? lui ai-je demandé. Sa réponse : parce que je suis en amour. Mais, lui ai-je objecté, ne pouvez-vous pas tout simplement être en amour ? Je crois, m'a-t-elle répondu, que j'ai besoin de l'approbation des autres. Mais qui sont-ils pour vous ? Lequel d'entre eux accepterait de se sacrifier pour vous ? Elle n'a rien trouvé à dire là-dessus. Elle n'a pas trouvé la réponse qu'elle cherchait. Alors elle ira consulter quelqu'un d'autre jusqu'à ce qu'elle rencontre un spécialiste qui l'approuvera. Elle me fait beaucoup penser à une jeune fille qui me demandait avec insistance d'où venait la joie. Mais la joie ne vient de nulle part. Nous décidons d'être joyeux quand ça nous plaît. Elle n'acceptait pas mon explication. Pour elle, la joie dépendait d'une cause extérieure, des circonstances, des gens. C'est précisément en pensant aux autres que cette femme dont je viens de parler voulait se remarier. Elle ne voyait pas avec évidence que l'amour n'a pas de cause, qu'il surgit sur place, sur demande. Elle se disait que ce serait terrible si les autres en venaient à la rejeter parce qu'elle se conduit mal. Jamais il ne lui viendrait à l'esprit qu'elle est vraiment libre. La majorité des gens pourraient tirer parti de bien des choses dans la vie. Par exemple, respirer l'odeur d'une fleur pourrait devenir pour eux un événement absolu. Mais ils préfèrent ressasser leurs chimères et s'en remettre à des puissances supérieures : Dieu, le destin, la chance, etc. Le jour où les portes de leurs perceptions seront ouvertes, ils ne redouteront plus de se sentir libres. Ils embrasseront la vie en totalité parce qu'ils se sentent Dieu et se permettront tout.

-87-

L'ENTRAÎNEMENT ÉROTICO-LUDIQUE PLUS IMPORTANT QUE LA MÉDITATION. – Le bien-être d'un individu se mesure à sa capacité de vivre en harmonie avec son corps, les événements et toutes les personnes qui l'entourent. Sans une pensée harmonieuse, vivre ainsi est impossible. Je ne crois pas que tous ces hommes d'affaires qui se bouffent mutuellement soient en mesure de mener une existence pleine d'harmonie. Il leur manque du temps. Le rythme frénétique de leurs affaires abrège leur vie et rend leur quotidien difficile quand on travaille trop, on croit se connaître. Mais le travail rend les individus étrangers les uns aux autres. C'est seulement quand on perd du temps avec quelqu'un qu'on apprend à le découvrir et qu'on sait tout de lui. J'ai rarement vu quelqu'un se sentir euphorique à l'idée de travailler. Cela se peut, mais le phénomène ne dure pas. La véritable euphorie qui ne s'interrompt jamais vient de ce que les aspirations profondes d'un individu sont satisfaites. La majorité des gens dissimulent leur peur de moi sous les rires. Ils ont toujours terriblement peur lorsqu'ils voient venir à eux quelqu'un qui leur ouvre les bras sans les connaître. Il est sûrement beaucoup plus possible dans une ville comme Montréal de connaître le grand abandon créateur que dans une ville comme Toronto où tout le monde est toujours pressé. Le fait que les gens soient de descendance latine les prédispose à découvrir le repos calme et translucide de la conscience. Mais contrairement aux résidents des zones subtropicales, ils conservent une faculté de raisonnement qui les aide à encadrer leur folie créatrice. Avec l'arrivée du printemps, on voit les terrasses extérieures des restaurants de Montréal se remplir de consommateurs oisifs qui regardent défiler la foule, le sourire aux lèvres. Beaucoup d'entre eux lisent ou écrivent en buvant une des sept cents sortes de bière internationale disponibles au Québec. Là où les choses deviennent intéressantes, c'est quand on cherche à faire le travail sur soi dans un contexte de ce genre. On s'aperçoit vite que pour pouvoir tirer parti de la vie des cafés ou des terrasses, il faut un but intellectuel tout au moins. Tout le monde est capable de flâner, mais bien peu de gens peuvent le faire

162

intelligemment, pour trouver des idées, pour devenir plus vastes. William James croyait que c'est en capitulant devant ses propres ambitions trop exigeantes qu'on parvenait à devenir créateur. C'est le repos et non le travail, disait-il, qui prédispose l'esprit à la création. Il s'agit seulement d'amener le Moi empirique nerveux à se détendre pour laisser opérer le Soi sans frontière. Ce supplément de conscience pourrait tout changer si seulement ceux qui le pratiquent s'y adonnaient avec assiduité. Mais voilà, quand ce n'est pas l'alcool ou la drogue qui ruinent le cerveau, ce sont les habitudes de vie négatives et les pensées limitées qui empêchent celui-ci de fonctionner. Il y a une façon de se conduire au soleil par exemple. Sous prétexte qu'ils aiment prendre des bains de soleil, certains individus se donnent un cancer de la peau. De la même façon, exposés trop brutalement aux effets secondaires du décloisonnement qu'entraîne une vie consacrée à l'absolu, d'autres deviennent fous, dangereux ou nuisibles. Je connais beaucoup de gens qui ont perdu l'esprit parce qu'ils ne savaient pas méditer. Certains se sont perdus en eux-mêmes, d'autres dans l'inconnu, ce qui signifie passablement la même chose. Je crois que pour parvenir à la complète réalisation de soi, il faut un entraînement qui prédispose l'esprit à une action profondément intégrée. On ne parvient pas à opérer l'infini en douceur du jour au lendemain. Apprendre à jouer est aussi nécessaire que d'apprendre à jouir. La majorité des gens ne savent bien faire ni l'un ni l'autre. Je considère que la plupart des participants à mes salons philosophiques du samedi ; malgré la qualité de leurs réflexions qui fait d'eux des passionnés de la métaphysique, sont encore incapables de rester suffisamment vastes pour ne pas se laisser engloutir par les choses de l'amour. Ce qu'il y a de plus difficile pour ceux qui veulent se développer totalement, c'est d'apprendre à intégrer les émotions sexuelles et amoureuses, les contretemps émotionnels, les chocs nerveux. Le système affectif de l'homme est profondément délabré ; c'est l'anarchie et le chaos qui règnent dans sa vie. C'est très simple : les gens ne font pas ce qu'ils aiment. Ils affirment avec force ce qui les détruit en même temps qu'ils nient avec enthousiasme ce qui les fortifierait. Le résultat est lamentable ; je suis sûr que notre humanité est la risée des civilisations extraterrestres qui l'observent. "Comment ces gens font-ils pour tourner en rond avec autant d'énergie, doivent-ils se demander, sans jamais progresser ? Les difficultés émotionnelles de l'homme du XXe siècle sont à tout point semblables à celles de l'Égyptien antique ou du Babylonien. Les uns après les autres, ces mondes se sont défaits. Et quand aujourd'hui on croit tenir en main un élément de progrès comme l'automobile, c'est pour le voir empoisonner l'atmosphère de la terre. Dès que la science vainc une maladie, une autre apparaît, car elle ne fait que remédier à un mal de surface alors que c'est le fond de l'homme qui est malade". Il y a cependant un aspect du melting-pot humain dont les observateurs extérieurs ne seront jamais sûrs : où peut donc mener cette loi du miracle qui rend possible l'impossible sur terre ? L'être est précisément ce facteur étonnant et prodigieux dont rien au monde ne peut prévoir le développement. Il doit bien y avoir une raison pour laquelle notre Terre semble mise en quarantaine par les visiteurs extraterrestres qui ne s'y aventurent qu'avec précaution. Il est possible qu'ils considèrent l'état de frustration animale qui caractérise le terrien comme un élément à partir duquel peuvent se constituer des attitudes redoutables. Et comme ils ne comprennent pas ce qui se passe ici, ils préfèrent s'abstenir de tout contact avec un monde qui porte sans doute en lui le principe d'une crise libératrice pouvant s'étendre à tout le cosmos. Le jour où les humains s'appliqueront à jouir consciemment de chaque instant, l'ordre du monde changera. Peut-être assisterons-nous alors à une révolution qui ira ébranler les confortables certitudes de nos voisins cosmiques chez eux.

ALCOOLISME ET POSSESSION. – Qui ne connaît pas le mot fameux de Goethe dans son *Faust* : *"Ich bin der Geist, der stets ver neint* [Je suis l'esprit qui nie éternellement]" ? Très allemand, il insiste alors sur la négativité propre à l'esprit qui est repli sur soi, moment obscur de la dialectique. Mais s'il y a un moment obscur, il faut bien qu'il y ait un moment clair et positif. C'est James Joyce qui le formule en écrivant une lettre à son ami Budgen lorsqu'il rêve de mettre dans la bouche de Molly Bloom, son héroïne d'*Ulysse* : "*Ich bin der Fleisch der stets bejaht* [Je suis la chair qui affirme toujours]". C'est entre ces deux moments dialectiques que se constitue l'abîme infranchissable empiriquement au-dessus duquel tant d'épistémologues et de moralistes ont cherché en vain à jeter des ponts. On sait ce que je pense de ces faux problèmes de ponts. Mon *Grand traité sur l'immatérialisme*, tome I, *La matière n'existe pas* a établi clairement qu'ils sont dus à l'incapacité de la philosophie chrétienne proprement dite à dépasser la dualité créée par le mental entre Dieu et la Matière. C'est précisément à ce niveau que se joue le drame de l'alcoolique qui n'arrive plus à combler l'espace qui le sépare de lui-même. Visionnaire, rêveur, chaque fois qu'il croit avoir rencontré l'absolu, il se sent happé par le bas comme si quelque puissance négative se substituait à la vraie vision transcendantale dans son délire éthylique. On sait que je rattache l'alcoolisme à une forme de possession puisqu'à un moment donné, ce n'est plus le buveur qui commande à boire mais l'entité hypostasiée qui s'est emparée de lui pour mieux siphonner ses impressions d'ivresse. Mais cette expérience de possession doit bien plutôt être interprétée comme un phénomène de dépossession de soi lié au vertige de la liberté. Sachant que j'étais condamné à errer au cœur de "l'esprit qui nie éternellement", je me suis jeté dans "la chair qui affirme toujours". J'ai fait confiance à ma passion tout en l'investissant de conscience. J'ai béni chaque verre que je prenais, chaque bouteille que j'ouvrais et même chaque gorgée. Je me suis retrouvé sanctifié d'avoir dit oui à la dissolution en vue d'un plus-être, si bien que je suis devenu "le *Je suis* qui se ré-affirme éternellement" comme positif-plus. Jamais je n'aurais pensé retrouver la liberté en assumant mon alcoolisme. Mais l'abîme n'est rien pour celui qui a des ailes, n'est-ce pas ?

-89-

LE GESTE JUSTE. – Fernando Lizcano de la Rosa de l'Académie des bonnes manières de Barcelone enseigne la façon correcte de manger une orange avec un couteau et une fourchette. Serait-il à la recherche lui aussi du geste juste ? Cela est assez difficile à dire. J'avoue que j'ai bien d'autres façons de peler une orange. Par contre, j'imagine que je ferais bonne figure, à la cantine de la Chambre des lords anglais en utilisant la méthode proposée par de la Rosa. J'ai posé pendant des années une série de gestes tout à fait étranges au temple maçonnique que je fréquentais régulièrement. S'il fallait que les profanes voient ce que j'ai pu faire avec mes doigts et mes mains ; ils seraient fort perplexes. Pas nécessairement scandalisés, mais remplis d'incompréhension. Était-ce pour autant des gestes justes ? Pourquoi pas ? C'est dans les loges maçonniques que j'ai appris l'observation silencieuse et impeccable de mes frères humains. N'avais-je jamais regardé ainsi auparavant ? N'avais-je jamais bougé de la façon dont on me l'a appris ? Je reconnais le mérite de la formation maçonnique en ceci qu'elle amène l'humain à s'examiner attentivement et à se poser des millions de questions avant d'agir. Sans doute n'est-ce pas tout à fait vain si l'on s'en remet à la devise de Socrate : "Quoi que vous fassiez, vous vous en repentirez !" J'ai finalement décidé d'orienter ma vie selon un grand souci de justesse. Je ne veux pas dire que j'en suis venu à me

166

paralyser à force de m'observer avant d'agir. Le geste juste est pour moi le geste conscient. Il n'implique pas nécessairement la réussite. Un geste manqué peut être juste. Il y a de justes erreurs comme il y a de justes échecs. J'oserais dire qu'il existe un mal juste. Certains penseront au crime parfait. Je pense plutôt à la sincérité des meurtriers. L'idée que je me fais de la justesse est tout à fait amorale, pour ne pas dire immoral. J'imagine que cela équivaut à se centrer sur soi-même et à respecter l'impulsion consciente qui jaillit devant soi. Mais il y a divers degrés d'implication personnelle dans cette attitude. Si j'ai soudainement le goût de tuer quelqu'un, je vais le lui faire savoir d'une façon ou d'une autre avant de l'exécuter, si bien que ma spontanéité totale, peu favorable à l'inhibition, empêchera que ma pulsion destructrice ne grandisse suffisamment longtemps pour m'amener à commettre un meurtre. J'aime bien examiner les situations-limites auxquelles les émotions nous confrontent. Sans ces contraintes objectives, saurions-nous tester notre souplesse ? Il faut sans doute être allé souvent trop loin pour "savoir jusqu'où on peut aller trop loin" sans tomber dans le panneau. C'est ce que les naïfs qui défraient la chronique judiciaire pour avoir voulu appliquer ma philosophie grossièrement découvrent trop tard. Je n'ai jamais enseigné qu'il faille aller en prison pour assumer le "viol serein des principes moraux". Souvent, une action symbolique suffit à nous purger de toute velléité de transgression.

-90-

À PROPOS DU GASPILLAGE.- Le psychanalyste zurichois Carl G. Jung prétendait pouvoir guérir James Joyce de sa manie du gaspillage. Voilà un bel entêté dont l'indiscrétion fit sans doute perdre à James Joyce une subvention qu'il recevait d'une riche Américaine. En serons-nous jamais sûrs ? Une chose est certaine, Jung détestait les philosophes. Il considère Hegel comme un schizophrène et Nietzsche comme un explorateur qui s'est perdu en chemin. Il ne fallait donc pas s'attendre de sa part à trop d'aménité en faveur de Joyce qui était un expatrié à Zurich. D'ailleurs, sa lecture d'*Ulysse*, dont il fit un compte rendu qui n'a rien d'honorable pour lui, nous donne à penser qu'il enviait l'intelligence de Joyce et qu'il haïssait celui-ci au point de chercher constamment à le prendre en défaut dans sa vie privée. Ne voulait-il pas psychanalyser sa fille ? Sans doute aurait-il été heureux d'indiquer d'un doigt réprobateur l'inceste derrière la folie. C'est tout ce contexte qu'il faut examiner quand on se trouve confronté à la prodigalité d'un génie. J'ai déjà écrit quelque part que le gaspillage est l'apanage des dieux. Étant personnellement responsable du financement de mon œuvre, je ne suis donc pas trop enclin à des orgies de dépenses et j'avoue que je trouve aberrant qu'un homme comme Joyce ainsi que sa femme qui vivaient des bienfaits du mécénat passent leur temps dans les restaurants et les grands magasins au lieu de chercher à financer *Work in progress*. Mais le génie est imprévisible, il a tous les droits, et je ne vois pas qui pourrait l'accuser d'être prodigue. Je crois néanmoins qu'il existe une façon de vivre que certains considèrent comme du gaspillage mais qui relève pourtant d'un art supérieur de rester libre en utilisant ses énergies au maximum. Il est sûr qu'on voudra se pencher un jour sur ma façon "déraisonnable" de vivre dans plusieurs appartements à la fois en fréquentant chacune des femmes qui les occupe. Quelle dépense inconsidérée, objecteront les conservateurs, les défenseurs de la loi et l'ordre ! Et pourtant, sans cette gestion supérieure de ma vie, pourrais-je seulement trouver le climat propice à la création ? Souvent je me dis que la façon dont je vis est parfaitement accordée à l'extravagance de mon inspiration qui se doit d'être excessive pour renverser les préjugés qui barrent encore la route au développement de l'esprit humain.

LE POUVOIR DIVIN N'EXISTE QUE SI NOUS L'OPÉRONS. – J'aimerais pouvoir communiquer à tous ceux et toutes celles qui me liront l'exaltation que j'éprouve devant ce merveilleux pouvoir êtrique que j'utilise tous les jours de ma vie. Qu'il soit bien clair ici que c'est de moi que je parle lorsque j'utilise le mot "divin". Tout ce qui a été dit de Dieu au cours des siècles passés, c'est de mon être que je l'affirme maintenant. En aucun cas, vous ne me verrez invoquer une puissance supérieure, car l'être est tout dans toutes les directions et ce que je suis est éternel. Certains considéreront cette déclaration comme une prise de position athéiste. Mais je renvoie la foi religieuse et l'athéisme dos à dos. Aller invoquer un grand Dieu au-dessus de nous qui peut régler toutes les affaires de notre vie est l'équivalent de l'athéisme envers nous-mêmes. C'est une forme de démission face à l'immensité qui est en nous. Il est possible que par le passé on ait pu interpréter certaines de mes déclarations comme un acte d'allégeance à l'égard de la transcendance. Et pourtant, chaque fois que je considérais Dieu, c'est moi que j'examinais. Il faut bien s'entendre ici : je considère mon être comme un supplément de force immanent, car je le définis comme "plus moi-même que moi-même". On m'objectera que c'est la définition que Saint Augustin donne du Dieu transcendant, sauf que ce très grand inspiré se veut à la remorque de Dieu tandis que moi, je l'opère. Je vais même beaucoup plus loin qu'on ne le croit : je considère que le pouvoir divin n'existe que si nous l'opérons. Dieu n'existe pas en dehors de l'acte transcendantal par lequel nous nous faisons être, c'est-à-dire que Dieu est dans l'intussusception de nous-mêmes... et j'entends aussi par là le Moi empirique. Jamais vous ne m'entendrez dire que le Moi empirique est secondaire, qu'il doit céder la place à une force plus grande, qu'il doit s'obnubiler dans l'infini. Je parle de conversion. Et qui parle de conversion, parle de conservation. Le projet transcendantal de soi-même implique la récupération totale de ce que je suis sous quelque forme que ce soit. C'est à cause de cette conversion où je me sens riche de tout ce que je suis que je prétends opérer le pouvoir divin. Il surgit pour moi, par moi, à travers moi, sur demande. Il est ma chose, mon outil, mon combustible. C'est moi qui dirige, car en agissant ainsi, je ne fais que me laisser être. Une telle activité fait grandir ma joie à l'infini, transforme ma pensée et surtout mon corps. La joie pénètre dans mes cellules, me donne la vitalité, la jeunesse. Pourquoi vieillir ? Pourquoi mourir ? Cette nécessité n'est due qu'à nos pensées limitées. C'est une nécessité imaginaire, un inutile fardeau, une fictive occasion d'expier. Mais d'expier quoi ? Je ne connais personne qui n'ait agi sans chercher à se faire plaisir. Et même quand quelqu'un se rend esclave, c'est librement qu'il le fait, qu'il y consent. Notre volonté profonde est infinie. C'est pourquoi je vois en moi un opérateur du divin que je suis.

-92-

CAPITULER ! – il est urgent de capituler sur tous les fronts, de laisser tomber ces vaines prétentions qui alourdissent notre vie, lâcher prise, abandonner le gouvernail, ne plus nous fier qu'à notre esprit profond, à notre être infini. Cet abandon et cette capitulation, cependant, ne sont pas d'ordre transcendantal. C'est la vie qu'il faut lâcher et non l'être. Le mélodrame vital constitué par notre cinéma intérieur ne peut que nous rendre malheureux. Chaque jour de ma vie, je m'emploie à décrocher. J'annule les obligations imaginaires que je me suis créées. L'essentiel pour moi réside dans ma joie pure en ce présent vivant que constitue mon être sans frontière. Chaque jour je m'emploie à investir d'infini chacune de mes perceptions, de mes expériences, de façon à devenir pure création de moi-même. Je ne cherche pas à me désolidariser de la forme que j'ai présentement. Mon but est de l'amener à la lumière et non de la faire disparaître. Si je peux dire que je suis mon corps, ce n'est pas par identification au corps, mais parce que j'investis celui-ci de tout mon être. Si mes pieds, mes reins, mon foie, mon cœur, mon cerveau peuvent être fécondés par la lumière, transformés en organes divins, qu'aurais-je alors à vouloir me passer d'eux, à les considérer comme des biens périssables ou à les regarder vieillir. J'enseigne à exister à travers ces organes, mais aussi au-delà d'eux. Je déclare que je suis Dieu, mais je suis également André Moreau ; et quand je ne suis pas occupé à être l'un, je m'amuse à être l'autre. Être signifie que je ne suis plus séparé de la pelouse qui s'étend de l'autre côté de la rue, des voitures qui passent devant mon immeuble, des humains qui peuplent l'univers ou des étoiles dans le ciel. Si je suis pleinement conscient de l'immanence de mon être et de ma pensée, comment pourrais-je encore m'impliquer émotionnellement dans des tâches limitées ? Je fais tout ce que j'ai à faire sans me sentir retenu. Je donne parfois l'impression de vivre dans l'anarchie. Mais la lumière est-elle anarchique ? Et ce qui domine sa pensée quand on se sent Dieu peut-il être mauvais ? C'est la raison pour laquelle je considère que notre formidable, pouvoir de création de nous-mêmes et de tout ce qui existe exige la détente, la relaxation. C'est bien étendu dans son hamac qu'il faut bénir le monde et la vie.

-93-

MON PÈRE SONGEAIT-IL À BÉNIR QUAND IL SOUFFRAIT ? – Je me rappelle son doux sourire quand je détournais sa main droite de son bras gauche pour qu'il n'arrache pas les aiguilles de transfusion. Il avait un geste enjoué de la tête qui me donnait à penser qu'il avait compris, alors que l'instant d'après il tentait de les arracher à nouveau. Il y parvenait une dizaine de fois par jour, si bien que ses draps étaient toujours tachés de sang. Le personnel de l'hôpital finit par se lasser et l'immobilisa en lui installant au poignet des liens en peau de mouton. Ne pouvant plus bouger, il se contentait d'exister en souriant. Il était sans doute trop drogué pour souffrir. Mais quand il eut été opéré, la douleur devint rapidement intolérable. "Si tu savais, André, comme mes jambes me font mal !", me confiait-il. Je mettais alors ma main sur son épaule pour le réconforter et je l'embrassais. Il semblait se pelotonner dans une sorte d'intimité intérieure qui constituait un rempart contre la souffrance. Était-ce sa façon à lui de bénir ? Je n'en sais trop rien. Peut-on encore souffrir quand on bénit ? Peut-on se sentir aussi mal après une vie consacrée au travail ? Mon père disait parfois à ma mère qu'il croyait que sa maladie était une punition. Mais pour quel péché ? La rumeur a couru qu'il était fils de prêtre. Cherchait-il à expier la faute d'un autre ? Se sentait-il maudit ? C'est très difficile à imaginer. Ce colosse paisible souffrait de l'intérieur. Je ne savais pas, en ces durs moments qui ont précédé sa mort, quels mots employer pour le soulager. Finalement, je lui demandai : "Papa, te rappelles-tu comme c'était agréable quand nous allions à la pêche ensemble ? Et comme il me faisait un signe d'approbation de la tête, je lui dis alors : "Quand tu sentiras que la douleur est trop intense, rappelle-toi ces moments délicieux que nous avons passés ensemble". Mes paroles ont dû le toucher profondément, car la veille de sa mort qui a eu lieu au petit matin, il a dit à mon assistant Joseph qui accompagnait ma mère : "Va te coucher, Joseph, car demain nous devons nous lever tôt pour aller à la pêche". Je n'étais pas sur les lieux, car j'aurais compris qu'il m'annonçait son départ. L'imagerie que je lui avais suggérée avait fonctionné. Tout en éprouvant du chagrin, j'étais très satisfait d'avoir pu soulager ses derniers moments. Je n'ai pas cherché à graver ceux-ci dans ma tête, comme si c'était là quelque chose que je devais éviter à tout prix, car la pensée concrétise aussi bien ce qu'elle recherche que ce qu'elle fuit. J'ai plutôt pensé que toute souffrance naissait d'une étroitesse du champ de la conscience et que la seule façon d'éviter une fin de vie aussi dramatique était de se réinsérer psychiquement dans le flot de sa propre immensité intérieure. Mon père m'a indiqué une des voies possibles sur terre. Mais j'ai bien plutôt le goût d'anéantir toute voie, tout chemin et, pour ne pas avoir à finir, je dois me mettre dans la tête que je n'ai pas commencé. Je me suis familiarisé depuis longtemps avec les émotions qui peuvent grandir en nous à notre insu. Je n'ai pas cherché à les éviter, mais bien plutôt à les dissoudre dans ma psyché en devenant plus conscient de mon envergure intérieure. L'autre jour, un ami de la famille qui savait que mon père et mon grand-père sont morts du diabète m'a lancé abruptement : "Attention, André, tu vas finir comme eux !" J'ai bondi en lui répliquant avec fermeté : "Je nie toute forme d'hérédité. C'est là un prétexte dont les enfants se servent pour s'identifier à leurs parents. Je n'ai rien à voir avec la maladie de mon père. Je suis né à lui et non de lui. Je sais qu'il m'a aimé tendrement, mais je ne souffrirai pas pour lui. Je suis fils de mon avenir. Ma pensée est orientée vers la jeunesse éternelle et non vers la mort". Il a paru surpris, puis il s'est mis à rire. Il me connaît assez bien pour savoir que je peux parfaitement soutenir ce que j'avance.

-94-

LE MANCHOT, LA PETITE FILLE NUE, LE MANIAQUE DANS LES DOUCHES ET LE CURÉ. – Voici une séquence de ma vie. Je veux rester conscient quoiqu'il arrive. J'aime beaucoup faire de la télévision et des conférences publiques, mais je veux aussi avoir une existence privée, passer de bons moments avec mes compagnes et côtoyer les gens sur la rue. Or, il y a une difficulté. Lorsqu'après son entraînement physique au gymnase la vedette de la télévision veut prendre sa douche, les choses se compliquent. J'essaie de me mettre à la place de H.E.C. (*Here comes eve-*

rybody) comme dirait James Joyce. Il y a là sur les lieux une douzaine de téléphages ordinaires qui écarquillent les yeux en me voyant. L'un d'entre eux est manchot et en plus il est soûl. Il se dirige vers moi en vomissant des injures. Évidemment, je suis nu, mouillé, avec du savon dans les cheveux. J'ai laissé mes verres au vestiaire. Je ne vois pas très bien qui est là devant moi, mais il gueule comme un putois et il brandit au dessus de sa tête son unique bras dont il se sert comme d'un tourniquet. "Emmerdeur, crie-t-il, bonimenteur, faux frère, hypocrite, misérable ! La société n'a pas besoin de toi. Tu nous fais chier avec tes propos stupides". Les autres l'observent. L'atmosphère est embarrassante. Il y a là une assemblée d'hommes nus, tout dégoulinants qui me regardent en ayant l'air de se dire : ou bien le manchot est fou, ou bien Moreau est vraiment un emmerdeur. Mais le manchot n'a pas fini. "Tu nous casses le bicycle, hurle-t-il les yeux exorbités. Nous t'avons, assez entendu, sale type". Et son unique poing se rapproche dangereusement de mon visage. Ignorerait-il que j'en ai deux pour lui répliquer s'il me touche ? Je le laisse dire. Je continue de me laver au savon tout en l'écoutant distraitement. Puis je lui tourne le dos. Il s'en va en grommelant. Je le retrouve quinze jours plus tard, l'air piteux lorsqu'il me voit. Je lui donne une petite tape sur l'épaule et je lui fais un sourire. Il se passe de drôles de choses dans ces douches. À une autre occasion, un homme d'une trentaine d'années y entre avec sa petite fille de sept ans. Je ne vois pas ce qu'elle fait là parmi des hommes nus, mais il est évident qu'elle se rince l'œil. Le bonhomme en question se comporte comme si rien d'anormal ne se passait. Pendant qu'il se lave, l'enfant le tient par une cuisse. Puis il se met à la laver à son tour, méthodiquement et dans tous les coins. Les hommes qui sont dans les douches commencent à bander. L'individu fait mine de rien. La petite écarte les cuisses et se laisse tripoter devant tout le monde. Il règne sur les lieux une ambiance de film pour adultes. Cinq minutes plus tard, je retrouve la fillette nue trônant dans le vestiaire. Son père – car j'imagine que c'est lui – est en train de l'essuyer. Elle est très calme et regarde autour d'elle. Certains hommes sont gênés, mais ils n'osent rien dire. Ils jouissent d'un spectacle que leur interdit la morale. L'homme se sert d'un alibi évident, il est seul avec l'enfant et ne peut pas entrer avec elle dans les douches des femmes. Alors il l'exhibe dans celles des hommes. En un sens, c'est ainsi que les choses devraient se passer. Mais dans un contexte comme celui du Québec, toujours marqué par le catholicisme décadent des ancêtres, la scène est un peu crue. Je retrouverai l'homme en question et la petite fille dans un autre centre d'entraînement et le même spectacle se reproduira. Il doit faire le tour des centres avec elle. À une autre occasion, j'entends crier dans les douches des femmes. Que se passe-t-il là ? C'est difficile d'aller voir. Je vois une femme sortir presque nue, tentant de dissimuler son anatomie derrière une serviette, puis deux autres. Elles me disent qu'il y a un maniaque dans les douches. Il y a sûrement encore des femmes à l'intérieur. Je ne tiens pas à passer pour le maniaque si je me précipite pour les aider. Je vois alors apparaître l'aumônier du centre. On l'a mis au courant de l'événement. Il décide qu'il va y aller lui-même. Quel courage ! En voyant son col romain, les femmes se sentiront sans doute rassurées et il pourra les regarder tout à loisir. Il met beaucoup de temps à examiner les lieux... et les personnes. Puis il ressort, tout rouge, en s'écriant : "Le maniaque s'est enfui par l'autre porte". Je me demande maintenant s'il n'y a pas deux maniaques sur les lieux. Tout se passe comme dans un western. Peut-on salir quelqu'un en le regardant ? Est-il vraiment normal qu'une femme se sente mal parce qu'elle est nue devant un homme habillé ? Probablement. Toutefois, s'il est laid, avec une longue barbe et qu'il se masturbe, la langue sortie, en émettant des sons bizarres, j'imagine que c'est aller trop loin. J'ai vu se produire ces choses et j'ai essayé de les considérer dans le cadre d'un

175

penser êtrique. Si je les rapporte, c'est qu'il me paraît essentiel de ne rien laisser échapper de la réalité.

LES NOEUDS QUI SAUTENT. – La personne tout entière n'est qu'un nœud fait d'un ensemble d'autres nœuds. Être nouée est son état normal. Lorsqu'on cherche à la délivrer de cette ligature, des forces étranges et insoupçonnées jaillissent soudain d'elle. Tel homme s'en va sur la rue et voilà qu'il sursaute brusquement comme s'il venait de recevoir une décharge électrique. Tel autre est en train de lire à une terrasse et voilà qu'une voix inconnue surgit de sa gorge pour abreuver d'injures ceux qui l'entourent. Ce sont les nœuds qui sautent. J'ai une amie qui s'est spécialisée dans l'art de délivrer les gens de leurs nœuds. Elle utilise la technique du clair-toucher, une sorte de massage immatérialiste, pour faire éclater les tensions qui nouent le corps aussi bien que le mental. Certains se mettent à rire bruyamment, d'autres à pleurer comme une Madeleine, d'autres encore ont un orgasme. C'est tout à fait étrange. La délivrance est soudaine. J'ai obtenu de semblables résultats en me servant de la sexualité pour faire un transfert d'énergie. Certaines femmes s'évanouissent avant même d'avoir pu jouir, d'autres tremblent de la tête aux pieds sans comprendre ce qui leur arrive. J'y parviens aussi par la parole. J'ai vu des gens obligés de sortir de mes salles de conférence parce qu'ils riaient trop, d'autres faire une sainte colère en claquant la porte. Dans ce dernier cas, quelques jours plus tard, ces personnes ne se rappelaient pas ce qui avait pu motiver chez elles un tel accès de rage. On ne peut pas s'éveiller sans que les nœuds sautent. Cette délivrance n'est pas toujours brutale. Elle peut se faire en douceur. La personne se trouve soudainement prise d'incompréhension face à ce qui lui arrive et elle va réfléchir deux ou trois jours dans la solitude. Quand elle revient, elle se sent déli-

176

vrée, elle va beaucoup mieux. Je crois beaucoup à l'exercice physique pour seconder le travail psychique. Le tai-chi, certaines formes de yoga, l'athlétisme peuvent favoriser la liberté spirituelle. Mais à vrai dire, c'est encore l'usage imaginatif de la sexualité qui produit les meilleurs effets. C'est en apprenant à s'exprimer sexuellement et à jouir de façon originale que les gens réussissent le mieux à s'ouvrir. L'érotisme, la transgression, la provocation, le scandale, le paradoxe constituent alors les meilleurs atouts de la personne qui cherche à s'éveiller. On dirait qu'il faut un choc pour sortir l'individu de sa torpeur. Gurdjieff croyait qu'il était nécessaire de secouer le système nerveux pour arracher celui-ci à l'emprise de la loi générale. Peu enclin au sureffort, je cherche plutôt dans le plaisir conscient le moyen de délivrer l'individu de ses inhibitions. Mais cette entreprise est toujours à recommencer, car la personne cherche invariablement à se protéger du contact direct avec l'infini et tend à se constituer une carapace en se tassant sur elle-même pour résister à l'énergie. Il en va ainsi des cailloux qui roulent depuis des siècles dans le cours des ruisseaux quand on les casse avec un marteau, ils sont parfaitement secs à l'intérieur. Telle est la personne bornée, brutale, dure, imperméable à la grâce et à la lumière. Mais avec un bon coup de marteau, on vient à bout de tout. Ainsi la personne qui voit s'effriter sa trompeuse consistance a des chances de comprendre qu'elle est appelée à autre chose qui la dépasse en tous les sens.

-96-

LE MENSONGE REND MALADE. – Relever le pari de ne plus mentir tient du miracle tellement l'être humain a assumé le mensonge jusqu'au cœur de sa propre substance. Il suffit de s'observer soi-même pour comprendre qu'on ment aux autres et à soi de façon consciente ou irréfléchie constamment et de toutes les manières. Je me rappelle qu'un jour, voulant me guérir de cette maladie du mental, je me suis imposé une discipline qui visait ni plus ni moins à ruiner ma réputation à force d'attaquer ce qui dans ma personne cherchait sans cesse à échapper à la réalité. Je travaillais à cette époque comme concepteur en publicité pour une série de journaux. Mon patron immédiat, pris dans l'engrenage, mentait, buvait, volait, bref se conduisait comme un publicitaire digne de ce nom. Un jour que je revenais d'un événement social, il me demanda combien de gens s'étaient présentés sur les lieux. Je grossis délibérément le chiffre que je lui donnai, car nous étions en partie responsables de l'organisation. Il nous incombait donc de faire bonne figure. J'avais menti. Mais au moment où je le vis s'éloigner de moi tout satisfait, je sentis grandir en moi une insatisfaction inversement proportionnelle. Quelque chose se réveilla dans ma pensée. Je courus après mon patron. L'ayant rattrapé, je lui dis : "Je vous ai menti parce que je craignais vos réactions. Voici plutôt la vérité". Et je lui donnai le chiffre exact des participants. Il me regarda avec stupeur comme si je le sortais d'un rêve. Il savait ce qu'il avait dû m'en coûter pour m'accuser de la sorte devant lui. Je crus avoir perdu à jamais son estime. Mais c'était au fond de lui un homme correct et juste. Deux semaines plus tard, alors que nous étions en réunion avec les autres publicitaires, l'un d'entre eux soumit une estimation qui lui semblait gonflée. "Un moment ! s'écria mon patron. Nous allons consulter André Moreau. Lui ne me mentira pas". Ainsi donc, j'avais touché cet homme. Il me tint en grande estime jusqu'à son suicide quelques années plus tard. Vidé par l'entreprise qui l'employait, obligé à mentir, physiquement, nerveusement et moralement ruiné, il a cherché dans l'extinction de ses facultés une paix qu'il ne pouvait trouver autrement. Je l'honorai toujours dans mes pensées comme un homme généreux et juste, sachant que s'il avait désespéré de la vie, il n'avait pas désespéré de lui-même. Je devais par la suite, sous l'influence de ma nouvelle compagne et collaboratrice Madeleen Dubois qui s'intéressait avec passion à la psychosomatique, parfaire mon éducation en ce domaine. J'appris que le mensonge déforme, enlaidit et rend malades ceux qui s'y adonnent. En mentant, l'esprit abuse de lui-même car il se trouve alors à mésestimer son véritable pouvoir. S'il était seulement conscient de son essence, il comprendrait qu'il n'est jamais nécessaire de mentir parce que la vérité rend libre tandis que le mensonge rend servile. D'une façon générale, les menteurs se méprennent sur la nature de l'énergie infinie qui caractérise leur être. S'ils se sentaient aussi forts que moi aujourd'hui, ils n'auraient jamais recours à cet artifice qui n'exprime que le consentement à la faiblesse.

-97-

DES PROPOS ASSASSINS. – On me disait l'autre jour : "Vous êtes comme quelqu'un qui nous tend une grenade avec un sourire après avoir enlevé la goupille". L'image m'a surpris, mais je constate qu'elle est assez juste. C'est sans doute ainsi que se sentent ceux qui ont encore quelque chose à perdre dans l'existence. Les mots que j'utilise ravivent leur insécurité parce que je change leur agencement normal dans la phrase. Rien n'est plus angoissant qu'une déclaration qui prétend nier ce qu'elle affirme ou qui laisse supposer qu'il pourrait en être autrement que ce que les faits annoncent. Contrairement aux politiciens dont les discours cherchent à rassurer, je propose à mes interlocuteurs un langage de puissance dont le but est de les plonger dans la déconstruction de leurs schémas mentaux. Je ne les laisse pas libres d'accepter. Je les confronte à mon intention belliqueuse. On me reproche de ne pas être serein, mais je me sens bien quand j'attaque. J'ai retenu de mes études gréco-latines que la pensée la plus créatrice est la pensée polémique. Les saints de l'Inde ne seront peut-être pas d'accord, eux qui enseignent la paix. Je leur rappellerai cependant que leur enseignement ne trouve pas beaucoup d'écho dans leur société où le meurtre est devenu une institution politique et où les conflits interraciaux dominent l'actualité. Je préfère tenir le discours de la guerre de façon à éviter de faire celle-ci que de me cacher la tête dans le sable comme une autruche qui prétend vivre en paix sous les bombes. Le véritable éveilleur brandit la torche incendiaire de la zizanie au sein des certitudes tranquilles qui animent nos bons bourgeois. Il ne redoute pas de passer pour un provocateur, car il sait que tout est bon pour amener quelqu'un à s'éveiller. Je ne suis pas sûr que les systèmes politiques de l'Europe de l'Est inspirés du marxisme n'ont pas grandement contribué à maintenir les consciences en éveil. Si on me demande quel climat politique peut le mieux favoriser le travail sur soi, je réponds avec enthousiasme : la révolution. Je ne prône pas nécessairement l'usage des armes pour mener celle-ci à bon terme. Je crois même avec Françoise Dolto que les seules révolutions qui portent des fruits sont celles qui échouent et qui nourrissent nos rêves longtemps après. Peut-être comprendra-t-on un jour l'orientation véritable que j'ai voulu donner à mon système philosophique. Mon but est de réveiller tout le monde et d'entraîner une prise de conscience majeure. C'est là une entreprise qui ne rallie pas les autorités à ma cause. Mais je me passerai de leur assentiment.

-98-

PANITOLARYZIA. – Aux dires des deux médiums avec lesquels il est en contact, il aurait la forme d'une baleine et occuperait un étrange réceptacle volant dans la stratosphère où il émet des ondes destinées aux humains. Lorsque les deux femmes qui lui servent de contact dans la Mauricie m'ont téléphoné pour m'informer que la baleine voulait me parler, j'ai ri aux éclats. "Comment savez-vous qu'il a l'air d'une baleine ?" leur ai-je demandé. "Il nous l'a dit lui-même", m'ont-elles répondu. "Mais une baleine, mesdames, ne peut prendre place dans votre salon", leur ai-je objecté." "C'est qu'il nous a contactées en esprit", ont-elles précisé. Ce fut le début d'une étrange conversation qui devait ponctuer l'ouverture d'un séminaire sur la sexologie révolutionnaire que je donnais dans mon salon du 1 Côte Ste-Catherine. Ne voulant pas perdre de temps davantage à écouter leurs propos facétieux, je leur lançai en les quittant : "S'il doit se manifester chez moi cet après-midi, dites-lui de me donner un signe sensible évident pour tous". À peine avais-je raccroché l'appareil qu'il se produisait une panne d'électricité majeure dans notre immeuble. Je pensai à la baleine qui émettait des ondes très haut dans la stratosphère et je me dis que c'était là un bien étrange animal doué de facultés psychiques surprenantes. Les dames me dirent qu'il s'appelait Panitolaryzia. Mais ai-je besoin d'une baleine parmi mes relations ?

-99-

LES IDÉES ENFUIES. – Tel auteur perd un manuscrit laissé dans une valise quelque part dans une aérogare. Tel concepteur perd une idée qu'il a oubliée de noter et il apprend cinq ans plus tard qu'un inventeur qui a eu la même idée est devenu millionnaire grâce à elle. J'ai remédié à ce genre de difficulté de deux façons différentes : la première, en prenant des notes par milliers dans mes carnets ; la deuxième, en ayant tellement d'idées que la perte de l'une d'entre elles – événement insignifiant dans l'ensemble – ne pourrait littéralement pas m'appauvrir. Il n'en reste pas moins que le phénomène mérite d'être étudié. Notre cerveau est quotidiennement bombardé d'idées innombrables qui viennent de la psyché supérieure. Comme je l'ai déjà signalé, notre cerveau ne produit pas les idées ; il les reçoit sous forme d'impulsions invisibles et les transforme en électricité. Une partie de ceux qui ont identifié ce phénomène définissent l'homme comme un être inspiré qui entretient des rapports avec une masse d'idées produites par un intellect transcendant qui le dépasse. Heureusement, d'autres ont choisi de croire que l'homme est doué d'un entendement gigantesque qui inspire sa vie empirique, les éclairs de la supra conscience parvenant épisodiquement dans la psyché inférieure. Ces derniers définissent donc l'homme comme un être qui vit sur deux plans : l'absolu et le relatif. Je suis intimement persuadé que ce que nous paraissons être est le résultat d'une duperie produite par un jeu de coulisse. En réalité, nous sommes immensément riches. Si nous hésitons à puiser dans ce trésor, c'est parce que nous sommes victimes de notre imagination et de nos peurs. Aucune idée ne se perd vraiment lorsqu'un homme vit en fonction de son être. Il se donne constamment les moyens de son audace créatrice et vit à la fine pointe de la pensée.

-100-

JE SUIS UN AVADHOOT. – Allez donc vivre comme un saint, un érudit, un puits de lumière, dans un pays ignorant et sans traditions à l'époque de la pollution, du sida, de la violence urbaine, de la manipulation par la publicité et les média ! C'est faisable, mais le résultat est désolant, surtout dans un pays occidental où tout phénomène religieux ne peut s'identifier qu'en référence au christianisme. Or, je voudrais dire ici à tous ceux qui se sentent déconcertés par mon mode de vie qu'il serait peut-être temps d'accepter d'autres types de manifestations du spirituel, d'autres formes de pensée, de comportement, d'attitude. Quand je me lève le matin, je ne me demande pas comment je pourrais rendre ma conduite en tout point semblable à celle des autres. J'essaye de vivre par moi-même en prenant conscience de tout ce que je suis et de tout ce qui est. Devant ce déferlement de présence totale, l'homme empirique que je suis est déconcerté par l'avadhoot transcendantal. J'ai la réponse à toutes les questions, mais on m'en pose rarement. La télévision m'utilise dans ses émissions d'humour ou ses quiz. La plupart des intellectuels de mon pays ignorent mon œuvre écrite. Quand je me mets à parler, les gens me fuient parce qu'ils ne comprennent rien. Et moi, transcendentalement heureux, enthousiaste et agressif du fait même que j'opère ma joie et que je la manifeste, je reste en marge de la société, isolé malgré ma popularité, tel un diamant dans le fumier. Il y a belle lurette que je n'attends plus rien des autres – ni soutien, ni reconnaissance de ce que je suis – tellement je sens sur ma personne l'éclairement de l'existence comme un poids de grâce et de clarté anéantissant toute possibilité de conduite raisonnable. Je fais donc œuvre absurde parmi une population qui m'adore sans me comprendre. J'en reçois des tapes dans le dos, des mots gentils, des encouragements, non en tant qu'avadhoot mais en tant que comique national, non en tant que philosophe moniste immanentiste mais en tant qu'humoriste un peu cinglé qui invente des mots savants pour méduser son auditoire. Mais, voyez-vous, je n'invente rien. Je puise dans mon immense savoir pour expliquer des choses aux gens. Alors, ils écoutent les sonorités qui sortent de ma bouche et rient comme des sauvages, se croyant victimes d'une illusion acoustique. Et moi, pendant ce temps, je poursuis ma tâche, sachant que ce qu'un homme est parle plus fort que ce qu'il dit. Je vois les gens occupés à des vétilles, prêts à se battre pour un résultat sportif ou une élection, grands buveurs de bière dans les brasseries et je me dis que l'homme occidental n'a même pas la sérénité et la joie de ces pauvres qui descendent chaque jour vers le Gange à Bénarès pour faire leurs ablutions. Mais j'ai reçu cette condition en partage pour exprimer mon être dans le contexte le plus propice à sa manifestation. Mêlés, confus, ne sachant que penser à mon sujet, les gens que je rencontre sur la rue me demandent tantôt de les faire rire, tantôt de les bénir. Je ne cadre pas avec la réalité. Je m'en accommode ; les autres, pas toujours.

-101-

LE SEIN BIENHEUREUX DE MA PROPRE DIVI-NITÉ. – Chaque fois que je me couche le soir, j'ai l'impression de pénétrer au cœur de l'immensité de la vie et, au-delà, dans quelque chose d'insondable et de lumineux où je me retrouve complètement. Il ne faut donc pas s'étonner que je veuille vivre pour cet au-delà prodigieux, mais ici et maintenant, dans la sphère de l'expérience terrestre subjective. Savoir s'intégrer à ce champ fertile dont la lumière occupe nos nuits et inspire nos rêves est un art subtil que tout individu soucieux d'assumer la masse de son être doit pratiquer. Certains trouvent la chose impossible parce que leur mental est sollicité par une foule de préoccupations. En général, ces soucis découlent du fait qu'ils n'ont pas su accomplir ce qu'ils aiment au cours de la journée. Un individu qui s'arrange pour se faire plaisir constamment en respectant ses inclinations profondes est beaucoup mieux disposé le soir quand il se couche. Voyez-vous, la cupidité, la violence, le goût du meurtre sont des tempêtes superficielles qui agitent la psyché en surface. Respecter ses inclinations profondes n'implique jamais qu'on aille battre, voler ou tuer quelqu'un. Les profondeurs obéissent à la loi d'exception. Elles sont régies par le mieux, si bien que les actes qu'on pose en s'inspirant d'elles se situent par-delà le bien et le mal. On ne peut donc pas s'attendre à des activités coupables de la part de celui qui reste fidèle à l'immensité qu'il ressent en lui. Un tel individu se nourrit des rires et des soupirs de satisfaction qui montent de sa psyché pour l'enivrer et l'inspirer. Le soir, quand il s'endort, il se laisse bercer par le mouvement familier qu'il connaît si bien. C'est un mouvement pur et infini qui soutient toutes choses et où il se reconnaît trop bien pour ne pas comprendre qu'il s'agit

184

de son être. C'est donc en moi que je me repose le soir venu, cherchant dans cette paix joyeuse du cosmos intérieur l'élément fortifiant de ma vie. Et pendant que je dors, cette force agit, me détend, me soulage, règle mes problèmes. C'est ma propre divinité qui vient à ma rencontre comme pour me rappeler que tous mes soucis sont inutiles et toutes mes obligations imaginaires.

-102-

UN HOMME SANS INCONSCIENT. – C'est l'étude de l'immatérialisme de Berkeley qui m'a ouvert aux possibilités infinies de la transparence. À l'époque où j'étudiais à l'université de Montréal, j'avais déjà des doutes concernant l'inconscient tel que défini par Freud et j'en avais également à l'égard des interprétations qui prétendent délivrer l'homme de la responsabilité de ses actes. Tout individu sait toujours ce qu'il est en train de faire et c'est avec la complicité de sa conscience qu'il se décharge sur son inconscient ou recourt à tout autre prétexte. Lorsque j'arrivai à la Sorbonne en 1964, j'étais déjà convaincu qu'il y avait incompatibilité entre l'usage de la notion d'inconscient et l'adhésion à une épistémologie immatérialiste. Paul Ricoeur qui était mon directeur de thèse de doctorat ne vit pas tout de suite les conséquences de la philosophie immatérialiste que je soutenais sur le développement de ses propres travaux. Il était plongé à cette époque dans l'étude de Freud et je soutenais une thèse qui rend impossible le recours à la notion d'inconscient. Ce n'est pas la seule chose qui nous séparait, puisque j'étais également anticartésien tout comme Berkeley et Vico le furent au 18e siècle. Ce qui me semblait évident, c'est que l'individu qui se prend lui-même comme objet de la dématérialisation devient un sujet pensant dématérialisé, c'est-à-dire un esprit clair qui ne fait qu'un avec sa conscience. Même la spontanéité s'éclaire alors tout entière du fait qu'elle manifeste l'être. Il n'y a

185

plus rien de caché. Les énigmes de la connaissance disparaissent. Autrui n'est plus un étranger pour moi lorsque le principe de la séparation ontologique qui sépare les individus est ruiné. Ce que j'avais découvert, c'est que la lumière de la conscience pure délivre, émancipe, décloisonne les facultés, les perceptions, les expériences. C'est à cette époque que j'ai commencé à faire bouillir de rage notre professeur de psychologie qui cherchait à accommoder le thomisme à la sauce freudienne. Il devint vite évident que nous n'étions pas faits pour nous entendre. Ma prétention à me définir comme un homme sans inconscient lui paraissait inadmissible. Je fus recalé à son examen. Ricoeur de son côté s'aperçut enfin qu'il avait commis une erreur en m'aidant à soutenir une thèse sur Berkeley. En se désolidarisant de moi, il se trouvait à s'excuser auprès de ses collègues tout aussi portés que lui à soutenir la notion d'inconscient. Mais je venais de découvrir que la vie confirme toujours les postulats de la pensée profonde. Désireux d'être clair jusqu'au fond de mon être, je devenais limpide au point de pouvoir me définir ainsi que tous ceux qui accomplissaient ce travail sur eux-mêmes, comme une lumière pensante. C'est ma théorie du corps-comme-représentation qui m'a le plus aidé à intégrer le point de vue immatérialiste dans ma vie. En effet, celui qui prend la peine de considérer toutes choses comme des représentations et s'applique à se le remémorer constamment ne peut que voir se relativiser l'importance accordée au monde extramental par les théories réalistes au moment où il découvre sa propre importance comme absolu non substantiel échappant à la mise en situation de l'être-au-monde. Si je n'hésite pas ici à parler d'une pratique de la lumière, c'est que je sais que l'inconscient, même quand son irréalité a été démontrée, constitue toujours une tendance de la pensée à se débarrasser de ses responsabilités en faisant intervenir en elle un principe de démission qui la décharge d'avoir à assumer ce qu'elle est et que, pour cette raison, il est important de récupérer dans l'immanence de la pensée, tout ce que celle-ci aurait pu abandonner d'elle à la transcendance. Être clair est à la fois une situation de fait maquillée par trop de raisonnements et un état à conquérir qui permettent à l'individu de s'assumer en tant que Dieu.

-103-

JE SUIS LA SUBSTANCE DE MES RÊVES. – Rien ne vaut une bonne bière froide le matin quand il fait très chaud. Certaines journées d'été sont humides et brumeuses, laissant les piétons dans les rues, alanguis et irréels. Je suis allé tout à l'heure au bureau de poste et à la banque. Les arbres étaient encore lourds de pluie sous un ciel couvert mais paisible. En marchant sur la rue Laurier, je pensais que j'étais vêtu de tout ce que je voyais et ressentais et que la rue tout entière palpitait de vie en moi. Il y avait dans l'atmosphère une étrange présence qui donnait aux gestes des passants quelque chose d'aérien et de surnaturel, le caissier de ma banque portait une cravate fleurie et une chemise rayée orange. Lui aussi avait l'air irréel. Il n'est pas sûr qu'il le savait ou que les autres clients voyaient ce que je voyais. Mais j'avais l'impression d'être sur le point d'éclater, frappé par cette irréalité des événements, de la vie, des choses qui m'entouraient. En embarquant dans ma voiture, j'ai fermé les yeux un moment avant de démarrer et j'ai compris que j'étais la source de cette irréalité. L'étranger, c'était moi. Étranger et pourtant étonnamment familier. Nourri de ma propre substance, je suis à la fois moi-même et les autres par la compréhension englobante de mon être. Certains matins, c'est la fête. À d'autres occasions, il y a comme un deuil ensoleillé dans l'air. Aujourd'hui, c'est l'étrangeté du monde qui domine. C'est un des avantages d'être une personne. On peut changer d'atmosphère chaque jour comme on change de manteau, la vitesse avec laquelle les émotions se constituent et se déconstituent est stupéfiante. C'est comme lorsqu'on projette sur un écran le mouvement des nuages en accéléré sur le fond du ciel. Tout va si vite dans la psyché. Seul l'être est calme et immobile. Tout change et rien ne change. Il en est ainsi également la nuit. C'est ma psyché profonde qui alimente mes rêves. On rêve parce que la machine est encrassée ; c'est comme une vidange nécessaire. Au fond de nous, comme au-dessus des nuages quand il pleut, il fait toujours soleil. L'absolu est un état de lumière moyennant lequel l'individu parvient à la délivrance.

-104-

LA JOUISSANCE PERMANENTE. – Depuis que j'ai compris que je suis Dieu, je ne peux plus m'arrêter de jouir. Je suis heureux tout le temps. Alors, ça me donne des ailes. Il me semble que rien ne pourra jamais m'arrêter, que ma jeunesse est éternelle, que je peux sauter par dessus la maison. Contrairement à ce qu'on enseigne dans certaines écoles, mon individualité s'en est trouvée renforcée. Il n'est plus question que j'obéisse à quiconque, que je me soumette, que j'abandonne mon fier entêtement. Plus je me sens Dieu et plus je suis moi, l'individu André Moreau. Ce n'est pas par hasard que je suis cela. Mon identité est établie sur la terre comme aux cieux. Ce sentiment profond d'être sans frontière me tend audacieux au-delà de toutes limites permises. Je m'abandonne aux frénésies du dedans avec le même enthousiasme qu'à l'époque de mes seize ans. J'ai le goût d'exploser, de faire la révolution, de bousculer le réel, de lancer des défis à l'humanité endormie, de me lancer à la conquête de la pelouse devant ma maison, d'examiner chaque brin d'herbe, de me sentir terriblement inutile et d'être fort pour rien. Le 15 septembre 1973, j'ai anéanti mon avenir. Ce que j'ai vécu alors m'a propulsé au cœur d'un présent à tout casser. Les éclats de ce coup de marteau êtrique résonnent encore dans ma tête. Je ne peux plus cesser de penser à ce que je suis. Rares sont ceux qui me comprennent ; car mes motifs ne sont pas ordinaires. Mon but est d'être, ce qui revient à n'avoir aucun but. Mon unique besoin est celui de l'absolu, ce qui équivaut également à n'avoir aucun besoin. Quand je regarde par la fenêtre, je vois les aspects de ma divinité prendre forme devant moi. Je ne peux m'empêcher de rire en pensant que l'animateur de radio Roger Drolet a dit un jour qu'il voyait l'enfer en regardant dehors. Belle perspective ! Eh bien, moi, je me vois ! Et ce que je vois est merveilleux, inouï, magnifique, insurpassable. Je n'ai pas le goût d'aller plus loin, puisque je suis déjà trop loin. Je suis rendu là où les autres rêvent d'aller. Dans un cas semblable, il n'y a plus rien à faire. J'arrose la plante de ma mère qui est à l'hôpital, je remonte la grande horloge du salon, je m'attarde, devant une petite toile représentant le Sacré-Coeur de Montmartre et que j'avais offerte à Andrée lors de notre dernier voyage à Paris. Hier soir, j'ai fait un repas de roi avec trois tranches de pain, des cretons, du jambon et des échalotes. Un gros radis m'a mis le codeur en fête. Je regardais le dernier film paru sur la Révolution française et en entendant Camille Desmoulins crier : Aux armes ! Aux armes citoyens ! J'ai bondi hors du divan, tenant mon sandwich comme un pistolet prêt à faire feu, jubilant à l'idée qu'un tel événement ait pu avoir lieu dans l'Histoire. Je ne crois pas aux masses modernes indifférentes ou politisées. Je n'ai toujours en vue que l'individu absolu, celui qui parie sa tête au nom de l'idéal. Bien sûr, je n'agirais jamais ainsi. Je suis un révolutionnaire en pantoufles, mais je crée des bombes de papier qui pourraient bien exploser un jour. Je n'accorde aucun crédit, à l'État, aux dirigeants, aux fonctionnaires, aux hommes d'affaires pressés de l'univers. On récupère les hommes par le travail. Dix mille Japonais par année meurent du "karoshi", la maladie du surmenage, de la fatigue, du burn-out. Quelle bande de cons ! Si seulement ils étaient passionnés pour eux-mêmes, cela ne pourrait se produire.

Mais ils vivent massifiés, en bandes comme des harengs. Tous les harengs n'ont pas la chance de devenir stones comme ceux du port de Marseille quand les contrebandiers surpris par la police avaient jeté à la mer dix tonnes de cocaïne. J'ai toujours trouvé étrange ce comportement des humains qui s'observent mutuellement pour savoir quoi faire. Je rêve de faire flamber l'univers en mettant tout seul le feu aux poudres. Qu'ai-je besoin d'attendre que les autres soient prêts ? L'essentiel à mes yeux réside dans le flamboiement de l'individualité qui vit l'existence comme une crise chaleureuse.

-105-

ET TOUT CONTINUE. – Le propriétaire du petit commerce où je vais faire ma photocopie est décédé récemment. Un accident bête, comme ça. Et puis hop, c'est le grand départ. C'était un homme maigre et barbu avec des yeux doux. Cela m'a étonné de voir le commerce marcher tout seul après sa mort. Je pensais à la pipe de mon père quand celui-ci est décédé. Je me disais : "Comme c'est curieux ! C'est la pipe de mon père... sans mon père". J'ai eu la même impression avec le commerce de cet homme. Les employés s'affairaient comme à l'accoutumée, mais je sentais un relâchement sur les lieux. Pour la première fois en dix ans, la postière ne m'a pas donné une enveloppe pour contenir les timbres que je venais d'acheter. Elle m'a regardé avec l'air de dire : "Je ne donne plus d'enveloppes. C'est comme ça". Je suis allé au comptoir des articles de bureau pour y acheter quelque chose. Le regard du vendeur est passé à travers moi sans me voir. Alors je suis parti. Ils sont tous affectés par cette mort, c'est évident. Mais tout continue. Ils seront peut-être encore là dans vingt ans. On parlera du disparu comme d'un homme important ; mais il n'était pas important du tout. Il n'existait presque pas. Il était déjà mort dans sa tête. Il a dû se dire un bon matin :

190

"Aussi bien être mort pour vrai", et il est parti. Un accident, c'est si vite arrivé, quoiqu'il n'y ait rien de moins accidentel qu'un accident, bien sûr. J'aime beaucoup savoir que les choses peuvent continuer sans nous, avec leur air d'aller familier. Pourquoi nous en mêler ? Tout marche toujours tout seul. Les gens vont et viennent, tombent en amour, pleurent un deuil, mettent des enfants au monde sans comprendre que c'est du cinéma, l'agitation vaine d'un esprit qui ne trouve pas le repos. Je rêve d'opposer la masse compacte de mon inertie, à quelque tyran administratif qui voudrait obtenir de moi quelque chose que je ne suis pas prêt à lui donner. Il me semble que je jubilerais à l'idée de lui résister, de lui dire non avec un sourire tout en lui faisant espérer en vain que je pourrais un jour me décider. J'entendais Necker à la télévision hier soir dire au roi Louis XVI qu'il n'avait plus d'autre choix que de désavouer ses dettes ou d'appeler le peuple au secours. Quand j'ai fait faillite, j'ai éprouvé cette joie de dire à mes créanciers : "Tenez, je ne vous dois plus rien. Allez prendre l'air". C'est là que j'ai compris que nos obligations sont imaginaires. Ces gens ne m'avaient pas prêté de l'argent, ils n'en ont pas eux-mêmes. Ils m'avaient refilé, de l'air. Quoi que nous fassions sur terre, il n'en reste rien, sauf de l'air. C'est curieux à dire, mais de l'air, il y en aura toujours à profusion. Quand je vais me promener, j'avale de l'espace. De même, je respire ma vie. Si quelqu'un m'importune, je lui lance : "Va-t-en, ou je te renifle !" L'autre jour, une mendiante me pourchassait sur la rue. J'en avais assez. Je me suis retourné vers elle brusquement et en agitant les bras de manière saccadée, je lui ai dit : "Toi, je t'annule !" Elle est restée pétrifiée comme si je lui avais infligé un mauvais traitement. Je ne l'ai pourtant pas supprimée comme être vivant et on ne devrait pas s'attendre à ce qu'une telle déclaration ait beaucoup d'effet. Pourtant, elle s'est sentie toute drôle, car je lui ai révélé son néant. Qu'elle aille se perdre nulle part et qu'elle m'oublie ! Jésus a dit qu'il y aurait tou-

191

jours des pauvres et moi, je vous dis qu'il y aura toujours des gens pressés qui courront à gauche, et à droite. Tout vibre et je ne vibre pas. Tout bouge et je suis immobile. Est-ce assez clair ?

-106-

CE QUI DOMINE LA CONSCIENCE NE PEUT QUE SE RÉALISER. – Un réel raisonnable est-il possible ? Sans doute pas plus que ne l'était le réel rationnel de Hegel ! Et je m'explique là-dessus. Ce qui fait que le réel est ce qu'il est est un contresens grossier qui s'est glissé au cœur de la pensée du seul fait que celle-ci donnait l'impression de se nier elle-même en laissant s'exprimer en face d'elle quelque chose d'elle que la distance avait prodigieusement transformé. Puis, avec les sophistes, les sceptiques et les cyniques de l'Antiquité, puis les nominalistes et les phénoménistes, apparut le réel déréalisé, vidé de sa substance. On s'attendait à ce que les choses en demeurent là. Mais bientôt apparurent à leur tour le réel irréel des ésotéristes, puis le réel non réel des déconstructeurs. On n'en finirait plus d'épiloguer sur ces réels qui se glissent dans la conscience, s'immiscent dans nos pensées, surgissent devant nous ou grandissent hors de nous. En tout cas, c'est ainsi qu'ils se laissent penser, constituer. Je me suis sérieusement interrogé sur tous ces réels, allant jusqu'à les appeler avec Husserl des "réals" ou devrais-je dire des "réaux". Ils ne sont que la représentation d'une tendance de la pensée à se fixer dans la forme. Au fond, le réel est une autre sorte d'imaginaire qu'on connaît. Ce n'est jamais le réel qui est intéressant, mais la phénoménalité, la vie dans sa mouvance, le flux des apparitions et des disparitions. Le réel, à bien y penser, n'est qu'un indice signalant une autre polarité de la pensée. Ce qui occupe la conscience et la domine se trouve tôt ou tard jeté dans le monde de la compréhension, se donnant comme réel alors qu'en réalité il n'y a là que de la

192

pensée se laissant connaître à travers l'étendue. Dans mes œuvres systématiques, en dénonçant la matière, je me trouve à dénoncer un aspect du réel qui ne colle plus aux phénomènes. Il vous suffit d'examiner le droit par exemple pour comprendre que la jurisprudence tend à ériger en normes et mesures des conduites humaines actuelles des prototypes de conduites archaïques ne reflétant plus l'exigence interne de l'éthique moderne. Le réel intervient trop souvent dans les discussions comme un paramètre extérieur plus ou moins périmé qui ne suffit plus à légitimer la vie de la pensée exprimée dans le phénomène. Mais il se trouve que le réel insiste, qu'il se rappelle à nous, embrigadé par la loi générale qui fait de lui l'agent abstrait de l'appareil manipulateur ploutocratique. Que faut-il en penser ? Impossible d'éviter le piège ! Dès que la représentation apparaît surgit aussi son décalque objectivé, le réel. Il me suffit de créer pour constater que mon œuvre s'alourdit de ce qui, réalisé en elle, échappe à ma création. De l'inconscient objectif ? Non, une sorte de transphénoménalité qui m'échappe dans la mesure où j'accorde de l'importance à mon œuvre. Mais je l'anéantis en un clin d'œil dès que je ramène à ce que je suis le feu de mon attention un instant décentrée. Oui, il est toujours possible de réactiver l'énergie qui stagne dans les structures en refusant de considérer l'œuvre comme supérieure à son créateur. C'est en surmontant l'expérience par la conscience qu'on parvient à l'intussusception.

-107-

L'ESPRIT DES VACANCES. – Quand arrive l'été, tous nos appartements du 1 Côte Ste-Catherine se transforment. On ouvre les fenêtres pour mieux laisser entrer la lumière, on aménage les balcons en y installant meubles en rotin, persiennes, pots de fleurs. On laisse les portes ouvertes pour faire circuler l'air. Les hélices au plafond recommencent à tourner. On boit de la citronnade. La montagne verdit sous nos yeux. Chacun sort sa bicyclette et s'apprête à jouir de ces quatre ou cinq mois de beau temps avant que l'hiver ne frappe à nouveau. J'ai constaté que n'importe qui peut se sentir millionnaire quand l'été arrive. Le fait d'abandonner les vêtements lourds de la froide saison rend la liberté à nos membres. On peut courir poster une lettre en shorts sans avoir à lutter contre le blizzard ou à enjamber des bancs de neige. Dicter devient alors une activité de vacances qui me rend euphorique. On dit qu'il y aura une autre vague psychédélique et que les années soixante connaîtront leur apogée au tournant de l'an 2000. Je n'ai pas attendu la renaissance de l'époque hippie pour retrouver l'habitude de la farniente, des promenades et des conversations aux terrasses des cafés. En fait, je ne l'ai jamais perdue, sauf que je sens dans l'air les prémices d'une autre révolution fleurie qui m'inspire et me pousse à inventer des titres de livres nouveaux. Plus que jamais, je suis décidé à laisser s'exprimer mon être dans mes gestes, mes attitudes, ma pensée et mon œuvre. Le temps est venu de donner un visage à mes rêves. J'ai fait repeindre ma voiture. Elle a l'air d'une limousine. J'ai apporté une plante énorme à ma mère qui est hospitalisée depuis cinq mois. Le soir, quand j'ai congé, je vais me promener avec Andrée sur le quai de Varennes. Le fleuve respire comme un être vivant. Le ciel s'embrase au coucher du soleil et la brume descend sur nous. Le matin, je lis des ouvrages illustrés sur la Révolution française en prenant mon café. Toujours je médite. Je pense ma vie et je vis ma pensée. Rien ne me sépare plus de quoi que ce soit. Imaginez-vous un homme comme moi envisageant de se battre, d'exploiter autrui ou d'aller à la guerre ? Cela n'aurait aucun sens. Si je me sens vraiment Dieu, qui pourra me contraindre de poser des gestes violents ? Il faut dire qu'au point de départ j'ai congédié les conseillers, les guides, les directeurs de conscience, les gourous et tous ceux qui auraient pu orienter ma conscience dans un sens qui n'est pas le mien. La vie de celui qui cherche à vivre son être est un apprentissage de l'extase, non du marchandage, de la négociation ou de la possession. Un chrétien m'a dit l'autre jour que ma philosophie représentait "la fin de la quête du Christ pour atteindre directement le Saint-Esprit". C'est bien dit, mais ça ne me satisfait pas. Il s'agit de manifester l'être. Or, une telle entreprise implique l'élévation des vibrations du corps, l'intégration harmonieuse des émotions et l'expansion de la conscience. Prenons un exemple très simple. Imaginons un homme qui regarde le paysage par une fenêtre de sa maison. Voilà l'image de l'individu normal qui cherche à s'ouvrir. Imaginons maintenant le même homme ayant enlevé au complet le mur qui lui bouche l'horizon. Il est toujours dans sa maison, mais il est en contact direct avec le dehors. Voilà une image de l'homme éveillé. Comprend-on pourquoi le travail d'harmonie que je propose à ceux et celles qui m'approchent fait penser aux vacances ? Personne n'entreprendrait d'aller passer les vacances dans sa cave. L'atmosphère même des vacances implique une certaine liberté de mouvement, l'abandon des restrictions et l'ouverture à des horizons plus vastes. C'est le sentiment que procure l'être. Pas besoin de prendre de drogues pour atteindre à cet état de délivrance. Il suffit d'être soi-même volontairement et consciemment. La seule vision du Soi profond que nous sommes fait éclater la routine, les contraintes, les institutions. Ce que l'homme découvre en rencontrant son être, c'est la liberté d'expérimenter, d'explorer, de circuler, de planer, de laisser être toutes choses. Le reste est peu important. Il arrivera un jour, où les humains voudront tellement vivre ainsi qu'ils saccageront tout ce qui s'oppose à leur liberté totale et complète. Ils cesseront de prier parce que, comme moi, ils se sentiront Dieu. Ils n'iront plus au cinéma, parce que l'irréalité des scénarios sur pellicule ne pourra plus les satisfaire. Personne ne pourra plus les obliger à se lever le matin. Ce sera l'holocauste de tous les réveille-matin. Personne ne voudra plus bondir hors de son lit sous la pression d'un de ces instruments de malheur. Il y aura du bonheur pour tous et le mépris de la chair cessera.

-108-

TES FILS ET TES FILLES AÎNÉS SONT PRÊTS À TRAVAILLER AVEC TOI. — Voilà ce que m'ont dit mes lecteurs, des étudiants, des amis, des disciples. Ils veulent s'impliquer. Eh bien, ce n'est pas le travail qui manque ! D'abord, il faut ouvrir de toute urgence, sur une rue très passante, un café philosophique au-dessus duquel se trouverait une salle de conférence. Je laisse à l'initiative des plus décidés et des plus fortunés le soin d'inaugurer et d'administrer un tel endroit. Ensuite, ceux-ci doivent prendre parti ouvertement pour moi et le Jovialisme sur les ondes de toutes les stations de radio et de télévision. Il est temps que les adeptes motivés et convaincus sortent de leur cachette et s'expriment. Il faut créer des événements, organiser un centre de références, lancer un congrès national. Il y a des livres à publier en français et en d'autres langues. Il faut établir des contacts avec les éditeurs étrangers, les recevoir au Québec. Mais comment pourrons-nous vraiment mettre mon œuvre en évidence si nous ne possédons pas d'abord une chaîne de librairies bien approvisionnées qui expose mes livres en vitrine tout au long de l'année ? Je me promène déjà dans plus d'une trentaine de villes annuellement, donnant des conférences, des séminaires, faisant des études de profil, créant des formules de pouvoir pour ceux qui en ont le plus besoin. Ajoutons à cela mes nombreuses émissions de radio et de télévision, mes apparitions choc dans les grandes manifestations, mes publications et mes lancements et vous conviendrez qu'il y a là de quoi fonder un puissant courant de pensée, pour ne pas dire une nouvelle civilisation. Souvent les Jovialistes me demandent ce qu'ils peuvent faire. Je leur réponds : pourquoi ne louez-

196

vous pas une vingtaine d'autobus pour aller rire des députés au Parlement ? C'est le rire conscientisé qui est notre arme la plus puissante. Seule une explosion peut sortir les gens de leur torpeur. Pourquoi pas une explosion de rires ? Je préconise la présentation d'un show érotique en plein air devant l'archevêché de façon à rappeler aux bigots irresponsables qui ont fait de la religion un appareil à frauder les consciences qu'en méprisant le sexe, ils se sont désavoués eux-mêmes. En multipliant les manifestations d'ordre sexuel dans les églises et sur leur parvis, nous provoquerons le scandale qui éveille. Il est grand temps de fabriquer un cocktail Molotov jovialiste constitué de sexe et de sacré et de le lancer à la tête des bien-pensants. Et puis, il y a mon grand rêve d'immobiliser la ville. Plus rien ne bouge pour une journée. Les rues appartiennent aux gens. Et qu'y font-ils ? Rien. Ils essaient d'être et cela ne demande aucun effort. Ils mangent des oranges, ils caressent leurs chats, ils boivent de la bière, ils s'offrent des fleurs et se mettent nus. Dès qu'un policier apparaît, ils lui demandent d'abandonner son uniforme et de se joindre à eux. S'il refuse, ils lui lancent des tomates. Montréal mériterait bien cette farniente. On bloque tout. On arrête la machine, on s'offre des cadeaux et on rit. Ne pensez-vous pas que mes fils et mes filles aînés, comme on dit, auraient de quoi s'occuper au lieu de traîner un peu partout et de chercher à s'adapter à cette société grotesque qui les subjugue et les endort ?

-109-

UNE EXISTENCE ORGASMO-TABERNACULAIRE. – Parfois, il faut mettre le holà à tous ces monstres intellectuels et ces paumés qui vous abreuvent de myriatonnes de réflexions subtiles, inspirées de la philosophie du Nouvel Âge ou du Moyen Âge peu importe, suavissimes et intelligentissimes mais aussi déplorablement parasitaires et énergivores. Oui, parfois je me plais à imaginer une invasion chinoise repoussant à la mer tous ces technocrates de la pensée, épistémologues, logiciens, herméneutes, hagiographes, critiques atteints de logorrhée mentale, psychiatres sur le retour, communicateurs marqués du sceau indélébile de l'incommunicabilité, trägers. Seuls les Chinois pourraient venir à bout de cette engeance, parce qu'ils sont nombreux et qu'on pourrait en assigner plusieurs à chaque récalcitrant antijovialiste. Je ressusciterais bien l'Abbaye de Thélème au 1 Côte Ste-Catherine avec des grappes de jovialistes aux fenêtres qui déclineraient le grec et se taquineraient en latin, avec des bibliothèques remplies de livres sur le rire, des salles à dîner où je reprendrais le rôle de Luther dans ses propos de table, bref, tout le contraire d'un bunker invulnérable, plus exactement une maison de verre où tout serait su de tous, vu de tous, compris de tous. Je vis déjà dans cette atmosphère, sauf que je ne lui ai pas encore donné un tour systématique. Mon école est encore trop proche de l'anarchie pour être une institution. L'irrationnel cependant a pris la direction du paradis. Finis les noirs démons de Freud, de Nietzsche ou d'Hitler. Ici on massacre l'Histoire. Les jovialistes vivent à l'heure de l'intemporalisme. On ne veut plus rien sacrifier à quoi que ce soit. Pour que vive la fête, il faut désamorcer la culture, en faire une sorte de Disneyland pour métaphysiciens candides. En cette fin du XXe siècle, on nous parle beaucoup d'Apocalypse. Je me représente assez bien celle-ci sous la forme d'une assemblée de Parques armées de leurs ciseaux et prêtes à couper les fils d'innombrables destinées. Les gens attendent ce curieux carnaval de la mort avec une complaisance morbide. Tout ceci ne fait pas très sérieux. La terreur vient des églises où l'on annonce la fin du monde prédite par Saint Jean. J'imagine que c'est la seule façon qu'a trouvée le clergé de garder la main haute sur la société actuelle que Louis Ferdinand Céline décrivait si bien. "Le monde nouveau, note-t-il, communo-bourgeois, sermonneux, tartuffe infini, automobiliste, alcoolique, bâfreur, cancéreux, ne connaît que deux angoisses : son cul, son compte. Le reste il s'en fout. Eh bien, je ne crois plus à la terreur. Je ne crois plus qu'à la fête. Dehors la police de la pensée ! Lorsque je réfléchis à ces choses dans mon pensorium du 11e, je ne peux qu'adresser un amical sourire à Voltaire qui savait si bien surmonter : la superstition par le recours à la raison. À mon vieux professeur qui prétendait que la passion et la raison s'opposent nécessairement, je répondais : pas toujours, il y a la passion de la raison ! C'est ce qui manque à tous nos théoriciens férus d'informatique. Tous ces gens-là ne connaissent qu'une orientation : ils passent du chaos à la crise pour aboutir à la violence des structures. Pas foutus de célébrer la vie ! C'est compréhensible : leur attitude est anti-vie. Je n'ai pas de félicitations à adresser aux administrateurs coprophages qui ne connaissent rien de la vraie folie créatrice. Il faudrait leur dépêcher un poseur de bombes pour les faire sauter avec leurs dossiers. Je prédis qu'aucun gouvernement ne s'opposera plus à l'action grandissante des multinationales et que c'est le peuple dans la rue qui leur tiendra la dragée haute. Les saints du futur seront des anarchistes-espions chargés de détraquer la machine au nom de la liberté et de la liesse. On a vu en Amérique du Sud des prêtres révolutionnaires, lecteurs du Capital et spécialistes des complots. On verra un jour des anarchistes rieurs verser du sirop dans les ordinateurs pour les faire rouiller et dérégler ainsi l'administration mortifère de la planète. Je suis contre tout, m'a-t-on compris ? parce que je suis pour moi. On me comprend de mieux en mieux et, dans l'ombre, des commandos ivres de vérité se préparent à tout bousiller au nom de l'Internationale du rire. Ce sera la conjuration des innocents.

ULYSSE SUR LE MONT ROYAL. – J'ai compris pourquoi les hippies lisaient James Joyce. C'est un auteur totalement surréaliste dans sa façon de vivre, de sentir et de penser. Joyce se comporte comme un individu mythique. Il sait bâtir un drame en un instant. On n'a qu'à se rappeler la scène du bordel dans *Ulysse* pour comprendre qu'il n'hésite pas à avoir recours à la théologie et à sa mère, décédée pour créer de l'ambiance dans une maison de débauche. Joyce est un pur produit irlandais : athée par réaction contre l'Église, ironique par réaction contre lui-même, alcoolique, pornographe, sceptique et sacrificiel. Qui dit mieux ? J'ai eu la chance ou la malchance de découvrir *Ulysse* à dix-huit ans. Révélation fracassante s'il en fut. Cela devait décider de ma vocation ulysséenne. Toute ma vie je devais revenir à James Joyce. C'est ainsi que je m'appliquai à célébrer chaque année, d'une façon ou d'une autre, le "déjeuner d'Ulysse", tantôt en parlant des idées ou de la vie de Joyce, tantôt, comme ce fut le cas en 1991, en faisant porter ma conférence en plein air sur Nora Barnacle, la femme de Joyce. Je choisis le sommet du Mont-Royal comme site idéal pour donner ma conférence. Comment ne pas penser à l'histoire du XXe siècle quand on réfléchit à la vie de ce prodigieux Irlandais qui pourtant détestait l'Histoire ? C'est qu'il a touché à tout par sa littérature totale. Plus que Proust, Sartre, Céline, Kafka ou Faulkner, il a su envelopper le monde de la puissante étreinte de sa pensée. Il faut remonter jusqu'à Dostoïevski pour rencontrer un génie littéraire aussi foudroyant. En réalité, ce qui fait que Joyce est unique, c'est qu'il considère son art comme une façon d'accompagner son expérience en la transformant en conscience. Impossible de manquer son coup avec un tel idéal. Le génie naît du contact intègre et sincère avec la réalité. Pour accoucher d'une œuvre majeure, il suffit d'être soi-même et de s'en tenir à ce qui est, l'être fournissant le matériau absolu de la réflexion dans sa subtile complexité. Transférée en philosophie sous la forme d'une description pure des faits immanents de la pensée, une telle méthode donne des résultats. Husserl s'y était déjà essayé avec succès. Quant à moi, je ne me suis pas contenté d'essayer. Par ma métaphysique immatérialiste, je propose l'achèvement du savoir absolu sous forme d'intuition pure. C'est ce qui rend Joyce si estimable à mes yeux. Avec une telle méthode, on laisse Yeats, Pound et les autres loin derrière. Tout chez Joyce le prédisposait à la micro-analyse psychologique. Il n'était qu'un cerveau. À ceux qui se présentaient à lui, ce Verseau alcoolique expatrié tendait une main molle et inerte. Il n'habitait plus son corps dont la seule fonction était de lui servir de relais sur terre. Était-il seulement capable d'aimer ? Peut-être s'est-il contenté quand il était jeune d'une sorte de frénésie phallique pour sombrer à la maturité dans un érotisme cérébral fatigué. Sa femme était une mégère à la fois ignorante et intelligente, une sorte de miroir de sa vie dont il ne pouvait se passer. Mais en jouant le rôle de cerbère pour le protéger du monde, de sa famille, de l'alcool et de je ne sais plus trop quoi, elle lui a sans doute rendu un mauvais service. Séparé de tout au lieu de ne se sentir séparé de rien, il devait finir schizophrène. Sans doute croyait-il que c'était le prix inévitable à payer pour son génie. Trop chrétien encore et pas assez hégélien, ayant cherché refuge dans l'intemporalisme, il n'avait d'autre recours que de transposer sa douleur dans l'art. C'est ce monstre egomaniaque que devait soutenir toute sa vie Harriet Shaw Weaver, une généreuse donatrice qui ne sortit de l'anonymat après vingt ans que pour être confrontée à une bête face à laquelle elle se retrouvait sans défense. En effet, Joyce était un parasite de luxe et n'hésitait pas à arnaquer tous ceux qui s'approchaient de lui avec un portefeuille bien garni. Il excellait d'ailleurs à se montrer sous le plus mauvais jour et ne semblait nullement décourager les rumeurs d'inceste qui entouraient sa relation ambiguë avec sa fille

Lucia. Que dire aujourd'hui de ce formidable noceur qui fut un des plus grands penseurs du XXe siècle ? S'il avait eu le moindre sens ésotérique, peut-être sa carrière eut-elle pu le diriger vers Gurdjieff. Mais les géants s'ignorent souvent et l'on ne trouve nulle trace dans ses écrits d'une connaissance des grands de son temps. Il méprisa l'Amérique et ne voulut jamais y paraître. Comme le signale Brenda Maddox, "l'Amérique aurait été heureuse de constituer son terrain d'exploitation. Mais Joyce, ajoute-t-elle, dédaignait de rien faire d'autre qu'écrire pour gagner de l'argent". Il me plaît parfois de l'imaginer sur les routes des États-Unis, donnant des conférences itinérantes en compagnie de John Cowper Powys. Mais cela appartient au domaine du rêve. Joyce était beaucoup trop "européen" pour traverser l'Atlantique.

-111-

DES AFFIRMATIONS DE PROSPÉRITÉ. – Rien ne vaut l'enthousiasme pour obtenir des résultats. Berkeley est contre l'enthousiasme, mais moi je suis pour. Il faut s'entendre. Ce que Berkeley dénonce, c'est une certaine forme d'excitation naïve qui fait commettre des erreurs et décentre l'individu. Ce que j'acclame, c'est l'énergie joyeuse, gratuite, créatrice. Comme on le voit, le mot "enthousiasme" peut être pris dans plusieurs sens. J'ai su mettre cette émotion divine au service de mes entreprises tout au long de ma vie. J'ai été enthousiaste dans mes études en philosophie, dans mes expériences amoureuses, dans ma création philosophique, mais aussi dans l'accomplissement des tâches les plus ordinaires. Un rien m'enchante. Mon intérêt s'éveille à la moindre stimulation. J'ai le goût de chanter que j'aime la vie. C'est vers la quête d'une prospérité magique que j'oriente maintenant mon enthousiasme. Je ne crois pas que ce soit le travail qui enrichisse, mais les pensées d'abondance. On n'investit jamais assez sur la pensée. Celle-ci peut nous épargner bien des efforts inutiles. Cette folie qui s'empare des spectateurs qui assistent à un match de rugby, je la mets au service de mes projets. Si je n'entretiens pas la fête autour de mes activités, celles-ci ont peu de chance de s'avérer intéressantes. Catherine Ponder prétend que le travail est divin. Je comprends ce qu'elle dit, mais je ne partage pas son opinion. On peut toujours éviter de trop travailler en misant davantage sur l'imagination créatrice et l'audace. Celles-ci nous dictent des attitudes qui n'ont rien de commun souvent avec le but visé. Tout se passe dans la tête. Occupez-vous de l'intérieur et l'intérieur s'occupera de l'extérieur. C'est ce que j'ai toujours pensé. Je me crois digne de toutes les richesses de l'univers. Je les appelle à moi avec ardeur, pour rien, parce que cela me plaît. Je préfère l'abondance à la pauvreté. On a essayé de nous vendre l'idée que les dieux vivent sur la paille parce qu'ils pratiquent le détachement. Mais ne peut-on pas être détaché dans l'abondance ? Je sais, c'est une toute petite chose. Mais elle importe sur terre. Si les pays qui connaissent la famine, la désolation et la pauvreté pensaient ainsi, ils règleraient très vite leurs difficultés. J'appelle à moi les millions dont j'ai besoin pour mon œuvre. Pourquoi détesterais-je l'argent sous prétexte que je suis philosophe ? C'est absurde. On a accablé Sénèque parce qu'il était riche. Je trouve plutôt qu'il était intelligent. Dans mes affirmations de prospérité, chaque matin, il y a une chose que je n'oublie jamais : je me veux riche pour pouvoir jouir de la vie mais j'attire également cette abondance sur tous les gens qui m'entourent. Pourquoi serais-je riche seul ? C'est beaucoup plus stimulant à plusieurs. Je ne crois pas au nivellement par le bas prôné par les socialistes. Ce que j'enseigne, c'est l'émergence ; par le haut vers des créneaux de plus en plus élevés au nom d'une abondance infinie, d'une liberté infinie, d'un bonheur infini.

VOIR LE BRAHMAN LES YEUX OUVERTS. – En me promenant au centre-ville de Montréal par un beau matin de juin, j'ai vu le Brahman, c'est-à-dire cette énergie subtile faite de joie ; de liberté et de conscience qui se dégage du fond divin de mon être. Le ciel était couvert avec des échappées de soleil intermittentes. J'avais l'impression de me mouvoir au sein de l'immatérialité tant l'atmosphère était pure, limpide et animée d'une secrète et mystérieuse présence qui transformait toutes choses sous mes yeux. J'en suis arrivé à vivre l'idéal que Ramakrishna avait atteint à la fin de sa vie : voir le Brahman les yeux ouverts. Repensant alors à ses extases mystiques au cours desquelles il perdait connaissance, il en était arrivé à la conclusion que ce n'était pas en fuyant la réalité qu'on parvenait au suprême bonheur mais en l'assumant dans la lumière. Comment acquérir la constance à ce niveau ? De nombreux amis et disciples me pressent de leur donner la recette qui leur permettrait de maintenir dans leur vie une aperception pure de l'absolu tout en vaquant à leurs occupations journalières. En vérité, il n'y a pas de recette. Je ne suis pas un adepte de la méditation ou des mantras et je ne pratique aucun yoga comme tel. Je suis tout simplement parvenu à connaître un bonheur sans objet et une liberté sans frontière à force de me rappeler que je suis Dieu. Il n'y a rien d'autre à faire. Cette limpide clarté qui se dégage de toutes choses tient au fait que je reconnais mon être partout. Je contemple alors la beauté de l'existence et je nage dans un très grand bonheur qui me rend presque mélancolique à l'idée que tous ne le partagent pas. Frappé par la tragédie de la finitude qui s'étale sous mes yeux, je passe au-delà avec une facilité dont je m'étonne encore. Comment ai-je pu développer cette inaptitude à la souffrance qui caractérise si bien les humains ? Il faut croire que c'est une décision que j'ai prise autrefois lorsque j'ai refusé carrément de souffrir pour mes idées. J'ai repoussé alors toute vision de sacrifice ou de martyre en vue d'une cause. "Je suis prêt à jouir pour ma pensée, me suis-je dit, mais pas à m'immoler pour sauver quoi que ce soit". Ce parti pris apparemment égoïste dénotait en fait une grande générosité envers moi-même. Très jeune, j'ai su qu'on ne peut aller à l'être si on détruit le Moi. Je me suis donc appliqué à me chérir au lieu de me livrer à l'autocondamnation comme le font si bien ceux qui éprouvent une grande culpabilité à l'idée de jouir de la vie. En bannissant de mes pensées toute idée de limitation, je me suis permis de rire de ce qui afflige les autres et les maintient dans l'ignorance. Je n'ai pas eu peur de me moquer des pauvres, des handicapés et des misérables, car je sais que c'est par une étroitesse du champ de la conscience déjà inscrite dans leur entéléchie à la naissance qu'ils ont connu la souffrance et l'ennui. Il n'y a pas de temps successif dans la conscience. C'est seulement quand la mémoire intervient que se produit l'illusion de la fuite des choses. Un handicapé de naissance peut s'être donné à vivre les difficultés qu'il éprouve à cause de ses pensées d'aujourd'hui. C'est notre avenir qui nous met au monde ; c'est donc lui qui détermine notre vécu. Ce que certains considèrent comme un grand mystère n'est qu'une réponse aproportionnée à leurs pensées actuelles. La vie tout entière est à notre service. Quand les jeunes gens me demandent comment ils peuvent se préparer à vivre cette extase permanente, je leur réponds de lire mon œuvre et ensuite de se familiariser avec Nisargadatta, James Joyce, Husserl, Gurdjieff, Nietzsche, Ramakrishna, Berkeley. Ce sont là des gens qui m'ont donné le goût de l'absolu. Jamais il ne me viendrait à l'esprit que Nietzsche a voulu se dissimuler la misère de sa vie par une construction philosophique compensatrice, comme le pensent certains sceptiques qui ne comprennent pas sa grande quête de l'être à travers l'archétype de Zarathoustra. J'ai su deviner chez les grands esprits l'intuition qui leur a permis de s'élever si haut. Jamais je n'ai pensé à leur reprocher leur démarche. On a parlé de la folie de Kant, de Hölderlin, de Strindberg et de Nietzsche. C'est un mot bien inapte pour parler des voies qu'a choisies le génie pour s'accomplir. La majorité des gens cultivés sont des esprits cartésiens bien éduqués mais peu sensibles à la vie de l'absolu. Je recommande à ceux qui veulent tout comprendre, en douceur et en clarté d'apprendre à se retrouver chez les plus grands qui ne sont en fait que le décalque de leur propre immensité non encore révélée.

-113-

HERCULE AU TEMPS DU SIDA. – Ce qui manque le plus à notre société, c'est la force : *virtus* romaine, foi des chevaliers ou appétit des conquistadores, peu importe ! La force fait défaut, l'énergie n'est plus là. Ce que j'essaie de représenter en me faisant appeler le Grand Jovialiste, c'est, pour reprendre une expression de Nostradamus, une sorte d'Hercule fleur de lys. Je ne suis pas d'accord avec l'ancien Premier ministre du Québec Daniel Johnson quand il disait que si Richelieu et Louis XIV n'avaient pas interdit aux protestants français qu'on appelait les huguenots d'émigrer au Nouveau Monde, les premiers hommes à marcher sur la Lune auraient parlé français et non anglais. Si vous voulez mon avis, c'est plutôt le clergé canadien-français qui a rendu impossible l'explosion de la race au niveau culturel et scientifique. Tous ces prêtres étaient des ignorants bien intentionnés qui cherchaient à sauver l'âme de leurs fidèles en les regroupant autour du clocher. Tous adeptes d'un Christ souffrant et humilié, jamais il ne leur serait venu à l'idée de promouvoir un Christ conquérant et triomphant, jouisseur et libérateur, qui aurait pu être cet Hercule dont je cherche à imposer l'image à travers le mythe du Grand Jovialiste. Le Québec doit se radicaliser. Il ne peut rester une terre de compromis à la merci des exploiteurs étrangers et de ses dirigeants incultes. Le mouvement doit venir

206

de la base, à travers les masses populaires, par une aspiration à la grandeur et à l'hégémonie. Oui, il est possible de transformer la mentalité d'un petit peuple arriéré en une formidable masse de création capable de s'ouvrir tous les marchés et de conquérir l'admiration du monde entier. Or, au lieu de nous orienter vers une maîtrise des éléments les plus disparates de notre société au nom d'une créativité renouvelée, plus que jamais nous sombrons dans la psychose collective, la défense des valeurs archaïques périmées et la dépression nationale. Cela ne va pas sans une culpabilité galopante faite d'autocondamnation et de démission face à la tentation d'assumer en totalité sa vitalité et en particulier l'énergie sexuelle. Terre de prédilection pour le sida, le Québec s'offre le luxe de bouder la sexualité et d'agiter le spectre de la dépopulation. Il n'est pas venu à l'esprit de ces imbéciles qui promeuvent des programmes d'éducation pour la jeunesse qu'aucun condom ne pourra jamais arrêter la prolifération du sida, puisque c'est là une maladie qui découle de la culpabilité et de l'angoisse sexuelles, et qu'en conséquence seul un renforcement magistral du système immunitaire par le développement de la pensée positive fondée sur la sérénité et la confiance peut mettre un terme à cette déficience biologique généralisée. Je ne répéterai jamais assez que notre corps physique est le véhicule d'expression de nos pensées, de nos émotions et de nos peurs et qu'à moins d'un redressement vigoureux des tendances de l'humanité, la lourde menace qui pèse sur celle-ci ne pourra être écartée. Il nous faut donc aborder la vie avec la force d'un Hercule capable d'accomplir des travaux gigantesques pour empêcher le psychisme collectif de connaître la débâcle. C'est la force intérieure, la détermination, l'audace, le mépris de la faiblesse, l'amour démesuré de soi qui doivent être cultivés pour contrer le mouvement de démission, d'abandon, de renoncement qui entraîne chez nous des réflexes de pauvre, des attitudes de pénurie, des aveux d'impuissance. Assez c'est assez.

POUR UNE SANCTIFICATION DE LA CHAIR. –
Je considère le corps des femmes que j'aime comme un vase
insigne de dévotion. Et comme je n'aime que des êtres réalisés, je sens que leur chair tout entière vibre d'un éclat souverain. Lorsque je traverse des périodes difficiles, c'est à ces
vibrations que je m'abreuve, cherchant dans la présence
charnelle féminine une nourriture substantielle. Contrairement à la plupart des gens, je ne sépare jamais la chair
de l'esprit ou de l'être. Tout est donné à chaque instant
dans un regard, dans un geste de la main, dans la colora-
tion de la peau mutile de vous dire qu'il m'est difficile de ne
pas considérer sœur Teresa de Calcutta comme une sorte
de monstre qui étale sa lèpre spirituelle dans son corps dé-
charné, tandis que je vois de bien jolies prostituées qui
semblent avoir un esprit beaucoup plus sain. Bien sûr, si
cette horrible sainte a opté pour la vieillesse, la désolation
et la laideur, c'est en partie à cause de son éducation chrétienne. L'Évangile ne recommande-t-il pas de secourir les
déclassés, les misérables, les pauvres et les handicapés ?
J'imagine qu'elle aurait pu se servir du même idéal christi-
que pour défendre l'idée de la jeunesse éternelle et se
conserver belle et jeune. Mais on lui eut sûrement reproché
de ne pas avoir l'air suffisamment souffrante pour être une
personnalité spirituelle développée. Je me rappelle que
lorsque j'ai eu à m'identifier comme alcoolique, il se trouva
plusieurs personnes incrédules pour me dire que je ne devais pas avoir beaucoup souffert pour afficher un visage
aussi serein. Il aurait fallu que je manifeste misère, laideur
et affliction pour me faire recevoir par ceux qui disent se
reconnaître entre eux quand ils ont bu. C'est grotesque.
Toute ma vie, je me suis appliqué à fuir ces gens qui exhi-
bent leurs cicatrices comme un passeport cautionnant leur
crédibilité. C'est pourquoi je me suis retrouvé avec des
femmes spirituelles et sexy, pures et érotiques, intellectuel-

les et aimant le flirt, profondes et séduisantes, sans jamais exclure l'une ou l'autre de ces caractéristiques de la personnalité apparemment inconciliables. Mais je sais qu'on peut être une sainte et gagner un prix de beauté, qu'on peut se sentir Dieu et savoir bien faire l'amour. Je suis conscient ici que mes détracteurs s'appliqueront à répandre le bruit que le seul type de femme qui m'intéresse est celui de la putain mystique ou de la "plotte intello". Mais encore là, on peut appartenir à ce type et n'en pas moins être grave, gentille et humoristique. Aucune de ces femmes avec lesquelles je vis n'a jamais adhéré au mouvement féministe, car l'idée qu'une femme ait besoin d'un syndicat pour défendre sa cause est contraire à l'idée qu'elles se font d'une femme réalisée. Je m'adresse toujours à des personnes complètes et parfaites en elles-mêmes, car je sais que les échanges d'énergie que je peux entreprendre avec elles seront couronnés de succès. Il m'est arrivé, en revenant d'un voyage long et harassant, de m'étendre sur le divan, la tête appuyée sur les genoux d'Andrée. Dix minutes ont suffi alors pour refaire mon énergie. On me dira que j'ai besoin des autres. Mais les gens qu'on aime d'un amour êtrique n'appartiennent pas à la catégorie des "autres". Ils sont nous, nous sommes eux. L'harmonie est parfaite. Il en va toujours ainsi lorsque deux individus se suffisent intérieurement. Ils rencontrent toujours quelqu'un qui n'a pas besoin d'eux mais qui va se plaire en leur compagnie pour là vie. Chez ces élus, la force êtrique est telle que la chair tout entière vibre comme une nourriture sacrée pour le regard. De toute façon, chaque fois qu'un individu est profondément amoureux, il considère la chair de la personne qu'il aime comme le tissu organique de la divinité. Et leurs échanges de baisers sont nourrissants comme s'ils pouvaient se soutenir l'un l'autre sans manger. C'est ce qu'on a appelé "vivre d'amour et d'eau fraîche". Ces expressions populaires sont toujours remarquablement intéressantes et font ressortir bien souvent une grande vérité. L'amour est une communion qui se sert de l'être comme d'une substance participante.

DES COÏNCIDENCES SIGNIFICATIVES. – Je suis confronté à un phénomène nouveau, celui de la misère physique et morale de ceux qui ont quitté mon enseignement il y a dix ou quinze ans. Lorsque je les retrouve après tout ce temps écoulé, j'ai l'impression qu'ils se sont enlaidis, qu'ils sont devenus malades, qu'ils ont vieilli prématurément, quand ils ne sont pas cloués sur un lit d'hôpital en attendant la mort. À ma vue, une sorte de stupeur s'exprime sur leur visage comme si en me voyant ils se trouvaient confrontés avec leur démission. Je ne sais trop si c'est parce que je n'ai pas vieilli ou parce qu'ils ont eu le temps de comprendre entre-temps que ma pensée est beaucoup plus vaste qu'ils ne le croyaient, mais aussitôt s'installe entre nous un malaise aggravé par ma cordialité. Je suis le perpétuel visiteur des hôpitaux et des prisons, apportant mon soutien à des gens trop faibles pour faire un pas vers moi. Savent-ils ce que mon amitié leur vaut ? J'ai constaté en toute simplicité que les gens qui me fréquentaient et venaient chercher dans mon milieu un supplément d'énergie avaient tous l'air beaux, rayonnants et joyeux. Inévitablement, il arrive un jour où ils se sentent assez forts pour voler de leurs propres ailes, du moins le croient-ils. Presque aussitôt, ils s'effondrent intérieurement, parce qu'ils ont présumé de leurs forces. Comprenons bien ici qu'il ne s'agit pas d'acquérir des connaissances, mais d'apprendre à être. Ce n'est pas rien. C'est la grande affaire d'une vie. Combien de temps Aristote est-il resté auprès de Platon ? Vingt ans ? Ce n'est pas trop pour se sentir solide. Et à ceux qui seraient tentés de croire que cette proximité avec Platon aurait pu diminuer Aristote, je ferai remarquer qu'il est Aristote, ne l'oublions pas. Un homme qui s'éveille ne devient pas un duplicata de son maître, mais un autre maître. J'ai connu des mères de famille, des ouvriers, des étudiants, des célibataires, des autodidactes des jeunes filles en fleurs, des prêtres défroqués qui sont venus passer quelque temps auprès de moi. Certains ont même emménagé dans mon immeuble... pour repartir un an plus tard sans presque m'avoir vu. Trop près, ils se faisaient absents. J'ai soulevé beaucoup de déception autour de moi à force de renvoyer les gens à eux-mêmes. Ce n'est pas que je ne voulais pas m'occuper d'eux, mais je cherchais surtout à leur donner le goût d'exister intensément à force de me voir être. Or, ils ne me voyaient pas. Il ne se passe rien ici, pensaient-ils. Mais la grande affaire qui consiste à se sentir Dieu à force d'être nécessite une prise sur soi et le réel qui exigent une profonde méditation soutenue dans la facilité, la simplicité et la joie, ce dont sont bien incapables ceux qui s'attendent à des événements. Il leur faudrait un miracle confirmé par la science. Mais ce que l'être apporte est en grande partie invisible et ne se comptabilise pas. Tous les philosophes depuis Socrate et Zénon savent qu'il existe un sentiment d'aridité existentielle, annonciateur de la grande profusion êtrique, comme une sorte de nuit solitaire avant l'éclosion du jour solaire. C'est ce moment de silence que ne peut supporter la grosse majorité de ceux qui, détournés d'eux-mêmes par la vogue du Nouvel Âge, le goût du superficiel et du clinquant, dénoncent l'imposture de l'attitude métaphysique. Mais c'est tout un art que de se regarder en face, de coïncider avec soi-même sans se laisser décentrer. Cet art exige une fantastique compréhension élargie aux dimensions de l'impossible comme si l'adepte qui se sent digne d'être devait pouvoir tout absorber en se reconnaissant dans l'universalité de ce qui est. Aller dire à quelqu'un que cet art peut se pratiquer dans sa cuisine ou son atelier de mécanique sans qu'il ait à faire un pèlerinage en Californie ou au Tibet c'est s'exposer à se voir rejeter comme un clown un parvenu, un charlatan, un dangereux énergumène qui communique un enseignement frelaté et absurde. Eh bien, me voilà ; telle se veut ma présentation ! Je dénonce toutes les techniques qui donnent à penser qu'un quelconque effort est nécessaire pour assumer son être. Se sentir soi-même dans toute la limpidité de la conscience suffit pour devenir Dieu et, de ce fait même, reconnaître qu'on l'a toujours été.

-116-

LA BEAUTÉ FRAPPE. – Seule la beauté a autant d'impact sur les foules que mes propos foudroyants. La beauté et moi avons cependant deux façons très différentes de séduire ou d'être haï. La beauté, en effet, est un spectacle immobile qui fait rêver, qui s'adresse à l'imaginaire et, par le biais de l'appétit, à la consommation, il en va tout autrement de mes propos qui frappent l'intelligence de stupeur par leur force incompréhensible non sans soulever l'intérêt de cette dernière. Mais tandis que la beauté retient ses dociles amants, mes propos donnent plutôt de cruelles démangeaisons à ceux qui, allant au-delà des sonorités enthousiastes et énigmatiques, commencent à en comprendre le sens... pour leur plus grand malheur (allusion ici à la façon dont la loi générale les châtiera pour s'être laissés séduire). Or, la beauté attire aussi la haine. Qui ne se souvient pas du mot de Nietzsche : "Si Dieu existait, comment pourrais-je tolérer, de n'être point Dieu ?" ? La beauté impensable en soi n'en demeure pas moins la hantise de ceux qu'elle ne pare pas. Ils sont prêts à haïr la beauté pour se décharger de la douleur de ne pas être beaux. Mais alors, cette haine est un tribut offert à la beauté comme si le mécontent s'offrait en sacrifice sur ses autels. Je suis l'objet d'une haine toute différente. Tous les gens inintelligents me haïssent et c'est même à cette haine que s'identifient les ignorants satisfaits. Seulement de savoir cela redouble l'agressivité vengeresse des individus peu brillants à mon

212

égard. Qu'à cela ne tienne ! Les faits me rangent du côté de la beauté. Il me suffit de paraître quelque part pour que les inquiets, les sceptiques, les critiques, les haineux, les revanchards se mettent à murmurer. Et ils iraient même jusqu'à se déchirer eux-mêmes tant leur rage muette les rend inconfortables. "Il est étonnant, me disait récemment un avocat qui revenait de la capitale fédérale, de constater à quel point vous avez su attiser la haine contre vous de fonctionnaires qui ne vous connaissent même pas". Mais le fait d'être haï par des fonctionnaires est un bon signe. N'est-il pas normal que j'ébranle par ma liberté ceux qui se comportent comme des machines, allant jusqu'à s'identifier aux "rouages" de l'État ? Que des individus qui se prostituent au point de consacrer leur vie de servitude à la plus grande mafia du monde en viennent à me détester est une chose toute naturelle pour moi. Je suis l'opposant absolu à tous les régimes qui cherchent à embrigader l'homme au nom de la démocratie. Mais qu'est-ce qui les agace tant chez moi ? Ne devraient-ils pas jubiler à l'idée de me savoir si libre, si créateur ? C'est peut-être la réaction assez nouvelle du public devant les œuvres d'art qui peut nous apporter la réponse à cette question. On sait que les toiles des grands maîtres peuvent être considérées comme le lieu ultime de manifestation de la beauté. Or, on a constaté récemment que des gens se mettent à crier dans les musées, se lacèrent, se jettent par terre en contemplant une toile ou une sculpture. Certaines femmes se sont déshabillées devant le *David* de Donatello. D'autres ont été sujets à des bouffées délirantes, s'évanouissant devant le *Sacrifice* du Caravage ou errant dans les rues de Paris, d'Athènes ou de Rome après avoir contemplé des œuvres d'art trop frappantes. Doit-on crier à l'overdose de chefs-d'œuvre ? Comment peut-on expliquer ces crises de démence devant la beauté si ce n'est par un choc esthétique autrefois décrit par Stendhal dans *Le rouge et le noir*. Qu'essaient de nous dire ces malades de l'art ? Que la beauté est un défi à l'intelligence moyenne et qu'il faut pour la comprendre et l'apprécier un quotient intellectuel supérieur. Que la beauté s'adresse en l'homme à quelque chose qui, n'étant pas encore entièrement constitué, le laisse démuni et sans défense devant cet appel transcendantal. Je connais bien ces réactions. Une femme m'a mordu cruellement après m'avoir vu à la télévision. Une autre s'est souvenue soudainement que je suis le Christ en faisant l'amour avec moi et s'est enfuie dans les escaliers de sauvetage de sa maison avant d'avoir mené l'acte amoureux à terme. Il m'arrive encore de provoquer des larmes abondantes chez certains individus très sensibles qui m'écoutent pour la première fois. Il faut alors les consoler, car la peur de devenir fou s'est emparée d'eux. J'ai conduit beaucoup de mes lecteurs à la dépression parce qu'ils ne comprenaient pas le déploiement inutile de ma pensée. Et ces réactions peuvent aller jusqu'aux palpitations, aux vomissements et aux hallucinations visuelles et auditives. Un homme pris de panique pendant une de mes causeries s'est mis à courir vers la porte de la salle sans réaliser qu'un des deux battants était bloqué. Il s'est brutalement frappé le front contre lui avec grand bruit et il est reparti étourdi en poussant l'autre battant. Imaginez-moi maintenant dans une église en train de déclarer à des fidèles inconscients du danger que je leur fais courir que "Jésus jubile en eux chaque fois qu'ils atteignent l'orgasme". Une explosion ne pourrait avoir un plus grand impact. Ils se mirent à cette occasion à crier et à me menacer, si bien que je dus sortir par la porte de la sacristie. J'ai constaté que tout ce qui relève de la pensée pure fait paniquer les gens ordinaires trop raisonnables, trop bien encadrés, trop peu préparés à faire face à l'inconnu. L'absorption massive des effets produits par le langage de puissance provoque le même résultat que la névrose esthétique devant les œuvres d'art décrites par Stendhal. Tout réside finalement dans l'inaptitude du système nerveux non intégré à supporter l'infini. Cela est-il clair ?

117

LE DÉLICIEUX EMILIO BRITO. – Le vrai sens de l'existence est dans l'intensité avec laquelle on vit. Rien n'est plus extraordinaire que de se mouvoir librement dans l'absolu, de se sentir être tout, de jouir de chaque instant où s'exprime la vivante présence de son être. Ouvrir le frigidaire et voir Dieu. Chasser les mouches et voir Dieu. Conduire sa voiture et voir Dieu à l'arrêt d'autobus ou traversant la rue. Quelle joie, quelle béatitude ! La grande affaire c'est de voir Dieu partout et de comprendre que cette efflorescence de supra conscience est l'expression "même de" notre être. C'est peut-être ce goût de cerner en quoi peut bien consister la béatitude divine qui a poussé Emilio Brito à écrire un livre splendide *Dieu et l'être d'après Thomas d'Aquin et Hegel* publié aux Presses Universitaires de France. "Que raconte-t-il dans son livre ? Des splendeurs. Seul un génie pouvait tenter de rapprocher, malgré leurs divergences deux géants de l'histoire de la pensée qui ont vécu à des époques aussi différentes. Je ne suis pas surpris du rapprochement. Déjà Maritain avait saisi qu'on pouvait avantageusement faire connaître Thomas d'Aquin et Hegel en les opposant l'un à l'autre pour mieux montrer en quel sens ils ont dominé le panorama intellectuel de leur époque. L'auteur de la *Somme* et celui de la *Logique*, précise Emilio Brito, émergent comme les sommets de deux époques de la raison : ce que Thomas a fait pour le Moyen Âge, Hegel le réalise pour les temps modernes. N'y a-t-il pas pourtant dans la doctrine de Thomas sur la substance et les opérations divines de quoi remédier aux plus graves ambiguïtés de la spéculation hégélienne ? Réciproquement, ne pourrait-on pas ressaisir la doctrine de l'Aquinate d'une manière moins sommaire à l'aide de la pensée idéaliste ?" Évidemment, c'est un souci intellectuel de type historique qui anime Brito. Il ne tire aucune conclusion personnelle concernant ces deux systèmes, précisément parce qu'il n'en a pas un lui-même. Ce n'est pas mon cas. À la lumière de ces réflexions géniales, je comprends que ces deux grands penseurs sont encore loin de ma vision de l'identité superjective de l'individu réalisé fondée sur l'intussusception êtrique. Je croyais bien que Hegel avait dépassé le stade des preuves de l'existence de Dieu, mais ses écrits démontrent hors de tout doute qu'il développait un enseignement de type fidéiste chrétien parallèlement à sa grande spéculation logico-ontologique. Ce serait donc en un tout autre sens que lui que je parle du savoir absolu. À la lumière des analyses de Brito, jamais Hegel n'aurait pu soutenir ce que Nisargadatta et moi affirmons : "Dieu est, parce que je suis", liant ainsi la nature fondamentale de Dieu à l'émergence de ma volonté. Hegel était sans doute encore trop croyant pour se débarrasser de l'hypothèse d'un Dieu créateur et remettre à la conscience constitutive intersubjective le soin d'avoir conçu le monde-comme-représentation. Hegel, malgré ses vues miraculeuses, redoute l'autorité de la loi générale et cherche à éviter l'accusation d'athéisme. Ce sont là deux soucis dont je suis débarrassé. J'ose affirmer que je suis Dieu sans participation préalable, à un principe qui m'aurait induit à être. Je soutiens en le manifestant chaque jour que la nature de mon existence est la joie et que ce bonheur absolu vient de ce que je me suffis. Ma vie tout entière est une totalité raisonnante et mystique qui m'explose en plein visage lorsque moi, l'homme empirique, je reçois le choc de ma nature transcendantale infinie. Quoi que je fasse, je suis là, sous la pierre du chemin, dans la circulation des autoroutes, derrière les nuages. Le monde entier est à mon effigie parce qu'il n'a de sens que par la projection de ma pensée. Ni Berkeley, ni Hegel, malgré leur immanentisme très différent certes, n'ont réussi à s'allumer, intérieurement du feu de cette ivresse passionnée qui me fait dire que je suis Dieu. Aucun d'eux n'a réussi à vivre l'existence d'un mystique frappé par lui-même. Thomas d'Aquin aurait pu de son côté connaître des transports semblables aux miens, mais il était trop humble, trop effacé, pour bouffer la vie divine et s'en investir. Une telle perspective était sans doute impensable pour lui. L'idée d'être un voleur de Dieu lui était totalement étrangère, car c'est bien de là qu'il lui aurait fallu partir pour se reconnaître divin. Je pars d'ailleurs. Il n'y a pas de Dieu à conquérir pour moi, il n'y a que des idoles à renverser, des fétiches à piétiner, des vieux moules à briser. Ces gardiens imaginaires de la loi générale me font penser à un pitbull qui m'empêcherait de sortir de ma maison. Mais si je prends une carabine et que je tue le pitbull, je pourrai aller respirer l'air au-dehors. C'est ce que j'ai osé faire en métaphysique. Kant n'était pas allé assez loin. Ce génie était poltron. Il voulait à tout prix sauver la moralité. Sa pusillanimité m'a donné le courage de me conduire comme un Gengis khan intellectuel et de couper la tête aux vérités éternelles. Hegel et Thomas d'Aquin étaient trop obéissants à mon goût. Il aura fallu Hitler pour nous apprendre que la pratique peut être menée jusqu'au bout. En faisant du Jovialisme un fascisme du bonheur, j'ai voulu ériger la joie en principe absolu de légitime défense contre la dépression universelle en opposant ainsi de façon officielle la loi d'exception à la loi générale. Y aura-t-il dans l'avenir des champions de l'individualité conçue comme un exploit singulier et des conquérants de l'impossible désireux de balayer à mes côtés les vieilles tables de la loi qui ont maintenu jusqu'à ce jour l'humanité dans la servitude ? Je le souhaite, car s'il se trouve des jeunes punks ou skinheads désireux de contester la civilisation dans ce qu'elle a de plus superficiel, il s'en trouvera d'autres pour passer au bulldozer les vieilles lunes des philosophes du passé trop condescendants envers l'appareil manipulateur ploutocratique ou théocratique.

118

JE SUIS UNE BOMBE DE BONHEUR. – Je crois
bien que les participants à mes salons du samedi briguent
le privilège de pouvoir observer le fonctionnement de mon
cerveau, car ils ne se comporteraient pas autrement s'ils
étaient devant un extraterrestre qui exprime d'impensables
vérités venues d'ailleurs. Beaucoup voient en moi un men-
tor, un rebelle et un membre de leur famille. Cela me permet de me comporter envers eux aussi bien comme un maître ésotérique ou un chef d'armée que comme un grand frère ou un ami qui leur ferait des confidences. À moi, on peut
tout conter. J'en ai vu d'autres et je m'apprête à créer un
flot de situations nouvelles, car mon but est de soumettre la
civilisation à un formidable test de souplesse. Je n'ai pas
dévié de mon orientation originale qui consiste à mêler
l'amour à la philosophie. Loin de m'adonner dans mes textes à une sorte de périphérisation circumambiante, je vais
directement au but. Ce qui m'importe, c'est de faire passer
mon message, dussai-je me travestir en gorille ou en clown.
Personne ne sait jusqu'où je pourrais aller pour provoquer
les gens à l'éveil. Le fait est que bien peu d'hommes me
semblent posséder ce qu'il faut pour s'éveiller. Ce sont les
femmes, en cette fin de XXe siècle, qui l'emportent haut la
main sur ce terrain. Peut-être cela vient-il de ce que je peux
les stimuler aussi bien sexuellement qu'intellectuellement,
la pulsion qui porte vers le savoir (*libido sciendi*) étant la
même que celle qui porte vers l'érotisme (*libido sexualis*).
J'oserais presque dire que si elles ne m'avaient d'abord aimé, certaines femmes ne se seraient jamais approchées de
mon enseignement, quoique certaines femmes m'ont aimé à
cause de mon enseignement. La façon dont je vis, qui me
semble pourtant si naturelle, est une perpétuelle source de
scandale pour ceux qui m'observent. Un ami me lançait
l'autre jour : "Comment as-tu pu écrire toutes ces choses
sur ton compte ? Comment peut-on trouver le courage

d'être aussi franc, d'être aussi clair ?" J'imagine que la volonté d'être s'accompagne d'un grand souci d'honnêteté et peut-être d'un brin d'exhibitionnisme. Être, c'est vivre dans une maison de verre, c'est se livrer en spectacle pour aider les autres à mieux comprendre. On ne peut être sans enseigner, car, en se manifestant, l'être est toujours en train de se démontrer. Et comme il est tout entier en chacun des aspects qu'il livre de lui-même, il démontre aussi bien sa prospérité que son intelligence, son énergie que son ouverture, sa créativité que son autosuffisance. Il est bien évident que pour tout homme normal qui s'inquiète des conséquences de ses actes, je représente un danger permanent. Inutile de me confier un secret, je peux tout dire. En entrant dans la sphère de ma pensée, c'est comme s'il criait sur mon visage au lieu de rester tapi dans l'ombre. C'est que je n'ai rien à perdre. Nul ne peut me voler mon bonheur, puisque je n'ai demandé la permission à personne pour être heureux. Même si je reste un homme relativement stable et équilibré, je peux décider, n'importe quand de partir en voyage, de financer mes livres en devenant gogo-boy ou de me transformer en évangéliste américain pour faire passer mon message. Tenez, par exemple, tout anticlérical que je sois, les prêtres et les aumôniers me recherchent pour discuter avec moi. Il s'en trouve toujours un pour soulever une question théologique au sujet de mon attitude ou de mes écrits. Certains d'entre eux se montrent parfois plus anticléricaux que moi, allant même jusqu'à souhaiter que le régime monarchique de la papauté soit remplacé par un régime républicain. Il va sans dire qu'ils trouvent alors en moi une oreille attentive, car j'encourage toutes les dissensions, toutes les zizanies, toutes les transgressions. Je comprends que l'anarchie est favorable à la paix, car en nous aidant à briser nos vieux moules, elle prépare l'arrivée de valeurs nouvelles. Jusqu'à maintenant, étrangement, ce n'est point tant ma philosophie qui a frappé les gens que mon bonheur sans raison. Comment faites-vous pour être toujours heureux ? Vous arrive-t-il de vous sentir dépressif ? Que faites-vous quand ça ne va pas ? Voilà le genre de question qu'on me pose régulièrement. Un acteur québécois connu pour ses succès aux États-Unis s'approcha de moi l'autre jour au restaurant, montre en main, et me lança sur un ton de défi : "Qu'avez-vous aujourd'hui ? Je vous observe depuis tout à l'heure ; il y a seize minutes que vous n'avez pas souri". Voyez-vous, cet homme est véritablement une grande vedette et je devrais être impressionné de le rencontrer. Eh bien, c'est lui qui m'observe ! Tout individu qui se met à m'examiner voit son étonnement grandir. Je suis une énigme pour les témoins de ma vie, non que je me comporte bizarrement ; mais parce que la sereine intensité de mon être dérange tout le monde. J'explose d'une joie silencieuse qui m'amène à savourer chaque instant de conscience comme si je me livrais à un exploit. Rien au monde ne pourrait me déranger de cette entreprise. Parfois, je ressemble à Pie XII. On dit qu'un jour, alors qu'il était en grande conversation avec Jésus-Christ qui lui était apparu dans les jardins de Castel Gandolfo, il s'est écrié en entendant sonner la cloche du réfectoire : "Veuillez me pardonner, Seigneur, car je dois aller manger". Voilà un pape au comportement inhabituel. Il dit à Dieu : "Une minute, baisse ton intensité ; j'ai faim". C'est peut-être par des exemples de ce genre qu'on comprendra mieux un jour que je n'estime personne autant que moi et que, par conséquent, je me préfère à quiconque. C'est bien beau de voir apparaître le Seigneur, mais c'est ma vie qui est en jeu à chaque instant et c'est mon être qui exige la suprématie. S'il fallait que les croyants pensent de la sorte, ils feraient du Seigneur un gardien à la porte. N'était-ce pas une marotte des hippies de rappeler que le mot Dieu (*God*), épelé à l'envers, donne chien (*dog*) ? Et c'est le moment de rappeler cette anecdote qui nous parle d'un saint écrivant à la craie le nom de Bouddha sur le banc de pierre où devait s'asseoir un professeur de théologie. Comme ce

dernier hésitait à prendre place, le saint lui aurait lancé :
"Si tu as compris qui est Bouddha, assis-toi dessus !". C'est
de cette façon que je veux traiter toutes les idoles de l'humanité. Mon cul vaut bien un Dieu. M'a-t-on compris ?

-119-

LA DÉFONCE À CRÉDIT POUR LES DROGUÉS
DE L'ABSOLU. – Je crois qu'on me comprend mal. Mon
idée de la fête ne correspond pas nécessairement au tam-
tam tribal accompagné d'exhibitions et de cris de meute.
Lorsque je décris ce qui m'arrive, beaucoup de gens s'imaginent que je suis en train de me livrer à quelque perversion inédite et qu'il y a là matière à épiloguer à l'infini. En
réalité, je fais une partie monstre deux fois par année à
mon domicile et le reste du temps, je suis plutôt silencieux.
C'est que la fête chez moi correspond à une attitude psychologique et affective inspirée par mon être dont je suis follement épris. Tout est dans la touche. Même à l'époque où je
buvais, je me couchais à des heures normales et je n'ai jamais cherché à transformer mon appartement en bar-salon.
En d'autres mots, mes folies, mes hallucinations, mes drogues, mes audaces et mes poisons ont surtout été d'ordre
privé et vécus avec mesure. Les jovialistes ne l'entendent
pas nécessairement ainsi. Un grand nombre d'entre eux est
partisan des happenings gigantesques sur le toit des maisons la nuit, qui tiennent tout le voisinage éveillé. Mais de
nombreux témoins peuvent jurer que j'ai toujours quitté ce
genre de réunions avant minuit et que ma participation
s'est limitée à prendre des notes sur ce qui se passait pour
le consigner dans mon journal philosophique. Récemment,
j'ai eu à faire face à une situation d'un genre nouveau. Un
de mes voisins est devenu fou. Il a transformé son appartement minuscule en bordel, enlevant les fenêtres durant
l'été pour se servir du muret qui sépare l'espace intérieur
du balcon comme d'un bar avec des tabourets. J'avais jus-

qu'ici réussi à contenir les éclats de ce sauvage sympathique. Un avertissement suffisait et tout rentrait dans l'ordre. Il ne m'en réveillait pas moins une quinzaine de fois par année, soit par des discussions vives, des coups dans les murs, des beuveries, soit par le son de la télévision qu'il faisait jouer à tue-tête ou de son répondeur téléphonique quand il prenait ses appels sur le balcon à deux heures du matin, quand il ne réussissait pas bien sûr à mettre le feu, en se cuisinant un steak sur charbon de bois bien arrosé ou que lui et des amis n'encourageaient de leurs cris avinés les protagonistes d'une séance érotique sur vidéo. Il y a quelques mois, j'en ai eu assez. J'allais frapper à sa porte dès que j'entendais des bruits intolérables. Des voisins s'en sont mêlés. J'ai logé une plainte chez le concierge. Celui-ci est allé lui donner un avis sévère. Le tapage nocturne a continué. J'ai fait intercéder des amis dans l'espoir de le rappeler à l'ordre. Je lui ai écrit, non sans le bénir quotidiennement pour le pacifier. J'ai obtenu certains résultats. Mais mon aide de camp s'est mis à le fréquenter et ils boivent ensemble en chantant et en s'accompagnant à la guitare. Alors, j'ai fait venir la police qui lui a donné un premier avertissement. Je dois contacter un avocat qui va menacer le propriétaire de poursuite s'il ne force pas le récalcitrant à réinstaller ses fenêtres. S'il continue, il est passible d'une amende et peut même être mis en état d'arrestation. Qui est donc cet énergumène qui s'acharne à prendre ses voisins en otage ? C'est un individu court sur pattes, avec des yeux porcins, qui a le double de l'âge des femmes qu'il ramène chez lui, un homme sympathique au premier coup d'œil, mais primitif dans ses réactions, probablement sourd, sûrement alcoolique et, à en juger par ses réflexes, passablement détraqué. Voilà un de ces "jovialistes" à tout crin qui m'écrit des épîtres où il cite des passages de mes livres pour justifier ses débordements. Il ne comprend pas, c'est certain. Il me juge sûrement en contradiction avec ce que j'écris. Lorsque je vois ce petit homme grassouillet, nu sur son balcon, en train de boire une bière, je me dis que le destin m'a affublé d'une odieuse caricature de mon enseignement en permettant à ce malabar de me côtoyer d'aussi près. Mais, même dans les moments les plus tendus, je n'ai pas perdu ma joie et mon enthousiasme, tant je me complais à fustiger le débile grotesque. J'ai l'impression d'avoir à corriger un enfant élevé dans les bois et qui a conservé ses mœurs primitives à la ville. Il y aura sûrement une suite à cette affaire. Je continue de bénir ce voisin détestable tout en préparant une pétition de locataires pour le forcer à déménager. Je ne manque pas d'appuis dans l'immeuble et je suis sûr que nous aurons gain de cause. C'est là un exemple précis qui montre la façon dont je m'y prends pour affronter les difficultés de l'existence. Je continue de saluer l'individu dès qu'il montre le moindre signe de compréhension et je vais même jusqu'à escorter avec douceur sa vieille mère jusque chez lui. Mais dès que le bruit reprend, je sévis à nouveau. Il n'est pas le seul à se méprendre sur la défonce à crédit que je préconise pour les drogués de l'absolu. Je suis plutôt du côté de Ramakrishna ou de Gandhi qui se promenaient en haillons que du côté des danseurs de lambada qui se passent mutuellement la cuisse entre les jambes en croyant célébrer quelque mystère initiatique. Les fêtes les plus formidables auxquelles j'ai assisté avaient l'éclat de feux d'artifice silencieux crépitant sur le firmament nocturne de mon cosmos intérieur. Il faudra un jour que l'humanité découvre la vraie joie pour cesser de se gaver d'excitations grossières bonnes tout au plus à enrichir les vibrations du bas astral.

-120-

LA PETITE FAMILLE PARENTALE ÉCLATE DEVANT LE DÉCLOISONNEMENT DE LA CONSCIENCE.
– Je ne connais aucune tentative de vivre à deux à l'exclusion de toute autre personne, sauf les enfants, qui puisse

mener à quelque chose de durable et de sain. La petite famille monoparentale est fichue, c'est évident. Soixante-dix pour cent des unions contractées depuis vingt ans sont un échec. L'instabilité des temps a mis à mal la quiétude artificielle de la famille organisée autour du couple. Sans aller jusqu'à dire avec Léo Ferré que "chaque fois que je rencontre un couple, je change de trottoir", je reconnais que le couple ne remplit plus sa fonction dans la société. D'ailleurs, l'a-t-il jamais remplie ? L'Église a sauvé les familles à coups d'interdits et de menaces sans assurer aux individus que leur créativité serait garantie. Que se passe-t-il donc spécialement en cette fin de XXe siècle ? Il y a comme une émancipation de la conscience qui se superpose à la vieille mentalité. Un certain décloisonnement psychique est en cours, mais dans la plus grande insécurité, si bien qu'on assiste à un curieux mouvement dialectique du genre "ouverture-fermeture-réouverture". Les esprits sont bouleversés, car c'est leur conception amoureuse traditionnelle qui s'écroule. On vérifie aujourd'hui un adage jovialiste tout simple : si vous permettez à l'amour de vous rendre heureux, tôt ou tard il vous rendra malheureux. L'évidence crève les yeux : il faut être heureux pour aimer et non armer pour être heureux. Le couple traditionnel qui tente aujourd'hui de se survivre en assumant une sexualité élargie n'a pas la stabilité nerveuse qui lui permettrait de s'enrichir de nouveaux partenaires ou associés. Les gens se disent prêts à assumer leurs phantasmes, mais ils s'écroulent nerveusement dès que leur partenaire en fait autant. Il y a là une situation hormonale non résolue qui dépend de deux choses : 1- une déficience de l'*animus* chez la femme et de l'*anima* chez l'homme due à un manque de soutien affectif du parent de sexe opposé à l'époque de la puberté ; 2- la difficulté d'intégration des émotions à un registre compréhensif plus vaste nourri par un perpétuel recours à l'être, difficulté liée au premier point mentionné et due à l'incapacité de se compléter soi-même. Toute la question réside au niveau de l'autocomplémentarité individuelle. Les gens demandent aux autres de les compléter parce qu'ils ne peuvent le faire de l'intérieur. Les conjoints cherchent à être l'un pour l'autre des compléments, ce qui ne peut qu'entraîner l'échec de l'union. Autrui ne pourra jamais être qu'un supplément. Quand je parle d'une conscience élargie, émancipée, je parle d'une augmentation de soi par soi qui rend l'individu capable de se suffire. Il est bien évident qu'une telle aptitude du psychisme à se constituer comme un monde indépendant et autonome entraîne une transformation du comportement. L'individu ne demande plus de permissions à son conjoint, il les prend en s'expliquant. Il cherche encore chez lui un appui mais non une possession et une dépendance. Il veut multiplier ses chances amoureuses et non se sentir divisé. Tout cela vient du renforcement de la base êtrique de l'individu qui renonce à l'amour par besoin pour passer à l'amour par plaisir. La majorité des couples explosent devant ces velléités éphémères d'émancipation. Le drame vient de ce qu'on ne peut entreprendre une nouvelle relation amoureuse sans interrompre la précédente. Les gens ne sont pas assez vastes. Ils s'accrochent à leur conjoint comme à une bouée de sauvetage, car ils ne savent pas jouer avec leurs pulsions et leurs émotions. Au lieu de se lancer à corps perdu dans l'aventure intégrale parce qu'ils possèdent la certitude de soi, ils demandent à leur mode de vie de les rassurer en multipliant les mécanismes de contrôle et de surveillance. L'ivresse de l'émancipation ne dure pas longtemps, puisqu'autrui intervient presque aussitôt avec des revendications qui démontrent sa fragilité affective aussi bien que son manque de support êtrique. Les adultes qui ont reçu de leurs parents, mais surtout du parent du sexe opposé, cette énergie dont le transfert leur a permis de se constituer dès l'enfance un noyau de force et de confiance sont beaucoup plus compréhensifs et ouverts que ceux qui se sont vus privés de ce support. Ils redoutent moins d'être abandonnés, laissés pour compte. Ils possèdent un enthousiasme qui les aide à mettre l'accent davantage sur leur rapport au monde que sur l'amour d'un individu qui va venir les sauver de leur solitude. Ce genre d'homme ou de femme ne court pas les rues. Ils font peur à leurs éventuels partenaires ou se retrouvent mariés à la mauvaise personne. Seule une civilisation permettant de dépasser l'amour nous sauvera des affres de l'insécurité où se trouvent plongés ceux qui n'ont pas su acquérir un être souverain.

-121-

S'OUVRIR À L'INFINI OU PÉRIR. – C'est une chose pénible que de ne penser qu'à aimer ou à être aimé dans l'existence. Cette quête perpétuelle d'amour, de présence, d'affection, ce besoin frénétique d'être compris, l'importance de l'autre dans leur vie sont des calamités, et les gens ne le voient pas. Ils ne réalisent pas qu'à force de lutter pour assouvir des besoins hormonaux, ils plafonnent quelque part entre la lutte pour la survie et la nécessité de s'en remettre aux autres pour être heureux. L'individu qui tourne en rond dans son salon en se frappant la tête sur les murs parce qu'il a des difficultés financières ou amoureuses se comporte comme s'il ne savait pas qu'il est infini et que son énergie est sans limite. Il s'est bâti une prison dont il s'est constitué le prisonnier et se trouve pris à son propre jeu après avoir oublié où il a mis la clé. Tous ces gens pressés qui se rendent au bureau, qui travaillent entre quatre murs, qui luttent pour avoir des congés payés se battent pour des bribes d'existence sans lendemain, s'épuisent, vieillissent et meurent à force de chercher hors d'eux ce qui se trouve déjà en eux. Cette volonté de trouver un sens à la vie est absurde. Comment trouver ce qu'on n'a jamais perdu ? L'infini que nous sommes s'étale, là, sous notre nez, nous imprègne de partout, transforme notre vision, convertit nos attentes en quelque chose de lumineux, bref se met à

226

la disposition de notre humanité empirique sans exiger quoi que ce soit en retour. Encore faut-il savoir que nous nageons dans l'infini et que nous pouvons circuler librement dans notre être. Il y a aussi une raison qui entraîne les gens à se détourner de l'infini, c'est-à-dire de cette partie d'eux-mêmes qui prend soin du monde, et c'est qu'ils ont terriblement peur de se trouver confrontés à l'inconnu. Les querelles domestiques, les tensions face à l'avenir, le travail quotidien, les possessions les rassurent face à la nécessité d'assumer leur être sans condition. La douleur, par exemple, est quelque chose de terre-à-terre qui oblige l'humain à l'humilité quand il ne sait pas qu'elle résulte d'une étroitesse du champ de sa conscience, de pensées, de limitation. Certaines femmes se sentent mieux aimées quand elles sont battues. Elles n'en souffrent pas moins. Mais le fait que leur mari leur administre une correction les réconforte en un sens. Il pense à elles. Il en va de même pour les enfants. Plusieurs parents s'arrachent les cheveux devant leurs méfaits et leurs cris, surtout à l'époque de la croissance, mais ils n'échangeraient leur place avec personne au monde, car le fait de se sentir ainsi occupés à travailler, à lutter, à suer donne un sens à leur existence. Mais l'impression d'avoir trouvé l'orientation profonde de leur vie est de courte durée, puisqu'aussitôt les enfants élevés, ils commencent à s'ennuyer et se trouvent bien seuls. C'est qu'à moins d'être conscients, éduquer une famille ne fait pas partie des tâches qui permettent l'aventure intégrale. Tous ces gens sont très actifs au ras du sol : ils tondent la pelouse, ils changent les couches, ils conduisent leur voiture, ils se déchirent entre eux parce qu'ils sont trop fatigués, ils se mentent mutuellement pour sauver leur ménage, bref, pour citer Pascal, ils vivent dans le divertissement. Ils sont tout à fait aliénés, encadrés, manipulés, banalisés. Certains m'objecteront que je suis contre le fait d'avoir des enfants. Mais c'est faux. Si ces gens n'avaient pas d'enfants, ils auraient un chien, une perruche ou un jardin. Ils remplaceraient leur progéniture par une marotte quelconque, un hobby loufoque. En réalité ils sont pris au piège du relatif. N'ayant plus aucune chance de se rappeler qu'ils sont absolus, ils se font relativiser. Ils dorment. Un bon choc les réveillerait. Mais cela est contraire à l'esprit d'une petite, famille, d'un petit couple bien clos sur lui-même. Non, les choses doivent changer. Les humains doivent cesser de se conduire comme des lapins. Notre système de valeurs est à repenser. Dès que la courbe démographique d'un pays tombe, c'est la panique. On ne pense qu'en termes de revenu national, de sauvegarde du patrimoine, de protection de la famille. Mais c'est l'individu créateur qu'il faut mettre de l'avant, c'est le génie qu'il faut honorer. Monsieur Gurdjieff prétendait que les chocs émotionnels sont salutaires polir le système nerveux. Eh bien, je propose le choc de la liberté consciente à tous ces individus qui vivent dans des cocons. Qu'ils fassent donc une fois pour toutes ce qu'ils ont envie de faire ! Qu'ils osent satisfaire leurs inclinations profondes au lieu de se rabattre sur de mauvaises compensations matérialistes ! C'est quand l'individu cesse de se désobéir qu'il cesse en même temps de vieillir. Notre être est une ressource infinie dont nous nous détournons parce que nous nous sentons menacés par l'inconnu. Le remède à ce marasme est d'oser, d'essayer de vivre selon son cœur, au nom de l'absolu, et non parce qu'on veut satisfaire à des lois désuètes, à des valeurs fatiguées ou à des vieux moules.

-122-

LE RAVISSEMENT INFINI À LA PORTÉE DE LA MAIN.- Le monde majestueux et souverain de l'être n'est jamais très loin de la surface de notre peau. Il y transparaît même pour peu que nous acceptions de manifester cette beauté et cette abondance. Quand je songe que nos contemporains s'enlisent dans une piété désuète ou une satisfaction matérialiste grossière, il m'arrive d'être peiné pour eux. Qu'ont-ils à se mépriser eux-mêmes ? Quelle faute cherchent-ils à expier de la sorte ? Même chez les plus éveillés, je ne vois qu'autocondamnation et dévalorisation de soi, sous le camouflage bien entendu de la surestimation de surface, ce qui n'enlève rien au travail de sape des profondeurs. J'écoutais il y a quelques minutes une chanson de Paul McCartney qui est resté branché sur l'inspiration des Beatles. Aussitôt, j'ai senti affluer des sources de mon être des impressions paradisiaques qui se déployaient autour de moi sous forme d'arabesques ensoleillées comme si la nature devenait complice de cette harmonie et se faisait exubérante pour célébrer ce miracle. Quelques sons ont suffi pour animer ma journée, car l'homme empirique, même investi d'absolu comme je le suis, se laisse distraire de lui-même, haletant sous le lourd fardeau de l'existence. En réalité, les obligations qu'il assume sont imaginaires. Il pourrait aller s'étendre sur sa pelouse et refuser de bouger sans que l'ordre du monde ne soit changé. Ce qui manque à ceux qui me lisent sans me comprendre, c'est de traduire en couleurs, en harmonies, en parfums, en impressions voluptueuses et extatiques l'affleurement de l'être dans leur vie. Berkeley l'avait vu clairement. La négation systématique de la matière nous rapproche de nos sens qui ont besoin d'être éclairés. Ceux-ci ne sont pas moins divins que notre intelligence ou notre conscience. C'est surtout la musique qui peut le mieux exprimer cette force insondable et maintenir en l'homme la conviction qu'il est fait pour se réaliser dans la douceur et la facilité. Quiconque invoque le divin comme thème de réflexion se trouve confronté à une profusion êtrique si extraordinaire qu'il ne peut aussitôt que se sentir foudroyé à l'intérieur de lui-même par une liesse, une allégresse, un bonheur extraordinaires. Malgré tout le respect que j'ai pour un génie comme Jean-Paul Sartre qui a emballé ma jeunesse, ce n'est pas lui qu'il faut relire, mais les mystiques de toutes les religions, en prenant bien soin de remplacer les expressions Dieu, Jésus Christ, la Réalité ultime par mon être, ma vie totale, mon Christ de lumière, "Je suis". Je relisais récemment le livre de Catherine Ponder *Les lois dynamiques de la prospérité* et je m'appliquais à adapter ses pensées remarquables à mon propre style et à mes propres convictions. Une phrase comme celle-ci "Je place toute ma confiance en l'action juste de Dieu" devient sous ma plume "Je place toute ma confiance en l'action juste de mon être profond". Une autre comme celle-ci "Amour divin, donne-moi maintenant des résultats parfaits" devient "L'énergie de mon être tout embrassant me donne maintenant des résultats parfaits". Il ne peut en être autrement puisque je ne suis pas séparé de Dieu dans mon être qui est tout. Je ne peux donc pas demander à Dieu de m'aider, car je suis Dieu. Il me faut donc faire appel à cette partie de moi-même qui est divine, c'est-à-dire mon être profond, pour me sortir de la misère existentielle où me plonge mon identification au corps. Dès que l'être dont je parle se manifeste, toute illusion concernant l'au-delà disparaît. La richesse du "Royaume des cieux" dont parlait Jésus m'apparaît ici et maintenant sans qu'un délai ou une transition ne soient nécessaires pour que j'en jouisse. Une telle compréhension change inévitablement ma vie. Mû par l'absolu de mon être, je ne peux que voir les choses autrement. Elles ne se présentent pas à moi de la même façon. Ma conscience me donne un immense recul qui me permet de les savourer autrement. Bien sûr, je continuerai d'aimer les femmes par exemple et de profiter des occasions qui s'offrent à moi, de les baiser pour mon plus grand bonheur. Mais lorsque je pénètre le corps de la femme et que je sens ses bras autour de mon cou, la sensation est changée. C'est comme si je puisais à pleines mains dans un trésor. Ses beaux seins, son ventre agréable, ses cuisses soudées à mon corps me font penser à l'eucharistie quand j'étais enfant. La sensation de jouissance sexuelle est d'autant plus forte qu'elle est portée par une énergie divine qui la rend translucide et créatrice. Il en va de même avec l'argent. Lorsque je compte les billets pour payer un article que je viens d'acheter, l'argent ne fait que changer de mains ; je ne perds pas cette somme que je dépense. Je continue d'être riche de ce que je donne. Je me sens intérieurement soutenu par une prospérité qui dépasse les lois de l'offre et de la demande. Je ne peux donc m'appauvrir, car, encore une fois, je ne suis pas séparé de l'abondance. La recette, si je puis m'exprimer ainsi, est très simple. N'importe qui, en train de faire les foins dans son champ ou de conduire sa voiture, peut se rappeler que cette prodigieuse richesse qui confine au miracle réside en lui. Aussitôt, il la verra apparaître devant ses yeux comme une présence ensoleillée qui transfigure le lieu où il se trouve, même s'il pleut, même s'il est perdu dans une région inhospitalière. Le pouvoir de notre être souverain transforme tout, car il nous montre que tout ce qui existe fait partie de notre royaume. Même le mal prend alors un sens différent. Comprend-on que je ne peux désapprouver le meurtrier, le voleur, le menteur ? C'est mon agressivité, mon sentiment de pénurie, mon hypocrisie qu'il expérimente. Je ne suis pas séparé de cet homme-là non plus. C'est pourquoi, ne condamnant personne ni moi-même, je suis toujours en mesure d'expérimenter cette paix, cette beauté, cette lumière qui transparaissent dans tous les actes, fussent-ils malveillants ou hypocrites. Tout individu a mon appui, car il exprime la vie. Même en se trompant. Il fait acte de créateur. N'est-ce pas Thomas de Quincey qui a prétendu traiter du meurtre comme de l'un des beaux-arts ? Je le comprends. Par-delà les interdits de la morale et de la religion, et avec beaucoup d'humour et de sarcasme il a compris que le meurtre n'échappait pas à l'action d'un "Logos" expressif. Nous sommes très différents de ce que nous pensons être, mais nous devenons ce que nous pensons à force d'y penser. Le résultat se voit dans la *persona* d'illusion, tandis que l'être, lui, demeure inchangé... s'il y a de l'être, bien sûr. Je fais allusion ici à un mot de Nisargadatta qui parle de la nécessité de connaître le Soi, en ajoutant : s'il y a un Soi, bien sûr ! Lui aussi a reconnu la nécessité de constituer Dieu, car il sait que Dieu naît à chaque instant par notre volonté de nous faire Dieu dans la joie la plus grande.

-123-

L'IMMERSION DANS LE "JE SUIS". – Telle une claire fontaine dont le doux babil nous détend et nous rafraîchit en été, notre être, que j'appelle aussi le "Je suis" intussusceptif, nous apporte la douceur de vivre, le réconfort et la limpidité. Les sensations merveilleuses dont il nous abreuve ne peuvent cependant pénétrer notre mental que si celui-ci se met à l'écoute de cette source. Il se peut que certaines personnes ne puissent pas comprendre ce que j'écris ici, tant elles sont profondément distraites de leur véritable essence. Je ne peux que leur conseiller la réaffirmation constante de leur être. Prenons un exemple facile. Imaginons quelqu'un qui est très vivement perturbé par ses émotions. Privé de tout autre recours, il se met à méditer : "Je me bénis, j'apaise mon mental, je laisse mon être prendre toute sa place". Mais ses émotions sont si fortes qu'il se met aussitôt à repenser à ce qui en est la cause, délaissant sa méditation. Dès qu'il s'en aperçoit, il n'a qu'à recommencer à affirmer son être : "Je me bénis, je laisse mon être opérer et transformer cette situation, je mets mon être en charge de ma vie". Il se surprendra peut-être de voir que ses émotions sont venues à nouveau le chercher, interrompant derechef son travail d'harmonie. Qu'il reste calme, qu'il reste centré. Il n'a qu'à reprendre le travail : "Je me bénis, je bénis également mon être tout-puissant. J'active mon énergie pour qu'elle règle mon problème. Je me détends". Il est possible qu'après une dizaine de tentatives, les émotions resurgissent encore. Ne perdez pas patience. Reprenez le travail d'affirmation en douceur : "J'investis mon être en chaque détail de cette situation. Je me bénis dans cette affaire. J'affirme ma constance. Qu'il en soit fait

232

selon ma volonté". Si ses émotions ont surgi la nuit, il se peut que le sujet en question s'endorme sans trop s'en apercevoir et se réveille le lendemain matin frais et dispos. Si elles surgissent le jour, il n'est pas impensable que des événements plus puissants viennent chasser du psychisme les soucis qui lui pesaient et le réorientent autrement. Mais dans les deux cas, quelque chose se produira. S'il s'agit d'un prisonnier qui trouve trop pénible son incarcération, même en prison, il verra sa situation se transformer. S'il s'agit d'une mère excédée qui était prête à tuer ses enfants, quelque chose d'imprévu surgira dans sa vie et lui apportera le calme, le soutien, l'équilibre dont elle a besoin. Il ne se peut pas que l'homme soit sans ressource. Même au cœur du plus grand désarroi, il trouvera ce supplément de direction que l'être apporte au mental décentré. En réalité, l'appui nous arrive de cette partie de nous que les ignorants appellent Dieu, mais qui constitue pourtant notre véritable noyau individuel. À défaut d'agir en être souverain parce qu'on se sent encore trop humain, il faudra laisser l'être agir à notre place. L'immersion dans le "Je suis" est un retour en force vers nous-mêmes, comme si nous profitions d'une faiblesse pour nous rappeler notre force. Certains penseurs considèrent que le Moi est voué à disparaître dans le "Je suis", alors qu'en réalité le "Je suis" est le Moi libéré, converti, transformé. Il n'y a rien dans l'univers qui ne soit moi et je serais bien malvenu d'aller dévaloriser mon Moi quand il constitue la clé même de ma libération. Tous mes "Je" empiriques sont des reflets divins de mon être. Si j'accepte d'investir chacun de mes actes de cette force souveraine, je comprendrai à tout instant que je suis Dieu et rien ne pourra plus m'ébranler. L'important, on le voit, est d'acquérir cette continuité êtrique qu'entraîne l'abolition de toutes les séparations ontologiques. Ma voie n'est pas celle de l'amour au sens chrétien de ce terme, mais celle du bonheur/liberté qui est l'expression même de l'être par-delà toute attente, toute quête amoureuse, toute aspiration à la transcendance. L'amour qui n'est pas l'expression de l'être est bien pauvre et l'on peut se demander ce que vaut notre civilisation quand les hommes demandent à l'amour de les rendre heureux alors qu'il faut être heureux pour aimer.

-124-

TOUT ARRIVE TOUT SEUL. IL N'Y A PAS DE CAUSE. – La philosophie moderne ne cessera jamais de bénéficier des heureux effets de la critique humienne de la causalité et nous devons rendre à Hume le mérite d'avoir su débarrasser l'horizon philosophique de cette encombrante notion héritée du Moyen Âge. Je réserverai l'utilisation de cette notion à l'usage exclusif de l'individu réalisé, car étant Dieu sur terre, il est le principe de tout ce qui existe. Parlons maintenant pour la masse des gens sceptiques, athées ou croyants qui vivent en faisant intervenir dans leur existence quotidienne des forces imaginaires comme le hasard, l'Histoire, la Providence, etc. Il est évident que leur première démarche en vue de s'éveiller devra les amener à constater que tout arrive tout seul. Constamment, ils reçoivent le salaire de leurs pensées amplifiées par cette cage de résonance que constitue leur sensibilité. Ils n'ont même pas à agir ; ils sont agis. Ils sont mûs, opérés, manipulés, dirigés sans que ce soit nécessaire d'invoquer un principe extérieur à eux qui les meuve. Cela arrive parce qu'ils sont faits ainsi. Aucune causalité explicite n'opère en leur nom ni contre eux. Tous les événements de leur vie sont comme les vagues à la surface d'un immense océan. Tant qu'ils vivent exclusivement dans la perspective du Moi empirique, ils sont comme un navigateur ballotté sur les flots à bord d'un frêle esquif. Dès qu'ils commencent à vivre en fonction de leur être, c'est comme s'ils descendaient dans la paix des profondeurs qu'aucun mouvement ne perturbe. Faire comprendre à une femme non éveillée par exemple qu'elle ne doit qu'à ses pensées de peur et d'autodestruction d'avoir

234

été violée, bien qu'en aucun moment on ne puisse dire que ses pensées ont été la cause de son viol, est quelque chose qui dépasse son entendement. Pourquoi aurais-je fait arriver une chose de ce genre dans ma vie ? vous demandera-t-elle indignée. C'est alors qu'il faudra faire preuve d'une grande sagacité pour lui expliquer que sa volonté n'est rien d'autre que le mouvement du monde trouvant en elle un écho : pour les multiples possibilités d'expériences qu'il lui réserve et que ce n'est qu'en accordant à sa volonté l'inévitable supplément de direction que lui procure son être qu'elle pourra entreprendre de faire arriver un jour dans sa vie les choses qu'elle veut. Pour le moment, sa destinée n'est pas sous le coup d'une volonté voulante, mais d'une volonté voulue. Bien sûr, on pourra toujours faire valoir qu'elle s'est donné ces expériences à vivre d'un point de vue transcendantal. Mais cela fait partie du choix d'une vie à partir de l'entéléchie et non de l'action directe dans laquelle l'individu non éveillé se trouve impliqué à la faveur de son manque d'équilibre et de constance. C'est une des choses les plus extraordinaires, voire même divines, que de pouvoir se tenir ferme à son être, de se suffire, d'être la référence unique de ses actes, d'être la cause de son bonheur. C'est peut-être seulement dans ce sens transcendantal qu'il est encore possible de sauver la notion de causalité, bien qu'elle n'ait rien à voir ici avec ce qui est fait, l'homme éveillé se réservant plutôt de ne point agir, parce qu'il a compris le sens de la dynamique de l'inaction. Le but de ma réflexion présente n'est pas de pousser ceux qui me liront à lâcher leur travail et à demander de l'assistance sociale, mais bien plutôt de les amener à réfléchir à leur tour sur le caractère absurde de leur activité, puisque celle-ci les rend généralement mécontents d'eux-mêmes et les fait vieillir inexorablement. J'ai pour mon dire qu'en se maintenant dans une psychologie des vacances au cœur même de l'action, l'homme réussira à suspendre son adhésion émotionnelle à ce qu'il fait, se contentant de considérer sa vie comme un jeu dont il est le spectateur. Voyant arriver les choses avec sérénité et déta-chement, il applaudira avec le même enthousiasme la mort, le succès, l'échec, ou l'amour. Se regardant lui-même périr s'il n'a pas su annuler dans son mental les pensées de limi-tation qui l'auront acculé à la mort, il sourira, indifférent, sachant très bien que tout cela n'arrive qu'à sa personne et que ce qu'il est est bien au-delà de la personne. Mais, si comme moi, il trouve encore à l'existence un sens esthéti-que, il voudra peut-être s'éviter cette misère de mourir en codant son corps sur la jeunesse éternelle et l'immortalité. Bien sûr, c'est un choix qui en vaut un autre, puisque la matière n'existe pas et que la perte du corps équivaut à l'extinction d'un faisceau de représentations. Et pourtant, je veux rester enjoué, fantaisiste et bienveillant. Aussi ai-je l'intention de ne pas abandonner un cadavre derrière moi, ne serait-ce que par respect pour le sens olfactif de mes concitoyens.

-125-

MA SUPRÊME INUTILITÉ. – Tout ce qui est utile est secondaire. Un individu qui se veut utile se targue en fait de servir à quelque chose. Son attitude démontre qu'il se complaît dans le rôle du serviteur et non dans celui du seigneur. Pourquoi les hommes se plaisent-ils ainsi à s'hu-milier et s'obligent-ils à passer par la porte étroite quand ils pourraient faire irruption avec fracas dans le royaume qui est leur ? Il semblerait que la peur des sanctions soit à l'origine de ce comportement étrange. En effet, celui qui a choisi le rôle du serviteur ne peut que craindre des remon-trances s'il est incompétent dans le service qu'il prétend rendre, mais en même temps il jouit de la protection du seigneur qui saura le récompenser s'il s'acquitte de ses tâ-ches efficacement. Un homme comme Jésus est venu sur terre pour servir l'humanité. C'est son choix. Il est prêt à s'humilier pour rendre service aux autres. Il prétend même

236

les sauver malgré eux. Un tel individu doit se comporter comme une "belle âme" pour reprendre les mots de Hegel. Puisqu'il est venu pour servir, il est absolument important qu'il élimine de son comportement tout ce qui pourrait avoir un lien avec le rire, le sexe, le jeu. On pourrait définir ici Jésus comme le prototype de l'individu qui veut se rendre utile. Il vient préparer les hommes à connaître le père. Il ne leur enseigne pas l'audace, la créativité, la transgression. Il les veut humbles et il leur montre comment faire en lavant les pieds de ses disciples. Bref, Jésus est un révolutionnaire qui interdit la révolution à ceux qui le suivent, puisqu'il se dit mandaté pour la faire à leur place. Mais voilà, Jésus est un médiateur, un intermédiaire. Il fascine l'humanité parce qu'il est prêt à mourir pour les autres. Mais il n'est pas prêt à vivre totalement pour lui-même. Son attitude appelle des sanctions. Il se prépare au martyre. Si seulement il avait pu rire, il aurait désamorcé son propre drame. Or, il est Juif et va à l'abattoir avec résignation. À aucun moment, il ne laisse planer le doute que son intervention pourrait être inutile. Il ne peut en être autrement, car il prêche la rémission des péchés par la souffrance intentionnelle. Encore là, il défend son utilité, sa fonction expiatrice. Je n'ai rien à voir avec un tel homme qui incarne à mes yeux une époque révolue. Qu'il soit Dieu et saint ne me concerne pas. Je ne suis même pas concerné par moi-même. Tout ce que je sais, c'est que je ne me battrai pas pour sauver quelqu'un. Si je dois offrir quelque chose à l'humanité, ce ne sera pas ma souffrance mais mes rires et mes voluptés. Il est temps qu'on abandonne le schématisme primaire de la tragédie libératrice. Tout ce qui se fait dans la souffrance peut être fait également dans le plaisir. En proposant à l'humanité l'aventure intégrale, je lui offre le spectacle d'un individu qui refuse d'être utile. Ce genre d'individu est déjà catalogué dans l'esprit des administrateurs de l'Église. Celui qui refuse de servir, c'est le Diable. Et voilà comment on expédie *ad patres* une question litigieuse en identifiant au mal ce qui relève pourtant d'un pouvoir divin. Celui qui se suffit peut-il seulement rêver d'être utile aux autres. Il les laisse venir à lui, il leur souhaite la bienvenue, mais il les surveille, car il sait qu'un individu qui se cherche un maître est un individu dangereux. Je déteste les disciples et pourtant j'en ai beaucoup. Je ne crois qu'en ceux qui veulent occuper la première place, qui se moquent de l'humanité rampante, car ils savent que le rire est plus salutaire que l'expiation. *Castigat ridendo mores*. Mais celui qui se sent coupable peut-il rire ? Voilà la grande question. Si seulement il pouvait rire, il n'aurait plus peur de rien. Mais comme il a peur de tout, il ne rit pas. Comment peut-il s'en tirer ? La réponse est bien simple : puisqu'il ne peut rire, il doit faire rire de lui. Il doit accepter le ridicule comme une source de chocs salutaires. En effet, je ne vois pas comment un homme pourrait s'éveiller aujourd'hui s'il n'est pas capable de supporter d'avoir l'air fou. Sur ce plan, je veux bien lui rendre le service de rire de lui, non pour me montrer utile, mais parce que ce sera amusant pour moi. Pendant que j'exerce la responsabilité d'exister sur terre, il me faut pouvoir m'amuser. Je déteste tous les dépressifs, les pauvres, les laids, les ignorants, les obèses, parce que c'est bon pour la santé de mépriser ces gens-là. Je ne les condamne pas, mais je refuse de m'apitoyer sur leur sort. Il n'arrive à un homme que ce qui lui ressemble. On me jugera dur, mais qu'on sache que je suis capable d'un amour très pur, sauf que l'amour ne sert à rien. Il fait du bien à celui qui aime, c'est tout. Quand les humains comprendront qu'ils n'ont rien à tirer de la trame sacrificielle de leur existence, ils s'adonneront au loisir comme les dieux grecs d'autrefois et renonceront à se sentir utiles. Ce n'est pas pour demain, car la revalorisation actuelle du travail s'oppose au courant de ma philosophie.

C'EST VOTRE MONDE QUE VOUS AVEZ À L'ES-PRIT, PAS LE MIEN. – Je nierai tout, m'avez-vous compris ? Jusqu'à la dernière évidence qui n'est pas de moi : il faut qu'il en soit ainsi. Chacun ne voit, ne perçoit, ne comprend, n'interprète, ne rencontre que lui-même. Une femme, découvrant que je travaille avec Madeleen, engueule cette dernière dans une de nos salles. "Ce n'est pas vrai, crie-t-elle. Je ne vais pas écouter ce fou ! Vous auriez dû l'entendre, ce matin à la radio. Ses propos sont insensés". Madeleen intervient aussitôt pour préciser que je n'étais pas à la radio ce matin-là. "Je l'ai entendu, crie l'hystérique. Je vous assure qu'il était là. C'est un fou". Madeleen rétorque alors d'une voix cinglante "Vous ne pouvez pas l'avoir entendu ce matin, car il était dans mon lit. Il a passé la journée avec moi". La femme la regarde alors les yeux écarquillés et s'en va en hurlant. Elle n'a pas su faire la différence entre les propos qu'elle entend de ma bouche et ceux que me prêtent mes imitateurs. Une autre personne cite mon œuvre *La médiation sexuelle*, mais elle lit "la méditation". Je la reprends. Elle regarde le livre et me dit : "C'est ça, la méditation sexuelle". Je réplique en épelant correctement le titre de mon livre. Alors elle me regarde et me lance : "Vous n'allez tout de même pas argumenter pour un t". Les gens vivent dans leur tête. Ce qu'ils ressentent, ils le prennent pour la vérité. Leur conception de l'univers est primaire. Je me demande même s'ils regardent le ciel. Un des personnages de Tennessee Williams déclare que le soleil doit être un biscuit. Ce n'est pas moins mythologique, comme réponse que celle d'Héraclite qui le compare à un pied d'homme. Bien sûr, les astronomes l'identifieront à une masse de gaz au moyen de lois mathématiques. Mais ça non plus n'est pas très rationnel. Le délire des chiffres n'est pas moins utopique que celui des lettres. La majorité des gens s'entend toutefois pour reconnaître que le monde n'a pas de sens. C'est qu'ils le voient à travers le non-sens de leur vie. Cela devrait servir de base à ceux qui rêvent de s'éveiller : peut-être découvriraient-ils le sens de l'univers en découvrant celui de leur être. Or, tout ce qui est significatif est à inventer, à constituer. Seul le bonheur que je décide a un sens pour moi. Certains argumenteront que l'univers est l'occasion de mon bonheur. Je n'en disconviens pas, sauf que j'en suis la cause... si je suis éveillé. Le véritable bonheur est de vivre en harmonie avec le Soi... à condition qu'il y ait un Soi. Vous vous rappelez ? Que dois-je donc entendre par mon monde ? Est-ce cela que je vois en regardant par la fenêtre ; des édifices, des voitures, un parc, le ciel ? Oui et non, car ce que je vois, c'est d'abord moi. Or, je ne ressemble ni à un parc ni à une maison. La question reste donc entière. Qu'est-ce que je vois réellement quand je regarde par la fenêtre ? Serait-ce trop absurde que de répondre que je vois ma joie, ma liberté, mon être ? Pour mieux me comprendre, examinez seulement à quoi peut bien vous faire penser un paysage ensoleillé quand vous êtes en deuil. Même le soleil vous importune. Ce n'est pas cela que vous regardez, c'est votre tristesse, votre désespoir. Toute spéculation sur le soleil perd alors son sens. Imaginez maintenant une joie incommensurable faite d'enthousiasme, de célébration, d'optimisme et de triomphe et demandez-vous ce que vous pourriez bien percevoir de votre fenêtre par un jour de pluie si vous étiez animé d'une telle joie. Chaque goutte de pluie vous rendrait fou, hilare, euphorique, plein d'amour. À la place du ciel gris, il y aurait autre chose, une force, une réalité, un absolu incomparables, quelque chose comme un grand mystère qui échapperait à tous sauf à vous. Pensez un peu à un roi sous la pluie. Même mouillé, il reste roi. Eh bien, même battu, isolé, failli ou trahi, je reste Dieu. Rien n'est plus incommensurable que ce sentiment d'infinité qui transforme toutes choses. Comment pourrais-je avoir quoi que ce soit à partager avec tous ces passagers du métro qui s'en vont travailler le matin, le regard endormi, la mine sombre ? Quand ils regardent les quais pleins de monde défiler sous leurs yeux, ils voient du banal, du grisâtre, du superflu. Moi, je vois Dieu partout. Je lisais l'autre jour une revue consacrée aux oiseaux. Quelle sorte d'ornitologue amateur êtes-vous ? demandait-on. Êtes-vous du type jovialiste qui célèbre la vie avec une bonne bouteille en écoutant les oiseaux ? J'ai aimé l'allusion. On ne peut pas compter sur un jovialiste pour polluer la nature ou faire la guerre. Il est trop enjoué, trop content de lui pour nourrir de la haine envers ses semblables. Songez un peu au monde que j'ai à l'esprit lorsque je conduis ma voiture, je fais l'amour ou aide un enfant à traverser la rue en le tenant par la main. Mon monde est pure splendeur et les configurations géométriques qui en constituent la forme comptent pour très peu dans ce que je perçois, car ma joie occupe tout, pénètre tout, fertilise tout. Je ne vois plus la ville ou le parc ; je ne vois que des sourires. En êtes-vous là ?

-127-

LE MENTAL DES GENS EST FIXÉ SUR LA VIE, LE MIEN SUR L'ÊTRE. – L'importance accordée à la vie se fait généralement au préjudice de l'être. Certains penseurs ont contribué à laisser croire que la vie était le principe total, universel, fondateur. Chez les plus avancés, on en est arrivé à remplacer Dieu par la Vie. De Bergson, à Diel en passant par Scheler, on a voulu faire de la vie l'élément secret et essentiel de toutes choses. Il y a pourtant à travers la vie et au-delà d'elle un principe beaucoup plus profond, beaucoup plus actif, beaucoup plus insaisissable qu'il nous appartient de développer, puisqu'il s'agit de notre volonté d'être. Le fait que Bergson et Teilhard de Chardin soient en partie oubliés aujourd'hui – ce qui est fort dommage – tient à ce qu'ils ont ignoré l'être en accordant à la vie la première place. Cela était inévitable à cause du contexte chrétien

241

dans lequel leur œuvre s'est développée. Je n'ignore pas ici que Bergson était Juif, mais je sais qu'il recherchait une sorte de concordat intellectuel avec la pensée catholique. La vie à laquelle il accordait tant d'importance est l'expression biologique de l'amour telle que le conçoivent les chrétiens. Hegel l'a bien vu lorsqu'il définit l'amour comme la plus haute expression de la vie. Là s'arrête la spiritualité chrétienne qui projette la notion de vie sur l'éternité, sur Dieu, sur l'univers céleste. Dieu est vie et amour pour un croyant. Il ne connait pas mieux, alors il s'en contente. Mais la vie n'explique rien, puisqu'elle est elle-même le phénomène le moins explicable qui soit. En fait, la vie représente la haute pensée fécondant la sensibilité. Le monde ne pouvant se penser que comme représentation, la vie du monde n'a de sens que par les constitutions qui la rendent possible grâce au principe matriciel de la chair. La vie est toute faite de vibrations, mais l'être, lui, ne vibre pas, car il ne peut s'identifier au phénomène. Il est à la fois le soutien de tout ce qui est et l'au-delà de la vie. Parler d'une vie intérieure ou d'une vie surnaturelle, on le sait, est absurde pour moi, car la vie est totale sans pour autant résumer tout ce qui est. C'est donc une totalité non englobante. La majorité des gens et même les penseurs les plus éminents ne s'aperçoivent pas de cela. Ils sont mêmes prêts à s'agenouiller devant la vie, puisque l'habitude de s'agenouiller devant le saint sacrement dans les églises s'est perdue peu à peu. Or, pendant que les gens ordinaires célèbrent la vie (et je crois que c'est là une très bonne chose), je me concentre sur mon être, c'est-à-dire que par-delà la vie et à travers elle, j'entrevois ce que je suis. S'il fallait qu'un individu non éveillé prenne conscience de ce débordement êtrique miraculeux, il deviendrait fou. Le seul fait de supposer une telle splendeur indispose déjà la plupart des cerveaux non éclairés. Ce que nous appelons la nature n'est qu'un pâle reflet de cette immensité et de cette beauté transcendantales qui caractérisent l'être. La nature, en effet, est sauvage, brutale, indifférente. On ne s'en aperçoit pas parce qu'on n'est pas souvent confronté avec les chaleurs du désert, le froid de l'Arctique, le vide de la stratosphère. On se dit que la vie est quelque chose d'extraordinaire, que la sagesse de la nature est le remède à tous nos maux. Mais la nature n'est pas compréhensive, ouverte et créatrice. Elle représente une œuvre inachevée que nous pouvons ou non poursuivre. Il en est ainsi parce que l'activité constitutive de la conscience empirique est entachée de finitude, d'hésitations et d'erreurs. C'est la connaissance de l'invisible qui permet le mieux de saisir ces carences de la nature et de la vie ; cette fragilité du tissu vital et existentiel. Seule une épistémologie immatérialiste permettra un jour de dégager les conditions de possibilité d'une existence parfaite dans un monde de représentations. Pour le moment, la croyance, universelle à la matière rend impossible l'exploitation du potentiel humain car la limitation des pensées entraîne la limitation des situations vécues par l'homme. Il n'en sera pas toujours ainsi, car les mutations qui se préparent dans la psyché universelle vont entraîner l'abandon des vieilles croyances religieuses et des illusions matérialistes.

-128-

VIVRE DIVINEMENT. – Il n'y a pas de mode d'emploi pour la vie divine. À défaut de pouvoir en fournir un, Jésus recommandait à ses disciples de se comporter comme des enfants. Ces derniers, en effet, passent leur temps à s'exprimer. Ils sont spontanés et ne connaissent ni le bien ni le mal. On leur inculque bien vite des notions de morale et de justice qui les éloignent de leur pratique franche de la vie, ce qui les amène invariablement à prendre le parti de la Bête contre l'autorité qu'on leur a présentée comme le visage de Dieu. Ainsi, dès leur âge le plus tendre, les hommes apprennent à considérer comme diabolique ce qui est divin et comme divin ce qui est diabolique. Qu'est-ce qui caractérise donc l'innocence des enfants ? C'est leur attitude à l'égard de l'instinct. Ils se croient tout permis, ils sont égoïstes, sensuels, vaniteux, colériques, vicieux, dominateurs et narcissiques. Tout leur appartient. Leur usage du monde ne se limite pas à ce qu'ils possèdent, car ils se sentent tout. Celui qui se sent Dieu passe son temps à s'exprimer comme les enfants, à vivre dans l'immédiateté réfléchie de sa vie, car vivre divinement, c'est être suprêmement actif, non dans le sens de l'ambition, mais dans le sens de la liberté. On ne peut pas dire à un enfant le mot de Socrate : "Quoi que tu fasses, tu t'en repentiras". À un enfant, il faut dire exactement le contraire : "Fais n'importe quoi, c'est sans conséquence". N'était-ce pas le conseil donné par Saint Augustin. "Aime et fais ce que tu voudras". Un tel conseil, cependant, ne s'adresse qu'à ceux qui vivent comme des enfants. Il risque d'être fort mal pris par des adultes tarés et hypocrites qui vont se servir de leurs instincts pour enfreindre les lois. Ce n'est pas ainsi que je vois la fonction de l'instinct. Son but est de nous rappeler à nous-mêmes et non de faire de nous des délinquants, des marginaux, des criminels ou des fous. Lorsque je dénonce le rôle de la raison qui s'impose à l'instinct de l'extérieur, au nom des lois de la morale et de la société, non seulement je ne cherche pas à promouvoir un mode de vie irrationnel mais je tends plutôt à montrer la rationalité de l'instinct qui s'accorde presque invariablement avec la réalité. C'est l'instinct dévié, dompté, menacé, dominé, aliéné qui est dangereux. Mais s'il l'est, c'est à cause du manichéisme qu'entretiennent les lois dans l'esprit humain. Il n'y a pas d'un côté le devoir et de l'autre l'instinct. Tout ceci est une construction farfelue qui ne correspond pas à la vraie vie. Les seuls véritables devoirs sont des devoirs envers notre être et l'expression spontanée de la vie est le meilleur service qu'un individu qui cherche à être puisse se rendre. L'activité de l'enfant n'a rien à voir avec le geste compulsif des adultes. Il joue, il rit, il court ; il ne songe pas à produire. Il n'est pas à la recherche d'une œuvre. Il veut être soi. Il ne se fixe pas un délai pour réussir ce qu'il a entrepris. Il vit dans l'instant et se moque du temps. La vie telle que je la vois est un acte créateur qui s'inspire de la richesse de l'être. C'est une totalité en acte. Plus un individu agit totalement, plus il découvre le sens de son être. Il faut presque qu'il soit passé par une période d'exagération du rôle accordé à la raison pour pouvoir revenir vers l'instinct et l'assumer à la faveur de cette intériorité nouvelle qu'il est allé chercher dans la réflexion. C'est ce qu'avait bien vu Bergson quand il définissait l'intuition comme l'instinct fécondé par l'intelligence. Mais je trouve qu'il a mal exprimé ce qu'il a découvert. Il aurait fallu qu'il dise que l'homme réconcilié avec lui-même comprend qu'il est Dieu. Mais ce pieux génie ne pouvait aller jusque-là. En un sens, tout Juif qu'il fût ; il était encore trop chrétien. Il croyait aux mérites d'un Dieu qui sauve les hommes. Sa mystique était tournée vers la transcendance. Il ne peut en être autrement lorsqu'on adopte une spiritualité évolutionniste. Il n'y a pas d'évolution. Il n'y a que des états absolus qu'on se permet ou qu'on ne se permet pas. Être ou ne pas être. Tout homme qui comprend cela sent sa lumière fulminer dans sa tête comme si sa joie avait besoin de la colère pour rompre les fragiles remparts que lui impose la loi générale. C'est ici et maintenant qu'il faut être Dieu ou jamais.

-129-

AU-DESSUS DE L'ATLANTIQUE. – J'étais, la nuit, à bord d'un avion, à trente-neuf mille pieds d'altitude au-dessus de l'Atlantique. Soudain, je me suis demandé : "Mais qu'est-ce que je fais là ?" Voilà une question qui mérite une réponse immédiate : je suis un homme enfermé dans une boîte de fer qui se déplace dans le vide et dans le noir. C'est absurde en un sens. C'est ce jour-là que j'ai compris que je ne pouvais m'identifier à cette image d'un bipède assis dans un fauteuil au-dessus de l'océan. Ne voit-on pas que ces déplacements, ces avions et l'idée même du vol ne sont que des représentations ? Notre esprit grossier nous impose ce genre d'expérience pour pouvoir nous représenter ailleurs que chez nous. Mais passer par la mécanique, la géométrie et la cinétique ne sont pas les seules options possibles sur terre. Il y a des sorciers qui se déplacent à la vitesse de la pensée et des hommes qui volent au-dessus des maisons de leur village. Je ne leur envie pas leurs pouvoirs. Mais il y a là une illustration très claire de la direction que nous devrions tous prendre. Monter à bord d'un avion est du plus haut ridicule. Il faudrait pouvoir sortir par la fenêtre du huitième étage comme un oiseau qui déploie ses ailes. Certains adeptes du LSD ont tenté cela et ils se sont écrasés dans la rue, victimes des constitutions préparées par leur conscience. Il ne s'agit pas ici d'ignorer la réalité mais de comprendre où se situe son "point d'assemblage", comme le dit Castaneda. Mon épistémologie immatérialiste peut faire faire un grand pas à l'humanité en ce sens, mais elle implique que notre esprit se détourne de l'illusion du progrès technologique. Dans mon univers, il y a certes des appareils téléphoniques et des ordinateurs, mais je voudrais qu'on comprenne que ce n'est là qu'une façon d'envisager le travail à faire sur terre et qu'il y en a d'autres. Je reste persuadé que la loi du miracle opère encore de nos jours sous le couvert de l'anonymat et qu'elle peut transformer une situation déchirante en une expérience de lumière. C'est dans le secret de nos cœurs que réside la force infinie au moyen de laquelle nous pouvons tout changer. Cette force n'a pas besoin de fusils, d'avions, de salles d'opération. Elle agit dans l'invisible sur le visible. Je prendrai certes encore l'avion, mais je ne pourrai m'empêcher de rigoler dans mon fauteuil à trente-neuf mille pieds d'altitude. Quel cinéma !

KLONDIKE. – Je me rappelle avoir vu à la télévision, il y a une trentaine d'années, une émission de série B consacrée à un aventurier du Klondike. Le bonhomme en question est une sorte de soldat de fortune au pays des chercheurs d'or. Il est prêt à tout pour survivre. Un soir, dans une taverne, alors qu'on cherche un opposant au champion de boxe local, une espèce de matamore gigantesque, notre homme, stimulé par le whisky, accepte de relever le défi sur le ring. Vous comprenez bien qu'une fois remis de sa soûlerie, le lendemain matin, il comprend qu'il a fait une gaffe énorme. Tout en se promenant en ville, en proie à la panique la plus grande, il cherche une idée qui pourrait le sauver de la démolition. Or, voilà qu'il apprend en écoutant les conversations que son adversaire est un grand sensible qui voue à sa mère un culte démesuré. Sous prétexte de fraterniser avec lui avant le combat, il l'amène à lui faire des confidences et il apprend de la sorte que le champion a une faiblesse : quand il entend le son de la trompette, il paralyse littéralement et se met à pleurer en pensant à sa mère. Alors, une idée machiavélique naît dans l'esprit de notre aventurier. Le soir du combat, alors que la foule est déchaînée, il paye un musicien du "saloon" pour jouer de la trompette au moment décisif. Notre homme passe les premiers rounds à s'enfuir d'un coin à l'autre de l'arène pour échapper au tueur. Puis au moment où il se sent cerné dans les câbles, d'un geste de la tête il indique à son complice que c'est le temps de jouer. L'autre s'exécute, laissant s'échapper de sa trompette une mélopée plaintive. Surpris, le champion se met à pleurer et baisse sa garde. Notre homme, voyant une ouverture, le martèle alors d'une façon magistrale et l'assomme raide. J'avoue avoir été frappé par ce scénario naïf. Eh quoi, il faudrait toujours jouer fairplay même quand on est sur le point de se faire tuer ! Conan Doyle faisait dire à Sherlock Holmes dans une situation particulièrement tendue : "Quand on a perdu la partie, on peut encore renverser la table". C'est ce que je m'applique à faire dans cet affrontement disproportionné qui m'oppose à la loi générale depuis plus de deux décennies. Il me faut mettre k.o. l'appareil manipulateur ploutocratique sans avoir l'air de fausser les règles du jeu. J'aurai ma chance, j'en suis sûr, parce que je suis intelligent. On ne peut pas toujours perdre, n'est-ce pas ? J'ai développé au cours des années une capacité d'endurance remarquable qui a fini par endormir mon adversaire. Il me croit capable de prendre les coups, mais incapable de les rendre. Erreur ! Je peux jouer cochon. Tôt ou tard, je sais que je vais me payer la traite. Je trouverai moi aussi le son de trompette qu'il me faut et je ne me gênerai pas pour en abuser. Il me semble que j'ai en moi des trésors de haine joyeuse à écouler et que je connaîtrais un orgasme cérébral à rebondissements si je pouvais voir se traîner à mes genoux ces potentats administratifs qui m'ont si longtemps cassé les pieds. Dans la vie, il faut savoir jouer. L'usage de mon pouvoir spirituel m'a amené à penser qu'aucune option n'est déraisonnable quand il s'agit de sa survie. Un jour, ce sera mon tour.

-131-

LA CHALEUR MÉRIDIONALE AU SECOURS DE LA FROIDEUR NORDIQUE. – L'influence de l'Italie sur Goethe et Mozart m'a rendu sensible à la vitalité débordante de la Renaissance qui a fini par transformer la culture allemande en la sauvant de sa platitude traditionnelle. C'est ainsi qu'est né l'art baroque caractérisé, comme le dit le dictionnaire, par "l'exubérance de l'ornementation, l'expressivité marquée des formes, la tendance au pathétique et la surenchère dans le faste". On croirait reconnaître la civilisation, canadienne-française "rococo-bowling" poussée à son paroxysme, mais dans un autre contexte : celui de l'architecture du XVIIIe siècle et de la sculpture sur marbre. Est-ce possible ? Se pourrait-il que le Québec en vînt un jour à inspirer un mouvement artistique et culturel profond ? Pourquoi pas ? On sait que les hippies, les freebes, les junkies d'amour continuent de marquer l'Amérique. Chaque année depuis vingt ans, le 4 juillet, ils se retrouvent dans un parc national, jamais le même, pour fêter le *National Rainbow Gathering.* Ce sont des gens très doux qui aiment la musique, les enfants et les chiens. Ils n'ont pas plus de vingt-cinq ans et avouent militer en faveur de tout ce qui pourra ennuyer leur papa yuppie. Le seul problème avec ces gens, c'est qu'ils vivent comme des indiens dans le bois. Si seulement ils avaient des maisons, une culture, des œuvres, ils ressembleraient terriblement aux Québécois. Un avocat qui s'entraîne avec moi au centre Nautilus me disait justement l'autre jour qu'il avait à plaider en français à Toronto, la métropole anglo-saxonne du Canada. "Quand ces gens-là saisissent enfin ce que nous disons par le biais des traductions, ils s'étonnent énormément de notre vitalité, du caractère coloré de nos discours et surtout des images folkloriques ou mythologiques que nous utilisons pour créer un effet ou nous faire comprendre". Qu'est-ce qui fait donc l'étrange originalité de notre culture ? C'est l'intrusion du schématisme méridional des Latins dans la vision rationaliste des Nordiques, les deux ensemble formant un cocktail culturel à la fois humoristique passionné, puissant, imprévisible et pathétique. Sans doute en sommes-nous rendus au baroque, ici en terre française d'Amérique, sauf que dans tous les secteurs de notre vie sociale se développe des œuvres aussi articulées que la mienne et une conscience qui tire sa vitalité nouvelle de la chute des Églises et du refus de la morale. Sans aller dire que nos fêtes populaires comme le Festival du jazz l'été donnent lieu à une licence aussi grande que celle de Rio pendant le carnaval, je dois reconnaître que l'intrusion de l'irrationnel chaleureux au cœur même de la froide rationalité nordique produit un effet salutaire et exceptionnel qui permet d'installer la détente là où prédominait le stress, le jeu là où triomphait l'angoisse et la permissivité là où la notion de devoir semblait s'être imposée à jamais comme la règle et mesure du développement social. Si je tiens compte de l'enrichissement multiethnique provoqué par l'immigration, j'ai toutes les raisons de croire que le Québec constituera un jour la plaque tournante d'une nouvelle civilisation mondiale à la française où le concept de loisir prendra enfin tout son sens créateur.

-132-

SOCRATE RECULANT AU FRONT. – J'aime beaucoup les gens qui reculent méthodiquement. Pour moi, ça vaut presque plus qu'avancer. Pourquoi ? Il y a d'abord cette conviction que nous n'allons nulle part en cette vie, donc qu'avancer ou reculer importe peu, sauf que je préfère avancer quand ce n'est pas trop difficile. Il y a beaucoup dans ma mentalité du chat Garfield. Une certaine paresse sied bien au sage. Par contre, quand il s'agit de reculer, je m'y connais. J'essaie de faire comme Socrate au front, reculant devant l'ennemi en soutenant un camarade blessé. Imperturbable, il se comportait comme s'il avançait, sauf qu'au lieu de mettre un pied devant l'autre, il mettait un pied derrière l'autre. L'idéal, bien sûr, est toujours de résister, c'est-à-dire de rester sur place, quoi qu'il arrive. Mon ami Angelo prétend qu'un individu qui réussit à ne pas se laisser emporter par le courant est extrêmement actif bien qu'il soit immobile. Voilà une parole noble tout à fait digne d'un Italien. Mais examinons comment reculer peut en quelque sorte être avantageux. Comprenez-moi ici. Il s'agit de perdre du terrain avec noblesse, contrairement à l'arrière-garde napoléonienne qui se fait massacrer parce qu'elle a juré d'avancer. Je trouve qu'un homme qui recule consciemment est un homme intelligent. Mais s'il recule avec méthode, alors c'est un génie. Ne me parlez pas de ces victoires à la Pyrrhus où l'avantage sur l'adversaire est si minime et les pertes de son côté si lourdes qu'on pourrait presque parler de défaite. J'aime bien le panache, mais je refuse d'en mourir. Cyrano est un esthète, mais il meurt tragiquement. Un esthète devrait toujours être drôle. Ne me parlez pas non plus du général Ney qui se fait fusiller par ses propres soldats pour ne pas tomber aux mains de l'ennemi. C'est grandiose mais abstrait, gratuit, absurde. J'aime beaucoup les mœurs romaines de l'Antiquité. Elles savaient le mérite de l'intelligence. Dépêchant à Capoue une armée de courtisanes et de matrones pour arrêter Hannibal en le faisant succomber aux plaisirs de Vénus, les Romains firent preuve d'une prodigieuse subtilité. Le piège était grotesque, je sais, mais Hannibal l'était aussi. S'il faut vaincre, que ce soit par dérision et non en se prenant au sérieux. S'il faut reculer, que ce soit avec méthode et non en cédant au tragique de la défaite. Un homme qui recule adroitement en mesurant ses pas ne peut vraiment être vaincu, car il fait preuve d'une stratégie qui déconcerte l'ennemi. Je crois bien que je recule depuis que je vis sur cette terre. Ayant méprisé tous les avantages de la réputation et de la fortune, j'ai plongé les témoins de ma vie dans la stupéfaction et le désarroi. Que veut donc ce diable d'homme qui ne cesse de reculer ? se disent-ils. Peut-on être fier de perdre quand on a tout pour gagner ? Mais a-t-on remarqué que je recule encore et que je perds toujours. Congédié dix-neuf fois de la radio au cours des vingt-cinq dernières années, peut-on dire que je ne fais pas de radio ? J'en fais tellement... que je m'apprête à être congédié une vingtième fois. Cet homme qu'on couvre de ridicule, que tous les imitateurs et les personnificateurs du Québec s'arrachent, cet homme qu'on accable, qu'on expulse, qu'on condamne, qu'on réfute... se porte bien. N'est-ce pas étrange ? Va-t-on en finir avec moi ? Va-t-on me faire taire une fois pour toutes ? Si seulement vous acceptiez de vous faire rare, me disait un jour, mélancolique, un ministre. Mais j'y mets la plus mauvaise grâce du monde. C'est à croire que le fait de reculer me sied à merveille. Ma gloire me vient d'être anéanti, ma popularité d'être incompréhensible, l'intérêt que je soulève d'être l'homme de l'heure quand un congédiement s'impose. Je suis de toutes les faillites. Quand une entreprise ferme ses portes, j'ai bien des chances d'être passé par là. En fait, j'ai entrepris d'anéantir l'appareil manipulateur ploutocratique morceau par morceau. Je me saborde à chaque endroit que je fréquente pour entraîner à leur perte ceux que j'ai subornés au nom de l'esprit. Puis je renais ailleurs, facétieux, provocant, iconoclaste, hérétique. Parfois quelqu'un s'exclame : je vais lui régler son compte une fois pour toutes. Enragé, il vient me chercher sur mes terres. Et qui rencontre-t-il ? Dieu ! Alors il oublie sa haine et se morfond en simagrées. Je suis probablement le laïc devant lequel on s'est agenouillé le plus souvent au Québec, dans les studios de télévision, dans des endroits privés et même sur la rue. C'est pure moquerie, me direz-vous, mais j'ai pour mon dire que personne n'a réussi à conserver sa haine envers moi à moins de dix pieds de ma personne. Je rends fou ceux qui veulent m'agresser et ils repartent en chantant mes louanges, non sans se discréditer eux-mêmes par leur volte-face étrange. Un jour, on s'apercevra que je suis l'absolu au cœur de la vie. Des masses de gens viendront se faire donner un grand coup d'absolu en tentant de m'approcher. Et ce sera bien bon pour eux. J'aurai reculé si loin derrière ma personne, que c'est à un masque qu'ils adresseront leurs dévotions. M'a-t-on compris?

-133-

UN ICEBERG GROS COMME L'IRLANDE. – Il existe dans le monde des objets étranges comme cet iceberg de taille stupéfiante qui s'est détaché de l'Antarctique pour

252

dériver dans la mer de Ross il y a quelques années. Si on avait réussi à le remorquer jusqu'en Californie et à le faire fondre, il aurait suffi aux besoins en eau potable de la ville de Los Angeles pour les 675 prochaines années. La signification la plus importante de cet événement, ont déclaré les experts, est qu'il va changer toutes nos cartes de ce continent. Si vous saisissez bien, ces fameux experts avaient compté la glace comme du sol ferme, si bien que cette partie du pays qui vogue maintenant à la dérive les oblige à réviser les principes de leur géographie. Je n'ai pas suivi l'évolution de ce bloc de glace gros comme l'Irlande, mais je trouve qu'il nous oblige à repenser notre vision des choses. Charles Fort rapporte qu'il est tombé quelque part un grêlon de plus de trois kilos au début du XXe siècle et le National Geographic Magazine souligne qu'il existe à Bornéo des moustiques gros comme des poules. En un sens, notre monde cherche à échapper à la loi générale par la démesure. Un fermier qui demeure près de la centrale nucléaire de Gentilly au Québec a constaté en 1990 l'existence de pissenlits gros comme des soucoupes sur ses terres. Mutation ? Pourquoi pas ! Mais si vous voulez mon avis, je tiens là la preuve que la nature est folle et se développe au hasard des mouvements qu'entraînent nos pensées. Tout ce qui peut être pensé sous forme de représentation est le résultat d'intentions de conscience follement ou sagement orchestrées. Je n'ai jamais eu en très haute estime le schématisme imaginatif qui nous a fait concevoir la réalité à partir de formes géométriques primitives. Prenons l'exemple des astres. Leur forme circulaire universellement reconnue dénote un manque d'originalité dans l'activité de la conscience constitutive. L'individu vastement plus intelligent que ses semblables n'a plus qu'à supporter les résultats de leur conservatisme empirique s'il ne décide pas de changer l'ordre du monde dans sa tête. Quand on y pense bien, les projets technologiques du XXe siècle sont grotesques. On donne aux avions la forme des oiseaux et on cherche à remplacer le cœur humain comme si c'était le moteur d'une voiture. Nous avons atteint dans nos ouvrages collectifs un niveau d'inintelligence insurpassable et l'esprit éveillé ne peut que s'affliger de constater que nous cherchons à imiter aujourd'hui ce que nous avons créé hier. Je prédis que nous verrons apparaître bientôt dans notre univers toutes sortes d'objets hétéroclites qui ressembleront de plus en plus au délire de nos facultés constitutives comme pour nous démontrer par l'absurde que c'est nous qui créons le monde. Je ne suis pas sûr que les gens raisonnables s'en remettront. Comprenez-moi ici : il existe des réalités beaucoup plus étranges que celles perçues au moyen de la drogue.

-134-

LES MOUVEMENTS DE LA RICHESSE. – Il en va de toutes choses comme de l'eau des rivières qui coule et s'amasse dans les anses avant de repartir ailleurs. On sait que l'eau est fluide, qu'elle prend toutes les formes qu'on veut lui voir adopter. Accumulée dans les turbines, elle peut produire un énorme pouvoir électrique. Elle ne fait pourtant que suivre son cours. J'ai compris que la prospérité est comme l'eau. C'est une sorte de courant qui vient s'enrouler autour de certains individus et de certaines familles constituant des pôles capables de l'attirer. Comment se fait-il que cette polarité opère chez certains et pas chez d'autres ? Ce phénomène est probablement dû à la nature de leurs pensées. Certains se conduisent comme des aimants irrésistibles qui attirent l'argent en grande quantité et d'autres comme des repoussoirs qui le font fuir. J'imagine que cela a beaucoup à voir avec le genre d'individus qu'ils fréquentent. On ne peut pas se tenir indéfiniment avec des pauvres et des assistés sociaux sans se voir imprégné par les pensées de pénurie qu'ils véhiculent. Une de mes amies éprouve actuellement de grandes difficultés financières. Comme elle me demandait d'identifier la cause

254

de ses problèmes, je cherchai à savoir quelles influences elle avait subies au cours de sa vie. Je lui trouvais un air très bohème et, souvent, elle était habillée de noir quand elle me visitait. Elle me répondit qu'elle adorait la philosophie existentialiste et se mit à me parler de Boris Vian, de Camus, de Brassens, de Sartre, de Juliette Gréco et de Simone de Beauvoir. Je fis la remarque que tous ces gens semblaient totalement désenchantés à l'égard de l'argent et elle me répondit que c'était normal puisque leur philosophie avait connu un essor au lendemain de la guerre. Lorsque les caves existentialistes connurent une grande popularité, les gens étaient si pauvres qu'ils se mirent à s'habiller avec des étoffes bleues, grossières et rugueuses. On avait mis en vente dans quelque marché aux puces de la région parisienne tout un chargement de ces tissus qui provenaient de Chine. Les artistes virent là une aubaine et s'habillèrent à peu de frais. Le jean venait d'être inventé. Ce qui devait devenir une mode mondiale avait été inspiré par la nécessité. La majorité de ces artistes et penseurs méprisaient les Américains. Plusieurs d'entre eux avaient leur carte du Parti Communiste. Ils étaient d'humeur sombre et se faisaient les chantres de l'ennui de vivre, de la nausée et de l'absurde. La métaphysique du non-sens de l'existence qui venait de naître véhiculait une sorte d'éloge de la pauvreté et du détachement. Ceux qui accumulaient des richesses étaient considérés comme des bourgeois et des salauds. Je dis donc à mon amie qu'il était tout à fait normal qu'elle se sente misérable et qu'elle soit endettée, puisque ce qui domine la pensée ne peut que se réaliser. L'égrégore du monde existentialiste est tout à fait incompatible avec l'abondance des biens. La bohème n'enrichit personne. Elle fait rêver, elle donne le goût des longues méditations, mais aussi et souvent elle conduit à la neurasthénie et au suicide. Je sais, je sais, il fallait que quelqu'un dise non aux Américains et au matérialisme grandissant. L'être, en ces temps-là, semblait s'opposer à l'avoir. Ce fut mon mérite de dénoncer la coutume, qui disait qu'il fallait être pauvre pour être sage. Mon amie sursauta. Elle assistait à mes conférences depuis quelques mois, elle semblait comprendre ma pensée, mais elle ne l'appliquait pas vraiment. Je suis persuadé qu'elle saura renverser l'influence malsaine des penseurs du néant dans sa vie. Mais il lui faudra travailler sur ses états de conscience et sur sa pratique quotidienne. Elle devra comprendre que le noir qui lui va si bien est lié dans sa tête à l'atmosphère dépressive des années 50 à Paris et que des vêtements clairs et des habitudes de vie différentes concourraient à changer ses vibrations. Le fait d'écouter Léo Ferré *ad nauseam* ne favorise pas la prospérité. Par ma philosophie, j'ai démontré que l'attitude immatérialiste n'est pas incompatible avec la richesse et qu'on peut très bien vivre l'abondance dans la transparence. C'est ce qu'a très bien compris également Catherine Ponder lorsqu'elle associe la prospérité à la prodigalité de l'infini. Il y a de plus en plus de gens qui croient que la spiritualité peut enrichir. Malheureusement, ces réformateurs viennent plutôt des pays protestants. La spiritualité est toujours associée au dépouillement, à la pauvreté dans les pays latins. L'influence de l'Église catholique pourtant si riche a contribué à conforter les pauvres dans leur misère. Le Sermon sur la montagne n'a pas peu fait pour glorifier la pauvreté, la pénurie, la souffrance et le malheur. Il faut changer tout cela. J'ai établi clairement que le plaisir conscient mène plus facilement au bonheur et à la richesse que la souffrance et l'apitoiement. Qu'il en soit désormais ainsi.

-135-

LE POUVOIR SEXUEL DES ENFANTS. – J'ai rencontré une femme de quarante-deux ans qui en avait long à dire. Bien sûr, elle n'est pas arrivée chez moi en confiance. Cinq minutes avant de me rencontrer, elle disait du mal de moi à une amie. Mais dès qu'elle m'a eu entendu, j'ai senti qu'elle était sous le charme de mon magnétisme. C'était une jolie femme, un peu fatiguée, très sensuelle. Une nocturne, me suis-je dit. Probablement une alcoolique légère. À la fin de ma conférence, je l'ai invitée à rester. Je savais qu'elle avait soif. Alors j'ai fait livrer du vin. Elle s'est mise à boire, cherchant à me provoquer tout en me résistant. Elle me parlait de son passé en me disant qu'il y avait des trous dans sa mémoire. Par exemple, elle ne se rappelait plus ce qui s'était passé dans sa vie entre l'âge de cinq et quinze ans. À un moment donné, j'en ai eu assez et je lui ai dit : "Tu enlèves tes vêtements où je les déchire sur toi". J'aurais pu craindre une réaction agressive de sa part. Elle m'avait avoué en début de soirée qu'elle était féministe. Mais elle s'exécuta rapidement. Je la trouvai étonnamment docile pour une femme de cette classe. Lorsque je m'approchai d'elle pour la serrer contre moi en la poussant vers le lit, elle se mit à se débattre. Je l'empoignai solidement et la violai comme une fillette. Dans le feu de l'action, je crois bien avoir confondu ses ouvertures vénusiennes. Elle se débattait en criant, mais je savais qu'elle se livrait là à une forme d'exorcisme. En abusant d'elle de façon anale, je la soumis à un choc libérateur et des souvenirs longtemps cachés remontèrent à la surface. Elle m'avoua avoir été violée à plusieurs reprises à l'âge de cinq, sept et neuf ans, tout en s'étonnant elle-même, car elle n'avait plus jamais repensé à ces choses, les occultant complètement dans sa mémoire, allant même jusqu'à croire qu'elles n'avaient jamais existées. Alors je lui posai une question à laquelle elle ne s'attendait pas : "Est-ce que vous avez aimé ça ?" Elle se mit à hurler, enfila ses vêtements en hâte et claqua la porte. Deux semaines plus tard, elle réapparaissait chez moi et me dit : "Oui !" Ce soir-là, je la retins à nouveau, mais pour des raisons différentes de la première fois. Je sentais qu'elle était prête à parler. Elle voulut boire à nouveau. Je lui servis autant d'alcool qu'elle en désirait. Alors, des masses de souvenirs se précipitèrent dans sa conscience. Elle m'avoua avoir fait abuser d'elle complaisamment pendant six ans par un voisin qui la gardait. Ses parents étaient rarement à la maison. Le voisin la faisait déshabiller et, sous prétexte de lui donner un bain, la caressait et finalement prenait son bain avec elle. Elle avait peut-être sept ans lorsque, se promenant sur la rue, elle vit une voiture arrêtée. Au volant, un homme très bien habillé qui se masturbait. Elle le regarda tout en sachant que c'était elle qui menait le jeu. L'homme descendit de la voiture et elle le suivit dans une ruelle. Après lui avoir enlevé ses petites culottes, il la prit dans ses bras et la pénétra. Elle ne se rappelle plus s'il lui a fait mal, mais elle se souvient très bien de l'odeur de son eau de toilette alors qu'elle était collée contre lui. Il éjacula en elle et elle éprouva une joie intense. Elle venait de découvrir la vocation de son enfance. Par la suite, elle se prostitua volontairement dans les ruelles, les voitures, les maisons voisines. C'est elle qui choisissait, qui décidait. Elle m'a confirmé ce que je savais déjà : 81 % des enfants qui ont eu des contacts sexuels avec des adultes ne dénoncent jamais ceux-ci... parce qu'ils ont aimé ça. Un grand nombre d'entre eux ont pris la direction des opérations. Cette audace a déterminé l'orientation de leur vie. Je fis sentir une eau de Cologne que je gardais dans ma pharmacie à cette femme étonnante dans l'espoir qu'elle reconnaîtrait peut-être l'odeur qui l'avait allumée et à ma grande stupéfaction, c'était la même. Je la pris donc dans mes bras contre la cloison en la tenant très serrée et elle se mit à me parler comme une petite fille au moment où je la pénétrais. Peu de temps après, elle revint chez moi avec une fort jolie femme et nous avons fait l'amour tous les trois. Mais je sais qu'elle aimait surtout nous regarder au lieu de participer à l'action. Aujourd'hui, elle a cessé de boire et semble avoir découvert un nouveau sens à la vie. En l'amenant à se confier à moi, je lui ai fait comprendre qu'elle n'était nullement coupable d'avoir aimé le plaisir sexuel à cinq ans et d'avoir incité des hommes à le lui procurer. Se pourrait-il qu'un jour on laisse s'aimer les enfants et les adultes comme bon leur semble sans les menacer dans l'espoir d'expier sa propre culpabilité ?

-136-

CE QUE TU CHERCHES TE CHERCHE AVEC LA MÊME INTENSITÉ. – À dix-huit ans, je cherchais Dieu et je me soutenais dans ma quête en lisant Ramakrishna. À vingt ans, l'immatérialisme de Berkeley me fournit l'épistémologie qu'il me fallait pour développer ma métaphysique de la transparence. Soudain, la lumière se fit. J'étais ce que je cherchais. Ce qui dominait ma pensée devenait ma vie. Le choc de cette évidence fut accompagné d'un déluge d'expériences mystiques allant de la dématérialisation jusqu'à l'extase. Mais comment chercher autre chose que Dieu quand on cherche Dieu ? Je ne cherchais donc pas l'argent dont je n'avais nul besoin, ni la jeunesse dont j'étais déjà comblé, ni l'amour que je méprisais. Une fois en pleine possession de moi-même, c'est-à-dire de ma substance divine, je m'appliquai à regarder autour de moi. Puisqu'on ne voit que ce qu'on est, qu'est-ce qui incarnait le mieux ma vision de l'absolu dans le monde ? Qu'est-ce qui me faisait le plus penser à Dieu autour de moi ? Les femmes ! Mais ça ne pouvait pas être n'importe quelles femmes. Il fallait que ce soit des femmes qui aient le goût de l'absolu et donnent le goût de l'absolu. Elles ne pouvaient donc être ni laides, ni sottes, ni hargneuses, ni pauvres. Toutes les bourgeoises étaient éliminées d'emblée. Suivirent les femmes superficielles, les prostituées, les féministes et, de façon générale, toutes celles chez qui les hormones comptent plus que les neurones. Quand je ne pensais pas à la philosophie, je pensais aux femmes. Il m'en vint de tous côtés : des très belles et des très intelligentes. Ce que je cherchais me cherchait. Je réalisai vite cependant qu'il me fallait les éduquer. Comment éviter l'insécurité, la possessivité, la jalousie ? La

259

majorité des femmes au début des années 60 étaient à la recherche d'un mari et moi, je voulais des compagnes de sagesse et de plaisir, ouvertes, permissives, audacieuses. Je compris très vite que la majorité des femmes ont besoin d'un verre pour chasser leurs inhibitions. J'éliminai toutes celles-là. Il me fallait des femmes capables de se mettre nues et de faire l'amour à jeun, non des êtres frustrés désireux d'échapper à leurs principes. Il était hors de question que j'aille draguer dans les bars ou les clubs. Je voulais que les femmes viennent vers moi en quête de la vérité, d'une vérité divine et jouissante. Je découvris ce type de femmes dans mes salons et mes salles de conférences. Je suis incapable de faire l'amour à quelqu'un qui n'aime pas ma philosophie et ne partage pas ma pensée. Mon intransigeance amoureuse fut récompensée. Mes relations amoureuses connaissent un épanouissement prodigieux. Je réalisai assez vite cependant qu'un élément manquait dans ma vie terrestre, puisque j'avais décidé de financer mon œuvre moi-même devant le manque d'enthousiasme de mes concitoyens pour ma pensée : l'argent. Il me fallut du temps pour comprendre que ce n'est pas le travail qui rend riche, mais les pensées d'abondance et de prospérité. L'argent n'est qu'un équivalent réel de la fécondité de l'esprit. Pour avoir de l'argent sans jamais en manquer, il faut penser à l'argent dans un climat de détente. Mais comment penser à l'argent et rester décontracté ? Voilà la grande question. L'argent n'étant pas une substance matérielle mais un paramètre extérieur de la créativité humaine, il se manifeste donc en proportion de l'intérêt qu'on lui porte. Mais attention ici, il faut que ce soit un intérêt positif, très articulé, dépourvu de toute inquiétude, donc maintenu dans un parfait climat de détente. En d'autres mots, pour avoir de l'argent, il faut savoir jouer avec lui dans nos pensées, être intérieurement sûr de ne jamais en manquer et associer tous ceux qui nous entourent à notre succès. Si jusqu'à maintenant j'ai été passablement choyé de la fortune, c'est parce que je me suis avisé sur le tard que l'argent était nécessaire sur terre. Très jeune, j'avais appris à mépriser l'argent. J'ai réussi à me guérir de cette fâcheuse tendance sans tomber dans le piège du travail pour le profit et du calcul matérialiste. Je ne répéterai jamais assez que tout ici-bas réside dans la séduction. Il faut séduire l'argent de la même façon que j'ai réussi à séduire les femmes qui m'aiment. L'argent répond facilement quand on lui fait la fête. C'est sans doute la substance la plus philosophique du réel. Il n'existe presque pas, mais il bouge, il se meut, il s'étale. Ceci mérite d'être retenu.

-137-

CONNAISSEZ-VOUS LES IKS ? – Nous devons à un ethnologue réputé, Colin Turnbull, de connaître les Iks, une sorte de peuplade ougandaise qui s'applique à survivre par la violence et la cruauté. L'auteur relate qu'ils gênaient les autorités de l'Ouganda. Ils furent donc déplacés, sédentarisés, si bien qu'aujourd'hui, ils meurent de faim. Ayant oublié leur folklore, leurs activités principales se réduisent à chercher à manger et à battre leurs femmes. Il s'agit d'un peuple très querelleur qui excelle dans les combats verbaux. Ceux-ci consistent à se lancer des injures en criant suffisamment fort pour que les témoins entendent les belligérants. Chez ce peuple ignorant et primitif, la violence verbale fait oublier la faim. Les affrontements sont comme des tournois où chacun incarne tour à tour l'agresseur et l'adversaire dissuasif. Tout est prétexte à une bonne querelle. Les Iks vivent dans une telle pauvreté qu'ils peuvent déplacer leur village sur leur dos pour aller s'installer ailleurs. Les mariages sont des occasions de se battre, car la moindre distraction permet de tromper la faim et l'ennui. Ces gens n'ont littéralement rien à faire. Dépourvus de toute instruction, oublieux de leurs traditions, incapables de travailler, ils éprouvent un sentiment de vide affreux.

Après un an d'immersion dans leur univers, Colin Turnbull est revenu écœuré, les Iks lui ayant donné l'image d'une civilisation animale dépourvue de la sensibilité des vrais animaux. Nous pourrions en arriver là nous aussi et je me demande si les Indiens du Canada ne sont pas déjà parvenus à ce niveau d'insignifiance et d'inutile violence. Installez un homme de la nature dans une maison sommaire et privez-le à la fois de la possibilité de retourner dans la nature et de celle d'utiliser les outils de la civilisation, il s'effondrera. Les Iks qu'on a enfermés pour quelques mois sont morts, car "plus d'une journée" en prison signifie pour eux "toujours". Il n'y a rien de plus abominable au monde que de ne pas pouvoir, se retrouver intérieurement. Lorsque les Iks sont confrontés à eux-mêmes, ils paniquent, ils ont l'impression de tomber dans le vide. Et comme ils ont faim en plus, ils sont prêts à tout pour échapper à leur désespoir. Comprennent-ils le genre de vie qu'ils mènent ? Sans doute pas. Sans possibilité, de comparaison avec d'autres hommes, les plus démunis des hommes ne savent même pas qu'ils sont démunis. Tout se traduit chez eux en termes de sensation. Peut-être ces demi-hommes de l'Ouganda nous annoncent-ils le destin des civilisations qui ne s'appliquent pas à défendre leurs libertés comme le plus grand des biens. La méchanceté existe toujours sur terre, mais elle est généralement provoquée par des contextes qui poussent les hommes à s'entretuer. Bien sûr, les Iks n'ont pas d'armes. Aussi, leurs batailles sont-elles surtout verbales, quoiqu'il leur arrive de se battre également à coups de bâton. Un chrétien se demandera : "Pourquoi Dieu a-t-il abandonné ces pauvres gens ?" Mais les Iks ne savent même pas qui est Dieu ; ils sont donc très loin de réaliser qu'ils pourraient être Dieu, qu'ils sont Dieu. Leur existence est un cauchemar inconscient de lui-même, une sorte de non-sens humain provoqué par les autorités. Je trouve à la fois admirable et ridicule qu'un ethnologue puisse consacrer un an de sa vie à étudier ce type d'existence inêtrique. Ça ne peut rien changer pour eux et ce n'est pas très bon pour lui. J'oserais même dire que c'est mauvais pour nous tous, surtout si nous refusons d'intervenir. J'espère ne jamais voir bondir devant moi un de ces Iks armé d'un gourdin. Un tel homme peut-il encore sourire ? Reconnaîtrait-il un jovialiste ? Voilà deux questions embêtantes auxquelles je préfère ne pas avoir à répondre. Je me demande même si j'aurais le temps de le bénir avant qu'il me frappe. Peut-être la Bête qui est Moi fait-elle penser aux Iks pour le Dieu que je suis.

-138-

DE VRAIS HOMMES, DE VRAIES FEMMES. – Je n'ai jamais vraiment étudié mon genre. Je n'ai même pas cherché à être moi-même. C'est venu tout seul. Pour certains, je demeure un homme doux et aimable quoiqu'un peu difficile à comprendre tandis que pour d'autres, je suis un écœurant sympathique. Je n'ai pas cherché à devenir un personnage. Ça s'est produit tout naturellement. J'ai toujours voulu faire ce que j'aimais et j'ai assez bien réussi. Adolescent, j'ai été frappé par le mystère des femmes. Bien sûr, comme mâle, c'est leur peau, leur sourire enjôleur, leurs seins qui m'intéressaient, mais jamais une femme ne me paraissait aussi profondément érotique et voluptueuse que lorsqu'elle entretenait à mes yeux ce petit côté secret, cet élément intime indéfinissable qui me faisait les désirer. Je me suis approché des femmes avec circonspection. Intellectuel je suis. J'ai donc commencé par en faire la théorie. Réagissant contre une politique de natalité à courte vue, je me suis dit : elles sont faites pour la jouissance et même s'il n'en restait qu'une sur terre, elle ne serait pas tenue de procréer. Donc, au point de départ, la femme m'est apparue jouisseuse, donneuse de jouissance, mais aussi... joyeuse. Pour tout dire, femme et fête, pour moi c'est la même chose. Les femmes m'ont étonné, m'ont parfois pris par surprise, mais elles ne m'ont pas déçu. Et même après certaines dé-

convenues de taille, je demeure un inconditionnel des femmes et elles me le rendent bien. Je me sens un vrai homme
et les femmes devant moi ont le goût de jouer, d'oser, de
rire, bref, je leur donne le goût du sexe. Ne me parlez pas
des femmes sentimentales, je n'y crois pas. Le sentimenta-
lisme est le paravent des sottes qui ne savent pas jouir parce qu'elles s'appliquent à se distraire à l'avance de la jouissance qu'elles pourraient éprouver au cas où ce serait trop
bon et qui cherchent dans l'imaginaire une compensation
symbolique à leur timidité ou à leur pudeur.

Le jovialisme ou le romantisme drôle

Je crois à la folie en amour, pas à la folie tragique,
non, à la belle folie, à la sainte folie. Des hommes et des
femmes ensemble, ça pense à rire, à flirter, à se provoquer.
Ça commence dès le premier clin d'œil et ça continue tant
qu'une conclusion sexuelle n'a pas eu lieu. Les femmes pensent beaucoup au pénis des hommes. L'une d'entre elles,
après une conférence, s'exclama en parlant de mon anatomie : "Je me demande s'il l'a aussi longue qu'il en a long à
dire". Je ne voulais pas le croire au début. J'étais encore
naïf. On m'avait dit que les femmes étaient sentimentales.
J'ai donc posté des sentinelles dans les toilettes qui leur
sont réservées pour qu'elles me rapportent ce qui se disait à
mon sujet pendant les entractes de mes conférences. Le
résultat fut foudroyant. Les femmes ne pensent qu'à baiser.
Ce sont des vicieuses qui veulent passer pour des saintes.
Elles discutent entre elles de l'anatomie des hommes avec
une crudité qui fait frémir. Elles se font à notre sujet des
confidences obscènes qui frisent la précision clinique. Et
puis, elles aiment le rythme que les hommes leur imposent.
Elles sont prêtes à prendre leur temps pour ne pas effarou-
cher leur partenaire mâle, mais elles adorent aussi la pré-
cipitation... surtout quand il y a du danger. Un coït terminé
en trente secondes, debout, derrière les draperies d'un stu-

dio de télévision, les met en syncope. Elles délirent, râlent, battent des bras, se cramponnent après les accessoires, transforment leur vagin en véritable étau et... jouissent avant vous, haletantes, à la vitesse de l'éclair. Oui, la femme est à la recherche de sensations fortes. Oui, elle veut se faire brasser, empoigner, soulever. Du moins elle l'accepte quand elle se sait entre les mains d'un connaisseur. Je ne suis pas un écolier. Je leur en donne autant qu'elles en veulent. Je leur dis des mots orduriers à l'oreille devant tout le monde pour avoir le plaisir de les voir rougir et de les sentir mouiller leur petite culotte. Elles aiment être complices, savoir qu'il se passe quelque chose d'alarmant, d'interdit, d'inacceptable aux yeux de tous sans qu'ils s'en doutent.

Les jolies femmes aiment les obscénités

On m'en voudra de parler aussi franchement et pourtant, je ne dis que la vérité. Quels que soient leur éducation et leur statut social, il faut toujours parler de cul aux jolies femmes... mais seulement après les avoir fait rire. D'abord, il est important de s'assurer qu'on plaît. Il existe des hommes laids qui plaisent. Par contre, la beauté a toujours sa place. Une femme, par exemple, sait que tel homme n'est ni très intelligent ni très beau, mais parce qu'elle a été allumée par un trait de sa personnalité, elle va accepter de se commettre sexuellement avec lui, même s'il ne représente pas un combustible à très haut indice d'octane pour son moteur. Loin de moi l'idée de comparer la femme à une bagnole ! J'exprime seulement ici ce que les hommes et les femmes pensent tout bas. Bien sûr, je parle des vraies femmes, des "superguidounes" intelligentes et sophistiquées, des folles brillantes et avisées, qui ont de la classe, un culot à toute épreuve et une certaine expérience. Une femme quelconque sera outrée par mon discours. Mais moi, je ne vais pas vers les femmes quelconques. Je ne m'intéresse qu'aux archétypes, aux prototypes, à celles qui veulent jouir avec un écrivain ou caresser un dieu, non simplement pour la bagatelle, mais parce qu'elles cherchent un contact êtrique. Je ne m'intéresse qu'au rendement dans un sens qui dépasse l'intérêt commun des hommes. Derrière ces obscénités, je suis obsédé par le spirituel. Si je parle aux femmes le langage des hormones, c'est que je sais qu'il existe une interconnexion entre les hormones et les neurones. Plus une jolie femme est intellectuelle, plus elle veut entendre un langage hardi, compromettant, brutal, mais administré avec des gants blancs. J'aime déshabiller les femmes en leur parlant de leurs fesses et en les faisant rire. Je suis prêt à tout pour les avoir. Je lècherai leur corps au complet s'il le faut. Je les barbouillerai d'huile de coco pour que l'impression du visqueux les oblige à se penser sales et à vouloir me salir à mon tour en se collant contre moi. Il n'y a rien de plus extraordinaire que deux corps huilés, poisseux, lubrifiés qui se soudent l'un à l'autre. Cette promiscuité fertilisée par le rire, est ce qui permet le mieux de jouir vite et plusieurs fois. Je dois mentionner cependant que je ne fais l'amour qu'à des femmes qui aiment la philosophie et lisent mes œuvres. Il faut qu'elles soient assoiffées de connaissances, qu'elles me supplient de les instruire, qu'elles cherchent à violer mon âme pour que je les désire vraiment.

Je ne demande plus rien. J'attends. Ça vient.

J'ai très rarement demandé à une femme pour faire l'amour. Elles viennent me rencontrer parce qu'elles m'ont vu à la télévision ou qu'elles ont lu un de mes livres. Ce sont elles qui feront les premiers pas. Je suis capable de les attendre six mois. Et pendant ce temps, tout en feignant d'ignorer leurs yeux doux, je les provoque sans cesse jusqu'à ce qu'elles soient prêtes à exploser. Il faut dire que le fait que je parle d'une façon obscure, étrange, humoristique, violente et incantatoire les accroche tout de suite. Les femmes en ont assez des hommes qui ne savent pas s'exprimer. Elles aiment les hommes qui parlent. Quand je me tais, très souvent, ce sont elles qui me demandent de continuer. Elles ne sont jamais rassasiées de m'entendre. Et pourtant, je ne parle ni de mode, ni de sports, ni de l'actualité. Mes phrases ont quelque chose d'énigmatique, de sibyllin, d'oraculaire. Je cherche à cacher mon savoir. Elles me poursuivent de leurs assiduités. Je résiste. L'été, souvent, lors des salons philosophiques que je donne chez moi, je revêts une djellaba. Je ne porte rien en dessous. Eh bien, elles me pincent, me caressent, me flattent à la dérobée, si bien que la gêne me gagne à cause des modifications subreptices que leurs mains imposent à mon anatomie ! Qu'on ne vienne pas me dire que les femmes sont sentimentales ! Elles veulent du sexe, des sensations fortes, des événements purs. Et plus c'est difficile, plus elles insistent. Elles me poursuivent jusque dans mon petit boudoir et me masturbent en catimini entre deux consultations. Certaines, pour être bien sûres de leur coup, se font accompagner de leur fille qu'elles me proposent négligemment, sans en avoir l'air. Je n'en reviens pas. Les femmes sont folles et j'adore ça. Elles deviennent lubriques quand je cherche à me désister. Un soir, j'ai pris les trois sœurs à tour de rôle dans une chambre d'hôtel qu'elles avaient louée à cet effet. Elles regardaient attentivement ce que je faisais à chacune d'elles et commentaient la scène avec des mots prodigieux. Jamais je n'ai autant joui qu'en écoutant leurs propos échevelés et débridés. Elles exécutaient avec obéissance les gestes que je leur demandais de poser sur leur anatomie et la mienne, si bien qu'elles me révélèrent une impudicité que je n'aurais jamais soupçonnée autrement. Leurs exclamations devant les nouveautés auxquelles je les confrontais m'excitaient au plus haut point. Quand les femmes se mettent à exprimer ce qu'elles pensent pendant l'amour, elles ne peuvent manquer d'étonner les hommes qui les entendent. Elles ont tout pour elles : l'imagination, la passion, le goût de l'aventure, la souplesse et le désir d'apprendre. Aucune de leurs expériences érotiques n'est que sensuelle. Les femmes sont spirituelles, très spirituelles.

L'art tout féminin d'inviter
un inconnu à baiser

Je décrivis un jour pendant une conférence la mésaventure d'un de mes amis qui était missionnaire laïc en Côte-d'Ivoire, dans la brousse. C'était un homme gentil et charmant, qui souriait toujours. Un matin, en sortant de chez lui, il vit trois femmes de la tribu entièrement nues devant sa case. Elles étaient couchées sur le sol tournées vers lui, les mains derrière la nuque, les cuisses écartées, et disaient : "Prends-nous, missier blanc ; prends-nous toutes. Nous voulons aller avec toi". La soirée se termina dans la fièvre. Quand tout le monde fut parti, je me retirai dans mon boudoir. Eh bien, croyez-le ou non, une femme nue de ma connaissance était là, étendue par terre, dans la position des négresses africaines que j'avais décrite et me disait : "Prends-moi, missier André, je n'en peux plus d'attendre après toi". Elle avait tenu à me faire le coup, sans savoir ce que j'allais en penser ni comment je réagirais. Je lui trouvai tant d'audace que je sacrifiai *sine die* sur l'autel de Vénus. Eut-elle été laide comme une succube du bas-astral que je n'aurais pu me retenir de l'enfourcher complaisamment. Réalisez-vous ce que cela signifie ? La femme ne parle pas tellement quand elle demande à un homme de coucher avec elle. Elle le met dans une situation où il ne peut rejeter sa demande à moins de la sortir de chez lui toute nue en la tirant par les cheveux... ce que j'ai déjà fait, car il y a des limites, n'est-ce pas ? On me dit intraitable avec les femmes, mais je crois bien qu'elles aiment ça puisqu'elles sont les demanderesses. Alors, c'est à mes conditions qu'elles doivent s'exécuter. Je les traite avec fermeté, parfois même avec un sadisme subtil, mais sans jamais lever la main sur elles bien sûr. Je suis un gentleman. Je sais me retenir complaisamment, dussai-je mourir sur place plutôt que de faire subir à une femme un outrage non désiré. Je condamne les violeurs avec la dernière énergie. D'ailleurs, les femmes avec lesquelles je fais l'amour sont des femmes que je connais. Ce ne sont pas des étrangères. Je les étudie longuement avant d'agir.

Le heurt des jalousies crée l'harmonie

Au fond de moi-même, je suis un pacifique. Et je ne suis pas pressé, car je suis comblé. Je dis aux nouvelles femmes que je rencontre qu'elles ne sont pas les seules et qu'un jour je les obligerai sans doute à faire l'amour avec moi devant les autres. La plupart protestent mollement et finissent par tout accepter. Si elles refusent de se soumettre, je ne les ennuie pas. Je les respecte, sauf qu'elles n'obtiennent rien de moi. Alors elles reviennent à la charge. Les femmes aiment souffrir à cause d'un homme. Elles aiment tellement ce petit jeu qu'elles vont même, lorsqu'elles sont dédaignées, jusqu'à se confier à des compagnes qui, elles, jouissent de faveurs auxquelles elles n'ont pas droit. Elles se rendent pieds et poings liés à leur seigneur tant leur passion peut s'enfler. Les femmes sont très passionnelles. Il s'agit seulement d'avoir l'œil juste. Je suis un lecteur de visages. J'exclus donc de prime abord toute femme qui a des problèmes avant même qu'elle n'ouvre la bouche. Il n'y a pas beaucoup de violence dans mon entourage, car j'évite les femmes qui souffrent d'une carence de leur *animus*, c'est-à-dire toutes les femmes qui n'ont pas su, au moyen de l'énergie du père, se compléter de l'intérieur. Lorsqu'une situation émotive se produit, je lui fais face en essayant de la comprendre. Je désamorce la jalousie en la confrontant à la jalousie. Et là je me conduis comme un professeur qui explique à ses élèves pourquoi elles ressentent ce qu'elles ressentent. Une femme qui rencontre un homme qui sait s'exprimer et qui lui explique tout peut aller très loin dans l'abnégation sans même éprouver de souffrance. Mais, que voulez-vous ? En général, les hommes ne parlent pas aux femmes, ils ne parlent jamais des mobiles de leur comportement, se contentant de penser que moins elles en savent mieux ils se portent. Ils préfèrent donc se taire et imposer brutalement leur volonté de rois et maîtres. Je ne fonctionne pas de cette façon. Je suis un pédagogue de l'amour. Je négocie, je sais faire le partage des choses, je nuance, j'apaise. La plupart des femmes jalouses que je confronte l'une à l'autre n'ont d'autre ressourcé que de devenir des amies. Elles savent que j'ai d'autres chats à fouetter que de me laisser prendre au piège d'un conflit émotionnel. Comme le disait Sainte Beuve de Victor Hugo, je suis trop vaste pour me laisser engloutir par une passion.

L'exclusivité, une forme de pauvreté

Je suis un homme pluridimensionnel et polyérotique qui a toujours besoin de se délasser de sa création auprès de femmes qui le comprennent et acceptent de l'aider à se reposer. Les femmes avec lesquelles je vis et même celles qui sont des amies périodiques m'aiment profondément, parce qu'elles me sentent blessé par mon immense labeur philosophique. Elles savent que je suis en train d'accoucher d'un univers et que si elles ne m'aident pas à redescendre sur terre après une haute performance, je pourrais me sentir mal au point d'en mourir. Combien de fois ai-je dû demander à une de mes compagnes de me faire un transfert d'énergie au moment où j'allais me laisser engloutir ! Les femmes sont bonnes et compatissantes envers moi. Plusieurs d'entre elles ont fait preuve d'un dévouement inlassable à mon égard. Mais les choses vont beaucoup plus loin que cela. Des hommes, comprenant ma situation souvent désespérée, sont même venus m'offrir leur femme en me disant : "André, tu es mon meilleur ami ; jouis avec ma femme pour te détendre et je serai honoré !" Cela m'est arrivé à maintes reprises. Les hommes ne me voient pas comme un ennemi. Ils savent que j'assume une responsabilité à travers laquelle ils se reconnaissent tous. Je suis comme le champion qu'ils chargent de conquérir l'absolu à leur place. Ils me délèguent leur pouvoir et jouissent de mon succès par procuration. Les hommes ne m'ont jamais rien reproché. Ils savent que leur femme sera davantage à eux après avoir été à moi, car je ne les attache pas, je les rends libres. Je suis donc loin de pratiquer l'exclusivité. Je suis entré dans le grand règne communautaire du partage des plaisirs et des biens. Les femmes n'appartiennent à personne. Ce sont des êtres, mais elles sont libres de se donner comme si elles étaient des choses. C'est là qu'il est important de ne pas abuser des situations. L'infidélité est créatrice dans la mesure où elle permet, par-delà les hormones, une plus grande fidélité à l'être. Jamais je n'ai cherché à garder une femme pour moi. Il m'est arrivé d'aller reconduire ma femme (à l'époque où j'étais marié) chez son amant. Le pauvre homme est resté assez longtemps sous l'effet du choc. Il se sentait mal dans cette situation ambiguë, incapable de comprendre ce que je faisais chez lui, car généralement, ceux qu'on dit des machos, n'abandonnent jamais rien parce que, ne se possédant pas eux-mêmes, ils craignent de tout perdre.

L'amour ou l'infini à la portée des caniches

Je ne garde rien pour moi. Je laisse aller. Je laisse être. Je veux le bonheur des gens que j'aime et mon orientation dans la vie fait que j'aime toujours plusieurs femmes à la fois. L'amour romantique, l'amour-possession, l'amour collant, l'amour "je t'aime donc tu me dégrades", ne me concerne pas. Cette forme d'amour, inquiet, maladif, sournois, exigeant, c'est "l'infini à la portée des caniches", comme le disait si justement Louis-Ferdinand Céline. Moi, j'aime le contact d'être à être. Appelez ça comme vous voudrez. C'est comme un éternuement de la psyché, une sorte de délire créateur qui s'empare de moi dans le respect de la liberté. Je ne me définis pas comme un adepte de la performance en amour. Je n'ai rien à prouver et, de toute façon, je crois que l'amour n'a rien à voir avec le sport. Mon propos est rarement exclusivement sexuel ; ce qui surprend surtout les femmes, c'est le choc que je leur communique. Je m'arrange pour que notre premier acte amoureux se produise de façon incroyable. C'est de la qualité de la sensation que je me soucie le plus. Je veux que les femmes éprouvent un émoi divin quand je les prends dans mes bras, non parce que je suis un Adonis ou un supermâle (ce que je ne suis pas), mais parce qu'elles ne savent pas à quoi s'attendre et qu'elles sentent très bien qu'avec moi tout est possible. Et puis, il y a ce verbe dithyrambique, dionysiaque, solaire, hypnotique, tribal dont je me sers pour les remuer et les mettre à l'envers. Je connais l'effet que je produis et j'en abuse. Il m'est arrivé de négliger de très jolies femmes, de celles par exemple qui ont déjà gagné un prix de beauté. C'est toujours un peu choquant pour la plus belle de se voir préférer quelqu'un d'autre. Mais c'est une question de vibrations, de momentum, d'atomes crochus. Je respecte beaucoup ma première impression, car je suis d'abord soucieux de ne pas me désobéir. On pourrait croire que je suis un épicurien. Ce n'est pas tout à fait vrai. C'est la divinité que je veux rejoindre dans la femme et c'est la divinité que je lui offre en moi. C'est une question de magnétisme. Les attractions sont proportionnelles aux destinées, disait Charles Fourier. Après m'avoir entendu parler, après avoir lu mes livres, si une très jolie femme se présente chez moi, c'est qu'elle est gagnée d'avance. Cela se sent. Je ne fais pas affaire avec des indifférentes. Je ne vais jamais dans les bars ou les discothèques. Je ne drague pas. Je ne cherche rien. Je ne fais que comprendre qui je suis et tout arrive. Il n'arrive à un homme que ce qui lui ressemble et je reconnais dans toutes les femmes qui viennent vers moi la projection de mon *anima*.

LA RÉBELLION DES SURDOUÉS. – Il me suffit d'aller me promener dans les faubourgs où je suis né pour comprendre de quel océan d'ignorance je suis sorti socialement. Dans les rues des vieux quartiers de l'est de Montréal circule un air malsain qui annonce la misère, la pauvreté, la décadence. Les pénibles efforts qui sont faits pour relever le niveau social de ces quartiers ratent lamentablement aussitôt qu'ils sont conçus comme si rien au monde ne devait aider ces gens à surmonter la détresse qui les accable. Pourtant, dans les arrière-cours de ces maisons délabrées qu'on essaie tant bien que mal de sauver du pic des démolisseurs, il y a peut-être des jeunes surdoués oubliés de la société et chez qui une vaste intelligence révoltée grandit rapidement avec un violent appétit de revanche à l'égard d'une société qui ne leur prête aucune attention.

Une société qui aime les débiles

Or, cette société, que cherche-t-elle en fin de compte ? Elle reste pétrie des vieux idéaux religieux du passé, d'un relent de patriotisme fatigué, d'une sorte de fierté de la misère et d'une volonté de valoriser à tout prix la vie "ordinaire" des citoyens de seconde classe. Cette société, on ne le répétera jamais assez, a la larme facile quand on sait l'apitoyer. Cette société aime les faibles, les handicapés, les malades, les débiles. Elle est prête à tout sacrifier pour venir en aide à ces infortunés nivelés par le bas qui gobent notre richesse nationale. Comment en est-elle arrivée là ? C'est assez difficile à dire. Le Québécois moyen semble appartenir à une race de tarés qui ne s'est pas renouvelée. Les quelques soixante mille colons des débuts de la colonie se sont mariés entre eux et ont formé un pool génétique où la vie s'asphyxie. Puis la religion catholique s'en est mêlée. Lors de la conquête anglaise, les prêtres ont conseillé à leurs ouailles de se soumettre aux nouveaux maîtres du pays, allant même jusqu'à refuser l'eucharistie aux fidèles qui ne pactisaient pas avec l'autorité en place. Bien sûr, avec une mentalité de colonisés et de conquis, les Québécois ne pouvaient que trouver édifiante les situations qui les poussaient à l'humilité et l'aplaventrisme. On enlève son chapeau en entrant dans les églises et ses couvre-chaussures à la porte des banques. Ce petit monde, par-dessus le marché, s'est développé en vase clos... autour du clocher. Pas surprenant qu'aujourd'hui des centaines de sociétés pour venir en aide aux infirmes, aux déprimés, aux boiteux, aux tordus de toutes sortes connaissent une fortune sans précédent. Il faut aider les faibles, les opprimés, nous répète-t-on. Les forts n'ont pas besoin d'aide, eux ; ils sont forts. Ainsi naît une société misérabiliste qui crée des galas en smoking pour venir en aide aux morons de toutes catégories, se réservant de dépenser une portion exorbitante des fonds recueillis en frais d'administration et distribuant le reste à ces multiples instituts de bienfaisance qui ne sont au fond que des formes institutionnelles et nombriliques de l'autocongratulation bourgeoise des "sans-idéal" à revenus supérieurs.

Les gouvernements encouragent les pauvres à le rester

Ah, comme le génie est gênant ! Tenons-le à l'écart, pensent les bureaucrates ; il veut notre peau. Qu'il reste hors de l'université, clament les professeurs ; à côté de lui nous ferions piètre figure. Qu'il se passe de financement, murmurent les administrateurs des fonds publics ; il est déjà assez favorisé comme ça. Mais ne pense-t-on pas qu'un seul surdoué qu'on finance pourrait aider davantage le pays qu'une masse de 600,000 assistés sociaux et mentaux, chômeurs, handicapés, abouliques, rentiers de la bouteille, névrosés en recherche, quétaines attendris et niaiseux héroïques ? Voilà pour notre belle civilisation rococobowling ! Un seul véritable surdoué peut plus que cette armée de minus soutenue par l'Église et l'État qui se gonflent d'importance en s'arrogeant un pouvoir fictif. Mais pourquoi nourrit-on cette masse de cloportes sans imagination qui revendique constamment des droits, de l'argent, de l'attention ? Vous ne l'avez pas deviné ? C'est pour maintenir leur pouvoir d'achat, voyons donc ! Mais on ne s'aperçoit pas qu'en les aidant de la sorte, on tue leur cerveau. Adieu l'initiative, la débrouillardise ! L'État prend soin de nous ; inutile de nous forcer ! J'aimerais rappeler que le gouvernement ne fait rien ici pour pousser au travail ces fainéants professionnels. Pas de programmes de salut public permettant de restaurer nos routes déplorablement abîmées par l'hiver, d'ériger des monuments, d'établir des corvées pour aider les vieillards ! Ne venez pas me dire que tous ces gens ne pourraient pas travailler avec fierté à construire un arc de triomphe, un panthéon, une colonnade ! Une ville comme Montréal est une sorte de dépotoir à ciel ouvert où l'on dresse, sans plan d'urbanisation, des gratte-ciel à côté des mansardes, où des supermarchés voisinent des terrains vagues, où dans les aires de stationnement poussent les herbes folles, où des fonds de cours servent d'entrepôts, où les hôpitaux se débattent au seuil de la mendicité, où les églises deviennent des salles de bingo et les écoles des salles de danse. Dans un tel contexte, les misérables n'ont aucun goût d'échapper à la misère et réclament des privilèges qui portent atteinte au statut de l'intelligence. Et, bien sûr, les gouvernements sont enclins à leur octroyer des secours symboliques dont le souvenir bien entretenu s'avère fort rentable en période électorale. Qui dit mieux ?

Une morale de faibles/le Sermon
sur la montagne

Il me semble avoir entendu quelque part : "Heureux les pauvres en esprit !" et il s'est trouvé une race, de gens pour penser que la pauvreté valait mieux que la richesse ou qu'être fou, c'était être aimé de Dieu ; puis : "Heureux ceux qui pleurent !" et il s'en est fallu de peu que la joie ne devienne suspecte ; on se mit à condamner le rire gratuit, la fête, le sexe, la liberté ; et encore : "Heureux les persécutés !" et l'on fit des sermons qui encouragèrent le sacrifice de soi, la pénitence, l'automortification, le salut par la souffrance et le masochisme sous toutes ses formes, avec un supplément de grâce pour ceux qui castraient leur chair et condamnaient la masturbation. En gratifiant la faiblesse, on se mit à vouloir sauver de force les individus génétiquement faibles, on vit grandir le respect du pauvre, on érigea en modèle le chaste, le soumis, l'obéissant, le pécheur repentant, le mortifié prompt aux réflexes d'impuissance. Tous les doutes, les aveux d'ignorance, les attitudes de pénurie furent les bienvenus. On prit soin des esprits défavorisés. On leur prodigua des secours inutiles bien souvent. On les dorlota. On fit du castré psychique, de l'inhibé pathologique, du schizophrène qui méprise son corps des héros... pourvu que ce fût pour la plus grande gloire du Christ. Pendant ce temps, on demandait à celui qui était en bonne santé, qui jouissait des avantages de la vie, qui avait une intelligence trop vive de se mettre au service des démunis. Et le seigneur se mit à laver les pieds des habitants de la région. On inversa ainsi tout un processus de valorisation de ce qui est élevé, grand, fort, dominateur, en santé et brillant. Dès qu'un individu avait tout pour lui, on rêvait de l'abattre. On louangeait le misérable et on humiliait le surdoué, le créateur, le génie. Au nom d'un idéal évangélique et démocratique, on abaissait ce qui est grand, mieux, on invitait le grand à s'abaisser lui-même sous prétexte qu'il était mauvais de s'aimer trop ou de s'estimer supérieur. Mais ceci est tout à fait aberrant. Le génie et le taré ne peuvent être égaux devant la loi et l'esprit. Aujourd'hui, l'oppression continue. On consacre des millions pour aider les handicapés et les malades, tandis que les créateurs, les grands esprits sont abandonnés à eux-mêmes, quand ils ne sont pas tout bonnement condamnés à perdre leur temps dans les écoles, puis dans les usines. On donne le même droit de vote à un individu stupide et inintelligent qu'à un super-cerveau. Au nom de l'humilité qui prône le respect de l'avorton, on cherche à écraser le géant en l'empêchant de respirer. On ne peut tout simplement pas continuer à former des individus supérieurs en les confondant avec les médiocres. Peut-être ici serait-il urgent de restaurer un certain mépris de la laideur, de la pauvreté, de la médiocrité et de la misère au lieu de nous gaver de cet amour Judéo-chrétien visqueux, sirupeux, larmoyant, qui nous rend mous à force d'être bons et imbéciles à force d'oubli de soi. Lorsque je rencontre une larve, j'ai le goût de lui dire : péris !

L'anesthésie des intelligences

N'est-ce pas le docteur Alexis Carrel qui déclarait : "L'inutilité de nos efforts pour améliorer les individus de mauvaise qualité est devenue évidente. Il vaut beaucoup mieux faire grandir ceux qui sont de bonne qualité. C'est en fortifiant les forts qu'on apportera une aide effective aux inférieurs" ! Mais nous, qui nous croyons mandatés pour instaurer un nouvel ordre mondial, nous préférons entretenir des épaves, car cela nous gratifie moralement. Je ne sais pas ce que deviendraient certains individus charitables si du jour au lendemain ils perdaient toute capacité d'aider les défavorisés. Ils mourraient sûrement à l'idée de ne plus sentir monter vers eux l'encens qui signale leurs vertus reconnues par la grande majorité des masturbateurs mystiques en mal de vedettariat, professionnels des discours à trémolos et lécheurs de plaies vives. Ah, les braves bourgeois ! Vivement des manufactures de prothèses et de béquilles plutôt que des laboratoires ou des bibliothèques ! Vivement des fauteuils roulants à moteur pour nos handicapés pendant que nos génies s'exilent ou se tuent, ignorés de tous ! Allons-y, tant qu'à faire, modifions tous les trottoirs de la ville, appliquons-nous à multiplier ces petites pentes qui permettent aux assis de mieux circuler. Soyons grands face à la misère ! Encourageons-la ! Occupons-nous des rescapés. Mais méfions-nous des génies. Les intellectuels ne portent pas à terre avec leurs discours à une piastre et demie ! Ce sont des Tatsvdes vaniteux, des éléments dangereux dans la société. Ils pensent vite et bien. Combien de dirigeants perdraient la face devant eux s'il fallait leur donner les moyens de régler les problèmes de la société comme en se jouant ? Car, voyez-vous, les forts, les puissants en esprit, s'amuseraient en changeant le monde ; ils ne se sacrifieraient pas, eux ! Ils ne montreraient pas leurs plaies pour avoir plus de crédibilité. Ils souriraient en pensant que leur seul problème consisterait en une trop grande abondance de solutions. Mais ce serait un scandale, penseront immédiatement les administrateurs, les fonctionnaires, les bien-pensants. Imaginez, des hommes et des femmes qui n'auraient pas l'air de se priver pour aider leurs semblables, qui ne réclameraient rien pour eux-mêmes. Ça ne serait plus chrétien ça ! Aujourd'hui, on préconise l'anesthésie massive des intelligences. Regardez ce qui se passe en politique. Ce ne sont plus les hommes supérieurs et les femmes illustres qui font tourner la roue, mais les ratés en tous genres qui s'accrochent à elle poussés par d'autres aussi désespérés et impuissants qu'eux. C'est la cohorte des petits cracheurs en l'air qui mène le monde au son d'une ritournelle bien connue : "Mettons-nous en évidence, on finira bien par nous remarquer".

L'ignorance encyclopédique triomphe

Plus rien de grand ne peut sortir des universités. Il a fallu que j'oublie une grande partie de ce que j'y avais appris pour redevenir normal. Un diplômé universitaire est généralement une sorte de monstre sans épine dorsale qui cherche à briller en épatant ses semblables par son vocabulaire. Pour la plupart, ce sont des désaxés qui conduisent la société à sa perte. Avec eux, les déficits ne font que croître, les problèmes s'aggravent, le chômage devient endémique. Ils invoquent les progrès de la médecine parce qu'il y a dix fois plus d'hôpitaux qu'il y a vingt ans alors que le véritable progrès serait qu'il y ait dix fois moins de malades. Dans nos universités, il faut être mort pour être reconnu. Ce que l'on cherche à tout prix, c'est le diplôme, pas la formation. Beaucoup de jeunes préfèrent se suicider plutôt que d'aller à l'université, car celle-ci n'a plus de crédibilité à leurs yeux. Elle est devenue une usine de ratés professionnels. Pendant ce temps, nos cerveaux tournent en rond. Loin de considérer la matière grise comme une ressource naturelle, nous l'avortons. Ce n'est pas au Québec que nous retrouverions un Ministère de l'Intelligence comme au Venezuela. Nous préférons multiplier les classes de rattrapage pour les arriérés et les esprits lents. La plupart des jeunes surdoués sont montrés du doigt comme s'ils souffraient d'une grave anomalie. Que voulez-vous ? Contrairement aux autres jeunes, ils ne se conduisent pas comme des copies conformes sorties du moule à produire des hommes ordinaires. Nous gardons l'intelligence des jeunes en otage. Nous rançonnons le génie. Dans les départements de philosophie des universités, on tue l'inspiration des étudiants en leur imposant des sujets de thèse historiques au lieu de les pousser à développer leur propre système. Tout ce qui est original, différent, discutable est suspect. C'est pourquoi notre pensée nationale – si l'on excepte le Jovialisme qui revendique ici l'explosion de la créativité consciente – est le résumé de l'imitation de la copie de ce qu'ont pensé les Européens, les Américains, les Russes, les Indiens, etc. Nous finirons par ignorer tellement de choses appartenant à des secteurs si différenciés que nous atteindrons bientôt le stade de l'ignorance encyclopédique.

Enlever aux faibles et donner aux forts

À celui qui a tout, on donnera davantage ; à celui qui a peu, on enlèvera même ce qu'il a. Ce principe devrait être la base de notre société. Celui qui ne peut pas faire fructifier ses talents doit être abandonné à lui-même. Il faut courir au plus pressant. Et le plus pressant, c'est d'être, totalement, passionnément, démesurément. L'absolu d'abord ! Cessons de glorifier les déchets du système et regardons ce qu'il produit de bon. Il nous faut sans délai un organisme de repérage des génies dans les écoles, les quartiers, les familles. Quand quelqu'un est supérieur, ça se sait, n'est-ce pas ? C'est celui-là et celle-là qu'il faut aider et non les morons. Il faut donner des millions aux surdoués... même s'il faut aller les chercher dans la poche des handicapés et des chômeurs. Ce ne sont pas ces derniers qui font évoluer notre société – à moins d'être un génie créateur comme Claude Saint-Jean qui a fait de sa souffrance un atout dans le financement de la recherche scientifique – mais les intelligences supérieures. Or, ne vous faites pas d'illusion ici. Les intelligences supérieures ne sont pas commodes. N'attendez aucune gratitude de leur part. Aidez-les... et mêlez-vous de vos affaires. Un génie est ombrageux, susceptible, désaxé très souvent, anarchique, mécontent... mais il crée. Ce fut toujours le cas, de Beethoven à Einstein, de Rousseau à James Joyce. Combien d'André Mathieu allons-nous encore tuer à force d'ignorer leur cerveau ? Combien de Nelligan irons-nous reconduire à l'asile parce que nous avons peur de ceux qui nous dépassent ? Le temps est venu de célébrer l'intelligence dans les familles. Et croyez-moi, je ne me fierais pas trop aux batteries de tests que les psychologues font passer dans les écoles. Je crois ici à la délation. Oui, dénoncez les génies autour de vous. Au lieu d'occuper les lignes ouvertes de la radio avec de vains commérages, appelez pour identifier ceux que vous croyez promis à un brillant avenir. Écrivez à votre député. Envoyez des télégrammes à l'Assemblée nationale. Financez un jeune génie ; n'attendez pas que les autres le fassent. Et puis, surtout, cessez d'écraser ces esprits supérieurs parce qu'ils vous dérangent et vous empêchent de vous endormir sur vos certitudes dépassées. Pardonnez mon audace, mais ils vous dérangent parce que vous êtes stupides et que vous n'avez rien fait de votre vie. Ils vous dérangent parce que vous avez honte de vos piètres résultats. Ce n'est pas une raison pour leur faire payer chèrement leur supériorité.

-140-

LE SUICIDE DES JEUNES. – Les jeunes se tuent parce que leurs parents et toute la société les écœurent en leur proposant un mode de vie rétrograde. On leur interdit l'accès à des hommes comme moi parce qu'on redoute l'influence pernicieuse qu'ils pourraient avoir sur eux. Je comprends la réaction timorée des gens face à mon enseignement. Imaginez ce qui se passerait si tous les jeunes refusaient l'usage du condom dans leurs relations sexuelles pour s'en remettre au seul jugement dans le choix de leurs partenaires. On croit tellement débile le discernement des jeunes qu'on n'oserait jamais leur permettre de l'exercer à des fins responsables. Imaginez maintenant ce qui se passerait si les jeunes commençaient à reconnaître qu'ils sont Dieu. Ils se détourneraient spontanément de la drogue sans qu'on ait à voter des lois dissuasives et à introduire la police dans les écoles. Mais l'appareil manipulateur ploutocratique ne veut pas que les jeunes jouissent librement en faisant usage de leur jugement et qu'ils agissent comme s'ils étaient Dieu. Mais qu'a-t-il donc de si important à proposer aux jeunes en contrepartie ? Un choix de métiers et de carrières qui exigent d'eux de longues études, des sacrifices, un certain renoncement, ce à quoi ils ne sont pas prêts. Les jeunes ne croient plus à la religion de leurs grands-parents et ils se sentent submergés par le matérialisme de leurs parents. Comme je l'ai bien montré dans mon *Grand traité sur l'immatérialisme*, entre Dieu et la matière, il n'y a pas de choix possible. Mais les jeunes ne sont pas prêts à se choisir eux-mêmes comme absolu. Gavés de cinéma américain, ils se cherchent des héros de pacotille et n'ont aucun sentiment de ce qu'ils devraient être pour eux-mêmes. Angoissés par le sexe, privés des secours de la religion, incapables d'avoir accès aux biens de consommation que leur promet la loi générale s'ils renoncent à eux-mêmes, ils se sentent souvent incompris, errants et inutiles. Le taux de suicide chez les jeunes est si élevé que leurs décès équivalent sur une période de trente ans au nombre des morts que provoquerait une Troisième Guerre mondiale. Que faire pour les empêcher de se tuer ? Leur permettre de rencontrer des hommes et des femmes qui se sentent Dieu. Il n'y a pas d'autres solutions à leurs problèmes. Seule l'aventure exaltante qui consiste à être totalement, à se suffire, à être pour soi-même une source de référence absolue peut les tirer de leur marasme. Il faut que quelqu'un leur dise qu'ils n'ont pas besoin de vieillir ou de mourir, qu'ils sont Dieu et que leurs misères présentes sont dues à l'étroitesse de leurs pensées. Le Grand Jovialiste est proche. Tout est maintenant possible.

-141-

SARTRE ÉTAIT-IL JOVIALISTE ? – J'ai grandi dans un milieu humain coloré et intellectuellement aride. Mes premiers souvenirs remontent à l'époque où l'Allemagne nazie se ruait à la conquête de l'Europe. Je vivais alors avec mes parents juste en face du parc Viger à Montréal. Milieu tourmenté, dangereux, pauvre, surpeuplé. Le soir, des bagarres d'hommes soûls remontant du port éclataient sous ma fenêtre, tandis qu'une voisine reprenait au piano une éternelle mélopée. Sartre eut été heureux dans ce quartier pour décrire l'absurdité de la vie. Le parc de Roquentin dans *La nausée* ressemble fort à celui que j'ai eu sous les yeux pendant mon enfance. Mes journées étaient ponctuées par le spectacle des rixes, des poursuites, de la chasse aux rats, des incendies et des femmes battues. J'échappai à cet univers morbide d'une beauté navrante en me dirigeant vers l'université pour y entreprendre des études en philosophie. On m'y enseigna le thomisme. Douteuse rencontre ! Des professeurs séniles tentaient de rattacher Merleau Ponty, Gabriel Marcel, Freud et Marx à la pensée de Saint Thomas d'Aquin. L'antidote, c'était Sartre... Évidemment ! Plus que Nietzsche, en 1960, il représentait l'impie. Cela n'était pas pour me déplaire. Je rêvais de réduire mes professeurs au chômage, de pourfendre les intellectuels à ceintures fléchées et de démolir l'Église catholique. Curieusement, je ne cédai pas aux tentations politiques comme tant de mes prédécesseurs et de mes contemporains qui ont perdu leur temps à défendre des idéaux à courte vue. Je refusai l'embrigadement du FLQ malgré les sollicitations pressantes. Sartre eut sans doute approuvé, lui qui, pendant la dernière guerre, se livrait au passe-temps innocent de lancer des ballons météorologiques avant d'être démobilisé.

On m'a dit qu'un jour en passant par le Québec, Sartre s'était rendu à Rimouski. Je n'ai jamais pu vérifier la chose, mais j'imaginais avec béatitude le visage cramoisi des ecclésiastiques du Bas du fleuve voyant débarquer ce penseur antithéiste dans la région. À vingt ans, je n'avais pas encore décidé du choix d'un sujet pour mes thèses de maîtrise et de doctorat, bien que je fusse déjà immatérialiste et défenseur de l'idée du savoir absolu. C'est donc dire que Sartre a compté pour moi bien avant Berkeley. On s'étonnera que j'aie souscrit à des philosophies aussi différentes. Berkeley est un évêque irlandais anglican du XVIIe siècle qui soutient l'inexistence de la matière au nom d'un postulat fidéiste et idéaliste, tandis que Sartre selon toute apparence est un athée et un matérialiste. Pourtant, en un sens, existe-il un homme aussi profondément porté vers la pensée que Sartre, aussi honnête dans ses choix sociaux, aussi généreux dans sa vie personnelle ? Il y a un Sartre spirituel que j'aime beaucoup. Malheureusement, c'est le Sartre philosophe que peu de gens comprennent vraiment. Avant d'explorer davantage cet aspect de sa vie et de son œuvre, j'aimerais ici vous communiquer une impression. J'oserais dire qu'en Occident, de tous les penseurs d'envergure que j'ai connus excepté Schopenhauer, Sartre est certainement celui qui se rapproche le plus du Bouddhisme profond. Sa théorie du pour-soi néantisant pourrait servir d'illustration théorique à l'idée de la vacuité de la conscience chez Bouddha. On retrouve à l'œuvre dans la nausée sartrienne une bienheureuse indifférence qui rejoint la thèse bouddhique. Aucun philosophe n'a su, mieux que Sartre, hausser les épaules devant le monde en délire. Au fond, Sartre fut un homme heureux. Fort du pouvoir de sa pensée, il pourrait reprendre à son compte le postulat de Brunschvicg à l'effet qu'un au-delà de la pensée est impensable, mais ce serait pour faire comprendre que cette pensée si forte doit accepter de se voir néantisée par son projet même d'échapper au néant. C'est tibétain.

Sartre était un homme gentil, qualificatif sans doute peu approprié pour un philosophe. Un jour que je prenais une bière chez Lipp, je saisis quelques bribes de sa conversation avec des étudiants. C'était juste avant qu'il refuse le Nobel. Quelle amabilité ! Il donnait beaucoup de lui-même. Il était infatigable. Il répondait à toutes les questions. J'aurais pu me mêler à la conversation, mais il parlait de politique et je n'avais rien à lui dire sur le sujet. Comme c'est curieux ! J'ai eu à mes côtés pendant plus d'une heure le plus grand philosophe de son temps et je me suis contenté de l'observer. Mais j'ai beaucoup tiré de mon observation. La personnalité de Sartre était limpide. Ce qui se dégageait de sa personne, comme l'a si bien fait remarquer Françoise Sagan qui l'a beaucoup fréquenté à la fin de sa vie, c'était sa générosité. Oui, voyez-vous, ce penseur athée abolissant tous les dieux, ce contempteur sauvage pulvérisant tous les dogmes, cet homme qui ne croyait pas, mais alors pas du tout, à la survie après la mort avait un rayonnement spirituel hors du commun. Il dégageait une force douce et authentique, pleine de compréhension et d'ouverture. C'est sans doute ce qui lui a permis d'avoir autant de femmes dans sa vie. Il savait prendre les gens. Il avait toujours du temps pour donner un conseil, discuter, rire gaiement, prendre un verre. Comme Zénon ou Épicure, il avait un solide sens de l'humour. Il faut en avoir un pour gratifier son public des quelque mille pages de la *Critique de la raison dialectique* (amas compact de ratiocinations politico-sociales aussi brillantes qu'indigestes) et des deux mille pages de *L'idiot de Famille* (essai de psychanalyse existentielle consacré à Flaubert qui préfigure toute l'antipsychiatrie contemporaine). Oui, Sartre était drôle. C'était un Rabelais, timide venu nous rappeler la joie de vivre au moyen d'abstractions déconcertantes. Je crois que ce qu'il détestait par-dessus tout, c'était l'inintelligence. C'est pourquoi il a écrit sur le désespoir et l'absurde. Les plus stupides se sont suicidés à la lecture de ses livres. Il a parlé avec les autres. Il a fait un tri, quoi !

Les premiers fidèles qui se rendirent entendre Sartre au Café de Flore se virent gratifiés d'un discours-fleuve sur l'existentialisme. C'était une notion nouvelle. L'existence précède l'essence, disait Sartre en reprenant la vieille distinction thomiste entre l'essence et l'existence. On voyait par là qu'il avait été professeur et que son érudition pouvait servir des buts mondains. Ces conférences, en effet, avaient pour but de répandre une vision philosophique nouvelle capable d'exprimer l'atmosphère qui régnait à Paris après la guerre. Sartre fut le premier à signaler "l'existence" du néant. Le néant néantise, fallait-il entendre. C'est-à-dire, la conscience a le privilège de s'arracher à l'en-soi pour devenir un pour-soi, mais elle échoue dans sa tentative et retombe lourdement dans l'être objectif, falot, dur, inexprimable et inanalysable, une sorte de noumène en plus désespérant. Pourquoi les gens adoptèrent-ils Sartre ? Il n'apportait rien de neuf à première vue. C'est au fond parce qu'il mettait leur désœuvrement en système. Le néant recevait ses titres de noblesse. Puisqu'on ne pouvait lui échapper, aussi bien en faire un complexe autonome capable de soutenir une vision sociale. L'enthousiasme des foules pour Sartre venait de ce qu'il faisait quelque chose... avec rien. Ce superbe dialecticien venait transformer une situation sans issue en un mode de vie. Rien n'était changé en principe, mais l'impasse avait un nom. L'existentialisme devint un hyper-nominalisme métaphysique. Rien n'échappait plus à l'analyse : l'encrier sur la table, une feuille emportée par le vent sur la rue, une racine de marronnier, une paire de bretelles. L'anodin, le banal, le presque-rien trouvaient un sens dans le fourre-tout de l'ontologie-phénoménologique. Même l'inanalysable était circonvenu. En fait, Sartre avait étudié Husserl. Et que dit Husserl ? En mes mots, à peu près ceci, que tout est dans la manière et rien dans la matière. Il suffit d'être avec les choses pour récupérer leur essence et les voir mieux qu'en elles-mêmes à travers ce milieu idéal qu'est la conscience. Mais voilà, Husserl fait de la conscience une sorte de tour de contrôle qui intervient dans le réel au moyen de signes, mais sans jamais permettre au contrôleur de connaître le réel lui-même. Celui-ci ne se penche pas à la fenêtre pour voir l'avion atterrir, il se fie à ses instruments qui lui disent qu'il a atterri. Cette influence décisive, renforcée par celle de Heidegger, me permet de considérer Sartre comme un idéaliste en un sens, sauf que Sartre veut privilégier l'existence par rapport à l'essence, ce qui l'oblige à un fantastique tour de passe-passe. Il va réduire l'existence à la contingence non sans lui conférer une curieuse profondeur par la transphénoménalité de l'être. L'existence va donc devenir une tache d'huile. Elle va permettre à l'homme d'effleurer toutes choses sans se laisser prendre par l'en-soi... du moins tant qu'il reste conscient. D'où la terrible importance de la lucidité chez Sartre. Ce penseur est remarquablement attentif à la vie. Une des conséquences de cette lucidité à tout prix sera le refus de l'inconscient.

Ce qu'il y a de fascinant chez Sartre, c'est sa façon de congédier le réel quand celui-ci ne lui convient pas. Évidemment, me direz-vous, si le réel n'est rien... ! Mais Sartre est un intellectuel de calibre qui ne se laisse pas arrêter par un obstacle aussi minime. Le drame de l'existentialisme, c'est qu'il vient ponctuer une situation où l'homme est seul avec lui-même. S'il se tourne vers les autres, c'est pour se faire voler son univers par leur regard plein de convoitise. Aussi peut-il dire que l'enfer c'est les autres. Mais s'il reste avec lui-même dans l'espoir de se suffire, il retombe lourdement sur soi, car, l'ambition de l'homme fût-elle de devenir Dieu, tout ce qu'il entreprend aboutit à l'auto-annulation en vertu du manque d'horizon de la conscience. Par son échec, l'homme est une passion inutile. Mais qu'est donc l'homme ? Une folie ! Car, voyez-vous, il tente de se faire. Il n'a pas de nature. La nature humaine n'existe pas. Il n'y a pas d'âme immortelle. L'Ego transcendantal a été évacué dès les premières méditations phénoménologiques de Sartre, si bien que l'homme demeure un sujet empirique, un Ego physique... qui se débat pour échapper au destin qui le plaque sur l'en-soi. Mais encore, s'il n'y a pas de nature humaine, l'homme n'a donc pas de substance, rien à quoi se raccrocher, ni Dieu, ni absolu mondain. Il sera donc un projet, c'est-à-dire une volonté d'autoréalisation néanmoins bloquée par la conscience qu'il est manqué dès le départ.

Peut-on vivre avec une telle désespérance ? me demande-rez-vous. D'autant plus que le monde de Sartre n'est pas beau. Relisez ses romans : suicide, infanticide, sadisme, autodestruction, violence, terreur, ennui. On n'y retrouve ni l'odeur de la rose, ni le sourire de l'enfant, comme le leur reprochait Moeller. Or, si tout cerne l'homme d'impossibili-tés, si tout l'oblige à se heurter à un mur, à n'attendre rien de personne, comment peut-il continuer à vivre, ne pas dé-sespérer ? En se faisant clair, transparent, intelligible ! D'où la longue analyse de l'*esse est percipi* de Berkeley qu'il entreprend dans les premières pages de *L'être et le néant*. L'homme lucide est comme le maître de kung-fu qui marche sur le sable sans laisser de traces. Il est une conscience ré-ceptive. Il ne crée pas, il enregistre. Il se bat pour des droits qu'il ne veut pas abandonner, ne serait-ce que pour que cet enfer terrestre ait l'air un peu moins d'un enfer. Alors pas d'inconscient ! L'inconscient, c'est le mensonge de ceux qui se leurrent eux-mêmes pour échapper à l'inévitable. Plutôt que l'inconscient qui nous décharge de tout, imaginons une mauvaise foi, une sorte de conscience altérée qui aime s'abuser et qui constitue l'attitude même des salauds. Je me trompe, je me leurre, je me vautre dans le compromis visqueux, je me laisse prendre et reprendre par le monde, sans dignité, mais sans trop d'indignité non plus ; je m'abaisse à accepter l'injustice sous prétexte que rien n'a plus de sens, bref je suis un salaud. Voilà comment Sartre voit le renoncement à la lucidité. En d'autres mots, sans être un immatérialiste au sens de Berkeley, Sartre croit que tout ce qui est caché sent mauvais. Il s'applique donc à montrer que les profondeurs sont dans les surfaces et qu'aucun secret ne résiste à l'engagement lucide. Il essaie d'amenuiser l'épaisseur du réel en donnant à l'existence le sens de l'ouverture, en en faisant un passage limpide à l'in-fini presque en un sens anselmien.

Sartre est-il intelligent ? demandait un jour à brûle-pourpoint un grand éditeur qui hésitait encore à le publier.

Il l'est sûrement, mais il est surtout très courageux. Son courage ne convainc pas cependant, car il cherche à le rendre facile par la dialectique. Sartre nous donne l'impression d'être toujours en train de s'amuser. Son génie brillant glisse à la surface des choses pour mieux les harnacher en profondeur. Beaucoup l'ont comparé aux anciens sceptiques ou encore aux sophistes. Il ne fait pas sérieux, pensent les métaphysiciens, orthodoxes. Mais il voit clair, même quand il se trompe. Les erreurs de Sartre ont du prix. Ses démêlés avec le Parti communiste et Moscou montrent qu'il était capable de revoir ses opinions, même au prix d'une volte-face contestable. Récemment, on l'a rapproché de Raymond Aron, celui que Sartre appelait son "petit compagnon", c'est-à-dire de quelqu'un qui a toujours eu raison. Mais le fait d'avoir raison ne donne ni profondeur ni impact sur les consciences. Sartre, lui, qui a eu tort si souvent, était un homme profond qui a perdu Aron dans le décor à plusieurs reprises. Sartre aimait les constructions mentales. Il croyait que les échafaudages de la dialectique gardent l'esprit alerte. Quand il définit la conscience comme "un être pour lequel dans son être il est question de son être en tarit que cet être, implique un être autre que lui", reprenant ici presque mot à mot la définition que Heidegger donne du *Dasein*, il nous oblige à penser, à réfléchir, à rester éveillés. Certes, on reprochera à Sartre d'avoir littéralement assimilé Hegel, Husserl, Heidegger, Kierkegaard et, à l'occasion de sa fameuse *Critique*, Marx lui-même. Mais Sartre n'est pas un éclectique au sens de Victor Cousin. Son œuvre n'est pas une mosaïque de théories, empruntées aux uns et aux autres. C'est un syncrétisme vivant qui digère les matériaux idéologiques pour en faire du Sartre. En ce sens, les permissions qu'il prend avec les auteurs sont à la solde de son génie et doivent être considérées comme un hommage détourné qu'il leur rend. Sartre a beaucoup lu. C'est ce qui le distingue des philosophes classiques qui ne connaissent pas l'histoire de la philosophie. Sartre est terriblement documenté. Il suffit de voir la photo de sa table de travail en désordre pour comprendre qu'il ne fait pas que ranger les livres dans sa bibliothèque après les avoir achetés. Il les épluche, les assimile et les restitue transformés dans son œuvre.

Sartre est un homme d'une seule pièce. Il se méfie des bons sentiments. Il aime la bagarre. Qu'on se rappelle ses discussions avec Camus, Merleau-Ponty, Mauriac. "L'agité du bocal", comme le surnomme Céline qui le compare à un ténia, ne laisse personne indifférent. L'explication qu'il donne de sa relation avec le langage dans *Les mots* ne m'a jamais satisfait, car c'est un ouvrage assez académique qui nous tient loin du véritable usage qu'il fait du vocabulaire dans ses œuvres philosophiques. Sartre se gargarise de mots. Mais attention, ils sont justes ! Derrière la virtuosité, il y a une rigueur, une exactitude. Derrière la griserie quasi orgasmique du "langage de puissance", il y a une ontologie. Le sens de l'être, plus que celui de l'existence, sauve Sartre de la superficialité. D'ailleurs, ne l'oublions pas, Sartre est un moraliste dans le sens du Grand siècle. Sa morale, qu'il n'a jamais publiée officiellement, mais dont certains fragments nous sont parvenus à travers la publication de ses papiers posthumes, nous rappelle qu'il développait une véritable anthropologie morale à l'occasion de laquelle l'homme se révélait à lui-même à travers son questionnement, parfois ses incohérences, voire même ses erreurs. Cette réflexion m'amène à m'interroger sur l'homme que fut Sartre. Pour un moniste immanentiste comme moi, Sartre pourrait être un grand damné pour reprendre ici une expression chère à Charles Fort. Comment se fait-il qu'il trouve grâce à mes yeux et même qu'il m'apparaisse comme un géant de l'histoire de la pensée ? C'est tout simplement parce que je ne me laisse pas arrêter par ses déclarations sur Dieu, l'âme immortelle, la mort, la liberté. Peu importe ses théories, cet homme se tient debout ! Il ne croit pas en Dieu, il dénie à l'homme la possibilité de devenir

Dieu, peu importe ! Ne faut-il pas déjà être un Dieu pour soi pour pouvoir maintenir cette position difficile ? Il rejette l'idée de l'âme immortelle (et à mes yeux, il a bien raison), mais il donne au pour-soi néantisant une translucidité, une immatérialité, que dis-je ? Une spiritualité qui, malgré son rejet de l'idée d'immortalité, confère à sa vision une profondeur lumineuse et riche à cent lieues de la sécheresse tragique des grands athées. Bon, d'accord ! C'est devant la mort que sa position est la plus intenable. La mort, c'est le mur. Ça s'arrête là. Simone de Beauvoir, assise sur une chaise droite au milieu d'une foule de cinquante mille personnes venue reconduire Sartre au cimetière Montparnasse, regardant le trou dans lequel on descendait la tombe, pouvait peut-être penser, et Sartre eut sûrement partagé son idée là-dessus : "Cette mort interrompt un dialogue. Sartre est fini. Il n'est plus rien. Quand je mourrai à mon tour, tout s'arrêtera définitivement", il n'en reste pas moins que tout cela n'a pas tellement d'importance. Je n'ai pas été formé, dans un contexte de dépression et de guerre, à voir dans le marxisme "l'horizon incontournable de la pensée humaine". Mes expériences immatérialistes concernant la croissance intussusceptive du "Je suis" et l'éblouissement de la mort résurrectionnelle qui débouche, pour ceux qui ont acquis un être volontairement conscient, sur une vie infinie essentiellement créatrice me démontrent que Sartre, sur le fond, qu'il se soit senti fini, foutu, néantisé ou non, jusqu'à la dernière seconde, adhérait à cette puissance êtrique. Comment vivre comme il a vécu sans le réconfort de cette certitude immanente ? L'absurde n'aide pas un homme à assumer ses principes avec autant de caractère. À la fin de sa vie, Sartre parlait d'espoir. Je sais qu'il n'évoquait pas l'espoir supraterrestre. Mais je sais aussi qu'il considérait sa philosophie du désespoir telle qu'exprimée dans les années 40 comme une pause esthétique. Il n'y croyait pas tellement. Sartre n'a jamais été réellement désespéré, pas par manque d'imagination ou d'intelligence, mais parce que sa spiritualité le satisfaisait. Qu'il ait pu se sentir comblé dans l'instant et non quant à son avenir transhumain, voilà qui peut paraître étonnant chez un philosophe qui avait défini l'homme par le projet de lui-même.

Mais peu importe les considérations de toute nature ! Sartre est beau et grand. À moi, qui vis pourtant dans la clarté, dont la vie est un absolu, il a apporté des lumières d'éternité et d'infini. Et pourtant, c'était un incroyant farouche. Nous sommes si éloignés l'un de l'autre idéologiquement et en même temps nous sommes si proches. La France aura donné au monde son lot de grands hommes capables de servir de phares dans la confusion des siècles. Ces grands intervenants historiques qui ont servi la conscience universelle – Voltaire, Hugo, Zola, Sartre – constituent, un peu à la façon de Socrate qui tourmentait ses concitoyens, notre héritage le plus précieux. Ces hommes sont de véritables cadeaux du destin. Par leur interrogation, ils viennent brouiller les règles du jeu et, même s'ils passent aux yeux des dirigeants pour des trouble-fête, il arrive que l'un d'entre eux reconnaisse leur véritable mérite. "'Sartre aussi, c'est la France", aurait déclaré un jour le général de Gaulle.

-142-

MA MÈRE ET LES FORMULES DE POUVOIR. – J'arrive tout juste de chez Médicus où je suis allé payer mes mensualités pour la location d'un fauteuil roulant destiné à ma mère. J'ai dû demander à deux livreurs de sacs de ciment de reculer leur énorme camion pour pouvoir déplacer ma voiture. Généralement, ces hommes sont peu enclins à accorder des faveurs à ceux qui les importunent dans leur travail. Mais en m'apercevant, les voilà qui font une crise de joie. Ils m'ont vu la veille à la télévision et ne se contiennent plus d'enthousiasme à l'idée de me serrer la main. Les gaillards me bousculent un peu dans leur désir de me toucher et m'administrent de fraternelles bourrades. Ils acquiescent aussitôt à ma demande et je peux dégager ma voiture dans un concert de coups de klaxons qui font détourner les têtes. Ce qu'il y a de merveilleux lorsqu'un individu décide de s'exprimer comme je le fais, c'est qu'il se rallie une majorité de gens qui s'identifient à lui. Or, ce qui domine dans l'image que je livre au public, c'est cette confiance absolue, cette joie débordante, cet optimisme presque absurde, cet enthousiasme sacré, ce délire verbal, cette emphase émotionnelle qui caractérisent tous mes gestes et toutes mes paroles. Quand j'arrive à l'hôpital où ma mère séjourne depuis plus de sept mois, les chaises berçantes du 5e sud s'animent et je vois dix têtes souriantes se tourner dans ma direction. Les muets parlent, les invalides se lèvent, les dépressifs font des pitreries, le personnel lui-même, peu enclin au zèle, blague avec moi. C'est la fête parmi ces reclus qui reçoivent peu de visiteurs. Il faut dire que ma mère les a bien préparés. Chaque jour, ils sont confrontés à son énergie indomptable, à ses mots stupéfiants d'humour et de provocation. Elle est bien ma digne mère. Je ne sais trop si je tiens d'elle ou si elle tient de moi. Au point où nous en sommes, cela n'importe plus. À force de bénir ensemble, nous avons éliminé tous les obstacles. Ma mère qui a été hospitalisée à la suite d'un accident cérébro-vasculaire peut maintenant remarcher. Je dois dire que c'est à cause de sa détermination farouche et de mon soutien quotidien inconditionnel. Lorsque sa compagne de chambre s'exclame en recevant son petit déjeuner : "Maudite nourriture ! Les gens des cuisines sont décidés à nous empoisonner", ma mère réplique : "Mais non, c'est une nourriture bénie. Il faut penser positivement. Pourquoi ne pas bénir avec moi les cuisiniers ?" Et sa compagne de la regarder interdite : "Qu'est-ce qu'elle va encore me sortir là ?" Toute la journée, ma mère s'applique à formuler des pensées positives, à transformer sa situation, à démontrer le pouvoir de son être. À quatre-vingt-quatorze ans, elle se veut sans âge et songe même à réintégrer son appartement. Une chose est certaine, rêver ne lui fera pas de mal. J'adore les centenaires qui font des projets d'avenir. Je leur souhaite de mettre le gouvernement en faillite en réclamant leurs chèques de pension de vieillesse jusqu'à deux cents ans. Nous en avons assez des vieux gâteux ; nous voulons des êtres de lumière.

-143-

ANDRÉ MOREAU PAR ANDRÉ MOREAU. – Un fou ou un génie ? De toute façon, sûrement un jovialiste, c'est-à-dire un dilettante souriant, un fou créateur, un Christ en vacances flirtant avec la société de consommation et semant à la ronde des bombes spirituelles à retardement. Si vous demandez à son entourage comment on le perçoit, on vous dira qu'il est chaleureux, comique, déroutant, humoristique, génial et inspiré. Ceux qui se retrouvent autour de lui se disent jovialistes. Mais à vrai dire, il y en a de plus en plus à travers le monde. Dès qu'il met le nez dehors, on l'assaille, on l'interpelle, on le loue ou on le subodore, mais personne ne reste indifférent.

Le plaisir est sagesse

Quand André Moreau parle, personne ne risque de s'endormir. "Les pleins seront vidés, s'écrie-t-il en citant Vladimir Jankélévitch, et les vides seront remplis". Voilà un bon départ pour le salon philosophique hebdomadaire qu'il donne chez lui depuis vingt ans au no 1 de la Côte Ste-Catherine à Montréal. Que vous soyez beau ou laid, petit ou grand, bien marié ou séparé, riche où pauvre, jeune ou vieux, marxiste ou capitaliste, il est là devant vous, déversant sur vous le flot orgiaque de sa verve latine débordante, il vous tend des pièges, vous fait rire aux larmes de vous-même et surtout vous donne un avant-goût de l'absolu car il vous invite ni plus ni moins à être Dieu, c'est-à-dire à prendre toute votre place. Si vous ne vous sentez pas dans cette vibration, c'est que vous n'avez pas assez joui consciemment de la vie. Vous devez donc prendre sans délai un bain de plaisir pour vous purger des contaminations extérieures qui s'opposent à l'action de l'abondance de l'infini dans votre vie, car le plaisir est considéré par les jovialistes comme la Voie Royale de la connaissance. Le plaisir fait du bien à votre intelligence. La chair est sainte. L'orgasme est une thérapie. Si vous ne comprenez rien à tout cela, c'est que vous êtes un arriéré érotique abruti par le travail ou la prière. Le travail rend l'homme semblable à la bête et souvent le fait mourir. Ne rien faire, et se consacrer à ce "rien" de façon positive, est la clé du succès. L'oisiveté créatrice est la base inexpugnable du génie créateur. S'ouvrir constamment de nouveaux champs d'inaction, voilà la loi nouvelle. Les gens ne travaillent que pour expier leurs fautes inconscientes ou s'interdire la violence. Ils ne réalisent pas qu'aucune compensation en douleur ne peut effacer la culpabilité. S'ils comprenaient que les problèmes dont ils souffrent sont le fruit de leurs pensées limitées, ils s'appliqueraient à s'observer eux-mêmes et à s'improviser à neuf chaque jour, tant pour se libérer de leurs obligations imaginaires que pour installer dans leur vie un état de lumière permanent.

La folie créatrice

De quelle folie s'agit-il ? André Moreau nous rassure immédiatement. "Il ne s'agit pas de la démence circulaire, mais d'une efficace désintoxication intérieure ; comprenons-nous bien ici : il s'agit de ventilation psychique et d'aération mentale. Le monde manque de fous intelligents et si vous êtes un de ceux-là, vous deviendrez riches à ne rien faire". Réjouissez-vous, car plus un individu est capable de s'écouter lui-même et de se laisser être, plus il peut réussir dans la vie. N'hésitez pas à suivre la pente de vos instincts, car c'est une pente qui monte. Faites-vous plaisir ; exprimez-vous librement. Méfiez-vous des apparences, elles ne sont pas trompeuses. Il faut que chaque individu puisse vivre à 150 à l'heure sans avoir l'air de souffrir. C'est une chose de caresser le tigre qui vous menace et c'en est une autre de le fuir à toutes jambes hors d'haleine. L'essentiel, c'est de ne pas se fatiguer. Tout individu fatigué est un athée inconséquent avec l'explosion joyeuse de sa propre divinité. Les magistrats, les grands travailleurs, les autorités ont tort. Plus un individu est sérieux, plus il se détruit. Mentir aux institutions, c'est se respecter.

La femme, porte de l'occulte

La femme est plus qu'un objet de plaisir ou une occasion d'aventure. La majorité des hommes voient la femme comme une paire de glandes juchées sur des échasses. Peu nombreux sont ceux qui la considèrent comme un individu à part entière capable de communiquer le désir et la connaissance à ceux qui s'approchent d'elle. Le monde pour André Moreau ne ressemble pas à une vallée de larmes mais à un jardin magique où séjourne la femme. Celle-ci est profondément liée à la culture. Elle a été liée à tous les bonds en avant de l'humanité. La volupté qu'elle dégage est un principe d'initiation. La majorité des hommes se jettent sur la première femme venue. Ils ont de leur liberté une vision plutôt étroite. Ils ne réalisent pas quel grave danger ils courent en faisant l'amour avec un partenaire qui n'est pas l'ami de leur essence, un parent êtrique. Si André Moreau a pu donner à sa philosophie une richesse intuitive hors du commun, c'est à cause de son commerce avec les femmes. Il s'est mis à l'école du "gourou de l'alcôve" et a cherché dans la communication amoureuse un prétexte à son émancipation. La femme lui apparaîtra toujours comme la porte de l'occulte, parce que c'est à travers elle qu'un homme se donne à vivre les expériences les plus décisives de sa vie. Qu'on ne se méprenne pas cependant sur son attitude : sa position est rigoureusement antiféministe. Il ne voit pas pourquoi la femme perdrait son temps à revendiquer des droits dont elle peut jouir spontanément en s'assumant totalement elle-même.

La panique qui libère

Si André Moreau a réussi à déclencher le rire si souvent lors de ses apparitions à la télévision, c'est qu'en confrontant les gens avec eux-mêmes il s'est trouvé à dénoncer leur néant. Très peu d'entre eux sont prêts à vivre le phénomène de la seconde naissance. Ce qu'il leur propose les effraie tout en les dépaysant. Si seulement ils pouvaient se raccrocher à quelque chose de connu quand ils l'écoutent, mais rien ne rime à rien dans ses discours. L'absolu se passe de référence au relatif. On comprendra l'écart qui le sépare des gens dans son évaluation des rôles sociaux. Ceux-ci considèrent les politiciens, les hommes d'affaires et les psychiatres comme des individus qui ont réussi alors qu'il voit en eux des individus qui ont avorté d'eux-mêmes. Son attitude est indéfendable à leurs yeux. Il a l'air de sourire, au destin comme l'Apollon du Belvédère, insouciant, pensif avec un air d'éternité dans les yeux. Il n'en est pas moins un éveilleur. Ceux qui ont subi l'effroyable pression de l'éveil peuvent vous dire qu'il s'agit de la part du philosophe d'une forme de terrorisme intellectuel sans précédent dans le but de pousser les profanes jusque dans leurs derniers retranchements. On ne peut pas s'éveiller graduellement ; il faut subir un choc émancipateur. L'individu qui voit s'écrouler son univers mental ne sait pas encore que la panique est un outil de libération intérieure. Il doit donc être stimulé et réconforté. Il faut que l'adepte soit transi par la peur, la joie, l'hystérie, l'extase, l'agonie, le rire dément et la souffrance pour comprendre. Il se voit mourir et en mê-

297

me temps il renaît. Il ne sait trop s'il ne s'est pas trompé en se choisissant lui-même comme absolu. Être ou ne pas être, tout est là. Il n'y a pas de progression dans l'être. Évoluer, s'améliorer est une illusion. L'amour lui-même n'est qu'un leurre. Celui qui veut naître à son Moi profond doit parvenir au niveau zéro et comprendre qu'il n'est rien. C'est alors qu'il peut devenir tout.

Tuez votre mère mentalement

N'hésitez pas, allez-y ! Votre mère vous a toujours écrasé de sa mansuétude prévenante, vous avez été farci d'amour au point d'en crever, vous ne pouvez pas faire un pas sans qu'elle vous surveille même si vous avez quarante ans. Alors le conseil suivant est pour vous. Révoltez-vous. Tuez-la symboliquement : noyez-la, brûlez-la, étranglez-la, mais il faut que l'énergie du meurtre serve ici à faire grandir votre rêve intérieur. Vous irez ensuite vers elle avec une prodigieuse capacité de compréhension ; vous serez à l'abri du sombre devoir de la reconnaissance, à l'abri des Vierges, des madones, des Christs, des rédempteurs professionnels, des sauveurs élitistes, des grenouilles de bénitiers, des petits cracheurs en l'air, des rongeurs de toutes sortes et de vous-même. Souvent l'amour est ruineux. Et la haine sauve. Songez au bien-être que vous éprouvez à haïr profondément, substantiellement, passionnément un individu laid, croche, misérable, pauvre et stupide. La haine défoule, libère, oxygène, pâme, permet de se sentir positif en faisant quelque chose de négatif. Toute expérience est bonne pour vous. Il vaut mieux obéir au maître intérieur qu'à la loi. "Je ne suis pas venu pour accomplir la loi, s'écrie le nouvel Adam, mais pour la démolir".

Un suicidé vivant

Le Grand Jovialiste est un homme simple, habillé comme tout le monde, souriant, décontracté. Mais si vous vous approchez trop près de lui, vous connaîtrez un choc cognitif, il vous changera à jamais. Il déposera en votre esprit le ferment de la révolution permanente. Qui est donc cet homme qui boit des jus de fruits à demi nu sur sa terrasse entouré de jolies femmes, qui a failli donner une crise cardiaque au père Desmarais en lui demandant devant un million de téléspectateurs s'il avait déjà connu l'orgasme, qui soulève des haltères en récitant des formules de pouvoir et que des crises de joie nocturnes empêchent de dormir parce qu'il se sent Dieu ; oui, qui est-il vraiment ? La réponse, c'est lui qui la donne : "Je suis un suicidé-vivant !" Il ne s'agit pas là d'un paradoxe mais d'une réalité profonde. Celui qui ne se sent plus séparé de rien voit ses besoins peu à peu disparaître. Il devient la substance de ses pensées et se nourrit de lui-même. Il est comme quelqu'un qui a perdu la vie et qui l'a retrouvée à un autre niveau, jouissant de chaque moment de l'existence comme d'un cadeau merveilleux. Voilà l'homme qui embrasse ses ennemis parce qu'il a reconnu en eux l'aiguillon indispensable à sa vitalité. Encombrant personnage, me direz-vous. Sans doute. Mais songez qu'il oppose une existence nécessaire à tout ce que notre monde comporte de provisoire.

Un Messie comique

Je suis le nouveau Christ, s'exclame le philosophe avec un immense éclat de rire emprunté à un des personnages des films de James Bond ; je suis un Messie comique, bouleversant de vérité, fou de la sagesse ; mais attention, je ne suis pas un de ces malades de Dieu, un de ces théopathes ; je me porte très bien, merci. Ce qu'il y a de formidable dans ma vie, c'est que j'ai compris que tout l'univers repose en moi. J'ai aboli toutes les distances. J'ai congédié toutes les autorités. Je renvoie la matière et Dieu dos à dos comme les éléments antithétiques d'une même illusion. Je ne me sens presque plus concerné par moi-même tellement j'ai gagné en hauteur, en lumière, en immensité. Je veux être de trop pour moi. Oui, de trop ma grandeur, de trop mon génie, de trop ma bonté, car je suis affreusement bon et outrageusement ouvert. Je suis un saint en vacances. C'est d'ailleurs le titre d'un de mes prochains livres. La chance n'existe pas. Le hasard est une vision de l'esprit. Il n'y a que des coïncidences préparées et la loterie nationale n'est qu'une béquille de remplacement pour ceux qui sont déçus de Dieu. Je suis ma providence et ma loi, déclare celui qui se veut un Gengis khan psychique, un Tamerlan spirituel. Le Diable et le Bon Dieu ne sont que des pions sur l'échiquier du sage. Il faut tuer Dieu derrière les étoiles pour le faire ressusciter en soi.

Être passionnément dépassionné

Il y a certainement un rapprochement à faire entre les jovialistes d'aujourd'hui et les chrétiens des premiers siècles, sauf que ces derniers se réjouissaient dans le Seigneur tandis que les jovialistes prennent un bain d'infinité en eux-mêmes. On a souvent comparé André Moreau à Épicure parce qu'il enseigne que le souverain bien est facile d'accès. Or, Épicure n'est pas un passionné, c'est un sage plein de tempérance. André Moreau considère que la passion est essentielle pour s'éveiller, mais il se fait un point d'honneur d'être passionné de l'absolu, c'est-à-dire de ce qui représente en soi la mort de la passion. On a dit également qu'André Moreau était un obsédé sexuel parce qu'il recommande la masturbation consciente comme moyen de méditation approprié aux jeunes. Il leur suggère de boire, de passer des nuits blanches, de faire des échanges spermatiques, d'insulter les adultes, de vivre nus, d'apprendre le latin et de reconnaître qu'ils sont Dieu. Si on écoutait André Moreau, il faudrait exiler tous les psychiatres en Floride pour pouvoir devenir prêtre de ses hormones. Les gens ne se connaissent pas ; ils vivent dans l'hébétude, l'automortification, l'inquiétude anéantissante de l'infini ; l'insécurité et la chasteté perverse. Si seulement ils acceptaient de laisser tomber leur passé, leur karma, leurs souvenirs, ils pourraient s'inventer eux-mêmes à neuf. Le fait de ne pas se connaître les empêche de comprendre qu'ils sont des néants. C'est pourquoi André Moreau préconise le plaisir comme moyen de défoulement, mais attention ici, le plaisir orienté vers l'éblouissement total. C'est la vie des gens qui doit changer. Or, on ne peut faire d'omelette sans casser des œufs. C'est par un énergique secouage intérieur qui confine à la catharsis aristotélicienne qu'un individu peut sortir de sa torpeur et entrevoir la réalité ultime de son être.

Un maniaque éclairé

"L'érotisme est plus fort que les prières", s'écrie celui que les universitaires considèrent comme le croquemitaine de la philosophie ; il propose même l'utilisation des phantasmes sexuels comme tremplin pour atteindre à une pensée jaculatoire. La pureté suprême de l'absolu ne peut être consacrée que dans la volupté de l'existence réconciliée avec elle-même. Chaque moment de la vie phénoménale doit constituer un temps fort pour la conscience, André Moreau a découvert avant tout le monde au Québec les joies iconoclastes d'une sexualité permissive ; il a fait du rire un moyen de désaliénation. Se moquer de tout est devenu un leitmotiv pour plusieurs générations qui l'ont connu. Il a donné grâce à la télévision une portée électronique à la fête, à l'érotisme, à la folie créatrice et au scandale. Au lieu de les exhorter à lutter contre eux-mêmes, il a amené les gens à rentabiliser leurs névroses et à capitaliser sur leurs travers. Ne corrigez pas vos défauts, faites-les croître à l'infini ; qu'ils deviennent un motif d'admiration par leur démesure. C'est par l'outrance du désir poussé jusqu'à l'infini qu'un individu se délivre de son étroitesse. Sans excès, pas de perfection. Péchez donc une bonne fois et il en sera fait de votre péché. La modération n'est qu'un des masques de la médiocrité. Les perversions sont à mettre au compte des expériences les plus intéressantes à tenter à la surface de cette terre parce qu'elles nous libèrent de la routine, de la grisaille quotidienne et de l'existence sacrificielle. Il faudrait faire l'amour sur les autels, communier orgiaquement et mettre sur pied une pastorale de l'orgasme pour les tout-petits. Et si les parents protestent ? Alors, il faut enfermer les parents !

La nudité convient au sage

Le véritable philosophe se moque des qu'en-dira-t-on et n'a en vue que la vérité. Son désir est d'exprimer ce qui est. Et comme ce qu'il a d'abord à exprimer concerne sa personne, il constitue le centre de son discours. Il ne se retranche pas comme les hommes de science derrière les résultats d'études et de recherches. Il parle de lui-même, il s'implique. Il n'a pas à se déshabiller pour se montrer nu. Il vit dans une maison de verre. Aucun problème ne subsiste à ses yeux quand il les passe au crible de sa dialectique. Son désir d'aller au fond des choses l'amène à considérer la sexualité comme le masque que portent les gens pour ne pas se dévoiler aux autres. En ce sens, la sexualité est doublement révélatrice. C'est pourquoi le philosophe voit en celle-ci le carrefour de la vérité. Puisqu'elle est le lieu du non-dit, il faut la dire dans toute l'extension de son essence. – Monsieur Moreau, mon fils se masturbe ; que dois-je faire ? demande une bonne dame sur les ondes de la radio. – Ne vous affolez pas, reprend paisiblement le philosophe, il s'arrêtera bien quand il aura le bras fatigué. Une telle réplique ne peut que bouleverser la population... qui ne demande d'ailleurs qu'à être bouleversée. Les gens sont à la recherche de sensations fortes. Le philosophe va les leur servir. Sa volonté de tout comprendre et de tout expliquer l'obligea à considérer l'expression de la jouissance comme l'élément fondamental dans la révélation de la vérité. En effet, on voit des gens forts empressés de parler de leurs souffrances, de leurs maladies, de leurs opérations complètements démunis lorsqu'il s'agit de parler de leurs plaisirs, de leurs orgasmes. On les retrouve tout penauds devant la jouissance comme s'il y avait quelque pudeur à montrer qu'ils jouissent. André Moreau déclare que les hommes, les femmes et les enfants doivent se ménager plusieurs heures de nudité par semaine, ensemble, pour que tout soit vu et su de tous, y compris des petits. Quand on est nu, on ne peut mentir. Cet exercice salutaire vise à démystifier la conscience anesthésiée par la religion.

Les politiciens sont des guignols

La politique, c'est pour les zombies ; elle réside dans l'art de convaincre les citoyens qu'ils participent à l'administration de l'État alors même qu'ils sont privés de leurs droits et exploités. Si les élections pouvaient changer quoi que ce soit dans le monde, voter serait interdit. La démocratie n'a pas moins tort que le communisme. Tous les hommes sont inégaux en force, en intelligence, en talent, en santé, en privilèges sociaux, en capacité de jouir, etc. La politique qui réside surtout dans la tromperie feint d'ignorer cette inégalité. Elle veut des cas identiques pour leur appliquer des solutions toutes faites d'avance. Mais aucun cas n'est identique et les politiciens ne font qu'administrer leur propre incompétence. Il arrive que l'un d'entre eux, poussé par un idéal nationaliste ou patriotique, se révèle au goût du jour mais, avez-vous remarqué, l'amour qu'on lui porte se retourne invariablement contre lui ? La plupart de ces guignoles qui ont donné leur vie à l'État sont des martyrs, grotesques et inefficaces. Tous nos premiers ministres pourraient être comparés à l'orifice terminal du boyau intestinal. Toute la merde des tractations, des hypocrisies, des mensonges, des trahisons s'exprime par leur bouche. Certains d'entre eux donnent l'impression de s'en tirer honorablement. Ce n'est jamais à cause de leur honnêteté, mais parce qu'ils ont réussi à être plus dissimulateurs que les autres. Non seulement on ne gravit pas l'échelle sociale en devenant politicien, mais on atteint le fond du panier, la déchéance et la dégradation morale. Il est impérieux de congédier tous les politiciens et de les remplacer par des comités de sages entretenus aux frais de l'État. Seul un sacerdoce permettrait d'éliminer cette fosse à purin qu'est l'Assemblée nationale. M'a-t-on compris ?

Chacun reçoit le salaire de ses pensées

C'est la victime qu'il faut punir avant le bourreau, déclare André Moreau. Tout cet attendrissement à l'égard des victimes relève d'une commisération apitoyée nourrie de l'ignorance. Il ne peut en être autrement quand on s'est donné un Dieu supplicié et qu'on cherche chaque jour à l'imiter. Aucun mérite ne peut être fondé dans la souffrance. Il n'arrive à un être humain que ce qui lui ressemble. À chaque instant, ils reçoivent le juste salaire de leurs pensées. Ils acceptent assez bien la chose quand leurs affaires vont bien, mais ils se rebellent contre ce principe quand elles tournent mal. Mais, regardez donc un peu comment pensent les humains. Timides face à leurs audaces, ils finissent par se les reprocher. La culpabilité et l'auto-condamnation sont les formes que prend leur inaptitude à jouir loyalement de leur être. Ils cherchent à se détruire par peur de la beauté qu'ils pressentent en eux. La laideur, l'ignorance, la pauvreté, la souffrance sont des formes d'autopunition. On ne souffre en ce monde que par étroitesse d'esprit. À tout instant, chacun doit reconnaître que sa vie est à l'image de ses pensées. Et s'il s'agit d'un handicapé de naissance ? objecterez-vous. Eh bien, il paye pour des pensées de limitation à venir, il subit le poids anticipé de sa propre fausseté mentale. Chacun ne vient-il pas accomplir son entéléchie ? La jeune fille qu'on viole brutalement n'est pas du tout innocente de ce qui lui arrive. Invariablement, une étude approfondie finira par établir qu'elle a agressé son agresseur. Et s'il s'agit d'un enfant, la discussion s'éteindra lorsqu'on acceptera l'idée qu'il s'est donné sa vie, ses parents et les tyrans qui le martyrisent. Aucune naissance n'est accidentelle. Tout arrive à point. L'homme est la cause suprême de sa vie. Tant qu'il se comportera comme un mouton, il sera tondu. Les victimes ont toujours tort. Les gens malheureux sont des malades mentaux satisfaits de leur sort. Lorsque l'on contemple la vie avec les yeux du Dieu Vivant, on ne peut plus éprouver de pitié pour les êtres humains, car leur destin est constamment ajusté à leur volonté, qu'il le sache ou non.

Thématique révolutionnaire de l'homosexualité

Vous craignez les homosexuels, c'est que vous en êtes un. Vous les condamnez, eh bien, sachez que ce que vous condamnez vous condamnera en retour ! Vous avez le goût de battre les homosexuels, c'est que vous ne vous pardonnez pas de vous sentir bien quand quelqu'un de votre sexe vous désire. Laissez donc les homosexuels en paix. Ils sont sûrement aussi bien dans leur peau que vous pouvez l'être dans la vôtre. Abandonnez cette idée ridicule de faire l'amour en portant un condom. La contagion n'est qu'une occasion de manifester quelque chose de bien plus profond en vous : votre culpabilité sexuelle. Le sida est une maladie des émotions qui ne peut se développer sans une affreuse angoisse devant la sexualité. Je suis un consommateur averti de la beauté. André Moreau croit que le sexe illumine et libère. La communication amoureuse doit être une occasion de fête et non de souffrance. N'hésitez pas à vous caresser si le cœur vous en dit. N'ayez peur ni de la vie, ni de la mort, ni de la haine, ni de la violence. Abandonnez ce ton moralisateur lorsque vous jugez les autres. Apprenez à considérer les faits sans les déformer. Pourquoi vieillir ? Pourquoi mourir ? Si vous n'avez pas encore réussi à répondre à ces deux questions, essayez au moins de ne pas communiquer vos préjugés à vos enfants. On devrait laisser traîner des cadavres dans les rues pour que les enfants puissent les voir et s'amuser avec eux. Les petits comprendront vite qu'ils ne sont pas faits pour la mort si on ne s'applique pas à les détourner de la vie.

Le salut par les catastrophes

André Moreau adore les catastrophes parce qu'elles nous tiennent éveillés. Il voit en elles une source d'informations enrichissantes pour l'humanité. Chaque fois qu'il est confronté à un grave problème, son intelligence tressaille de joie. Il voit dans tous nos maux le fumier dont le bien a besoin pour devenir le mieux. Bien sûr nos gouvernements ne partagent pas son enthousiasme pour les catastrophes. Ils voudraient les citoyens paisibles et soumis, car toute rébellion de leur part remettrait en cause leur autorité. Mais s'éveiller, c'est refuser de se soumettre, c'est obliger son système nerveux à s'enrichir des chocs qu'il reçoit. Les humains ne se sont pas programmé un bel avenir. Ils attendent l'Apocalypse avec ferveur. Plusieurs sont déjà déçus de ne pas la voir se produire aussi rapidement qu'ils le souhaiteraient. Le monde s'en va chez le diable, mais il reste sur terre des hommes et des femmes qui ont le goût de l'infini, qui veulent se sentir Dieu. Ceux-là sont mûrs pour rencontrer le Grand Jovialiste, car ils trouveront en lui un soutien qui leur permettra de s'inscrire à jamais sous la loi d'exception. Vivre ainsi, c'est tout se permettre. Comprenez-moi bien ici, il ne s'agit pas de finir ses jours en taule. Comme le dit Cocteau, il faut savoir jusqu'où aller trop loin. Le contrôle de soi est destructeur et maladif. L'individu réalisé ne se maîtrise jamais. Il se laisse être, il s'autorise à être sans restriction d'aucune sorte, il s'exprime totalement. Il vit sur les cimes. C'est un être pur qui n'hésite pas à balayer les vingt siècles de malheur chrétien que nous venons de traverser pour les remplacer par l'expérience tout embrassante de l'être.

NOTES

1- Je parle aux plantes (fougères, pétunias, etc.), aux oiseaux (toutes les sortes) et aux poissons (dauphins et requins).

2- Je me lave le haut du visage à l'eau froide pour me réveiller et le bas à l'eau chaude pour attendrir ma barbe avant de me raser.

3- J'ai toujours sur mon livret de commande la Rolls-Royce bleu ciel que je veux m'acheter.

4- J'ai 90 titres de livres à faire paraître d'ici quarante ans.

5- Je considère qu'on ne peut pas être un grand mystique sans être un obsédé sexuel sympathique.

6- Je possède une peau de mouton sur laquelle je me roule nu.

7- Mon peintre préféré est Clovis Trouille. Il est le seul à avoir réalisé en peinture l'impossible synthèse de l'érotique et du sacré.

8- Je regrette de ne pas avoir tué le père Desmarais lors de notre débat sur l'orgasme à la télévision.

9- Jack l'éventreur était un homme qui s'ennuyait.

10- Je raffole d'Hitler parce qu'il ne faisait pas les choses à moitié.

11- Les individus qui m'écoutent sans préparation deviennent victimes du voltage cognitif.

12- L'éveil se traduit dans le corps humain sous forme de dynamite cellulaire.

13- Je n'oublierai jamais Caryl Chessman exécuté en 1960 après s'être battu pendant douze ans pour éviter de terminer sa vie dans la chambre à gaz de Californie. Il avait tellement étudié son propre cas qu'il était devenu le plus grand expert sur lui-même devant les tribunaux. Son exécution est ni plus ni moins l'assassinat d'un génie du droit.

14- Le XIXe siècle a mieux réussi aux Américains que le XXe siècle en littérature, ne serait-ce que parce qu'il a vu naître Ambrose Bierce.

15- Dans la perspective d'une unification continentale, les États-Unis sont voués à devenir une colonie intellectuelle du Québec.

16- J'ai touché à plusieurs genres littéraires : l'essai, le traité, les aphorismes, le dialogue et le journal. Je sais que le plus volumineux journal du monde avec ses 16,900 pages est celui du philosophe Amiel. J'ambitionne de le dépasser.

17- Les deux plus grandes impostures : la théorie freudienne de l'inconscient et la rédemption du Christ.

18- Mon juron préféré inspiré d'un radio-roman de ma jeunesses "Saudi-Mardi-Bacatèche-de-Saint-Simard et Venimeux".

19- Le curé qui m'a le plus impressionné dans toute ma vie fut le père Maltempi, o.s.m. de la paroisse Notre-Dame-du-Mont-Carmel à Montréal. C'était un Italien jovial, tonitruant et bon papa. Il n'y en avait pas un comme lui pour injurier les démons lorsqu'il faisait ses exorcismes. Il parlait au Diable comme s'il avait été le dernier des imbéciles et l'insultait bruyamment. J'ai assisté à cela en personne.

20- Un des derniers bons mots de mon ami l'écrivain Yves Thériault : "Si je meurs, photographiez-moi, en couleur, s'il vous plaît". Hemingway est un enfant d'école à côté de lui.

À CHACUN SES EXTASES. – L'univers n'est qu'un ensemble de pensées choséifiées sous forme de représentations. Les choses sont à ce point complexes qu'à moins d'être un génie on a peine à s'y retrouver. Aussi, la plupart des gens cherchent-ils désespérément un moyen d'échapper à l'emprise de la réalité en se ménageant des moments de bonheur et d'extase. Chaque individu y parvient, certains avec une économie de moyens tout à fait étonnante. Par exemple, le président de la Pologne, Lech Walesa, aime la pêche à la ligne parmi les joncs mais il met une telle ostentation à surveiller ses appâts qu'on le croirait en train d'exécuter un travail de haute précision qui requiert de la discipline et du sacrifice. Je ne doute pas un seul instant qu'il s'amuse, mais pour y parvenir, quelle souffrance ! C'est au cours des périodes de leur vie les plus difficiles qu'on voit les êtres humains privilégier ces moments d'évasion dont les vertus compensatrices sont telles qu'un seul d'entre eux suffirait parfois à illuminer une vie. J'ai vu des gens faire des crises de joie du seul fait de pouvoir s'ébattre sur un carré d'herbe entre les gratte-ciel du centre-ville. Il y en a d'autres qui tirent le courage de continuer à vivre d'une bagatelle comme le tintement de la clochette du marchand de crème glacée ou le cri d'un pluvier à la brunante. L'exemple de ma mère ici est tout à fait singulier. Hospitalisée depuis de longs mois, elle est tombée amoureuse d'un trottoir. Chaque fois qu'il fait beau et que je peux lui faire faire une balade en fauteuil roulant, elle me demande si elle va voir son petit trottoir. Au début, je ne comprenais pas ce qu'elle voulait me dire. Puis, j'ai réalisé qu'au moment où nous remontons la rue St-Denis pour nous diriger vers l'entrée principale de l'Hôpital Saint-Luc, nous devons nous engager sur un trottoir assez étroit qui sert de passerelle aux piétons et leur évite de marcher dans l'espace réservé aux taxis et aux voitures de toutes sortes qui déposent des visiteurs à cet endroit. J'ai fini par me laisser envahir par la magie de ces quelques secondes qui précèdent le moment où nous allons nous engager sur le trottoir en question. "Y suis-je ?" me demande ma mère qui ne voit plus très clair. "Nous y sommes", lui répliqué-je alors en marquant un temps d'arrêt. Pour elle c'est une sorte de miracle. C'est un passage vers l'absolu. Une fois parvenue dans le hall, elle soupire de contentement, les yeux ronds. "C'était merveilleux", me dit-elle. Cette histoire de trottoir a fini par m'impressionner. J'en ai parlé dans mes salles de conférence, puis à la télévision. Parfois ma mère est tellement excitée qu'on pourrait dire qu'elle s'envoie en l'air avec le trottoir. J'ai beau essayer d'être le plus objectif possible, je ne la trouve pas régressive. Elle se fait de la joie avec ce qui est à la portée de la main. Puis, avec l'habitude, sa joie grandit ; elle se met à attendre ce moment avec exaltation tout en riant d'elle-même, car elle sait très bien ce que sa conduite a d'enfantin. Toujours est-il que certaines personnes s'arrêtent devant le trottoir en question pour le regarder en se demandant ce qu'il peut bien avoir de si particulier. Mais on ne trouvera rien là de vraiment significatif. Rien n'est dans la matière, tout est dans la manière. S'ils devaient attendre le temps ou les moyens de faire des sorties coûteuses ou de prendre de longues vacances pour être heureux, la plupart des gens ne connaîtraient jamais le bonheur. Heureusement qu'il y a la conscience, cette faculté magique qui transfigure tout à force de lumière et d'intensité. Un fond de cours obscur peut se révéler l'antichambre du paradis et le cri d'un oiseau peut mettre l'esprit en contact avec l'infini. Tout dépend de nous à chaque instant. Notre sort est toujours entre nos propres mains.

-145-

LE PALAIS DU DIEU VIVANT. – Si l'endroit où je demeure n'est pas entièrement investi de ma présence, comment pourrais-je investir quoi que ce soit d'autre ? Si on ne retrouve pas dans ma propre maison l'ordre de mes pensées, la richesse de mes émotions, l'intensité de ma présence, où les retrouvera-t-on ? Le lieu où naissent mes pensées divines est un réceptacle de lumière. Là où je dors, où je médite, où je mange, où j'écris est le palais du Dieu Vivant. On voit là à quel point je m'estime. Pourquoi me sentirais-je dévalorisé d'une façon ou d'une autre ? J'aime mon atmosphère qui est nourrie de ma substance. Quand j'étais enfant, j'aimais lire dans les vieux dictionnaires de mon père. Au fur et à mesure que je lisais, je voyais une intensité se développer autour de moi. Entendre la vieille horloge égrener les secondes pendant que mes yeux s'attardaient sur une reproduction des peintres illustres me donnait l'impression de pénétrer dans un autre univers. Je passai ainsi des jours tranquilles à me familiariser avec la culture mondiale. Nous habitions un taudis, mais j'avais l'impression d'être installé dans ma vraie demeure. Plus tard, étudiant à Paris, je m'appliquai à recréer l'atmosphère des lieux qui m'étaient familiers au Canada. Ceux qui entraient dans ma chambre d'hôtel ou dans mon studio retrouvaient un coin de Montréal. Certains de mes visiteurs prenaient plaisir à voir augmenter la pile de feuilles dactylographiées de mon plus récent manuscrit. Les gens aimaient venir chez moi. De retour au Québec, dès que je fus installé avec ma première femme dans un appartement meublé à mon goût, des jeunes qui avaient entendu parler de moi ou tout simplement mes étudiants prenaient plaisir à venir me visiter à l'improviste. Ils retrouvaient chez moi la densité de mes pensées. Certains s'étonnaient du type d'air qu'il y avait dans mon appartement. Encore récemment, mon ancien secrétaire en visite chez moi me déclarait qu'il ressentait une force énorme sur les lieux. "Ah, lui dis-je, c'est mon hypercharge !" Il me regarda perplexe. Alors je poursuivis : "Il y a dans l'univers une force fondamentale qui tend à contrarier la pesanteur sur les petites distances. C'est ce que les savants appellent l'hypercharge. Cette force ferait que, dans le vide, une plume tombe en réalité légèrement plus vite qu'un lingot de plomb. Cette force ne se manifeste pas par hasard. Elle est assumée localement. Certaines particules sub-atomiques portent une hypercharge tout comme d'autres portent une charge électrique. Je développe une énergie de ce genre sur de courtes distances tout comme je développe une énergie de type différent, d'ordre attractionnel, sur de grandes distances. Ainsi par exemple certains passants dans la rue peuvent ressentir mon hypercharge. Les résidents de mon immeuble en sont affectés également. Ils ne peuvent tout simplement pas ignorer que je suis là. Ce qui me fait dire que je vis dans un palais, c'est que les appartements où je me tiens ainsi que ceux qui les jouxtent sont affectés par cette force comme si à la place des murs et des cloisons il y avait une énergie qui réfléchit mes mouvements. C'est ce qui fait que les gens préfèrent venir m'entendre chez moi au lieu d'assister à mes conférences dans les hôtels. Ils prennent un bain de force dès qu'ils arrivent dans mon salon. Mon énergie agit sur eux pendant quelques jours, puis se met à décliner au fur et à mesure qu'ils retrouvent leurs propres vibrations. En un sens, on peut dire que je constitue ma place à force de l'occuper.

-146-

SOUFFRANCE. – Je ne sais pas si vous avez déjà eu l'expérience de souffrir d'un abcès péri-anal, mais je ne souhaite à personne de connaître cette souffrance. C'est quelque chose d'insidieux, de violent, de traître. L'abcès grossit entre cuir et chair par infiltration et il n'a de cesse que lorsqu'il a éclaté. Mais voilà, avant que cet événement bienheureux ne se produise, il semble proliférer de façon intolérable. Au tout début il est gros comme un petit pois, puis il atteint la taille d'un raisin et finalement celle d'un

312

œuf. Il devient presque impossible de bouger, de s'asseoir. Aller aux toilettes donne une impression de fin du monde. C'est comme si le bas du corps se déchirait. Que faire devant ce vécu de souffrance ? Impossible de le convertir en quoi que ce soit d'autre. Il résiste avec opiniâtreté. Chaque mouvement vous arrache un cri. La souffrance est comme une bête qui vous dévore de l'intérieur. Elle ne vous laisse aucun répit. Elle s'acharne. Elle obscurcit le cerveau. Elle rend fou, méchant. C'est comme si quelqu'un vous torturait pour le plaisir et que votre corps impuissant subissait cet affront. Il y a aussi l'amplification du mal. On se demande jusqu'où ira la douleur. Je me roule sur le lit, je râle, je crie. Rien n'y fait. Les bains chauds me donnent un léger répit. Mais les antibiotiques m'empoisonnent et me brisent. Le remède semble pire que le mal. Tout en égrenant les heures, j'attends avec anxiété le moment de la rémission. Va-t-il crever, cet abcès ? Je ne suis plus qu'une plaie vive. Toutes mes occupations ont cessé. Mon travail est anéanti. Je ne dors plus et je hurle. Qu'est-ce qui caractérise la souffrance ? C'est sûrement une forme de persécution. Tu cries : "Assez, assez !" et ça recommence, plus fort, plus insidieusement. Quand le corps proteste, c'est que la volonté a transgressé une loi. La conscience s'applique alors à ressasser les signaux émis par le corps. Aucun dieu n'est noble. Quand tu souffres, tu te frappes la tête contre les murs, tu t'en veux d'exister, tu cherches à sortir de toi. Joyce qu'on amenait à la salle d'opération se débattait comme un damné. La souffrance faisait place à la colère. Il semblait désireux d'en finir. Écorché vif, il rêvait de disparaître. Je comprends la douleur des femmes qui accouchent quand elles ont l'impression de se fendre en deux. Ce qu'il y a de plus choquant lorsqu'il s'agit d'un abcès péri-anal, c'est que tu es touché à un endroit de ton anatomie qui te rappelle des expériences douloureuses de prise en charge de soi à l'époque de l'enfance. Crier fait parfois beaucoup de bien, mais cela demeure une forme d'exhibitionnisme, comme si je lançais dans le monde des illustrations de mon absurdité. Je comprends l'efficacité des camps de concentration : la douleur brise toute volonté d'autonomie, tout projet. Alors que tu filais bon train, tu t'arrêtes tout hébété comme si toute activité intégrée devenait impensable. Hélas, j'en suis là aujourd'hui. J'imagine dans mon organisme une lutte à finir entre les forces de l'ordre et des éléments anarchiques qui rongent ma peau. Si seulement je pouvais sortir de moi cet abcès récalcitrant. Mais il s'incruste, se nourrit de ma merde par ses racines qui infiltrent mon anus. C'est comme si des milliers de petites dents me grignotaient. J'ai beau hurler que je ne veux plus souffrir, me lever précipitamment du lit où je me suis allongé pour dicter, rien n'y fait. Je subis une violence. Selon mes principes, celle-ci me ressemble. C'est moi qui ai constitué ce tourment par mes pensées d'insécurité financière face à mon œuvre. J'ai créé un petit monstre mécanique qui me bouffe entre les fesses, jour et nuit, sans jamais se fatiguer. Comment cela peut-il se développer dans mon corps ? Je bénis les parties atteintes entre mes cris, j'investis la région de lumière, mais on dirait que je ne suis pas mûr pour la délivrance. Si seulement cet abcès pouvait éclater, je rigolerais, bienheureux, ivre de soulagement, et je me retrouverais les culottes pleines d'une matière imprécise. Comprend-on que j'appréhende ce moment ? Cela peut arriver au cours de ma conférence de ce soir où je me suis traîné, au moment où je m'y attends le moins. Alors je me mets à rêver de mon corps qui explose. C'est ça, il y a quelque chose en moi qui veut prendre de l'expansion. Mais quel ravage ! Je ne sais plus où j'en suis. Mon intelligence est en veilleuse. Je comprendrai tout cela demain, lorsque je constituerai ma souffrance d'aujourd'hui comme un souvenir douloureux dont je me suis délivré, car ici et maintenant, c'est le désastre. Et le pire, c'est que la femme qui caresse son oiseau sur la terrasse de l'autre côté de la rue ignore que je souffre. Elle s'en moque totalement. Je n'existe pas pour elle. Eh bien, parfois je souhaiterais exister moins fort pour moi aussi.

-147-

VIVRE TOTALEMENT. – Vingt minutes de gymnastique quotidienne peuvent remédier à un grand marasme. Une courte méditation sur l'absolu peut transformer une longue série de coups durs en une expérience réussie. Pourquoi faut-il que les gens s'entêtent dans l'étroitesse du désir, alors qu'ils pourraient faire de leur désir l'expression, de leur être infini ? La terre regorge de richesses et pourtant il y a des milliards de pauvres. Faut-il s'étonner que tous ces gens meurent de faim ? En fait, l'humanité souffre d'un mauvais usage de l'intelligence. Il n'y a pas un manque d'intelligence, mais une sorte d'incapacité de s'en servir correctement. L'intelligence c'est de vivre dans la joie. Un rien suffit à la déclencher. Ma mère s'envoie en l'air avec un trottoir et moi, je fais une crise de joie parce que mon abcès péri-anal crève au beau milieu du pont Champlain au moment où je demande à mon père décédé d'intervenir. Tout est si simple. Nous ne sommes séparés ni de l'au-delà, ni de l'abondance, ni de la joie parfaite. Aucune technique, aucune méthode ne peuvent nous aider à comprendre. Il suffit de nous laisser être. L'individu qui accepte de se laisser être ne voit dans la vie que beauté, plaisir, douceur et joie. Il semble insouciant des autres par excès de souci envers lui-même. En réalité, c'est l'homme le plus généreux qui soit, mais il refuse de se laisser prendre par la réalité. Connaît-il un nouvel amour ? Il s'examine, se surveille pour ne pas se laisser décentrer. Se sent-il soudainement favorisé de la fortune ? Il accepte tout de bon cœur et va dormir un bon coup ou part en voyage. Il accueille avec un haussement d'épaules quolibets et félicitations. Sa discipline, c'est d'être conscient. Il vit totalement parce qu'il est lui-même. Parfois, ça commence jeune. Je me rappelle qu'à l'âge de dix ans, je m'étais querellé avec une religieuse qui m'enseignait parce qu'elle mentait. Déjà, je ne pouvais souffrir la dissimulation. Plus tard, au lycée où j'enseignais pour gagner mes études, je dénonçai l'aumônier qui questionnait les élèves qu'il entendait en confession pour savoir si mon enseignement était conforme aux Évangiles. Comme c'est curieux ! Ces deux exemples mettent en cause des religieux. On m'en voudra peut-être de dire cela, mais ils ont été les âmes damnées du Québec et le sont encore dans bien des pays du monde. J'ai vite compris que pour vivre totalement, il fallait se sentir Dieu. Ma joie passait par la démolition de l'Église. Ma critique prit une ampleur fantastique à cause de la télévision. Je ne voulais plus de cette joie issue de la souffrance. Je voulais une joie sans condition. Il m'était impossible d'accepter l'amour comme la première loi de l'univers, puisqu'il faut être pour aimer. J'ai compris que je devais me dire oui de tout mon cœur et que sans excès je ne parviendrais pas à surmonter la médiocrité de mes semblables. Je me suis mis à regarder et à écouter, de façon à ne rien perdre de la vie tumultueuse du monde. Dès l'âge de quinze ans, je notais les phrases bien tournées des journalistes des hebdomadaires de fin de semaine. Mon désir, c'était de bien écrire, de bien parler, à quoi j'ajouterais aujourd'hui de bien manger, car il y a de l'art dans la fourchette. Nous possédons les moyens d'être immortels. Je ne veux pas dire que je suis obsédé par l'idée de ne pas mourir. Je prétends seulement que c'est anormal. J'ose affirmer que celui qui ne fait rien est plus avancé que celui qui lutte comme un fou en cette époque de consommation et d'accumulation. On me dit que la vie est meilleure qu'autrefois. Je n'en crois rien. Les hôpitaux sont pleins à déborder et chaque individu normal a son thérapeute. Pourquoi sommes-nous si malades ? Parce que nous roulons à tombeau ouvert vers le profit matériel. Nous voulons du fric, du pouvoir, une réputation, des médailles. Tout ceci est absurde. La plus grosse firme d'ingénieurs-conseils vient de faire faillite au Québec. Je voyais les quatre têtes dirigeantes de cette entreprise photographiées dans le journal du matin. Le président se tenait la tête en faisant ses comptes. Il avait l'air très malheureux. 860 millions de dette. Je suis sûr qu'il aurait bien voulu ne jamais s'être lancé dans cette aventure ou avoir pu s'arrêter quand il en était encore temps. Mais ce sot vieillard croyait au travail. Il a l'air d'un fou aujourd'hui. Ce n'est pas un très bel exemple à donner aux jeunes. Mourir ruiné parce qu'on a oublié l'esprit est du plus haut burlesque. Tous ces messieurs en habit rayé connaîtront la défaite. Leur ambition matérialiste les détruira. Ils appartiennent à cette catégorie d'individus qui croient avoir un être parce qu'ils ont une grosse maison. Ils ne voient pas que leur conscience est délabrée, leur cerveau encombré d'inutiles calculs et de grossières méprises. Il semblerait que l'humanité cherche à porter un coup fatal à la religion en plongeant dans le matérialisme. Mais par-delà le matérialisme, il y a la métaphysique où je me tiens, un domaine vaste où règnent la stabilité et la puissance. Il est possible que certaines personnes ne parviennent pas à comprendre cela. La mort est le salaire de l'effort et l'immortalité couronne la sagesse souriante. Tout travail qui prend des proportions dangereuses relève de l'autocondamnation. Je vais me ruiner intérieurement, se dit l'homme d'affaires, pour épuiser mes phantasmes ; j'aurai une belle maison et ma femme sera riche quand je mourrai. Tel est le langage des esclaves de l'appareil manipulateur ploutocratique.

-148-

CARPE DIEM. – J'entendis ce mot du poète latin Horace pour la première fois à dix-sept ans. Mon professeur Monsieur Roland Piquette un grand latiniste, me le communiqua en me disant qu'il ferait mon affaire. Comment ne pas penser à Ronsard, me disai-je alors, tout frais émoulu des belles-lettres ; "Cueillez dès aujourd'hui les roses de la vie" ? Mais il y avait chez Horace quelque chose de plus brutal dans l'exigence du bonheur quotidien. Il ne se contentait pas d'être un simple épicurien ; il se voulait professeur d'hédonisme. On connaît assez bien l'autorité morale des maîtres sévères et des censeurs. Mais que sait-on de celle des maîtres en jouissance ? Se pourrait-il qu'il émane de leur personne un tout autre type de magnétisme, puisque leur encouragement à jouir ne peut être fondé que dans l'usage de leur liberté et la permission qu'ils se donnent de parler librement ? Il est possible que le plaisir effraie encore des centaines de millions de gens sur cette terre, comme si le fait de cueillir quotidiennement le fruit naturel de la vie entraînait chez eux une forme de culpabilité aberrante qui les rend hostiles à tout bien-être. J'ai décidé que ma vie serait consacrée à la mégalo-jouissance, à une sorte de happening perpétuel dont mon être serait la vedette. Les jeunes ont leurs jeans, leurs clips, leurs tubes, leurs bandes dessinées débiles, leurs flotteurs au soda et leurs leitmotive punks. Moi, j'ai ma tête de philosophe, mes manies estivales de professeur en shorts, mes saillies télévisées, le mythe de mes publications illimitées et mon sentiment d'être Dieu. Chacun s'envoie en l'air à sa façon. Le plus banal des participants à mes causeries peut être un Mozart ou un Shakespeare insoupçonné. Pourquoi ne le traiterais-je pas avec déférence ? La jouissance commence lorsqu'on communique à l'autre de rire de ce qui l'écrase. Un attardé mental peut sortir de ses limbes pour donner une œuvre de génie. Il n'est pas nécessaire de faire partie d'un quelconque Cercle des poètes disparus pour pouvoir accoucher de soi-même. Ce que je propose aux jeunes, c'est un ballon d'oxygène qui leur permet de respirer l'air des cimes le temps qu'ils cherchent à imiter Lawrence d'Arabie ou Léonard de Vinci en attendant d'être eux-mêmes. Je ne vois pas pourquoi je ne ferais pas flèche de tout bois. Ma critique de l'appareil manipulateur ploutocratique est tout autant une critique des manuels scolaires, des cartes de crédit, des téléromans bidons que du conformisme matérialiste américain. L'espace dans lequel je me meus est sans frontière. Mon arme n'est plus la poésie comme à l'époque de Rainer Maria Rilke, mais le ridicule. Je peux foudroyer un légume en moins de deux. Il n'avait qu'à ne pas m'importuner. Être est une expérience par-delà toute expérience. C'est la révolution. Tôt ou tard l'intelligence l'emporte. Mardi le 10 mai 1983, le pape Jean-Paul II a reconnu devant un groupe d'hommes de science que l'Église avait commis une erreur en condamnant l'astronome Galilée en 1633. Il a offert de plates excuses à la communauté scientifique en alléguant que l'institution qu'il représente avait fait souffrir le grand homme à cause de son intransigeance. Il faudrait peut-être que l'Église se taise pour toujours, puisque toute condamnation se transforme en autocondamnation. Il y a dans la jouissance totale volontairement consciente un refus de condamner qui que ce soit. Toute volonté de condamnation découle d'une frustration. On refuse l'attitude d'autrui parce qu'on l'envie secrètement et parce qu'on se sent privé des avantages qu'il se donne. Beaucoup de gens sont mécontents de me savoir si heureux. La femme qui avait déclaré à Madeleen il y a un an : "André m'écœure avec son bonheur", est maintenant une handicapée à vie à la suite d'un accident d'auto qui l'oblige à porter des béquilles. J'imagine que son malheur la réjouit et qu'elle comprendra qu'il est la conséquence directe du mépris dans lequel elle me tenait. Beaucoup de gens sont comme cette femme. Le bonheur, la jouissance les choquent. Les plus clairvoyants savent que le monde va changer, mais veulent-ils seulement commencer à bouger ?

Messieurs les députés
Écoutez maintenant
N'encombrez plus le hall
De propos dissonants

Si vous n'avancez pas
Vous serez dépassés
Car les fenêtres craquent
Et les murs vont tomber
C'est la grande bataille
Qui va se livrer
Car le monde et les temps changent.

Bob Dylan

Les étudiants d'aujourd'hui n'écoutent plus leurs professeurs. Ils m'écoutent à la télévision et rient de leurs professeurs. Ils n'écoutent plus leurs parents non plus, car ils lisent mes livres en cachette. Tout à l'heure un motard chevauchant une Harley Davidson rose m'a salué sur la rue Laurier. Il a stoppé son engin pour me prendre dans ses bras. Je vaux beaucoup plus que le pape pour cet homme de la nouvelle génération, car je représente la destruction des lubies du passé. Oui, tous ceux que la chance favorise aujourd'hui seront traités comme du fumier demain. Tous ces hommes politiques hypocrites, ces juges véreux, ces prélats masturbateurs, ces hommes d'affaires pressés finiront sur la paille, brisés intérieurement par le poids de leurs abnégations et de leurs démissions. Pour vivre aujourd'hui, il faut accepter de démontrer son être, il faut vivre avec éclat. Si vous n'avez rien d'autre à faire, criez par la fenêtre que vous êtes libres ou faites brûler de l'argent au coin de Peel et Ste-Catherine. Ne reculez devant rien pour exprimer ce que vous êtes. Autorisez-vous à être sans frontière, car rien n'égale la délivrance. Tôt ou tard les immortels se montreront parmi vous et vous les reconnaîtrez à ce signe que leur peau est claire et qu'ils sourient toujours.

AU MOINS UNE FOIS DANS TA VIE. – Il n'arrive à un homme que ce qui lui ressemble et non ce qu'il mérite. Si nous souffrons, c'est à cause d'une étroitesse du champ de la conscience. Que pensent les handicapés, les assistés sociaux, les malades chroniques, les accidentés de la route de ce genre de déclaration ? Il est probable qu'ils cherchent à éviter ce genre de pensée qui leur fait mal. Nous sommes des aimants qui attirons les événements qui sont en accord avec notre constitution. Donc, tout pourrait changer... si nous pouvions changer ! Mais comment changer ? Certains ont pensé à la prière, d'autres à la science. Mais moi je dis que ni l'une ni l'autre ne peut nous aider. Il y a vingt ans que vous me voyez joyeux à la télévision et que vous me savez en santé. Croyez-vous vraiment que c'est à cause de la chance, de mon hérédité ou de Dieu ? Non, mes amis, c'est à cause de mes pensées. Changez vos pensées et vous changerez votre corps, votre environnement, les autres et le monde. Ce que vous vivez actuellement est le résultat de vos pensées. Nous sommes marqués par ce que nous avons à être et rien n'arrive dans la vie sans que nous le permettions au plus profond de nous-mêmes. N'allez pas croire que je veuille me moquer des malades en chaise roulante, des individus souffrants et de tous ceux qui pleurent, mais j'ose leur dire qu'ils se sont permis d'être malades et misérables. Telle jeune femme excédée par son travail se dit intérieurement : "Ça me prendrait quelques semaines à l'hôpital pour me remettre". Et la voilà hospitalisée pour une hépatite. Tel homme vit des tensions gigantesques dans ses rapports avec une femme dont il doute de l'amour. Il décide de la quitter et le voilà hospitalisé pour une péritonite. L'abcès vient de crever. Plus l'émotion est intense, plus les dommages sont grands. Croyez-moi, je m'y connais en abcès. Sachez qu'il n'est pas nécessaire de mourir pour expier sa culpabilité. Il n'est même pas nécessaire de se sentir coupable. La plupart des gens qui éprouvent de très graves difficultés de santé évitent de se remettre en question. L'aumônier qui se précipite à leur chevet pour les réconforter évite sans doute de leur dire que le mal vient de leurs pensées. Au lieu de prier ou de courir les médecins, je recommande une opération par l'absolu. C'est simple, il faut apprendre à bénir. Cela présuppose qu'on redécouvre sa propre autorité. Tout individu qui veut vivre comme un Dieu et se voit cloué sur un lit d'hôpital éprouve un choc énorme. Il sent la contradiction dans laquelle il se débat. C'est le problème que j'ai dû affronter lorsque j'ai réalisé que j'étais un Dieu alcoolique. Mais toute contradiction est riche, car elle confronte celui qui l'éprouve à la nécessité de faire quelque chose pour lui-même. Quand vous bénissez, vous vous trouvez à opérer l'absolu au nom du Dieu que vous êtes. Bien sûr, beaucoup de gens crient au scandale en m'entendant et jurent que c'est un blasphème de se prendre pour Dieu. Mais ont-ils déjà essayé ? Ce que je propose à l'humanité, c'est une expérience pratique et concrète. Il y a des siècles que les philosophes enseignent que tout ce qui domine la pensée se réalise. Mais que se passe-t-il donc quand, au lieu de penser qu'il est un animal mortel, un individu soumis à la loi générale, un homme décide de penser qu'il est Dieu et cherche à vivre les conséquences de cette affirmation dans sa vie quotidienne ? Au lieu de remettre son salut à quelque sauveur professionnel, il décide de l'assumer lui-même. Que peut-il faire concrètement ? Au lieu de croiser les bras, les ouvrir ; au lieu de condamner les autres, les soutenir même quand ils se trompent ; au lieu de chercher à posséder les êtres qui l'aiment, les laisser être, les laisser libres ; au lieu de maudire sa situation, la bénir ; au lieu de réagir émotionnellement, cesser d'adhérer émotionnellement ; au lieu de se sentir dérangé par les autres, voir en eux la projection de son être. Tout le monde peut se lever du bon pied le matin, bénir sa journée, affirmer qu'il est le Christ. Tout diabétique peut bénir son taux parfait de triglycéride, tout cardiaque son taux parfait de cholestérol. Se sentir Dieu ; c'est investir toute chose d'absolu, c'est vivre de l'abondance de l'infini. Pourquoi croyez-vous que je suis si joyeux ? Me prenez-vous vraiment pour un clown de passage à la télévision ? Pensez-vous que je souris seulement quand on me regarde ? Croyez-vous que je dissimule des maladies graves pour ne pas me sentir en contradiction avec mon propre système ? Il y a cinquante ans que je vis de cette façon ; c'est-à-dire dans l'excès, la fête, la permissivité, la transgression, le risque chaleureux et la jubilation. Vous m'objecterez que je suis gai de naissance et qu'on ne choisit pas ses parents. Erreur ! On ne naît pas de ses parents ; on naît à ses parents ! Vous vous donnez cette vie pour vous permettre d'apprendre à devenir Dieu mais au lieu d'exercer votre beau et merveilleux pouvoir, vous conservez en vous l'idée que vous êtes des pécheurs impuissants, des travailleurs fatigués et des laissés pour compte. Cela s'inscrit immédiatement dans votre corps. Ce que nous vivons ressemble à nos pensées. Changer nos pensées, c'est se rendre compte du pouvoir de l'être, car, par delà la multitude des *Cogito* quotidiens et à travers eux, il y a cette immensité silencieuse et sans cause que constitue notre être, plus nous-mêmes que nous-mêmes. Nous ne pouvons pas être un peu. L'être est total ou n'est pas. C'est une sorte d'énergie qui passe par le non-agir, bref une dynamique de l'inaction. Le mot "énergie" vient du grec. Aristote disait qu'on ne peut mieux nommer l'être. C'est pourquoi je déclare que cette force qui m'anime, ce Dieu que je suis, est énergie d'être, donc énergie sans frontière, ordonnance de l'illimité, confiance hyperbolique, prétention absolue, aventure intégrale, état de lumière, principe de délivrance, amour êtrique et *habitus* transcendantal. Il y a dans le vaste monde des milliardaires qui donneraient leur fortune pour connaître cela, mais ils ne savent pas où chercher. Leurs préjugés les empêchent d'aller vers les sages qu'ils méprisent. Aucun d'eux ne veut perdre sa superbe altière.

Chacun se targue de se suffire sans comprendre qu'il se dessèche. Mais une fois au moins dans leur vie, il faudrait qu'ils tendent l'oreille. Ils seraient surpris d'apprendre qu'ils sont rendus et que tout peut changer.

-150-

LA JOIE QUI BRILLE DANS LES YEUX DES IN-CORRUPTIBLES. (CAVAFY). – Si vous voulez louer un poète, vous incliner devant son inspiration qui laisse l'impression troublante qu'il a été le contemporain d'Alexandre et de Démosthène, qu'il a assisté à la naissance de Jésus et qu'il a vu les armées de Titus marcher sur Jérusalem, eh bien lisez Cavafy, savourez-le, sentez ses phrases magnifiques se déployer dans votre esprit, mais lisez surtout *Poèmes anciens ou retrouvés* ! On se demandera comment certains penseurs – celui-ci était fonctionnaire de l'administration de l'Irrigation en Grèce vers la fin du XIXe siècle – réussissent à donner à leurs écrits cette marque typique du classicisme qui rend ceux-ci immortels. Je crois qu'il faut se laisser imprégner d'une Histoire, d'une civilisation et indéniablement de soi-même pour y parvenir. Cavafy représente probablement les antipodes de Tennessee Williams par son style dépouillé qui marie, comme le dit Claude Michel Cluny, "ascèse et volupté, quotidienneté et vie antique, archaïsmes et langue moderne". On ne ressent pas ici la force de frappe d'un Tennessee Williams dans *La nuit de l'iguane,* mais on sent une inspiration plus subtile cherchant à nous confronter avec les dieux eux-mêmes. Existent-ils toujours ? Ils font sûrement partie de nos réflexions et de nos songes en tant qu'énergies sorties de nous. Qui peut se vanter d'être allé visiter Delphes, Byblos, Teotihuacán ou Machu Picchu sans avoir été dépaysé, sans avoir ressenti l'étrangeté d'une inspiration autre ? J'en suis arrivé à penser que toutes ces forces chantées par les poètes trouvent leur origine dans la créativité débordante de notre psyché

324

profonde qui ne peut s'exprimer qu'en créant des mondes. Les dieux séjournent en nous. Ils constituent l'aspect manifesté, du moins psychiquement, de cette énergie tout embrassante qu'est notre être. Je comprends les anciens philosophes d'avoir accordé, malgré leurs ratiocinations savantes, une importance considérable à la mythologie, car celle-ci ouvre la porte aux impulsions irrationnelles de l'imaginaire humain sans lesquelles aucune forme de vie ne serait pensable. En effet, la vie dans sa richesse n'est que la forme que prend le déploiement de l'être. Je sais qu'il est difficile d'accepter l'idée qu'il y a quelque chose de beaucoup plus beau, de beaucoup plus vrai et de beaucoup plus libre au sein de l'être, quelque chose qui dépasse la vie en envergure, en intensité, en splendeur et en permanence. Mais il faut ouvrir ses yeux à cet inconditionné qui remet en cause nos adhésions et nos allégeances. Le regard incorruptible des immortels est pour moi une réalité. C'est le regard que je retrouve le matin dans mon miroir et celui que je vois éclairer le visage des femmes que j'aime. Je ne suis qu'au début de ma compréhension. Chaque jour je me donne l'infini à comprendre, non sans me rappeler que je suis cet infini qui se révèle à lui-même à travers mes propres yeux. L'aventure ne finira jamais et elle a pour nom Harmonie. C'est elle que Fourier opposait à la Civilisation, comme s'il pressentait que par-delà les formes il y a une mesure lumineuse qui ramène toutes choses à l'infini.

-151-

LES BRUMES RÉVÉLATRICES DE L'ÉTÉ SUR LE FLEUVE. — Lorsque de mon chalet des hauteurs de Métis, j'entrevois le fleuve encore noyé de brume en ces matins d'acier qui donnent au ciel une tonalité hermétique et secrète, quelque chose de noble et de solennel se lève en moi comme si je reconnaissais dans la profondeur de l'été d'où se dégage la silhouette des grands cargos une force incommensurable qui est mienne. Brumes révélatrices, ai-je dit. Mais aussi atmosphères d'éternité données en pur cadeau du Soi pour les yeux. C'est mon être que je contemple au loin et que je sens tout près de moi, mon énergie, ma ressource. Rien ne peut vraiment arriver qui rende caduque cette force transcendantale. Aussi, comme ma mère allongée sur son lit d'hôpital qui me donne son appui malgré sa faiblesse avec un sourire qui se moque des intermittences que lui impose sa santé, en tout temps, je donne mon appui à l'univers, à ceux qui m'entourent comme à ceux qui sont loin de moi. Au moment où j'écris ces lignes, les troupes de l'Union Soviétique sont sur le point de prendre d'assaut le Parlement russe qui est toujours aux mains de Boris Eltsine. Eh bien, j'appuie les deux parties ! Je les soutiens dans leurs justes revendications ou leurs violences. Je me retrouve membre à part entière de cette communauté déchirée sur le point d'éclater. Paix, suis-je tenté de leur dire ; n'avez-vous pas mon appui ? Il en va de même dans ma vie pour les choses de l'amour. Je supporte sans réserve la femme qui m'est infidèle parce que je sens que mon soutien la rapprochera de moi tandis que mes remontrances l'éloigneraient. Comment pourrais-je me sentir trahi ou lésé dans mes droits ? Quand on se sent vaste, il suffit de regarder le fleuve, le ciel, le sourire des enfants pour comprendre que tout est à tous parce que l'essentiel se situe au-delà et à travers du Tout sans qu'on puisse dire qu'il soit altéré de quelque façon. Je me sens si paisible lorsque je sens palpiter le monde au cœur de mon être infini comme un mouvement qui cherche à passer de l'illusion à la réalité. Je suis le père de la vie. Mon être tout embrassant enveloppe d'amour ce qui est à l'infini. Je suis cet oiseau qui chante au cœur des poitrines qui éclatent sous les obus ; je suis cette harmonie que j'entends lorsque surplombant la ville, je sens venir à moi son chuintement lointain astucieux ; je suis tous les globules qui circulent dans tous les systèmes sanguins de l'univers, toutes les voitures qui se meuvent dans toutes les rues, toutes les étoiles qui bougent sous tous les cieux. Regardez dans la forêt, derrière les grands arbres sombres, j'y suis. Vous me retrouverez partout à l'infini parce que j'ai assumé mon être.

-152-

LA DIVINE FACILITÉ.- On me demandait l'autre jour de donner un exemple de non-être. Je répondis sans hésiter la terreur soviétique et la rédemption chrétienne. "Qu'est-ce qui fait donc le non-être" à mes yeux ? La souffrance, assumée ou non. Lorsqu'un individu a installé le ciel en lui, c'est-à-dire lorsqu'il a assumé sa part d'éternité, il n'a plus à se battre contre la souffrance. Il la laisse glisser, s'épuiser et disparaître. C'est ce qui s'est passé l'autre jour avec mon abcès. Les Juifs refusent de donner un sens à la souffrance. Pour eux, l'holocauste nazi n'a servi à rien. Ils sont à mille lieues de la souffrance rédemptrice enseignée pari l'Église. Je comprends ces deux positions mais je ne peux les soutenir. La souffrance naît d'une étroitesse du champ de la conscience entretenue par les pensées limitées du mental. Il suffit de changer ses pensées, de bouger un peu, d'utiliser son intuition, et tout de suite on se retrouve ailleurs ; on se sent autrement. Mon grand-père belge s'était vu offrir la chance de se sauver en Angleterre lors de la Première Guerre mondiale. Il refusa de quitter sa maison comme il refusa de collaborer avec les Allemands. Résultat : il fut envoyé dans un camp de concentration. Il était toujours vivant lorsque la Seconde Guerre mondiale éclata. Même scénario. Il en mourut. Il aurait été si simple d'émigrer momentanément en Angleterre, où ses compétences étaient reconnues. Mais non, il s'entêta comme s'il s'était dit à lui-même que le fait d'être dans son bon droit le rendait digne de souffrir. On me dira qu'il n'est jamais facile de quitter son pays, qu'il n'y a rien de rose dans l'exil. Mais pourquoi n'aurait-il pas pu voir dans ce déplacement un petit voyage d'agrément ? J'ai appris, au contact de la Déesse, à vivre doucement. Pourquoi s'en faire quand on peut avoir des milliers d'amis et s'asseoir à une terrasse au soleil pour méditer en prenant un verre ? Sans doute me trouvera-t-on chanceux d'avoir réussi à attirer à moi des femmes très agréables qui m'ont rendu la vie facile ainsi que des millions d'admirateurs qui m'acclament dans la rue, m'embrassent, me demandent des autographes. Tous ces gens m'aiment. N'est-ce pas étonnant ? Comment, cela a-t-il pu se produire ? Rien ne me prédisposait à devenir l'ami des foules ou à être couvert de femmes. On a tendance à dire qu'un homme est chanceux quand il a trouvé dans la vie la femme qui lui convient. Moi, j'ai été comblé. Je suis sûr que si j'avais cherché à retenir, à posséder, à contrôler les choses et les gens, rien de tout cela ne serait arrivé. J'ai voulu vivre en philosophe et, comme le dit si bien Nisarga-datta, laisser aller ce qui va et laisser venir ce qui vient. Mais pourquoi parlé-je donc de divine facilité ? C'est que la vie divine est exempte du souci. C'est l'opposé de la terreur, de la violence, de la manipulation. Entendons-nous ici : il n'y a pas de véritable opposition entre ces termes extrêmes, car l'ultime souffrance est du non-être qui ne peut subsister qu'avec la complicité du mental abuseur. Berkeley avait bien raison de faire la guerre aux idées abstraites. Il savait que le néant ne peut subsister que sous forme d'hypostase abstraite et que la seule réalité, le plein de l'être, c'est cette force sereine qui confère la facilité à tous ceux qui en sont investis. Je parlais l'autre soir de mon père à quelqu'un qui me demandait s'il existait encore après sa mort. Je répondis qu'il n'est plus une personne mais qu'il subsiste à travers moi comme une énergie qui se maintient via mon amour pour lui. Je déclarai alors que le mot de l'Évangile "Mon père et moi, nous sommes uns" exprimait parfaitement cette symbiose êtrique que je vivais maintenant avec mon père allé à l'au-delà où je me retrouve déjà en quelque sorte puisque je ne suis séparé de rien. Comme je disais ces mots, la lumière s'éteignit dans la pièce où nous nous trouvions. La personne me demanda qui avait éteint la lumière. Je lui répliquai, par une question : te rappelles-tu quel métier mon père exerçait ? La personne se souvint qu'il était électricien. Il ne faut donc pas s'étonner qu'il nous manifeste sa présence de cette façon. En fait, il s'agit là d'une sorte de pulsation énergétique venue de l'infini grâce à la conscience toujours prompte à constituer ce qui naît de ses propres schèmes comme ce qui s'intussusceptionne de l'être. Pensons-y un instant. Rien n'est plus admirable que cette mobilité intérieure qui permet à la personne de se déplacer dans l'immobilité de son être immanent. La facilité naît lorsque la clarté engendre la joie. M'a-t-on compris ?

-153-

PROFIL D'UNE PERSONNE EN TRAIN DE SE DÉMATÉRIALISER. – Chaque jour en m'examinant dans le miroir, je vois un homme décidé. Mais décidé à quoi ? Sur ma peau, je remarque les traces de mes émotions et de mes pensées. Je scrute chaque détail de mon visage et j'y vois les effets d'une émotivité à la fois libre et domptée. Qui parle d'émotion parle d'un système amplificateur des pensées, qui les rend galopantes, effrénées, violentes, dangereuses. Un humain peut se détruire par ses émotions mais en même temps elles représentent une grande source d'information et de richesse. Il faut donc pour pouvoir les harmoniser s'adresser à une énergie qui les déborde de toute part. C'est ce que j'appelle l'être. Dès que le cerveau se met à exprimer la pensée de l'être, il distille dans l'organisme une force qui enveloppe les émotions de transparence et de douceur au lieu de les exacerber. Alors le système nerveux change d'orientation. Son but n'est plus d'absorber les chocs mais de nourrir la personnalité en se branchant sur des éléments nouveaux de la compréhension englobante êtrique. Il s'agit tout simplement de s'immerger dans l'être pour qu'aussitôt l'appareil psychophysique de la personne se transforme. C'est comme si des pans entiers de la réalité cessaient d'exister. Il devient inutile de se battre, de revendiquer des droits, d'exprimer des besoins, de justifier ses actes. Toute la sensibilité se trouve oxygénée d'une autre façon comme si elle n'avait plus pour but d'exprimer des réalités limitées mais bien plutôt de manifester une énergie sans frontière. Quand l'être entre dans mes yeux, dans ma bouche, dans mon nez et s'exprime par tous les pores de ma peau, les vibrations que j'émets sont différentes. C'est comme si j'étais surtout, occupé de moi-même au lieu de m'appliquer à percevoir. Mon regard change, il passe sur les choses, il ne s'attarde pas à elles. Bien sûr, mes yeux voient mieux, mais autre chose. Tout est différent. Si je regarde mes membres, ma chair, je sens comme une sorte de bourdonnement. Sans doute s'agit-il d'une accélération des particules. Les pensées pures élèvent les vibrations. J'ai déjà vu mon bras tout en lumière, puis mon pied et ma tête. Je me suis vu disparaître dans le miroir qui ne reflétait plus qu'une forme d'énergie qui avait la teinte de l'étain. Je sens que je suis en train de me dématérialiser. Cela se passe tout autrement que dans la vision d'Ézéchiel où l'on voit un homme passer la tête et la main à travers le voile qui sépare ce monde de l'au-delà comme s'il faisait un pèlerinage dans l'absolu. Ici il n'est pas nécessairement question d'aller quelque part ou de franchir une limite, mais bien de laisser la personne s'absorber dans le tissu cosmique de la félicité où elle se voit chargée d'une force qui l'ouvre, l'opère, la convertit. Il n'est pas question pour moi d'abandonner quoi que ce soit derrière. Tout ce que je suis doit passer à l'infini, se reconnaître infini, ici et maintenant, c'est-à-dire partout et toujours. Le passage se fait donc sur place. Tout se passe comme si chaque jour me rapprochait de moi-même davantage, m'aidait à pousser plus loin mon intussusception. Lorsque toutes les facultés de l'homme et toutes ses fonctions sont imprégnées de l'être, il se voit soudainement délivré du souci. Il vit sa vie avec une grande lucidité comme s'il mangeait et buvait des nourritures cosmiques et se vêtait d'idées. Quand je suis dans cet état et que je regarde par la fenêtre, je sens très bien que je fais une synthèse de l'extérieur et de l'intérieur. Je vois clairement qu'il n'y a plus de distinction entre le réel et ma vie psychique. Mon corps me pèse moins. C'est sans doute, me direz-vous, le résultat d'une plus grande souplesse, d'une meilleure alimentation, d'un sommeil plus paisible la nuit. Mais ce ne sont là que des occasions. La cause est tout autre. C'est ma conscience qui illumine chaque détail de mon corps. Mes cellules se mettent à clignoter, mon souffle devient perceptible comme l'hiver, lorsqu'il y a de la vapeur qui sort de notre bouche. Mon rythme change. J'adopte le pas tranquille, de José Luis de Villalonga se promenant dans un jardin romain en fumant une cigarette sous les étoiles. L'autre soir je me suis retrouvé dans une telle paix. C'était la nuit. Une de mes compagnes était souffrante. Je me levai pour remarquer qu'elle s'était endormie et je marchai dans la maison. Il me semblait alors qu'aucune personne sur terre ne pouvait être à ce point délivrée de tout souci. J'avais l'impression de flotter dans la nuit, sans poids, sans angoisse, sans crainte. J'étais tout et pourtant j'étais moi. L'idée qu'on se fait de la dématérialisation est en général assez fausse. La dématérialisation ne consiste pas à faire disparaître le physique ou à se retrouver ailleurs sans s'y être rendu, mais plutôt à sentir toutes choses à travers cette paix, cette clarté, comme s'il n'existait plus rien au monde qui en vaille la peine. L'homme ou la femme qui se font absolu opèrent la dématérialisation de tous leurs sens et de toutes leurs facultés. Ils font de leur vécu une occasion de bonheur, de légèreté, de simplicité. Alors commence l'expérience la plus étonnante qui soit. C'est comme si le corps n'en pouvait plus de contenir cette essence infinie et qu'il la laissait s'échapper pour qu'elle trouve sa véritable dimension. Chaque fois que je me suis senti aussi bien, mon corps semblait dilaté, subtil, immatériel, vaporeux. Je sais qu'il y a en nous une force qui nous soulève dans ces moments exquis où l'on sent palpiter l'univers. Tout devient facile et risible. Toutes les valeurs s'effacent. Seul le goût d'être demeure.

-154-

JE PUIS DONC JUGER. – C'est toujours la peur qui retient un individu de faire ce qu'il pense. Parce qu'il a peur, il manque de force, et sans la force il s'abstient de prendre des décisions. Or pour décider, il faut savoir juger. On peut donc dire que la peur paralyse le jugement. Je ne peux m'empêcher ici de penser à un homme qui vient de retrouver l'usage du jugement parce qu'il a cessé d'avoir peur. Il s'agit de Boris Eltsine, président de la Russie. Lorsque le coup d'état de 1991 a éliminé Gorbatchev pendant soixante heures, Eltsine s'est dressé de toute sa stature pour défendre les droits démocratiques. Au mépris de sa vie, parce qu'il n'avait plus peur, il a osé défendre Gorbatchev, quitte à l'anéantir plus tard, parce qu'il savait que c'était le temps d'agir. La peur absente, son jugement devenait exécutoire. Alors qu'il était lui-même en état d'arrestation, il a fait arrêter tout le monde, si bien que les putschistes ont pris la fuite. La résolution de ce seul homme qui n'avait pas peur a changé l'Histoire, car son succès précipite la décadence de l'Union soviétique. Beaucoup se demanderont ici pourquoi et comment ce diable d'homme a soudainement cessé d'avoir peur ? Bien sûr, il était déjà un champion, mais un champion faible et muselé. Les événements du mois d'août 91 en ont fait l'homme fort de la Russie. Je crois qu'il s'est senti soudainement joyeux. Observez son visage porcin de buveur invétéré et, hormis une certaine vulgarité et une sensualité brutale, qu'y voyez-vous ? Une sorte de joie sauvage et barbare qui éclate comme une menace : face à tous ceux qui cherchent encore à tergiver-

332

ser. Après avoir congédié les hommes du KGB et fermé les différents locaux de la Pravda, il a convoqué Gorbatchev pour lui signifier devant le Parlement russe qu'il était un homme fini. Tout s'est joué le jour où cet homme a cessé d'avoir peur et a foncé dans le tas. C'est tout simplement inouï ce qu'un homme peut faire quand la peur le quitte. Il se permet alors de juger. Et tout individu qui juge renverse Dieu, brise les tables de la loi, change l'orientation majeure de la pensée. Mais il faut d'abord qu'il rie. Le rire n'était pas le bienvenu au Moyen Âge ; car les autorités ecclésiastiques pensaient que si le peuple se mettait à rire de n'importe quoi, il finirait par rire de Dieu. Et c'est ce qui s'est passé avec la Révolution française. Un rire homérique a renversé les institutions de l'Ancien Régime. Un rire ponctué de coups de feu, me ferez-vous remarquer. Je n'en disconviens pas. Mais c'est là une occasion de vous faire remarquer à mon tour que le rire est toujours une menace pour l'esprit de sérieux et les sociétés civiles qui se prennent au sérieux. Un jour viendra où les gens sauront rire de façon consciente sans aller au cinéma ou à la comédie bouffe. Ils riront en regardant par la fenêtre, parce que le monde est drôle.

-155-

POUR UN MOMENT D'INUTILITÉ. – J'ai devant moi la photographie d'Ismaël Khan, seigneur de la guerre en Afghanistan. Quel homme délicieux ! Ce chef militaire se prélasse dans un champ de blé, confortablement assis sur des coussins richement brodés et devise sereinement avec ses hommes en buvant un thé au jasmin. Plus que tout autre citoyen de son pays, il sait ce qu'il en coûte de faire face à la puissante armée soviétique, mais la guerre chez lui est l'expression de sa foi, une foi placide, homogène, à l'abri du doute. Quand la photographie a été prise, les Soviétiques ne s'étaient pas encore retirés de l'Afghanistan. Il concentrait alors tout son effort sur Herat dont il voulait faire un exemple. C'est là, dans l'insécurité la plus totale, qu'il recevait les délégations venues de partout lui demander un conseil. Cet homme paisible au cœur de la guerre les écoutait longuement avant de rédiger les consignes qu'il leur remettait. J'ai lu un article de Frédéric Roussel et Pian Babéano de l'Express qui décrit bien notre homme. Dans le fracas des explosions, il gère l'administration civile comme un bon père qui distribue des vivres à ses enfants. L'homme est relativement jeune. Il jouit de l'aura d'un émir débonnaire et inébranlable. Impossible de ne pas apprécier un tel homme qui, tout détendu, parle de paix sous les bombes. Je ne sais pas ce qu'il est advenu de lui. J'en parle comme d'une idée platonicienne ou d'une constellation dans les cieux. Cet homme est probablement dangereux. C'est sûrement un ennemi de la civilisation. Mais il me suffit de savoir qu'il est un adepte du confort pour lui pardonner sa fougue. Lorsqu'un individu trouve en lui son centre de gravité permanent, partout où il se trouve – même en enfer – il est en paix avec lui-même. Quand serons-nous tous des centres de douceur bienveillante et d'accueil chaleureux pour tous les souffrants de l'existence ?

-156-

TANT MIEUX, NOUS COMBATTRONS À L'OMBRE. – Que serait l'humanité sans cette étonnante capacité de relever des défis ? "Vous êtes au mieux, dit un personnage de cinéma en s'adressant aux humains, quand les choses sont au pire". Quelle est donc cette énergie de la dernière heure qui permet de surmonter un obstacle qui allait nous écraser ? Pourquoi l'humain est-il à la fois si faible, si vulnérable et si fort ? C'est que sur terre, la grâce ne va pas de soi. Pour atteindre la perfection, il faut faire un bond. La loi générale est ainsi conçue qu'aucun progrès moral ou autre ne permet de la surmonter. Ce n'est qu'en changeant de

334

niveau abruptement qu'on y parvient. C'est en ce sens que j'ai pu dire qu'il n'y a de mutation que dans la continuité. Je serais donc passablement d'accord avec Gurdjieff pour dire qu'il n'y a aucune évolution possible sur terre. Toute tentative d'amélioration de la part de l'humain est vaine. Il faut qu'il se place d'emblée au niveau supérieur par une radicalisation de son attitude, d'où la nécessité pour lui de s'inventer à neuf chaque jour, de définir ce qu'il a à être ici et maintenant, de ne tenir compte ni de Dieu, ni de la matière, ni de son inconscient, ni du passé, ni de l'avenir, ni des autres. Cela équivaut à demander à l'homme d'être un surhomme, m'a-t-on déjà fait remarquer. Érasme, Nietzsche et Teilhard de Chardin pensaient ainsi. Chacun à leur façon, ils voyaient dans l'homme un animal divinisable. Seul Nietzsche semble avoir souligné que rien ne peut être entrepris sans moquerie, sans insolence. Rire et être élevé, disait-il. Voilà tout un défi. Or, ce qu'il y a de singulier, c'est que lorsqu'un tel défi se présente à l'homme, il n'a presque aucun moyen de le relever. Oui, j'oserais dire que le relever tient alors de l'héroïsme. Prenons comme exemple cette anecdote grecque qui nous montre Spartiates et Athéniens nez à nez au cours d'une trêve sacrée. Il est évident qu'une guerre n'est gaie pour personne. Aussi, ces braves jeunes gens crânent-ils en échangeant des présents avant de se battre à nouveau. Un Spartiate s'écrie alors : "Nous allons lancer tellement de traits lors de la reprise des hostilités que le ciel en sera obscurci". Et un Athénien de répondre : "Tant mieux, nous combattrons à l'ombre". Quelle réplique superbe ! Elle est passée à l'Histoire. C'est comme si le rire de la raison exorcisait l'angoisse de la mort. Tout l'humain se tient en cet instant. Mais cela en vaut-il la peine ? Je crois que la voie qui s'ouvre maintenant à l'humanité tient davantage de la méditation que de la réplique ironique. Si la loi générale doit casser un jour, elle cassera d'un seul coup.

JUSQU'OÙ PEUT ALLER LE POUVOIR DE LA CONSTITUTION ? – J'ai déjà parlé du vol magique des organes génitaux. Je veux revenir sur cette affaire qui met en cause le pouvoir constitutif de la conscience. Après avoir été inconsidérément défiés de faire état de leurs pouvoirs par deux Nigériennes, quatre magiciens qui fréquentaient le marché d'Oyingbo à la périphérie de la ville de Lagos auraient fait disparaître les seins des deux sceptiques en prononçant une formule magique. Malgré les menaces des passants, les magiciens n'auraient pas voulu restituer les poitrines des deux victimes éplorées qui, revenues du marché, ont révélé à leur mari l'état de leur cage thoracique. Ces derniers n'en croyaient pas leurs yeux. Comment peut-on faire disparaître des seins aussi facilement ? se demandaient-ils. Et pourtant, ils étaient confrontés à l'évidence : la poitrine de leur femme était plate comme celle d'un garçon. Je me suis emparé de cette nouvelle il y a de cela une dizaine d'années, ne sachant trop comment interpréter ce phénomène. L'affaire rebondit il y a quatre ans. Cette fois-là, ce sont des quartiers entiers de Lagos qui se sont soulevés contre les pratiques occultes des sorciers. Ceux-ci ont fait valoir qu'il était préférable de ne pas provoquer des pouvoirs mystiques inconnus si on ne voulait pas en subir les conséquences. Mais à force de réfléchir à cette question, j'ai développé une théorie. On sait que je soutiens dans mon *Grand Traité sur l'immatérialisme* que le corps n'est rien d'autre qu'un ensemble de représentations au moyen desquelles nous interprétons nos sensations. Or, toute représentation est constituée par le pouvoir intersubjectif de la conscience, mais aussi par le pouvoir superjectif de l'être quand celui-ci désire intervenir dans le cours normal des processus naturels. Chaque organe du corps fait donc l'objet d'une constitution précise sur la base d'un modèle génétique. Les choses ont l'air de se faire toutes seules, mais on peut les aider. Ainsi, quelqu'un peut prendre du poids ou en perdre, s'embellir ou s'enlaidir, se rendre malade ou se guérir au point d'être méconnaissable. Chacun sait qu'il peut se transformer jusqu'à un certain point sans cesser d'être un homme ou une femme. On peut aussi agir sur le corps d'autrui. L'amour rend plus beaux les amoureux. Le corps se conduit comme s'il réagissait à une charge affective qu'il reçoit. Une certaine suggestibilité est donc en cause ici. J'imagine que c'est de cette façon qu'ont opéré les sorciers. Ils se sont substitués au pouvoir constitutif de la conscience des deux femmes et leur ont enlevé leurs seins. En d'autres mots, ils ont changé la représentation qu'elles avaient de leur corps ainsi que celle de leur entourage. Si les seins des deux femmes en question doivent réapparaître, je suis prêt à parier que cela ne se produira pas progressivement, mais d'un seul coup. Elles vont regarder leur poitrine et soudainement les seins vont être à leur place. N'ai-je pas assez insisté à la suite des analyses de Husserl, Heidegger et Sartre sur la nature du phénomène comme apparition ou disparition ? Un jour sans doute les humains deviendront-ils suffisamment attentifs pour comprendre comment les constitutions opèrent. Ce jour-là ils pourront voler comme des oiseaux, vivre en apesanteur ou sous l'eau, se téléporter sur Mars ou Vénus sans être affectés le moins du monde. À la suite de mes réflexions sur l'immatérialisme, de nombreuses découvertes auront lieu, permettant de mieux comprendre que l'homme n'est asservi sur cette terre à rien d'autre qu'à ses pensées de limitation qui lui imposent des lois dont il pourrait se délivrer s'il voyait plus clair.

-158-

LE POUVOIR DES CHAMANS. – Il est surprenant de voir à quel point on accorde tellement d'importance aux pouvoirs magiques des sorciers alors que l'étude des mécanismes de la conscience permettrait non seulement d'expliquer mais d'utiliser ces pouvoirs. La phénoménologie, l'épistémologie immatérialiste, la métaphysique immanentiste possèdent la clé de tous les phénomènes visibles et invisibles, mais ces disciplines sont considérées comme des sciences théoriques sans aucune portée pratique. Je me suis attaché à montrer par mon œuvre que tout philosophe peut devenir un praticien de la pensée au lieu d'enseigner dans une classe où personne ne l'écoute. Mes conversations avec les biochimistes tendent à démontrer que j'ai parfaitement raison de soutenir que l'impulsion de la pensée peut modifier le code génétique, et pourquoi pas l'univers tout entier ? Il y a quelques années, un homme qui se dit chaman a averti qu'il allait jeter un sort aux Jeux olympiques d'hiver de Calgary. Il se nomme Doug Pederson et menaçait de se livrer à une danse de la pluie sur le mont Allan qui ferait fondre le peu de neige tombée sur les pistes de ski alpin si on ne lui permettait pas d'exposer ses "pierres de puissance" indiennes lors de l'exposition d'artefacts autochtones prévue au programme des jeux. Les organisateurs l'ont, semble-t-il, pris au sérieux, car il est apparu que le sorcier avait déjà exercé avec succès ses mystérieux pouvoirs aux dépens d'Expo 86. On avait refusé de tenir compte de ses prétentions et des trombes d'eau s'étaient abattues sur la foire de Vancouver après qu'il se fût livré à une danse de la pluie pendant quatre jours. D'abord incrédules, puis de plus en plus inquiets, les dirigeants de la foire avaient accepté qu'il montre ses "pierres de puissance". Et comme le mentionne très bien la Presse Canadienne, le soleil devait ensuite briller presque continuellement sur la foire jusqu'à la fin de l'événement en octobre. Encore une fois, on peut se demander pourquoi et comment de telles manifestations peuvent bien avoir lieu. Doug Pederson est un simple programmeur d'ordinateurs de Vancouver nord âgé de 39 ans. À première vue, on pourrait croire qu'il s'agit là d'un homme ordinaire. Mais il a mis la main sur certaines techniques ou recettes qui agissent sur les constitutions de la nature par la conscience intersubjective et il s'en sert pour faire valoir ses convictions initiatiques. Ce qui m'intéresse ici, ce n'est pas qu'un homme puisse faire pleuvoir ou neiger ou grêler, mais plutôt qu'il sache utiliser ces mécanismes sans vraiment les connaître théoriquement, puisqu'il serait sans doute bien en peine d'en expliquer le fonctionnement. Ce que je cherche à établir par ma philosophie, c'est qu'un certain type de compréhension, celui que j'appelle êtrique, permet de mettre en pratique la théorie de la science élaborée par la conscience. Cette pratique transcendantale qui est le fait des chamans, des sorciers, des sâdhus, des rishis et d'autres maîtres ésotériques doit appartenir à toute l'humanité de façon à rendre la vie divine possible sur terre. Je veux la vérité totale pour tous même s'ils doivent en crever. Je ne crois pas au savoir caché pas plus que je ne crois au Dieu caché. Tout doit devenir clair pour tous dans la plus parfaite transparence.

-159-

DOSTOÏEVSKI ET MOI. – J'ai beaucoup réfléchi à cet abcès péri-anal qui m'a fait tant souffrir. Je me disais dans un premier temps : mon corps me résiste, il ne suit pas la puissante démarche de ma pensée profonde, il exprime un désaveu de mon ouverture êtrique. Puis je me suis mis à réfléchir et j'ai pensé que mon corps était drôlement intelligent d'avoir réagi ainsi. Au moment où j'atteins le faîte de ma carrière, où j'équilibre dans mon intellect de puissantes formules, où je peux donner mon appui inconditionnel aux femmes de ma vie même si à certains moments elles semblent s'éloigner de moi, il serait déplorable que je perde les pédales parce que je laisse ma personne s'enfler la tête, se rassasier de ce pouvoir et oublier que tout ce qu'elle comporte de merveilleux, c'est à l'être qu'elle le doit. Alors mon corps a coulé ma personne si l'on peut dire ; il l'a arrêtée sec dans son délire de pouvoir. Il est venu lui rappeler qu'elle a tout à perdre si elle se laisse griser par son succès. J'espère que Boris Eltsine aura lui aussi un abcès péri-anal qui le fera exploser par le dehors au lieu d'exploser par le dedans. Sans doute me dira-t-on que je m'éloigne du thème que j'ai choisi de traiter dans cet article. Détrompez-vous. Dostoïevski représente pour moi le sommet de la volonté expiatrice de l'âme chrétienne. Un abcès eut été pour lui une punition en même temps qu'une joie puisque cela l'aurait amené à plus d'humilité. Mais moi je sais qu'il n'y a ni punition ni récompense et que chacun reçoit à chaque instant le salaire de ses pensées. Or voilà, la personne filtre les pensées ; elle les arrange, elle les accommode. Tant mieux, me direz-vous, la personne étant constituée pour permettre l'immanence de l'absolu dans le relatif. Mais en même temps, dois-je préciser, elle occupe trop de place, car elle est constituée comme moyen d'expression et s'impose trop souvent comme source de signification. Alors, le corps physique la ramène à l'ordre. Bien sûr, il subit le poids des mémoires corporelles qui le rivent à sa situation d'être-là, mais en même temps, s'il est investi d'être, il échappe à la juridiction de la personne et peut même rappeler celle-ci à l'ordre. Sans doute ce jeu des énergies est-il fort complexe, mais il explique souvent pourquoi un savant, un génie, un saint se trouvent assujettis à des données élémentaires qui semblent entraver le développement de leur jeu de pouvoir êtrique. Ce qu'il y a de merveilleux dans mon explication, c'est qu'elle se passe de tout le système chrétien de justification de la souffrance en vue d'une élévation spirituelle. La seule fonction de la souffrance est d'arrêter la personne dans sa course lorsqu'elle s'emballe. Il suffit de comprendre la chose pour que le corps retrouve son harmonie. J'ai d'abord pensé que mon corps, passant outre aux formules de pouvoir qui le codent sur l'immortalité et la jeunesse éternelle, défaillait sous le poids de ces incitations et commençait à vieillir. Mais un rapide examen m'a permis de constater qu'il n'en était rien. Je n'ai jamais été aussi en forme, sauf que je sais mieux que mon être n'est pas lié à une tâche ou à une fonction et qu'il n'a de souci que celui de déployer son immensité. Par contre, j'ai à me rappeler que le corps reste le point d'ombre auquel se heurtent ma liberté et ma conscience et que c'est toujours vers lui que je dois diriger ma lumière pour terminer l'intégration à la pensée pure de ce qui peut encore lui être rebelle. On me dira que je suis un drôle de Christ, puisqu'il m'arrive une foule de choses qui arrivent aussi aux autres hommes. Je n'en disconviens pas. Je me représente facilement Dostoïevski, à travers sa correspondance, attelé à la tâche inouïe d'écrire deux romans à la fois, l'un le matin, l'autre le soir, pour payer ses dettes. On m'objectera qu'il était un ivrogne, un joueur invétéré, un hypocrite, un menteur et un faible. Mais dans le contexte chrétien où il évoluait, je ne vois pas comment il aurait pu s'en tirer sans avoir pitié de lui-même. Ce contexte que je comprends si bien n'est cependant pas celui dans lequel je travaille. Je n'ai rien à expier et mon corps ne fait que me transmettre des messages en clair qui n'ont rien à voir avec une transcendance énigmatique. Par contre, je sais que j'ai à vivre et qu'il me faut, pour assumer la grandeur de mon être dans le cadre d'une immanence totale de tout ce que je suis à ma pensée, laisser descendre l'absolu dans chacune de mes cellules, dans le moindre de mes atomes. Je n'ai pas choisi de m'évader et de quitter le corps ; je me suis plutôt assigné pour tâche de convertir mon corps en lumière, de ne rien laisser derrière moi, d'entrer tout cru dans l'au-delà. Mais en même temps, il me faut composer avec la loi générale qui tient mon corps. Celle-ci ourdit un complot perpétuel au nom de la réalité schizophrénique contre mon projet de vivre le Dieu que je suis en essayant de montrer que mon corps pâtit et qu'il est incapable de s'ajuster à mon idéal. Or, je sais que mon corps est mon ami, mon allié, mon frère, lui et tout ce qui existe comme représentation. En d'autres mots, je peux dire à la fois que je suis mon corps comme je suis toutes choses sans avoir à m'identifier à ce corps sur le plan de la mesure et du quantum. Si l'on comprend un jour tous les scénarios que j'ai dû élaborer pour amener mon corps-comme-représentation à vivre en symbiose avec mon être, par-delà ma personne mentalisée, on comprendra du même coup pourquoi j'ai réussi à constituer mon identité divine sur terre sans me sentir lié à la terre. Comme le mentionne si bien Husserl dans ses derniers écrits, la terre est l'Arche qui permet de rassembler en un point charnel précis l'essentiel d'une conscience qui se veut pourtant au-delà de tout. Inutile donc de préciser qu'en fondant le dépassement de toute chose dans l'immanence de l'absolu au relatif, le Jovialisme va beaucoup plus loin que le christianisme, car il ne préconise pas l'abandon du corps ou sa répudiation mais son intégration à un plan supérieur où il est appelé à servir de véhicule universel au Moi transcendantal.

-160-

LES SUPERUNIVERS DU COSMOS INTÉRIEUR.
– Ce qu'il y a de formidable dans l'expérience métaphysique, c'est qu'elle comporte des données mystiques, psychédéliques et parapsychologiques qui s'intègrent à une perspective plus vaste au nom d'une raison êtrique à l'œuvre au cœur du vécu. Il suffit de s'arrêter un instant au domaine des rêves ou du folklore primitif pour comprendre ce que notre être nous réserve de mystérieux et d'imprévisible quand on le considère sous l'angle des révélations. Des hommes comme Arnold Toynbee en histoire, Carl Gustav Jung en psychologie des profondeurs et Mircea Éliade dans l'étude des mythologies nous ont ouvert la porte à des visions colossales qui tiennent compte aussi bien de la biochimie et de la mécanique quantique que de la théologie apophatique et de la linguistique structurale. Ce sont là autant d'approches des merveilles que recèle la compréhension englobante de l'être lorsqu'elle nous livre la richesse

des superunivers de la joie pure, du saint amour êtrique et de l'immortalité. Ces univers sont à la fois bien réels et profondément psychiques. Ils nous révèlent les physionomies constituantes supérieures de tous les mondes constitués et nous permettent d'assister à toutes les genèses comme à toutes les décadences. Tout individu profondément méditatif et parfaitement centré vous dira qu'il se meut fort à l'aise dans ces mondes qui se retrouvent imbriqués dans notre perception quotidienne et notre expérience des faisceaux de sensations qui ne cessent de s'ajuster aux représentations dès qu'une seule intention de pensée est à l'œuvre. Alors imaginons ce que peut représenter la concentration d'énergie de la pensée pure lorsqu'elle touche le bagage génétique d'un individu et le modifie dans le sens de l'intussusception êtrique. La fluidité des gènes permet des fusions à un niveau d'intégration inconcevable pour le cerveau soumis au positivisme. Il faut la force de l'intuition pour pouvoir comprendre le mouvement de la pensée au cœur des représentations. Celle-ci opère comme des mains invisibles infiniment subtiles qui travailleraient au cœur de la vie pour l'amener à accomplir le plan proposé par l'entéléchie divine qui est la clé de toutes les formes d'entéléchies envisageables. Ce travail répond au plan préétabli par une architectonique du silence et de la lumière qui trace pour chaque vie individuelle une voie de perfection qu'il est toujours possible d'assumer dans la facilité. Si des difficultés surgissent ; c'est uniquement parce que le mental s'en mêle. Mais peu à peu la lumière êtrique dissout le mental en ne gardant que les formes de lumière constituées par les identités établies, dans leur essence de façon permanente. Ce qui chez la majorité des humains n'est qu'émotion et réaction devient dans la perspective de l'être énergie supérieure, réalité métempirique, configuration subtile. Aussi, parler de la joie ou de l'amour à ce niveau implique qu'on touche au cœur de la vie êtrique absolue où chaque émotion convertie à sa part d'éternité, chaque réaction intégrée à un ensemble plus vaste se révèle être la clé même de l'existence dans son acceptation la plus large. Nietzsche parle quelque part des astronautes de l'idéal. Je vois très bien l'humanité enfin délivrée de la matérialité abstraite s'avancer au cœur des sphères intelligibles pour les explorer au moyen de coups de sonde spirituels appréhendant la quidditativité des phénomènes et révélant l'intelligibilité des formes pures. Nous ne sommes sans doute pas si éloignés de cette époque où règnera sur terre le miracle permanent.

-161-

INTERROGATION DU DIEU IMMANENT DES CONSCIENCES CONFRONTÉES A LA BIPOLARITÉ DE L'ÉROS ET DU SACRÉ. – Parmi les plus grandes énigmes de l'univers, l'être est sûrement ce qui retient le moins l'attention de l'intelligence humaine qui est pourtant constituée essentiellement pour le connaître et le comprendre. Comment se fait-il que l'individu pensant ne commence à se poser des questions sur l'être qu'une fois rendu à sa maturité ? C'est probablement parce qu'il est parvenu à une époque de sa vie où il sent le besoin de faire la synthèse entre sa conscience et le monde de façon à se sentir un avec toute chose. Bien des facteurs font qu'il échoue lamentablement, si bien que ses questions demeurent sans réponse. En fait, c'est à l'époque de la plus tendre enfance que le sentiment de l'être pourrait être insufflé à la conscience, mais l'éducation familiale ne prête aucune attention à cet élément fondamental de la psyché et l'enfant dont l'innocence aurait pu l'amener à s'éveiller retombe dans le chaos des raisons subjectives que motive son dressage. Une fois devenu adulte, une vague nostalgie de l'époque où il était vraiment ouvert s'empare de lui, mais le stress de la vie anéantit ce sentiment qui pourrait le mener à l'absolu. Il se retrouve donc partagé entre l'Éros d'où il tire sa vitalité et le sacré qui sert d'exutoire à son inquiétude. Entre les deux, se situe

344

l'argent dont la fonction est d'amener la personne à mieux s'ancrer dans le mécanisme de la loi générale. Du fait même de l'éducation, cette tension entre l'Éros et le sacré va amener l'homme à se sentir perpétuellement déchiré au lieu de commencer le travail qui lui permettrait d'acquérir un être et de se sentir un-et-tout. Mais il existe des irréductibles pour qui l'interrogation sur l'être se veut une interrogation du Dieu immanent des consciences. Ces irréductibles ne sont pas tous comme Heidegger et ne cherchent pas nécessairement à mettre l'être en système. Ils laissent plutôt l'être prendre sa place et provoquer une révolution dans leur vie. Cette révolution, bien sûr, est celle de l'unité en acte. Comment se sentir un avec tout ? Il n'y a pas d'autre question à poser. Il existe sûrement de nombreuses antinomies au cœur de la raison, mais c'est à celle qui oppose l'Éros et le sacré que va s'en prendre en premier la conscience éprise de liberté. Et comment va-t-elle procéder pour résoudre cette énigme ? Le mot nous vient de Nicolas de Cuse : *conjunctio oppositorum* ! Quitte à faire exploser le monde, celui qui brigue l'unité de l'être va fusionner ces forces opposées dans le creuset de sa conscience, en sorte que le sacré devienne jouissant et que l'Éros s'ouvre au mystère. Mais le but visé est l'explosion. Et quand bien même cela détruirait la terre entière, rien n'empêchera celui qui veut naître du maintenant originaire de s'atteler à la tâche de maintenir en présence le loup et l'agneau tout en gardant intact l'un et l'autre. On m'objectera que c'est là une assez folle activité et qu'il ne peut en résulter qu'une catastrophe. C'est absolument vrai, sauf que cette catastrophe est bénéfique puisqu'elle ruine l'emprise de la loi générale sur le spirituel. Cela ne signifie pas que le mental, le vital et le physique en sont délivrés pour autant. La personne résistera toujours, mais le principe de la déviation inêtrique sera à jamais ruiné en elle. Je laisse aux spécialistes le soin d'examiner ce qu'il y a de sacré dans l'érotique et d'érotique dans le sacré, ma tâche consistant seulement à abolir les frontières, puisqu'en me réclamant de l'être, je ne puis être qu'un franchisseur.

-162-

LE CHRIST CONCRET EN TRAIN DE POSER DU PRÉLART. – J'étais encore étudiant au collège Ste-Croix, bien mal nommé car je n'aime pas tellement les croix, lorsque je vis surgir devant le groupe d'élèves dont je faisais partie, une espèce de furieux qui rayonnait de sainteté. C'était Léo Cormier, un bonhomme dont j'ai appris la mort, récemment. Il se mit à hurler : "Je suis venu vous parler du Christ". Je pensai en moi-même qu'il était admirable et fou et je l'écoutai. La transposition se fit vite dans ma tête. Le Christ dont il nous parlait, ce n'était pas un vague Jésus ; c'était lui. Il était le Christ concret. Vêtu très modestement dans des tons de gris, il aurait pu être aussi bien un représentant du Parti communiste qu'un prêtre laïc. Il parlait beaucoup. Nous étions dans une grande salle pouvant contenir quatre cents personnes. Ses propos nous subjuguaient. Quelqu'un avait l'audace de parler des Évangiles comme s'il avait participé à leur rédaction. En nous expliquant l'attitude de Jésus, c'était lui qui s'expliquait à nous. Il fut le premier à éveiller dans mon esprit l'idée qu'on pouvait investir quelque chose de lumineux, de pur, de subtil dans chacun de ses actes. Il parlait, bien entendu, de ce que j'appelle l'auto-investissement êtrique. Il avait travaillé dans le port de Montréal bien avant l'époque des "containers" et nous parlait de la joie qu'il éprouvait à manipuler des sacs de ciment sur les quais tout en s'appliquant à reconnaître le Christ dans son travail. Il était entouré de débardeurs qui blasphémaient quotidiennement. Il leur souriait avec douceur, et continuait de voir de la lumière partout. Le soir, quand il allait aider un ami à poser du prélart, il jubilait en le fixant sur le plancher à grands coups de marteau et invoquait le nom du Christ pour sanctifier

346

son travail. J'avais donc devant moi une espèce de saint dont je comprenais à la fois l'exaltation et les limites. Je devinais obscurément qu'un saint de cette sorte était né pour le sacrifice et qu'il ne pouvait offrir à Dieu que ses travaux et ses misères. Il m'impressionna fort. Mais sa figure puissante se heurtait en moi à un superpouvoir que je ne parvenais pas encore à identifier. Je rêvais d'orgasmes, de folies, de création, non de poser du prélart animé d'une intention spirituelle. Je comprenais l'intensité de Léo Cormier, mais c'est de mes futurs exploits que je rêvais et non des miracles de l'Évangile. À cette époque-là, je lisais Hegel et Nietzsche. Je voyais déjà le christianisme à travers les lunettes de l'idéalisme allemand. Hegel disait : "Toute Histoire est théodicée", c'est-à-dire une Histoire Sainte. Cette intégration de l'absolu au devenir via la dialectique m'enchantait. Le mal lui-même trouvait sa signification. Léo Cormier était très proche de Hegel par son souci d'intégrer l'être infini au concret. Je comprenais qu'il s'agissait d'un Dieu transcendant qu'il cherchait à clouer au sol avec le prélart pour qu'il cesse d'échapper au croyant. Mais ce Dieu restait transcendant et surtout c'était un Dieu austère. Pas question d'investir ce Christ-là dans les douces jubilations de l'amour sexuel. Léo Cormier était habillé en gris, il cherchait à disparaître pour mieux manifester le Christ. Cette abnégation était touchante. Mais je savais que l'infini ne pouvait être pensé qu'à travers mes cellules et mes gènes et qu'il avait la couleur du soleil parce qu'il était moi et que mon Moi à cette époque me ravissait. Tandis que Léo Cormier rencontrait un Jésus mythologique en s'adonnant à des tâches serviles, je m'adonnais à mon auto-adulation plastique, cherchant en moi l'expression d'un Christ orgasmique sur lequel j'avais tout pouvoir. "J'aime bien Jésus, pensai-je alors, mais je m'aime davantage. Cette attitude devait m'amener à vivre mon être comme un "Je suis" intussusceptif pantocrator. Orgueil, crièrent mes professeurs en me donnant des coups de dictionnaire sur la tête. Mais j'avais déjà l'échine assez raide. Et aujourd'hui, je les balaye tous du revers de la main. "Vous m'avez inculqué votre misère sanctifiée, leur dis-je dans mes pensées ; je vous rends mes jubilations êtriques, l'abondance de l'infini". Maintenant qu'on en a fini avec le monde communiste, il faudra bien un jour en finir avec le monde chrétien.

-163-

DU SYSTÈME NERVEUX COMME D'UN CLAVECIN. – Condillac disait : "Nous éprouvons des sensations à peu près comme un clavecin rend des sons. Les organes extérieurs du corps humain sont comme les touches, les objets qui les frappent sont comme les doigts sur le clavier, les organes intérieurs sont comme le corps du clavecin, les sensations ou les idées sont comme les sons ; et la mémoire a lieu lorsque les idées qui ont été produites par l'action des objets sur les sens sont reproduites par les mouvements dont le cerveau a contracté l'habitude". (*La logique*, I, IX.) Condillac, pas plus que moi, ne croyait à l'existence de la matière, mais il reconnaissait volontiers que nous nous représentons le monde à partir des sensations qui jouent de notre sensibilité et de notre système nerveux comme si nous étions tout entiers disponibles à l'action de quelque force invisible qui utilise notre corps pour en tirer des accords harmonieux. Puisque la matière n'existe pas, c'est la réverbération ontique qui donne au mental l'impression de recevoir des sensations. En réalité, tout ce que nous pouvons concevoir comme venant de l'extérieur arrive en nous et par nous. Mais la loi générale n'étant pas celle de l'unité mais celle de la dualité nous amène à nous représenter de façon ambivalente. Nous nous prostituons donc en un sens à cette force dite extérieure issue de nous pour pouvoir mieux nous sentir manipulés et éprouver les mouvements des sens et des passions. Sans doute la reconquête de notre unité n'a-t-elle de sens que dans la mesure où, confrontés à

348

la dualité, nous parvenons à la surmonter. La chose est possible, mais comme je l'ai dit souvent, la personne résistera toujours, car elle est constituée sur le modèle action/réaction. Notre système nerveux sera par conséquent toujours soumis à rude épreuve et seule notre soif de sensations fortes nous permettra d'éviter le malaise en nous renvoyant à ce que nous désirons le plus. Pourquoi aspirons-nous au déchirement ? C'est à cause d'un appétit d'ombre et de nuit qui prend naissance au cœur de notre lumière. C'est comme si nous étions dans l'incapacité de nous comprendre nous-mêmes sur cette terre sans nous sentir mis à mal par les situations et les événements. S'il en est ainsi, c'est que nous avons un travail à accomplir sur nous-mêmes en vue de mieux savoir ce que nous connaissons déjà par énigme.

-164-

J'AI VOULU ÊTRE UN GÉANT MONDIAL. – Confronté aux grands Européens du XXe siècle, tout Québécois issu de la Révolution Tranquille des années soixante ne pouvait que mesurer la tâche écrasante qui l'attendait, celle de sortir son milieu culturel et sa patrie de l'isolement et du manque de traditions intellectuelles. Le Québec d'avant cette époque vivait en vase clos. Il ne savait pas qu'il pouvait produire des chefs-d'œuvre, mettre au monde des génies. Humilié par la conquête, il se traînait à genoux devant le clergé et les Anglais. Mais une fois le coup de barre donné, il y eut un moment où tout paru possible. Les révolutionnaires du FLQ cherchèrent une issue dans la révolution armée, les businessmen de la rue St-Jacques dans l'expansion de l'économie canadienne-française. Mais dans les deux cas, rien ne permettait de penser que ces tentatives permettraient au pays de sortir de l'isolement. Pendant que mes confrères de l'université posaient des bombes, je réfléchissais à mon grand système. Je me disais que si l'on se souvenait davantage de Toulouse Lautrec et de Bergson que des hommes politiques français du début du siècle, c'était parce que l'art et la pensée comportaient quelque chose d'immortel que ni la politique ni l'argent ne possédaient. Je décidai donc de devenir un géant et d'élaborer les principes d'une philosophie universelle. Mal m'en prit. Je fus chassé de partout ; attaqué, isolé, critiqué, ridiculisé. Je ne dois qu'à ma solidité intérieure de m'en être sorti. Mais je veille. Tel un bulldozer rêvant de raser les institutions, j'attends mon heure en développant mon œuvre au sein d'immenses difficultés. Or cette confrontation aux valeurs décadentes du milieu me donne des forces. Je me sens capable de balayer des décennies de fadaises intellectuelles folkloriques au nom d'une vision capable d'en montrer aux Japonais et aux Allemands. Et pendant que mes concitoyens rêvent d'aller faire reconnaître leurs talents aux États-Unis, je me vois contraint de rester sur place, en exil dans mon propre pays, comme si mon œuvre ne pouvait parvenir à la maturité que dans le contexte où elle a commencé à grandir. J'ai donc décidé de développer ma pensée jusqu'à l'ultime limite en faisant fi des rejets et d'une certaine conjuration du silence. Mais le Jovialisme marque des points et ceux qui me dénigraient hier viendront manger dans ma main demain. Tous ces beaux intellectuels du Devoir, de Radio-Canada et des universités n'ont pas réussi à produire une œuvre de génie. Sans moi, ils sont finis. Ils ne l'avoueront jamais malgré la frénésie avec laquelle ils mènent leur lutte d'arrière-garde. C'est quand même étonnant de voir que j'ai toujours été prêt à soutenir mes principes sans que jamais l'occasion ne m'en soit offerte. J'étais prêt pour de grands combats. Rien ne vint. J'ai publié un traité magistral. Aucun écho. Pas même une mention dans une grande revue. Demain, il n'y aura plus que moi. Les autres auront péri à force de m'empêcher d'être.

SI C'EST BLASPHÉMATOIRE, SCANDALEUX, SACRILÈGE. – J'ai remarqué qu'il y avait quelque chose d'étrange et de biaisé dans l'écologie. Voilà un mouvement sévère, critique, moralisateur qui fait avancer ses principes sous la menace des sanctions. On veut nettoyer la terre, dépolluer l'eau et l'air, assainir les mœurs en s'attaquant à coups de lois aux processus sociaux-économiques. On ne voit pas que la transformation ne peut venir que de l'esprit. C'est par l'éducation que tout peut changer et non en re-créant un ordre qui deviendra aussi pesant que celui qu'il prétend remplacer. On ne peut plus jeter de papiers dans la rue, on ne peut plus fumer dans les endroits publics, il est défendu de se baigner nu, de faire de la vitesse, on enseigne la modération qui mène invariablement à la médiocrité, jamais l'excès. On voudrait nous faire croire qu'on ne peut exceller que dans les cadres. Mais cette forme d'excellence encadrée n'a rien à voir avec la perfection, car son critère est dans la rentabilité du système et non dans la liberté créatrice. J'en suis venu à penser qu'il faut sauver la mar-ginalité à tout prix et l'imposer comme une mesure néces-saire. Je prône le scandale, l'érotisme, le blasphème, la fo-lie, la gourmandise, le saccage des valeurs établies, la transgression et s'il le faut la guerre... aux idées reçues. Notre société est loin d'être permissive. Elle a inventé le sida pour empêcher les jeunes de trouver dans la sexualité un exutoire à la névrose imposée par la loi générale. Elle confine les vieillards de plus en plus nombreux au domaine des activités normalisées. Un aumônier s'occupera d'eux dans les centres d'accueil, on les invitera à jouer au bingo mais il n'est pas question qu'on leur projette des films por-nographiques. Ah non, le vieillard n'a pas le droit de jouir. Voilà une activité d'adultes avertis et quand on est gaga, cela nous est interdit. Quand je me promène en ville, ce sont les banques et les compagnies d'assurances qui ont les plus hauts gratte-ciel. Je vois là s'ériger l'abdication des masses populaires. Le Dieu dollar est en train de remplacer Jésus, Bouddha et Confucius. Ce matérialisme grossier, par le biais du chantage économique, tient la population en laisse par le crédit. Tous ces gens qui courent au travail le matin et en reviennent le soir ont choisi d'obéir plutôt que de se révolter. Mais moi je vous dis que l'État va craquer. Le système économique va sauter et les banquiers seront égorgés par la populace affamée. Les droits de l'homme ne sont plus respectés lorsque le principal loisir des individus est de regarder la télévision. La télévision n'est pas du tout un média éducatif, c'est une forme d'hypno-thérapie collective pour ramener les déviants dans le giron. Mon amie Huguette Hirsig déclarait l'autre jour que si elle devait faire un jour la carte du ciel d'un individu né sur la Lune, elle devrait tenir compte de l'influence matérialiste de la Terre. Comme c'est étrange ! Une planète si bleue et si moche. Il faut changer ça. Lors d'une grève sauvage des 110,000 fonctionnaires de la fonction publique, ceux-ci déclarèrent qu'ils voulaient paralyser le gouvernement. S'ils peuvent le geler pour toujours, j'en serais ravi. Je m'oppose systématiquement à ce qu'on appelle le progrès dans notre société. Je ne considère pas du tout les inventions du XXe siècle comme un progrès. Elles ont entraîné des guerres monstrueuses, la généralisation des maladies et la perte de la liberté des masses. Au moment où j'écris ces lignes, une chose domine mon esprit : résister, refuser de coopérer, immobiliser la ville, le pays, la planète. La liberté est un acte d'être qui consiste à se laisser être. Elle n'a rien à voir avec le travail, l'amour, les choix divers de la vie quotidienne ; elle n'a rien à voir avec le cinéma que chacun se joue. Chaque fois que je surprends quelqu'un en train de désobéir, j'applaudis. J'en suis arrivé au point de dénoncer l'efficacité machinale des lois de notre société ; je préfère encore des erreurs qui font réfléchir, des moments d'inutilité gui nous obligent à nous observer.

JE N'AURAIS PAS ÉTÉ NAZI, J'AURAIS ÉTÉ HI-
TLER. – Pourquoi ce titre ? Parce que je n'aime pas être à
la remorque de quelqu'un, d'une idéologie ou d'un système.
J'enseigne aux gens à bâtir leur propre vision du monde, à
ne croire qu'en ce qu'ils font, à ne vivre que pour leur être.
Le philosophe est un individu en santé parce qu'il repense
le monde à neuf chaque jour. Il veut posséder la clé de
l'univers par sa propre autorité. Il ne cherche pas ce qui
s'est fait avant lui et s'il reconnaît quelque valeur au passé,
ce n'est qu'à titre pédagogique pour mieux faire accepter
ses idées. Personne ne s'est aperçu de la chose, mais chacun
est Hitler pour soi. Ça prend effectivement l'énergie farouche du grand dictateur si contesté pour résister à l'influence du milieu et se maintenir à flot. La majorité des gens
sont mous parce qu'ils cherchent à obéir. Ils préfèrent renoncer à vivre leur volonté que de commettre une erreur.
Un jour, je me suis dit : je vais boire pour écrire. Puis je me
suis aperçu que je pouvais écrire sans boire. Alors j'ai cessé
de boire. Mais j'ai fait là une expérience libre. Je suis allé
voir par moi-même jusqu'où allait mon pouvoir. Si un
homme ne va pas jusqu'au bout de ses désirs, il n'est pas un
homme. Je comprends Hitler. Il voulait dominer le monde.
Je suis aussi violent que lui, sauf que mon but est d'être la
cause de ma joie. Je suis le Führer de ma propre autosuffisance. Il se peut que cela ne fasse pas l'affaire de certaines
personnes qui aimeraient que je les consulte avant d'agir.
Mais moi j'ai décidé d'en faire à ma tête et de chercher partout mon bonheur. Jamais il ne me viendrait l'idée d'être
sadique envers mon corps comme ces ascètes chrétiens qui
voulaient souffrir pour Jésus Christ. Je me veux du bien. Je
ne crois pas que c'est en souffrant que je deviendrai meilleur. Je suis un pur produit d'autocontemplation. Dès le
moment où un homme sait qu'il est Dieu, il cesse de s'agiter
et regarde s'agiter les autres. Il peut encore vouloir des

choses et être déçu dans sa volonté. La personne étant l'héritage du milieu est si faible ! Je m'étonne souvent de ne pas voler ou de souffrir de l'indécision des autres. Mais je m'explique volontiers cette impuissance en me rappelant que mon autorité de lumière a à s'exercer sur terre à travers un corps. Je hausse les épaules et je vaque à d'autres activités. Mais parfois je me trouve prodigieux. Seulement à l'idée de penser que les étoiles, le ciel et la terre, les nuages et les forêts sont mes propres représentations, je me sens tout ragaillardi. Je me dis : "J'ai réussi à faire tout cela. Maintenant il me faut arriver à ne rien faire". Je me rends bien compte que mon moteur s'est emballé, qu'une fois que j'ai pensé à une chose, je veux penser à des foules de choses, comme si je ne parvenais pas à me satisfaire d'être ce que je suis sans ajouter au sentiment de ma présence immanente toutes sortes de possibilités transcendantes purement imaginaires. Vous rendez-vous compte que le nouveau-né ne distingue pas son corps de celui de sa mère ni du monde ? Il vit dans une compréhension naïve où il n'est séparé de rien. Il faudra un dressage à tout casser pour l'amener à se sentir différent, à accepter l'idée d'être séparé des autres et de tout ce qui existe. Ce n'est qu'après, s'il est chanceux, c'est-à-dire s'il se prend en main, qu'il pourra critiquer ce dressage et entreprendre de se sentir de nouveau un avec le monde. Cela ne sera pas facile, surtout s'il a perdu contact avec sa mère, avec les valeurs féminines de l'ouverture, de la fusion et de l'extase. Pour être et faire que sa compréhension naïve primitive devienne une compréhension êtrique, le garçon devra renforcer son *anima*, c'est-à-dire opérer en lui la fusion qui lui permettra de s'associer à l'énergie du parent du sexe opposé. Cette fusion s'opérera chez la fille à travers l'*animus*, mais encore là il faudra que l'*animus* confirme sa féminité. Je n'ai pas beaucoup de respect pour cette civilisation masculinoïde dont nous sommes issus, car elle a amené des hommes comme Hitler à dominer les autres alors qu'il eut fallu qu'il emploie son énergie à jouer avec soi-même. Si je me considère comme un Hitler de la joie, du plaisir et de l'extase, c'est que sans la force du miracle que constitue une grande volonté très déterminée, il est presque impossible de s'arracher à la loi générale qui nous veut tels des esclaves dociles. Alors, vive la violence créatrice !

-167-

LA PUISSANCE DE L'APPROBATION. – Je vais maintenant traiter d'une question étrange et délicate. Je veux examiner la nature des contrariétés qu'un individu peut subir dans son existence. Chacun sait qu'il n'y a rien de plus difficile à supporter que sa propre impuissance devant certains problèmes à régler. Par exemple, lorsqu'un homme aime passionnément une femme, il sait qu'il est toujours possible qu'elle cesse de l'aimer et s'en aille. Même les femmes les plus fiables, les plus équilibrées, les plus solides nerveusement ne sont pas à l'abri d'un coup de foudre ou d'une volte-face inexplicable. Bien sûr, je ne parle pas ici de l'amour êtrique, mais de l'amour commun possessif jaloux et inquiet. Il n'est pas facile de voir la réalité nous tourner le dos, de voir quelqu'un qu'on aime s'en aller. Mais si c'est votre cas, croyez en mon expérience, vous n'avez qu'une chose à faire : approuver ! Je n'ai pas dit accepter. L'acceptation relève d'une attitude où l'impuissance est consommée dans la faiblesse et la désillusion. On accepte parce qu'on est acculé au mur. Je fais référence à une tout autre chose quand je parle d'approuver une personne qui nous blesse ou une situation qui tourne à notre désavantage. L'approbation est un mécanisme d'autorité par lequel nous reconnaissons qu'une situation nous ressemble et qu'au fond, c'est nous qui l'avons voulu puisque nous constituons tout ce qui nous arrive. Cette volonté, toutefois, n'est pas nécessairement une volonté voulante : c'est souvent une volonté voulue, qui se laisse entraîner, qui se dit : pourquoi pas ? Lorsque je me retrouve devant une situation que je ne peux changer, je m'arrange pour l'approuver avant qu'elle ne se gâte davantage. Si vous voulez vous éviter de grosses difficultés, dites oui à tout et à tous. Que votre oui soit un oui large, riche, compréhensif, profond et facile. Quelqu'un vous traite de fou ? Reconnaissez qu'il a raison. Vous êtes accusé injustement ? Ne vous défendez pas : reconnaissez que votre adversaire pourrait être dans le vrai. Vous êtes acculé à la faillite par un associé malhonnête ? Ne perdez pas votre temps à le trainer devant les tribunaux. La loi de compensation se charge de réparer le tort qui peut vous avoir été fait. C'est sans doute dans le domaine amoureux que c'est le plus difficile de dire oui, d'appuyer la personne qui nous quitte ou qui manifeste quelque velléité d'indépendance. J'ai eu jusqu'ici une vie amoureuse complexe et animée. Je peux vous assurer que ce n'est pas en résistant qu'on règle ce genre de problème délicat. On sait que je conseille de ne rien accepter, car j'en ai assez de la docilité de mouton de ces croyants qui s'inclinent devant le destin comme devant un acte de Dieu. Il y a toujours quelque chose à faire. Mais voilà, la première chose à faire, c'est d'approuver. Tel ou tel événement se produit ? Ce n'est pas à vous, de faire une enquête, de réclamer vos droits ou d'accuser les circonstances. Vous êtes en charge de votre vie. C'est vous qui avez amené ces événements à se produire. Attendez et regardez. Bien sûr, ce n'est pas quand les choses commencent à se tasser qu'il faut intervenir de la sorte, car à ce moment-là, votre approbation compterait pour peu. C'est quand elles sont au plus mal et qu'il semble tout à fait absurde de les approuver comme un idiot. Mais j'ai observé le comportement des fous et je le trouve parfois plus sage que celui des individus raisonnables. Le fou n'a pas le souci de lui-même. Il perd de vue sa propre personne. Il n'a plus une cause à défendre. Il peut très bien s'amuser de constater que quelqu'un le traite de fou. Ayant tout perdu, il n'a plus rien à perdre. Imaginez maintenant quelqu'un qui agirait ainsi sans être fou. Il désarmerait ceux qui le côtoient et rendrait impuissants ses plus irréductibles adversaires. Je me suis aperçu que les situations ont tendance à se modifier radicalement quand on va dans leur sens. Ce qui semblait une cause perdue devient soudainement une expérience intéressante ou une occasion de s'enrichir ou de connaître un très grand bonheur. Aussi, malgré les jérémiades de la *persona* d'illusion, restez ferme : donnez votre accord aux événements. Et si jamais vous devez dire non, que ce soit pour votre plaisir et jamais sous l'impulsion de la colère ou du désespoir. Je conseille même d'approuver le mal. C'est la seule façon de le faire disparaître. Mon attitude ici n'est pas du tout empirique ; elle s'inspire d'une très haute compréhension de l'être qui n'a rien à voir avec une faiblesse de caractère de ma part ou avec l'abdication de mes responsabilités. Je me suis sérieusement posé la question : qu'est-ce qui peut bien faire qu'une situation se transforme quand on l'approuve ? Et je n'ai qu'une réponse à cette question : c'est que dans toute expérience vécue par nous, c'est la paix profonde du mental qui est déterminante. Faites-en l'essai. Même si vos émotions vous dictent la révolte, la violence, les cris, les lamentations, dites oui au fond de vous-mêmes. Quelque chose de magnifique en résultera. Faites comme moi : je laisse arriver les choses, je consens à tout. Et quand j'agis, je m'en moque.

-168-

DES CONNIVENCES AU COEUR DES CONTRARIÉTÉS. – Il suffit que l'on cesse de s'opposer à quelque chose pour que tout soit changé. Il en va ainsi des conflits entre les hommes et des conflits entre les nations. Qui aurait cru qu'après 74 ans d'oppression communiste l'empire soviétique aurait éclaté. Eh bien, c'est arrivé ! J'imagine que ceux qui ont assisté à la ruine de l'empire ottoman n'en croyaient pas leurs yeux eux non plus. En réalité, lorsque deux systèmes de pensée s'opposent, la chute de l'un annonce invariablement celle de l'autre. La ruine du communisme ne laisse présager rien de bon pour le capitalisme. On s'apercevra bientôt que le capitalisme tirait beaucoup de son opposition au communisme et même que les contradictions et les contrariétés des deux systèmes impliquaient des connivences sans lesquelles la fin de la confrontation entraînera des répercussions violentes pour l'Occident. On s'attache à un ennemi, on se nourrit de sa pensée. En se préparant à l'attaquer ou à subir ses attaques, on s'imprègne de sa volonté. Il y avait aux États-Unis des éléments très favorables à l'entretien d'un conflit larvé permanent avec l'URSS tout comme il y avait en URSS des oreilles sympathiques et attentives à la politique des États-Unis. Ce ne sont pas ceux qu'on pense qui ont décidé de la fin des hostilités entre les deux blocs. Selon ma logique, ce sont ceux qui avaient à cœur de mettre les États-Unis à genoux. Ramtha dirait : *les hommes gris*. Il est sûr que la Banque Mondiale et le Fonds Monétaire International ont à voir avec l'effondrement du mur de Berlin et l'éclatement de l'empire soviétique. Ces choses-là n'arrivent pas par accident. Un arbitre a mis fin au combat en décidant du gagnant. Le perdant n'était peut-être pas d'accord. Songez maintenant aux progrès du crédit dans ces nouveaux pays de l'Est qui s'ouvrent à l'économie de marché. Très bientôt tous les citoyens de ces pays seront aussi endettés que nous. Tous les pays du monde le seront également. En montrant du doigt les créanciers, on indiquera qui sont les joueurs de cette partie d'échecs dont la survie des nations est l'enjeu. Imaginons maintenant ce qui se passe lorsque deux individus s'affrontent. Leur désaccord les rapproche. Au lieu de se nourrir de leur propre substance, ils tirent l'un de l'autre leur raison d'exister. Pris au piège de leur conflit, ils deviennent des amis-ennemis. On a accusé la politique de favoriser ce genre de relations troubles. En réalité, c'est la haine qui relativise les gens et les pays, la volonté d'en avoir plus que les autres, de posséder ou de dominer ses voisins. Dans un contexte jovialiste, toute relativisation cesse. Au lieu d'être divisé par tous les autres, chacun est multiplié par eux. C'est l'appui et l'approbation qui fondent la liberté. Si je cesse de m'opposer à autrui, je me retrouve moi-même. C'est alors que je peux réellement déployer ma force et mon originalité. De plus en plus, les individus devront s'harmoniser avec leur propre fond. Ils échapperont alors à la loi des conflits qui veut que chacun soit lié avec celui contre lequel il se bat par "une antipathie sympathique et une sympathie antipathique". (Kierkegaard)

-169-

LE PÈRE À ABATTRE (FREUD) ET LE PÈRE À INTÉGRER (MOI). – En 1984, le fils d'un juge du Tribunal de la jeunesse a été condamné à six mois de prison à Montréal pour avoir battu son père. Le juge qui entendait la cause avait lui-même été assailli en 1971 par son propre fils qui l'avait pris à partie dans la salle des audiences, alors qu'il présidait à une enquête préliminaire, avant d'être expulsé par la police. Lorsqu'un fils bat son père on peut croire qu'il a contre lui de sérieux griefs qui remontent à l'enfance. Mais lorsque le père en question est juge, c'est toute l'institution civile que le fils attaque avec violence. Il s'en prend au représentant légal de sa propre faculté de juger, hypostasiée. On avait dit autrefois de Bobby Fisher que s'il excellait à mettre échec et mat ses adversaires aux échecs, c'est qu'il transposait dans ce jeu ses propres revendications face au père qu'il cherchait à abattre. Mais qu'y a-t-il donc derrière l'idée du père qui mette les fils dans un tel état ? Essentiellement ceci : se sentant décentré par le père, le fils ne peut retrouver sa liberté qu'en attaquant ce dernier. Les réflexions de Freud concernant le meurtre rituel du père tiennent cependant de la mythologie, car la mythologie est essentiellement dans la tête des gens. Ce n'est pas un discours primitif fabuleux, ni même un conflit symbolique ; c'est quelque chose de dramatique qui est enraciné dans les mémoires corporelles. J'ai une toute autre vision du père. Elle méprise littéralement les faits, car ceux-ci peuvent toujours justifier une réaction violente à l'égard du père. J'en reviens plutôt à mon mécanisme de l'approbation. Il n'y a rien d'autre à faire que de dire oui au père, car une étude approfondie de la nature des vibrations que dégage un fils démontre qu'il a eu le père qui lui ressemble et confirme encore une fois qu'il n'y a pas d'injustice sur terre, puisque chacun reçoit constamment le salaire de ses pensées. Si l'on tient compte de mon enseignement qui vaut mieux que celui de la psychanalyse de toute évidence, on abandonnera progressivement l'idée du père à abattre pour la remplacer par celle du père à intégrer. Lorsque le père réel meurt, comme l'a très bien montré Diel, le père mythique naît dans l'esprit du fils et s'incorpore à lui. Le fils peut donc se réconcilier avec son père dans ses pensées même quand celui-ci est mort. Mais ce qu'il y a d'intéressant, c'est qu'il peut aussi se réconcilier avec lui dans ses pensées, sans qu'il soit mort. Point n'est besoin d'aimer son père pour éteindre le conflit qui l'oppose à son fils. Il suffit de bénir le père, de reconnaître son être en lui, de comprendre qu'on est plus séparé de lui. Et le tour est joué. Comme on le constate, l'intégration du père dont j'ai déjà parlé dans un précédent paragraphe consacré à l'*animus* et à l'*anima* ne concerne pas que la fille. Elle concerne aussi le fils qui a à s'accommoder du mari de sa mère. Voit-on ce que je veux dire ?

-170-

LE CHOC DE L'ABSOLU VÉCU PAR UNE VENDEUSE. – À force de tant insister sur mon être, j'ai fini par donner des chocs étriques à ceux qui m'approchent. Bien

360

entendu, ils doivent se trouver dans un état de ferveur et d'ouverture comme ces deux femmes que j'ai rencontrées l'autre jour chez mon agent de distribution. Lorsque j'arrivai sur les lieux, elles se précipitèrent sur moi en riant et en s'exclamant. Je trouvai étrange leur état d'exaltation, mais je me dis qu'elles devaient être sincèrement contentes de me voir. Nous nous mîmes aussitôt à parler du Christ, de l'être, de l'infini. J'étais en shorts et je déchargeais des boîtes de livres. Je compris que j'avais devant moi deux saintes au sens jovialiste du terme. Je sentais la flamme du *Logos spermatikos* brûler dans leurs yeux. L'une d'entre elles s'exclama après dix minutes de conversation : "Comme c'est étrange ! Mon mal de reins m'a quittée". Je lui fis comprendre qu'elle ne devait pas en être surprise. "Nous parlions de l'infini, lui dis-je, et l'infini que nous partagions tous deux comme une nourriture êtrique a réparé votre corps". Elle ne tarissait pas d'exclamations enthousiastes et me regardait avec amour. Aucun de mes discours n'aurait pu convaincre ces femmes et les rallier à ma pensée. Seul mon être a agi. C'est parfois difficile à accepter après avoir fait tant d'études, mais aucune de mes connaissances acquises à l'université ou dans les livres n'a de véritable valeur. Seul mon être est savoir. Je suis l'absolu concret de la vérité. Les réactions ne sont pas toujours les mêmes chez ceux qui m'approchent. L'autre jour, le représentant de Bell Canada qui distribuait les nouveaux annuaires téléphoniques me lança à brûle-pourpoint dans le hall de mon édifice : "Allez-vous continuer de nous faire rire à la télévision cet automne ?" Je lui répondis : "Seuls les sots trouvent mes discours drôles. Ils s'esclaffent parce qu'ils ne comprennent pas". Il ponctua ma déclaration d'un éclat de rire sonore sans s'apercevoir de sa sottise. Quand je me retournai après avoir fait trente pas, il riait encore. Voilà un sot qui s'ignore, me dis-je en moi-même en m'éloignant. Il arrive cependant que la réaction des gens me mette dans l'embarras. Prenons comme exemple un de ces jours où une de mes compagnes n'entend pas à rire. Cela peut arriver, n'est-ce pas ? Nous nous rendons dans un centre d'achats et nous dirigeons vers une confiserie. Or, derrière le comptoir de cette confiserie, il y a une jeune femme qui n'a peut-être pas de très grandes connaissances mais qui va être littéralement ébranlée par ma visite. En m'apercevant, elle se met à pousser des cris admiratifs qui ressemblent beaucoup aux plaintes de l'orgasme et se dit à elle-même en parlant tout haut : "Je vais me tromper, je suis sûre que je vais me tromper, je suis trop nerveuse, je sens que je craque !" Ma compagne qui, je l'ai souligné, n'est pas d'humeur à rire ce jour-là, lui lance un regard noir. Mais l'autre ne comprend rien. Elle glousse, elle chuinte, elle ricane et puis, elle se met à crier de joie en décrivant à sa voisine le flot des émotions qui s'emparent d'elle. "C'est trop fort, lui confie-t-elle, tout en me dévorant des yeux, je crois que je vais me trouver mal, quelle joie ! Je me sens transportée". La jeune femme en question cherchait vainement un soutien dans le regard de ma compagne qui aurait pu être complice. Mais la fureur de cette dernière augmentait, car elle constatait effectivement que la jeune femme était en train de se fourvoyer et lui servait des chocolats qu'elle ne désirait pas. Elle la reprit. L'autre renversa les chocolats par terre et se mit à me faire des compliments outrageux. Elle finit par remplir la commande, mais elle se trompa encore en remettant la monnaie. Quand nous la quittâmes, elle était au bord de l'évanouissement et se prenait les seins à deux mains comme pour permettre à sa voix de porter plus loin. Inutile de vous dire que nous eûmes, ma compagne et moi, un échange bref une fois sortis de là. J'eus beau lui expliquer que c'est mon être qui la travaillait et que cela pouvait aller jusqu'à pousser une femme à mouiller ses petites culottes, elle ne voulut rien savoir et me précéda avec humeur vers la sortie du centre d'achats. Il est possible que cette description paraisse exagérée à plus d'un lecteur. Mais je respecte entièrement les faits sans rien changer aux paroles qui ont été prononcées. Je n'ai rien à voir finalement avec la crise de joie de cette vendeuse que j'ai trouvée d'ailleurs fort jolie. C'est mon être qui l'a mise dans cet état. Elle a connu un moment de folie pure. Pendant un bref instant, elle a cessé d'être raisonnable. Elle s'est conduite de façon régressive : elle aurait pu se déshabiller pour confirmer sa bonne foi. Un jour, je le sais, des foules entières vont entrer en transe en m'écoutant.

-171-

DES RUPTURES DU CHAMP DE LA CONSCIENCE QUI RENDENT FOU. – Lacan disait : "Ça parle en moi... quelque part... ça m'interpelle". Je n'ai rien en commun avec cet homme sauf le fait qu'il a mis le doigt sur quelques formules exceptionnelles qui traduisent parfaitement les rapports de l'homme avec sa psyché-univers. C'est quand même étonnant de constater que l'homme comme *persona* d'illusion n'est que l'astronaute du ciel immense qu'il porte en lui. Lorsqu'il s'en aperçoit, surtout s'il n'est pas prêt à cette révélation, il est immédiatement menacé d'une sorte de rupture d'un genre très particulier qui fait penser aux mouvements géologiques qui se produisent de chaque côté de la faille de San Andrea en Californie. Toute une partie du pays peut monter pendant que l'autre descend. L'individu en état de choc peut être placé soudainement dans un autre contexte psychique que celui qui lui est familier. C'est comme si quelqu'un se retrouvait dans un appartement inconnu après avoir longtemps dormi et qu'il avait à réapprendre à situer les choses autour de lui. J'ai connu un philosophe qui est devenu fou après avoir consacré sa vie à l'étude de la notion de relation chez Thomas d'Aquin. Il a décroché tout d'un coup. Il n'était plus là. Cet excès de raisonnement avait détraqué sa machine mentale. Mais je suis sûr qu'il était ailleurs, qu'il pensait encore. On s'étonne parfois que des hommes remarquables se mettent à jouer au cerceau ou soient obligés de porter une couche. Ils n'ont pas tous été victimes d'un accident cérébro-vasculaire. Ils ont tout simplement glissé en dehors de leur sphère égologique habituelle. Ils se sont retrouvés dans un univers trop vaste pour eux où leur mémoire ne leur servait plus à rien. Il y a donc des ruptures de niveaux psychiques qui rendent fou. Comment se prémunir contre de tels mouvements subits ? Dans un premier temps, je suis parvenu à échapper à ce genre d'accident par une sorte de joie sans objet alimentée par une énorme énergie sexuelle. Puis, dans un second temps, en me rappelant que **je suis la présence divine**. Cela m'a aidé à me calmer, m'a apporté la souplesse, la ferveur, la cohérence. Il arrive un moment où l'on sait que l'on est à l'abri des accidents parce qu'on a laissé son être profond prendre sa vie en charge. Il m'est difficile de parler pour les autres, mais je sais très bien comment j'ai réussi à échapper au malheur d'avoir une intelligence trop vive trop tôt. J'ai su très jeune que j'étais un génie et cela n'a pas plu à mes professeurs. Quand, plus tard, j'ai dit que j'étais Dieu, cela n'a pas plu au public. Je crois avoir atteint cet état de scandale permanent qui rend très heureux (divinement) et très malheureux (humainement). Heureusement, je m'en tire très bien, car ma conviction que l'absolu est immanent au relatif m'aide à mettre beaucoup de bonheur divin dans le malheur humain que j'éprouve, si bien que ma vie s'en trouve changée. Je comprends de façon générale le martyre des grands génies qui sont rejetés par leurs pairs, car c'est exactement ce qui m'arrive. Mais je n'en souffre pas parce que je me rappelle à moi-même constamment que je suis Dieu. Dans un boisseau plein de noix on peut encore ajouter de nombreuses mesures d'huile. Moi aussi, je pourrais dire : "Quelque part... ça m'interpelle", sauf que je fais taire ces voix quand elles ne vont pas dans le sens de mon orientation profonde. Je ne me laisse jamais acculer à un choix. C'est moi qui mène, même dans l'invisible. S'il y a des maîtres, ils sont à mon service et sont priés d'attendre que je me rende disponible pour eux. Lorsque se produisent des événements avec lesquels instinctivement je ne suis pas d'accord, je m'arrange pour en tirer le meilleur parti possible en les approuvant. Cette approbation vient de beaucoup plus haut que l'instinct pour lequel j'ai pourtant le plus vif respect ; elle vient de la compréhension souveraine de l'être qui est toujours prêt à s'investir dans les événements pour les amener à nous servir.

-172-

LA LASSITUDE FACE AU POUVOIR. – Être jovialiste, c'est ne reconnaître aucune signification au pouvoir de la société en général, car les individus auxquels nous avons affaire dans l'existence n'ont finalement presque jamais rien à voir avec le pouvoir qui appartient aux structures, aux institutions, aux lois. Autant Socrate et Jésus étaient respectueux des lois, autant je m'en moque. Comprenez mon attitude ici. Ce n'est pas celle d'un criminel ou d'un sceptique mais celle d'un penseur qui s'aperçoit qu'il peut organiser sa vie lui-même et devenir son propre dirigeant sans le secours de l'État. Si l'on veut mon opinion franche, l'État n'est rien d'autre qu'une super-mafia devenue légale avec le temps et conçue pour le bénéfice de ceux qui savent s'en servir. Maigre avantage cependant, car l'État finit toujours par tuer ses serviteurs. Même les plus zélés y passent. Je ne suis zélé pour rien en dehors de l'absolu. Ma cause, c'est moi. Est-ce assez vous dire que je m'y consacre avec enthousiasme sans accorder une bribe d'importance à tout ce qui n'est pas moi. Et j'entends par là le néant, le chaos, le mal, la guerre, la souffrance et les autres. Attention ici, il y a les autres en tant qu'autres et les autres en tant que projections de moi. Dans ce deuxième cas, on saisit vite que les autres ne sont plus les autres, mais des aspects de nous-mêmes. Imaginons maintenant les autres de la première catégorie qui s'entêtent avec opiniâtreté à nous casser les pieds. Eux aussi ils sont moi, mais pas de la même façon. Ils appartiennent plutôt à l'illusion de la vie extramentale, à la réalité schizophrénique. Ce sont eux qui provoquent la lassitude des jovialistes. Je pense, par exemple, aux tyrans qui s'appliquent à faire souffrir leurs victimes. Il y a des tyrans en politique, mais on rencontre aussi des tyrans domestiques, professionnels et autres. Eh bien, je vais vous dire, aucun de ces tyrans ne mérite une émotion de colère. Je leur destine tout au plus un bâillement. Et croyez-moi, j'en bâille un coup par les temps qui courent. Ce qu'il y a de plus ridicule, c'est de voir tous ces gens désireux de lutter contre la tyrannie et qui ne sont même pas fichus de poser un acte libre. La majorité des gens n'agissent pas, ils réagissent. Ils obéissent aux mouvements plus ou moins concertés des masses sans comprendre qu'ils sont manipulés et banalisés. Quand je vois l'énergie considérable que les gens consacrent à la politique, à la religion, au travail, je comprends qu'ils ne sont pas encore nés, qu'ils ne vivent pas vraiment. Aristote dirait qu'ils ne connaissent pas leur bien. C'est un langage différent pour traduire une même réalité. Celui qui connaît son bien ne se laisse pas avoir. Et comment comprend-on qu'il est libre ? On le trouve peu prompt à l'admiration. "Nous admirons parce que nous sommes stupides", dit Condillac.

-173-

CALIGULA OU L'ESPACE DES SONGES. — Je me suis penché sur la vie de Caligula, cet empereur qu'on disait fou et j'ai constaté qu'il n'était pas plus fou que vous et moi. Il méprisait les conventions et s'appliquait à gérer les affaires de l'État de façon assez désintéressée. Bien sûr, il avait des lubies. Mais qui n'en a pas ? On m'assure qu'il a tué des gens. Certainement moins que la CIA ou le KGB. Le plus étrange avec lui, comme avec tous les Césars, c'est qu'il avait un certain goût pour la dépravation. Ceux qui l'ont porté au pouvoir devaient le savoir, mais ils avaient besoin de quelqu'un pour les représenter. Ce qu'il y a d'incroyable avec Caligula, c'est son ingratitude. Pourquoi devrais-je éprouver de la reconnaissance envers ceux qui m'ont fait monter jusqu'ici... puisque j'y suis ? Caligula vit dans l'instant. Il se soucie peu de demain et encore moins d'hier. C'est un empereur existentiel. S'il a le goût d'uriner dans son salon de marbre devant un ambassadeur étranger, il s'exécute. Après tout, ce palais est à lui et l'ambassadeur pourrait être mort. Caligula sait pertinemment qu'il n'y a rien à attendre des autres. Alors il y va gaiement. La conscience aiguë de sa divinité le pousse à se conduire de façon farfelue, et il se trouve des généraux d'expérience pour adhérer à sa folie. Mais est-ce bien de la folie ? Je sais de quoi il en retourne. Quand j'annonce que je suis Dieu à la télévision, on pense que je suis fou moi aussi. Mais le suis-je vraiment ? Certainement pas. J'ai le droit de penser de moi ce qui me plaît. Qui pourra établir que je ne suis pas exactement ce que je pense que je suis ? Personne. C'est un jeu de pouvoir. Jésus le savait très bien, mais en choisissant d'affirmer sa judéité jusqu'au martyre, il s'offre à payer un tribut pour sa prétention absolue. Il n'en va pas de même avec Caligula. Il ne se sent ni bon, ni saint, ni parfait. Il affirme qu'il est Dieu, un point c'est tout. Curieusement, quand je dis que je suis Dieu, tout le monde veut m'imiter. À cette époque, c'est le contraire qui se produisait. Quelqu'un se disait Dieu et tout le monde se mettait à genoux ou cherchait à le tuer. Je considère le règne de Caligula qui fut fort bref comme un moment de grâce pour l'Empire romain. Cet homme qu'on disait si cruel était aimé de tous. La population le chérissait et le surnommait "son astre", "son petit", "son poupon" ou encore "son nourrisson". Qu'avait-il donc de si extraordinaire ? C'est qu'il avait été élevé parmi la troupe en habit de simple soldat, comme le remarque Suétone. La rumeur s'amplifia et tout Rome l'adopta. Quand Tibère fut mort, de sa propre main, à ce que l'on dit, personne ne voulut le croire coupable et on lui remit tous les droits et tous les pouvoirs même s'il devait partager son héritage avec un autre. Les prêtres sacrifièrent cent soixante mille victimes sur les autels. Lorsqu'il tomba malade, la population offrait sa vie pour sauver la sienne. Mais lui ne tenait compte d'aucune de ces marques d'estime et d'affection. On devinait qu'il faisait tout par entêtement. Il était donc un malade obstiné comme il était un sadique obstiné. Il s'installait dans son rôle. On finit par le tuer avant qu'il ne tue tout le monde, mais en réalité on ne savait pas comment le prendre. Lorsque quelqu'un vit dans l'instant, il n'a pas le souci des autres ; il n'a même pas le souci de lui-même. Épileptique dès son jeune âge, il devint comédien sur la scène du monde par goût de la moquerie, mais c'est de lui qu'il se moquait toujours. Il vécut vingt-neuf ans et fut empereur pendant trois ans, dix mois et huit jours. Il n'avait plus rien à espérer de la vie, car il était devenu tout pour lui. Il ne se remit jamais de la mort de sa sœur Drusilla avec laquelle il entretenait un amour incestueux.

-174-

CLAIRE, L'IMMATÉRIELLE MON GOUROU. – Il est étonnant que je puisse me rebeller si facilement contre le fait que quelqu'un s'oblige à découvrir la vérité de son être en passant par un gourou alors que j'ai toujours considéré les femmes que j'ai aimées comme mes gourous. C'est peut-être parce que la majorité des gourous sont des hommes et que je vois toujours se dessiner à l'horizon un combat d'ego entre le disciple et le maître. Mais tout change lorsqu'on introduit le sexe et l'amour dans la formation de type initiatique. Lorsqu'on aime quelqu'un et qu'on jouit dans ses bras, on ne songe pas à se battre avec lui. On se découvre même merveilleusement ouvert à ses suggestions

et, si cette personne nous aime vraiment et se veut attentive à notre être, celles-ci sont rarement mauvaises. Il y a
une autre considération qui est en cause dans ma réflexion
présente et c'est que la plupart des gourous appartiennent
à une école lointaine et laissent se développer autour d'eux
une aura d'exotisme. Il m'a semblé très jeune que la personne qui pouvait le mieux m'inspirer était la femme que
j'aimais, non que je m'en remisse à elle pour décider de ma
vie, mais parce que je voyais en elle une alliée, une complice. C'est en ce sens que la seule femme avec laquelle j'ai
contracté un mariage au cours de ma vie est devenue mon
gourou. On ne sait presque rien d'elle parce qu'à cette époque, je laissais peu transpirer mes affaires amoureuses
dans mon journal philosophique. Mais je peux affirmer
qu'elle m'était profondément liée comme si nos essences
mutuelles eussent dépendu l'une de l'autre. Je me sentais
solidaire de tout son être. Et comme elle était merveilleusement transparente, je la surnommai "l'Immatérielle". Or,
cette transparence justement devait nous jouer des tours.
Je voyais trop facilement la tristesse ou la douleur dans ses
yeux. Je savais qu'elle s'enlignait sur un type de vie bourgeois alors que je rêvais d'aventures et de publications. Les
événements qui entourèrent l'émeute du marquis de Sade
en 1968 contribuèrent à ébranler son système nerveux, si
bien que je me trouvais dans l'incapacité de pouvoir encore
compter sur elle. Elle me lança en me quittant : "Tu me
répudies". Mais je ne pouvais continuer à vivre avec une
femme qui avait peur de l'infini. Je crois que les années qui
suivirent notre séparation furent très difficiles pour elle.
Elle vécut en solitaire jusqu'à ce qu'elle rencontre l'homme
qui lui convenait. Je ne crois pas qu'elle ait pu me remplacer dans son cœur. Maintenant que je ne me sens plus séparé de qui que ce soit, je sais que nous sommes un et
qu'aucune rupture humaine ne peut empêcher cette continuité êtrique d'exister. D'autres femmes sont venues continuer dans ma vie le travail qu'elle avait commencé et ont

contribué à m'aider, à me soutenir. Leur présence auprès de moi m'a fait comprendre qu'il y a toujours quelqu'un à un moment ou l'autre de notre vie, et dans certains cas plusieurs personnes qui nous sont identiques au niveau vibratoire. Ce sont probablement ces gens que Monsieur Gurdjieff appelait les amis de notre essence. C'est comme si nous devenions des jumeaux cosmiques. Je n'exclus pas que ce travail puisse s'accomplir même si les personnes concernées vivent sur des plans différents. Plus j'avance dans la vie et plus je comprends que je suis marié avec la Femme Universelle que je retrouve en chaque femme que j'aime profondément et que cette Femme Universelle n'est rien d'autre que l'aspect féminin de l'Homme Universel que je suis, comme si j'étais à la fois elle et moi, négatif et positif, féminin et masculin, tout en transcendant cette apparente dualité dans l'unité de mon être infini. Toutes les discussions que suscitent les rapports amoureux difficiles entre hommes et femmes relèvent d'une ignorance de cette correspondance absolue entre les sexes. En ce sens, c'est probablement parce que j'ai su trouver la femme totale en chaque femme que j'ai aimée que j'en suis arrivé à comprendre qu'il n'y avait pas d'infidélité de ma part à passer de l'une à l'autre. C'est toujours mon être que je retrouvais au cœur de ces douces étreintes où je me rejoignais moi-même par le biais d'une symbiose commensaliste êtrique. C'est pourquoi je peux dire que je ne me suis jamais partagé. J'ai été entier à l'infini, me retrouvant parfaitement et totalement en chaque femme sans qu'on ne puisse jamais m'accuser d'avoir été oublieux à l'égard de leur personnalité intime. Je crois qu'il en va ainsi de tout individu qui s'éveille une fois pour toutes. Partout, il retrouve la présence adorable de son être et communie à l'infini.

ÉNERGIE PURE À L'INSTANT MÊME. – Je suis la Présence divine. Je ne me le répéterai jamais assez. Il n'y a pas de distance entre ma personne et Dieu, c'est-à-dire entre mon Moi et ce que je suis de plus profond. Je peux donc mener une existence double ou intégrée à mon gré. On comprendra que sur terre l'existence intégrée est presque impossible à cause des parasites entretenus par la loi générale et qui créent des interférences psychiques. Le Dieu que je suis a de la misère à passer dans mon système nerveux. Je le reçois fragmenté, éclaté, granularisé. Il me faut vivre avec cet handicap et consacrer le meilleur de mon énergie à rebâtir mon unité immanente. Ce travail théurgique occupe le plus gros de mon temps bien qu'il n'y paraisse pas. C'est qu'il se fait en même temps que tout le reste, c'est-à-dire boire, manger, me déplacer, écrire, etc. C'est un travail de conscience, un travail de pensée. Je m'applique à reconstituer ce que j'entrevois de moi-même en de brefs éclairs de vision. La loi générale me rend opaque. Mon vivre est une cécité au cœur de la lumière. Et pourtant, ma chair réagit. Elle devient plus transparente, plus docile à l'action de mon être infini. La plupart du temps, bien sûr, je mène une existence doublée. Dieu d'un côté, la personne de l'autre. J'opère ainsi à deux niveaux, me réservant alternativement d'être Dieu et homme. Mon activité divine se trouve alors en parallèle avec mon activité humaine, c'est-à-dire purement intuitive par rapport aux lourds raisonnements du quotidien. C'est une façon d'être qui a ses charmes, puisque je peux me reposer d'être homme ou d'être Dieu quand bon me semble en passant de l'un à l'autre. C'est l'existence intégrée qui est la plus difficile à assumer, quoiqu'il puisse paraître paradoxal de parler de difficulté quand il s'agit de se familiariser avec la facilité. Toute intégration exige ce que Nicolas de Cuse appelle la *cunjunctio oppositorum*. C'est comme essayer de maintenir ensemble de l'eau et de l'acide chlorhydrique. Le mélange est explosif. Mais il y a un moyen subtil d'assumer la contradiction, il consiste à ne tenir compte d'aucun des termes et de les laisser se débrouiller seuls. Toutes sortes de problèmes d'identification surgissent alors, car l'homme est trompeur pour Dieu et Dieu est trompeur pour l'homme. Ils ne se reconnaissent pas, ils se trouvent déroutants l'un pour l'autre. C'est que la vie divine est faite de simplicité, donc de cohérence, tandis que la vie humaine est faite d'aberrations, donc de dissonances. Chaque fois que je sens que je vais vivre un moment d'intégration continue, je pars en vacances. Je laisse la chose arriver sans m'en mêler. Je feins d'ignorer ce qui se passe. Cela ne m'empêche pas d'avoir des sueurs et de vivre de l'exaspération, car Dieu est une tension épouvantable pour l'homme et l'homme est une monstruosité pour Dieu. Ce que l'Église catholique a dit du Dieu d'amour se laissant fléchir par le sacrifice des hommes est une fadaise. Dieu n'a aucun souci de l'homme, puisqu'il est Dieu à cause de son oubli de l'homme. Si je ne passais pas mon temps à oublier l'inessentiel en moi, comment pourrais-je rester Dieu ? On me dira que ces problèmes sont farfelus et que personne d'autre ne pense ainsi. Mais la pratique transcendantale nous révèle que l'usage approprié et juste de l'infini dans le domaine du fini crée des miracles. Ce ne sont pas nécessairement des miracles accessibles à tous et beaucoup peuvent en douter puisqu'ils concernent l'invisible au cœur du visible. Je crois que c'est au niveau de l'émotion qu'on peut saisir comment l'homme peut devenir énergie pure à l'instant même. L'émotion en effet permet une décharge qui libère le cerveau de la tension provoquée par l'intégration. C'est la présence de l'absolu dans le relatif qui change tout. Il faut progressivement imaginer un tiers état qui permettrait d'établir l'unité de champ nécessaire pour faire l'expérience des deux au cœur d'un vécu unique. L'être, dans son envergure totale, me semble susceptible d'absorber ce mouvement pur en entraînant les termes opposés vers un sommet où l'idée même d'opposition perd son sens dans la dissolution des contraires.

MON PÈRE COMME CATALYSEUR. – Il y a sûrement plusieurs façons d'entretenir un contact conscient avec l'au-delà. La magie, la prière, la méditation, la médiumnité, la bénédiction constituent des moyens pratiques, souvent efficaces, de faire entrer l'au-delà dans la vie à la fois comme ressource et comme principe d'explication. Ce qui se passe avec mon père n'a rien à voir avec ces différents facteurs de communication. Nombreuses sont les personnes qui, ayant perdu un proche, bavardent avec celui-ci comme s'il faisait encore partie de leur vie quotidienne. Elles passent pour entretenir de douces lubies et on parle rarement d'elles sans un sourire entendu. Pourtant, en se comportant comme si la personne décédée était encore à leurs côtés, ils activent dans leur psychisme profond une fonction négligée qui touche à la nature même des constitutions de la conscience. Cette fonction consiste à se représenter ce qu'on ne perçoit plus comme si l'on pouvait encore inventer ce qu'on échoue à découvrir. Le contact que j'ai avec mon père a quelque chose d'idéaliste en ce sens là. C'est à partir de mes intentions de pensée que je le rejoins et c'est par elles que je sens sur mon psychisme une sorte de palpation pluridimensionnelle qui me renseigne sur lui. Nous entrons ici dans un domaine que la science ignore et que la parapsychologie soupçonne. Aucun instrument n'est assez sophistiqué pour enregistrer les manifestations de l'au-delà. Il ne peut en être autrement, puisque l'au-delà est déjà parmi nous dans la mesure où nous constituons sa présence au cœur de nos perceptions quotidiennes. Comme le font remarquer les savants, nous baignons dans des phénomènes complexes que la science ne peut expliquer. Seule la réanimation de cette fonction psychique intuitive permettant de contacter l'au-delà peut encore apporter des lumières dans le débat actuel entre la science et la religion. Quand on y pense, le phénomène est élémentaire. Sous le coup d'une intense émotion, je parle à mon père... et les événements se transforment, les situations difficiles à accepter cessent de me déranger. J'ai sous la main plusieurs exemples d'interventions de mon père considérées sous l'angle des modifications apportées à mon expérience, il s'agit de cas où après l'avoir prié d'intervenir, j'ai vu se produire des changements radicaux dans ce que je vivais : diminution de la souffrance, transformation des rapports avec les autres personnes, manifestations diverses d'ordre palpable, etc. On m'objectera que mon père n'a probablement rien à voir dans tout cela. Je signalerai à nouveau les interrogations qui me venaient à l'esprit lorsqu'après sa mort je considérais" "le briquet de mon père sans mon père". Tout se passe comme si l'invisible laissait une énorme empreinte dans le réel et que nous avions à chaque instant à la décrypter pour mieux comprendre la nature de ses interventions. L'invisible constitue en effet l'expression animée de notre être propre en tant qu'il se révèle comme le principe d'harmonisation de tout ce qui peut se donner dans l'ouverture de la compréhension. C'est sur cette base que je considère mon père comme un catalyseur puisque son nom est associé aux expériences que je vis chaque fois que je sors du cadre d'application de la loi générale.

-177-

LORSQU'ON NE SAIT PLUS OÙ L'ON S'EN VA. – Il m'arrive de vivre des journées dont le sens est absent. Ce ne sont pourtant pas de mauvaises journées. Je m'y retrouve assez bien, je sens mon bonheur profond affleurer comme le soleil entre les nuages. Mais cependant, la sollicitation des événements est trop forte pour que je puisse savoir où j'en suis. C'est là que je prends la mesure du travail sur soi en contexte immanentiste. Il ne s'agit plus ici de s'en remettre à un Dieu transcendant, mais d'observer ce qui est comme un état normal de la personne. La vie que je mène est à la fois disciplinée et imprévisible. Tenez, ce midi, j'ai donné une entrevue téléphonique pour une émission de la télévision. On me demanda de décrire mes impressions comme si j'étais à l'intérieur d'un réfrigérateur dont on referme la porte. J'ai accepté de jouer le jeu. Ce fut drôle et absurde. J'arrivais d'une séance d'entraînement au Nautilus, j'avais à négocier des contrats avec des associations professionnelles qui souhaitaient m'engager comme conférencier, je voulais reprendre le retard accumulé dans la rédaction de mon journal philosophique et il me fallait dicter puis aller visiter ma mère à l'hôpital avant de me diriger vers Joliette où je parle ce soir. Il est évident que j'ai cessé à un moment donné de chercher à contrôler la situation. J'ai décidé de faire ce que je pouvais sans me presser. Eh bien, j'y suis parvenu ! J'ai même pu passer à deux banques, au bureau de poste, à la pharmacie pour ma mère, au magasin San Francisco et chez le nettoyeur. Mais il était important de ne pas penser dans le sens mental du terme. Je laissais mon esprit en vacances sans chercher à lui imposer un travail. Au cours de cette journée, c'est le cas de dire que je ne savais plus où je m'en allais. Mais en cessant d'adhérer émotionnellement aux événements, en abandonnant la direction de ma vie pour la laisser aller où elle voulait, je me suis permis d'être dans le sens le plus profond du mot. J'ai même trouvé un moment de parfaite détente, une sorte d'ataraxie improvisée où, comme dit Gilbert Gosseyn le héros de Van Vogt, j'ai pratiqué la pause corticothalamique non-aristotélicienne. Ça marche. Pas besoin d'apprendre à méditer. La conscience est un océan tranquille de lumière qui ne demande pas mieux que de laisser s'exprimer la force ineffable de l'être. Lorsque les philosophes, les ésotéristes et les yogis découvriront ce que j'entends par l'intussusception du "Je suis" immanent, il y aura une grande révolution dans le monde car ce sera l'équivalent d'une paradoxale recette de cuisine pour produire le Christ. On cherche trop, on veut trop. L'essentiel est toujours donné. Il est si facile de ne pas se mêler de sa vie et de ne plus se sentir concerné par soi-même tout en sachant qu'une force veille et que même cela n'est pas très important.

-178-

LE CHAOS, C'EST L'IMPRÉVISIBLE, DONC POUR MOI C'EST LE SOUHAITABLE. – Rares sont les esprits qui se plaisent dans le chaos, car lorsqu'ils y sont plongés du fait de leur propre incurie, ils se retrouvent désarticulés, confus, improductifs. Pour trouver dans le chaos l'énergie que j'y puise, il faut avoir non seulement une force de caractère mais une pensée systématique organisée autour d'un centre de gravité permanent. Aux yeux des professeurs d'université ou des penseurs néo-positivistes, je donne l'impression de vivre dans l'anarchie, de me prostituer en faisant l'amuseur public ou encore de m'attaquer avec naïveté aux tâches de la philosophie spéculative. On m'ignore donc dans les lieux de haut savoir et beaucoup d'intellectuels se récrient lorsqu'ils entendent parler de moi comme si cela était de bon ton de me mépriser. Et pourtant, dans les faits, c'est la situation inverse qui prévaut. Je sais pourquoi la très grande majorité des intellectuels se rattachent à un philosophe-vedette de l'Histoire. C'est qu'ils sont totalement incapables de penser par eux-mêmes. En se référant à Platon, Aristote, Kant ou Heidegger, ils s'inspirent d'une méthode qu'ils seraient tout à fait incapables de trouver par eux-mêmes. La pauvreté de leur discours philosophique vient de leur manque total d'originalité et d'esprit systématique. Lorsque j'ai à débattre avec moi-même les questions se rattachant à l'intussusception, à l'entéléchie et à l'*Eupraxia*, pour ne mentionner que quelques-uns de mes

376

concepts-clés, je donne l'impression à ces esprits habitués à la fréquentation des classiques de patauger littéralement dans un magma grossier, propice à toutes les hérésies et même à la malhonnêteté intellectuelle. Ils ne retrouvent plus les principes auxquels ils sont habitués lorsqu'ils pénètrent dans ce monde nouveau. Ils éclatent alors en moqueries quand ils ne hurlent pas carrément leur horreur. C'est qu'en essayant de faire vrai, d'aller directement aux problèmes et aux expériences qui s'imposent à la pensée actuelle, je me trouve à ouvrir de larges avenues pour la réflexion éprise d'originalité et d'authenticité. Je rencontrais récemment un groupe de jeunes désireux de faire ma connaissance dans leur milieu, là où ils se sentent le plus à l'aise. Je fus reçu dans un sous-sol parfaitement adapté à leurs besoins. Plusieurs avaient lu mes œuvres, mais aucun ne parvenait spontanément à entretenir une relation directe avec ma pensée. Un petit groupe d'entre eux passaient par Jésus pour essayer de me comprendre. La discussion tourna vite au vinaigre, puisqu'ils avaient de Jésus une vision tout à fait fictive nourrie de leurs rêves d'évasion et de pureté. Je les rappelai à l'ordre : "Ce n'est pas Jésus qu'il faut interroger pour résoudre les grands problèmes de notre temps mais Moreau". Ils ne pouvaient pas comprendre cela. Incapables eux-mêmes de donner un tour systématique et original à leur pensée, habitués à des professeurs qui ânonnent une sorte de prêt-à-penser impersonnel, comment auraient-ils pu voir en moi le maître absolu qu'ils croient trouver en Jésus ? Et pourtant, je suis bien réel tandis que le Jésus dont ils parlent est imaginaire. C'est seulement lorsque j'élève la voix et que j'expose ma pensée dans toute sa subtilité que les discussions cessent. Jeunes et moins jeunes voient bien qu'il y a là quelque chose de radicalement nouveau, mais ils ne peuvent dire quoi. Ce nouveau vocabulaire, cette vision déroutante, voire même paradoxale, les insécurise et ils se mettent à rire par un réflexe de défense qui montre bien leur ignorance. Ce qui dans ma pensée semble pour eux un chaos est pour moi quelque chose d'extrêmement cohérent et de minutieusement développé. Chacun voudrait pouvoir établir où mène une telle philosophie, mais ses conséquences sont imprévisibles pour les esprits d'aujourd'hui. Je ne me soucie guère des vieilles structures inscrites dans la psyché collective. Je construis par-dessus et au-delà un tout métaphysique et doctrinal indifférent au passé. Et pourtant, ce passé, je le connais bien, mais il ne peut plus m'enthousiasmer, car il s'agit de développer pour le présent une weltanschauung qui tienne compte à la fois des exigences de la raison la plus ouverte et de l'infini qui se profile dans le fini par suite de l'engagement de mon être tout entier dans le débat. On me demandait récemment comment il fallait nommer ma philosophie. Je répliquai : "Quel nom peut-on donner à la pensée de quelqu'un qui se sent Dieu ? Il sort littéralement de l'Histoire".

-179-

IL N'Y A PAS DE CAUSES. – Tout arrive tout seul. Je veux dire par là que les constitutions font arriver les choses. Mais les constitutions, ce n'est pas nous, ce n'est pas notre Moi absolu, c'est ce pouvoir de faire surgir des phénomènes, des personnes et des événements tout comme Prométhée faisait surgir des armées en plantant en terre des dents de dragon. Je veux attirer l'attention ici de tous ceux et toutes celles qui me liront en leur demandant d'avouer qu'ils n'ont probablement jamais posé un acte libre. Ils ont cru agir, mais ils ont été faits. Ils ont voulu changer des choses, mais ils ont été changés par des facteurs qu'ils ne contrôlaient pas. C'est le principe de la responsabilité humaine qui fout le camp ici. Les gens attirent à eux toutes sortes de situations sans le vouloir réellement. Des populations entières télécommandent des épidémies, des famines, des récessions économiques par leur pessi-

misme et leur fatalisme. Ce qui domine la pensée des masses se réalise comme ce qui domine la pensée des individus.
Pour comprendre la liberté, il faut comprendre l'être. Or,
cela n'est pas à la portée de tous, car la plupart des gens
sont occupés à fuir en avant. Mais, dès que quelqu'un s'inscrit dans la vivacité de l'instant et s'attache à le remplir de
sa présence totale sans en démordre, il voit mieux ce qu'il
peut faire. Mais le voir, ce n'est pas encore s'y mettre. Je
regardais un reportage télévisé sur l'existence d'un gouvernement parallèle aux États-Unis. D'après cette étude, tout
ce que le gouvernement visible et légalement élu n'osait
faire au vu et au su de tous, le gouvernement parallèle l'accomplissait. J'ai bondi en entendant ces choses, car il était
question d'assassinats, de torture, de guerres civiles, de
trafic de drogue et de vente d'armes. Mais c'est criminel, me
suis-je exclamé. Puis, je me suis rassis et me suis dit : personne ne sait faire, ces gens-là pas plus que les autres. Je
me suis mis à penser à un mot qu'un Soviétique avait gravé
récemment sous la statue de Lénine qu'on déboulonnait :
"Seigneur, maudissez-les, car ils savaient très bien ce qu'ils
faisaient". J'ai longuement réfléchi à ce mot. Il a peut-être
un certain sens sur le plan de la morale humaine, mais
quand on se rappelle qu'il n'arrive à un être humain que ce
qui lui ressemble, on comprend vite que tous ceux qui ont
eu à subir de semblables bourreaux se les sont donnés en
les constituant de façon flagrante. Mais voilà, les constitutions empiriques de la conscience, en lesquelles je vois
l'équivalent de la création du monde par Dieu chez les
croyants, ne sont rien de plus que des mouvements qui par-
tent de la psyché pour aller s'égarer dans le monde. Il est
évident qu'aucun individu réellement conscient et libre
n'aurait permis que la pollution, la violence, les épidémies,
les guerres, ou les dictatures n'existent. Cela, encore une
fois, arrive tout seul... comme il arrive que je respire ou que
mon sang circule, que les planètes tournent autour du Soleil ou que la pluie tombe. Faire exige une tout autre forme

d'implication dans le monde. Je veux dire par là que celui qui opère en vertu de son être agit dans l'invisible de façon à provoquer des résultats visibles. Sans doute lui réserve-rais-je le pouvoir d'être cause, mais cela ne pourrait de toute façon servir de preuve pour établir l'existence d'une causalité humaine. Ce qui se passe dans l'être est si hermétique qu'aucun général du Pentagone, ni aucun politicien, si futé qu'il soit, ne pourra jamais en établir le sens ou encore moins le prévoir. J'entends parler à la télévision de ces trafiquants du cartel de Medellin qui rançonnent les populations et s'offrent à payer la totalité de la dette nationale de la Colombie en échange de leur immunité, de ces conflits souterrains entre organisations secrètes qui se disputent la possession des pays, de ces attentats commis dans le monde au nom de l'islam, du communisme ou de l'appareil manipulateur ploutocratique, mais je ne fais qu'en rire, car ces gens dorment. Ils me font penser à la guerre que se livrent les microbes dans l'intestin. Ils ne sont guère plus importants que ces particules merdiques engagées dans une lutte à finir et qui ne s'aperçoivent même pas qu'elles vont terminer leur carrière dans le bol de toilette. S'arracher à la misère des conflits provoqués par la loi générale n'est pas de tout repos comme on le constate. Il faut qu'un homme réalise soudainement qu'il n'y a rien à faire et qu'il s'arrête. Un jour, tous les pays du monde seront paralysés de la sorte, car il y aura partout des adeptes de l'oisiveté créatrice soucieux d'empêcher la propagation du sommeil.

-180-

LES SPÉCIALISTES. – Les spécialistes me font penser à des praticiens utopiques qui essaieraient de disséquer un éléphant avec des instruments de microchirurgie, car c'est tout le réel qui est à comprendre et non des fragments érigés en principes explicatifs du tout. Faut-il s'étonner que la philosophie soit tombée en désuétude à une époque où triomphent les spécialités ? Chacun y va de son expertise sur des éléments de plus en plus douteux. Pendant que les électriciens tendent leurs fils et que les électroniciens ajustent leurs puces, c'est le sens de la totalité qu'on évince, comme s'il valait mieux ouvrir le téléviseur pour connaître les dernières nouvelles que de se brancher sur la psyché collective. Nos progrès scientifiques tendent à camoufler une immense ignorance de la vie psychique, spirituelle et êtrique. Pendant qu'on s'acharne à élaborer des processus, on rate le sens de l'infini présent partout, disponible pour l'initiative créatrice capable de s'en servir. On pourrait identifier la mentalité contemporaine par une furieuse envie de faire avancer les choses en multipliant les réseaux, les processus, les relais, comme si l'on cherchait à mettre des bornes à l'infini, à lui imposer les limites exsangues du mental. Ce qui anéantit les prétentions des spécialistes au point de départ, c'est qu'aucun autre individu non spécialisé ne pourrait remplacer ceux-ci et continuer à vivre normalement. Qu'arriverait-il par exemple si tous les spécialistes chargés de réparer les appareils domestiques disparaissaient ? Eh bien, tout le bric-à-brac de nos cuisines irait aux poubelles ! Peut-être commencerions-nous à vivre. Je suis sûr qu'il y a un moyen d'utiliser l'invisible dans notre vie quotidienne et qu'on trouvera étrange un jour qu'on ait pensé à prendre des voitures pour se rendre quelque part au lieu d'employer la force de la pensée. En ce qui me concerne, je préférerais revenir à l'emploi de la calèche ou de tout autre véhicule non polluant plutôt que de contribuer consciemment à ruiner la planète par l'usage matérialiste que je fais des phénomènes en acquérant une spécialité. Point besoin de toute cette connaissance technique dans l'invisible. Les morts le savent eux. Mais nous sommes trop ignorants pour communiquer avec eux. Il y a sur terre des énergies douces merveilleuses qui n'ont jamais été utilisées. Elles émanent de nos corps sans que nous en ayons conscience. Dans *La vie des maîtres de Spalding*, il est question de certaines personnes spirituellement développées dont émane une lumière capable d'éclairer les pièces où elles se trouvent. Voilà la vraie électricité, pas ce truc de turbines, de fils à haute tension, de transformateurs et de prises de courant. Nous sommes des sauvages qui appelons civilisation l'utilisation matérialiste de l'invisible. Nos universités sont grandement coupables de favoriser le développement de l'industrie au point de rendre malade la nature elle-même. Je suis sûr que si tous les citoyens unissaient leur volonté pour changer la température de leur pays en utilisant le pouvoir de leur conscience, nous vivrions sous des cieux tempérés toujours clairs. Il ne pleuvrait que la nuit. Mais non, on nous parle de saupoudrer les nuages avec du sulfate de zinc pour faire pleuvoir dans le désert. N'est-ce pas assez ridicule ? Toujours des processus ! Mais ce que je m'acharne à prôner depuis des années, c'est que l'instrumentalisation de la nature est nulle. Le Jovialisme, c'est-à-dire cette vision du monde inspirée d'une compréhension englobante de l'être, c'est la fin sans les moyens. Au lieu de se concentrer sur leur grand but, leur projet transcendantal, les gens s'acharnent sur des méthodologies et des techniques. Ils veulent des résultats comptabilisables sans comprendre qu'on ne comptabilise que l'échec. Il faut mettre de l'avant la pensée sage qui peut tout sans altérer la nature et non la connaissance scientifique qui peut moins que rien tout en salissant le ciel, la mer et la terre. M'a-t-on compris ?

-181-

LES MÉMOIRES CORPORELLES. — Quelles que soient l'élévation de notre esprit, sa capacité d'ouverture et de compréhension, sa force psychique profonde, il ne doit jamais oublier qu'il a affaire dans la vie à un système émotionnel complexe, qui traduit son activité dans la chair mais qui peut aussi le trahir, ainsi qu'à un système organique où se somatisent les frustrations émotionnelles. Cela signifie qu'à partir du moment où l'esprit se heurte à la sensibilité, celle-ci réagit dans le sens de l'angoisse, provoquant par son contact avec la réalité, des traumas profonds qui ne disparaissent jamais tout à fait. Il en résulte une constitution de mémoires corporelles qui accompagnent l'individu tout au long de sa vie. Au moment où il croit les avoir digérées, éliminées, celles-ci réapparaissent à l'occasion d'une situation difficile, comme si les expériences nouvelles vécues par le sujet les réveillaient. On peut se demander alors si l'intégration harmonieuse des émotions (par opposition au contrôle despotique) a été réussie. Un homme, par exemple, consacre une partie de sa vie à assumer en douceur des émotions qui chez un autre auraient provoqué une crise, et voilà que pour une peccadille, ce qu'il croyait intégré une fois pour toutes lui saute au visage comme un puissant explosif. J'oserais dire ici pour reprendre une expression de Françoise Dolto que c'est le gorille qui se réveille. Qu'en est-il de ce gorille ? C'est l'ensemble complexe des émotions que je peux à tout instant investir de mon énergie. Si ces émotions s'amplifient contre moi, je suis fini, je suis mis hors jeu par la loi générale. Si j'entreprends au contraire de leur parler, bref de rassurer le gorille, elles se calment et l'énergie investie me revient en douceur. Sachant que j'avais à la fois à annuler les mémoires corporelles, que je me trouve à constituer à neuf chaque fois que se présente à moi une situation semblable à celle qui les a vu naître, et à communiquer la sérénité à mon système émotionnel, j'ai conçu une formule qui tient compte des suggestions faites par Françoise Dolto.

Je parle ici à mon gorille au nom de l'infini.
Je t'ordonne de te comporter docilement face aux décisions que je prends dans la vie en harmonie avec mon être profond. Je suis un individu très évolué, et je te demande d'écouter ce que j'ai à te dire avant de

réagir. Je sais que tu as peur et je veux te prendre la main pour que tu me fasses confiance et te soumettes à ma sagesse.

J'ai bien ri en composant cette formule. Mais lorsque je me suis retrouvé devant le miroir de ma salle de bain et que j'ai parlé à mon gorille en ces termes au moment où j'éprouvais des émotions considérables, j'ai eu la surprise d'obtenir des résultats immédiats, si bien que je me suis réellement interrogé sur ce gorille. Encore une fois, je réalise qu'il est beaucoup plus facile de l'amadouer que de le contrôler brutalement. Je suis sûr qu'en parlant à mes mémoires corporelles de la même façon pour qu'elles s'autodétruisent, j'obtiendrai les mêmes résultats.

-182-

À PROPOS DE CET ÂGE DE FER PLANÉTAIRE DONT PARLE EDGAR MORIN. – Signalons d'abord que même si la Terre est une planète matérialiste, elle conserve des petits coins immatérialistes très agréables à fréquenter. C'est comme pour la pollution. On dit que même les forêts du Grand Nord canadien et de l'Amazonie ne sont pas épargnées, et pourtant il y a des régions presque totalement à l'abri de la pollution. L'âge de fer planétaire annoncé par Edgar Morin ne représente rien de nouveau pour la terre. Les Romains et avant eux les Babyloniens firent régner une atmosphère de ce genre. Ce qu'il importe de comprendre ici, c'est que ceux qui ont une vision limpide de l'existence et qui vivent pour la liberté ont à se préparer pour être en mesure d'agir quand viendra la grande noirceur. Les scientifiques et les mystiques semblent s'accorder sur le fait que la terre va mal et que ses administrateurs cherchent à l'exploiter sans vergogne. Or, je sais, en vertu de mes travaux, que l'univers tel que nous le percevons est une représentation. Mes voisins auraient beau me dire que nous vivons dans les ténèbres, je n'en maintiendrai pas moins que je perçois de la lumière. Sans doute y a-t-il eu de tout temps des acharnés comme moi qui niaient la réalité. On les taxait d'utopistes. Ils ne faisaient pourtant que respecter leurs sensations. Plus que jamais il est nécessaire de respecter ce que nous ressentons au plus profond de nous-mêmes pour être en mesure de faire face aux défis que nous prépare le futur. Pour le moment, tout donne à penser que l'humanité, après des dizaines de milliers d'années d'essais, est incapable de s'en sortir. Mais certains s'en sortent et s'en sortiront toujours. Qui sont ces gens ? Ce sont ceux qui vivent sous la loi d'exception et qui ont décidé de pacifier leur mental. Ils savent, comme le remarquait Jung, que les grandes catastrophes qui menacent l'humanité ne sont pas d'ordre naturel mais d'origine psychique. Ils s'appliquent à vivre dans l'harmonie, loin des perturbations de la civilisation et cherchent d'abord à exprimer leur être. On me dira que c'est un remède bien naïf face aux difficultés qui se préparent. Mais en réalité, il n'y a rien d'autre à faire. La seule façon de conjurer le cataclysme est de s'arrêter pour penser et méditer. L'individu qui cesse de tourner en rond s'aperçoit vite qu'il peut tirer de grandes satisfactions à la seule idée d'exister. Mais je vois mal nos hommes d'affaires besogneux s'arrêter une demi-heure comme je l'ai fait hier pour regarder une quinzaine de moineaux s'ébattre dans une flaque d'eau sous le chaud soleil de l'automne. La majorité de ceux qui travaillent sur des ordinateurs sont bien convaincus que les oiseaux n'ont plus rien à nous apprendre. L'âge de fer planétaire, c'est le triomphe de la machine sur la conscience, mais en même temps c'est l'opportunité qu'attendent ceux qui veulent manifester l'absolu dans le relatif. Il y aura bien d'autres péripéties à cette histoire sans fin où la vie cherche à trouver son véritable visage en s'imprégnant de la divinité.

UNE BORNE CONTRE LAQUELLE SE DÉMAN-
TIBULE LA RAISON RAISONNEUSE. – Je tiens à ma
liberté. Je n'entends pas par là une liberté sociale, une liberté de droits acquis ou à acquérir, une liberté pour les
autres, mais une liberté d'être qui se traduit dans les faits
par un comportement à peine différent de celui des autres
humains qui n'ont pas le même souci que moi. En effet, ma
liberté est un état d'esprit qui se passe de statut officiel. Je
n'ai pas besoin de la reconnaissance des autres, mais si elle
m'est accordée je m'en réjouis. L'important pour moi est de
m'affirmer selon ce que je suis et d'exprimer tout ce que je
suis. Aussi suis-je moins porté que la plupart des gens à
rationaliser mes attitudes. Je me fous de la logique au nom
d'une attitude qui se veut logique par un autre tour de l'esprit. Je sais que ce n'est pas en raisonnant mais en rayonnant que je pourrai le mieux exprimer mon être. Rationaliste mais selon une pensée réconciliée avec l'irrationnel, irra-
tionaliste mais selon une pensée réconciliée avec le rationnel, je n'en suis pas à un paradoxe près et j'ose presque dire
que la contradiction me convient mieux que tout autre attitude fondée sur une démonstration rigoureuse. Ce qui me
plaît le plus, c'est de savoir qu'au cœur de mon expérience
se joue une partie dont l'enjeu est la réalisation de mon
entéléchie. On m'objectera : comment être libre si toute ton
énergie est employée à assumer ce que tu as à être ? Mais je
réponds que la seule liberté possible ne consiste pas à choisir ni même à se rendre disponible, mais à réaffirmer l'être
au moyen d'une dynamique de la contradiction qui fait flèche de tout bois, courant au plus pressant, assumant l'essentiel sans jamais se renier. Mon attitude qui a déjà fait
l'objet de plusieurs commentaires n'a rien d'une attitude
psychologique, car elle exprime l'absolu. On me dira que
l'absolu n'a pas d'attitude, mais je répliquerai que le porteur terrestre de l'absolu en a. Le fait d'avoir deux yeux,

deux jambes m'oblige à adopter une attitude. Cela ne veut pas dire que je suis piégé par mon attitude, car je peux toujours à chaque instant l'investir d'être au nom de cette liberté qui m'est si chère et qui m'a fait tourner le dos aux promesses d'or qu'on me faisait si seulement j'avais voulu l'abdiquer. Mais j'ai tenu bon, si bien qu'aujourd'hui je peux parler à n'importe qui, qu'il soit ministre ou quidam, la tête haute et l'œil moqueur. Tel Socrate à Athènes, je peux rire de n'importe qui, non comme le font les humoristes de la télévision, mais comme un prophète qui comprend où mène l'attitude matérialiste des éminences grises de l'appareil manipulateur ploutocratique. Personne ne peut me dire : fais ceci, fais cela ou ton salaire sera coupé. Personne ne peut me mettre à la porte des institutions. Car je n'en suis pas. Personne ne peut vraiment me menacer, car je ne suis pas disponible dans ces moments-là. Lorsqu'un fâcheux m'appelle chez moi, curieusement je suis absent. Il peut appeler vingt fois sans m'y trouver. Qu'une seule personne intelligente veuille seulement prendre contact avec moi et aussitôt elle me rejoint. Ma liberté est comme une grande clarté qui se moque des dépendances et des emprises. Certaines personnes n'ont jamais pu me rencontrer parce qu'elles sont porteuses de vibrations qui ne me rejoignent pas. Qu'on sache bien cependant que je juge la société de mon temps à sa juste valeur et que rien ne m'échappe dans la conduite des hommes. Indulgent, je n'en jette pas moins un regard observateur sur mon époque. On ne me comprend pas parce que je parle pour ceux qui savent et non pour les ignorants qui se bidonnent devant leur appareil de télé. Mon seul désir est un désir essentiel visant à rendre public l'absolu dont je jouis en privé.

-184-

LA BEAUTÉ DU CORPS RÉFUTE LES ORDINATEURS. – Depuis que les femmes des pays industrialisés ont cessé d'avoir de grosses familles, on voit augmenter le nombre des plasties du sein et parallèlement celui des mécontentes que l'intervention a déçues ou a rendues malades. Mais qu'est-ce que les seins représentent pour une femme ? La maternité. Et pour les hommes ? Un objet de consommation érotique. La femme qui se sent frustrée de ne pas avoir des gros seins a l'impression de ne pouvoir combler son conjoint, car elle sait qu'il ne peut se résoudre à n'être que le père de ses enfants, puisqu'il est lui aussi un enfant dont elle doit prendre soin. Alors, elle va voir un plasticien et choisit le type de poitrine qu'elle désire. Mais supposons qu'une fois l'opération terminée, ce genre d'attributs mammaires ne réussit pas à combler son homme. Alors la femme devient mécontente et commence à éprouver des douleurs, puisque le but visé par la chirurgie a été manqué. Que se passe-t-il ? Elle a mal à sa maternité. Des débats nombreux ont lieu dans les médias pour dénoncer l'implantation de semblables prothèses. Or, la question n'est pas de savoir qui du gouvernement ou des médecins est responsable d'un certain pourcentage d'échec à ce niveau, mais bien d'identifier ce qui rend la femme mécontente. Ce n'est certes pas sa nouvelle silhouette qui lui attire des regards flatteurs et des compliments, mais plutôt les mauvaises pensées qu'elle entretient. Il suffit de lui signaler que sa frustration est liée à ses attentes déçues pour que ses souffrances diminuent et de lui manifester de l'intérêt dans le sens de ce qu'elle a à offrir pour qu'elle se sente valorisée dans son rôle symbolique de mère et pour qu'enfin les douleurs disparaissent complètement. C'est la femme au travail qui a le plus à souffrir de cette conjoncture. Contrairement à la femme au foyer qui vit continuellement dans ses propres vibrations et qui peut accueillir l'homme dans l'atmosphère qui lui est propre, elle n'est plus vraiment chez elle quand elle arrive du travail ; et alors qu'il faudrait quelqu'un pour l'accueillir, c'est encore elle qui doit jouer le rôle de la mère dans tous les sens du mot. Alors c'en est trop. Elle se retrouve en crise. Au moment où elle aurait besoin de quelques heures de grâce et de farniente, elle doit encore courir pour s'occuper des enfants et des soins du ménage. Dans un tel contexte, il n'est pas facile de se détendre, d'être belle, de séduire. Le corps n'est plus un objet de loisir ou de jouissance. Il devient utilitaire, machinal. On devine que c'est à partir de semblables situations que la femme se met à rêver d'émancipation du corps, en d'autres mots d'ouverture, de fête, de permissivité. Dès qu'une femme trouve le courage de rompre le cercle infernal de ses obligations pour s'abandonner au plaisir d'être sans frontières, elle retrouve tout le charme de la vie. Au lieu de courir comme une folle, elle s'occupe davantage de sa beauté et découvre en elle un océan de forces qui n'a plus rien de commun avec la fonction que la femme se voit attribuer par la société. La fonction avait chassé l'être, l'être anéantit la fonction. Plus une femme se consacre à son être, plus elle connaît la fête, la jouissance, la facilité, la joie. Son corps s'en ressent immédiatement. En quittant le rang des protestataires qui revendiquent toujours des droits, elle retrouve la santé, elle abandonne ses douleurs. Elle sait qu'elle peut plaire sans y être obligée. Elle cesse d'attendre l'amant idéal ou l'homme de sa vie pour se consacrer à elle-même. Ce qu'elle éprouve alors est sans commune mesure avec les piètres satisfactions de la femme-machine. Certes, elle continuera de travailler, mais moins et autrement. Elle accordera une grande importance à son rayonnement, sachant que sa vie l'entraîne à dépasser les frontières de son corps. Immédiatement, celui-ci réagit. N'étant plus soumis au stress, il se calme et devient plus beau. En réalité, dans le monde où nous vivons, la beauté du corps réfute les ordinateurs, car en invitant à la paresse, à la complicité et à la jouissance, il détruit cette ridicule idée de rendement qui fait des hommes une société de robots. Le temps est venu de valoriser le bonheur et la beauté de façon à anéantir les sottes prétentions du mental qui ne vit trop souvent que pour le profit. On me dira qu'une telle façon de vivre est épicurienne. Mais si l'on entend par là qu'elle est superficielle parce que trop centrée sur un sensualisme grossier, je proteste en disant qu'elle est plutôt jovialiste. Et en ce sens, la communion érotique sert de base à la communion spirituelle et êtrique. Il est possible de rire, de fêter et d'être profond. Rire et être élevé, dirait Nietzsche. Je suis bien placé pour témoigner de cette attitude puisque c'est la mienne. Je pourrais la résumer en m'écriant : je suis immortel, donc je ris ! M'a-t-on compris ?

-185-

LA MADONE EST ANTI-ORGASMIQUE. – Je trouve pernicieux pour les esprits crédules le culte de la Vierge Marie. Cette Madone anti-érotique se veut l'image de la psyché profonde de l'humanité. Mais il reste à savoir si la psyché est telle que les théologiens la voient. Bien sûr, on ne me retrouvera pas ici dans le camp de Freud, non que je rejette le pansexualisme, mais bien plutôt parce que ma conception de la psyché recouvre tous les domaines possibles et imaginables de la vie. En aucun moment, je n'envisagerais de réduire les mobiles les plus secrets de l'homme à des questions de génitalité. Étant immanentiste, ma vision est beaucoup plus homogène, limpide et intelligible. Par contre, la perspective d'ériger la Vierge en déesse-mère de l'humanité m'est tout à fait étrangère. Si nous devons honorer quelque chose de beau, de gracieux et de féminin en nous, ce ne sera pas en priant une idole asexuée. Cette idée chrétienne que la spiritualité ne peut qu'entraîner à la longue la suppression de toute sexualité est une idée ascétique, donc sadique. Mutiler le corps, le priver, le castrer ne me semble pas très jovialiste. J'ai opposé le concept de la mère érotique à celui de la Vierge, car je le trouve beaucoup plus complet. La majorité des femmes sont victimes des mystifications de leur instinct maternel. Elles considèrent que mettre un enfant au monde est un acte de responsabilité qui n'a rien à voir avec l'érotisme. C'est pourquoi les mères deviennent facilement castratrices, leur but premier étant de transmettre à leur enfant les valeurs du milieu, pour qu'il s'ajuste aux autres. Ce faisant, elles lui rendent un très mauvais service. Or, ce qui motive secrètement ces mères à la lourde moralité, c'est le tabou de l'inceste : tu n'auras pas de relations sexuelles avec tes enfants. Immédiatement, j'entends les protestations. La société tout entière se veut bonne et pieuse, mais elle ne réussit au fond qu'à être timorée et hypocrite. Ne voit-on pas que si les parents peuvent considérer leurs enfants comme l'expression de leur propre chair, ils commettent envers ceux-ci un crime puissamment mentalisé en éloignant d'eux la chair de leur chair sous prétexte que l'enfant a à vivre par lui-même, à devenir un adulte autonome et à comprendre qu'il est différent des autres ? Mais l'éducation ainsi conçue s'oppose absolument à l'enseignement jovialiste dont le but est d'amener les humains à ne plus se sentir séparés de quoi que ce soit. Vous saisissez l'astuce ? La morale des mères inspirées de la Vierge très pure et antisexuelle de l'Église cherche à créer une séparation schizophrénique entre elles et leurs enfants, puis ensuite entre leurs enfants eux-mêmes. Le but que je poursuis est d'abolir toute séparation de ce genre et d'établir par le biais de la communion charnelle une symbiose êtrique commensaliste. Une telle éducation ruinerait les institutions car les enfants qui auraient grandi au cœur de cette vision n'auraient pratiquement aucun besoin et se consacreraient aux choses de l'esprit au lieu de brasser les ignobles affaires de l'appareil manipulateur ploutocratique. On me demandera si j'ai vraiment le goût de ruiner la société et je répondrai qu'il le faut. C'est parce que les humains sont des jouisseurs retenus et des impulsifs refroidis qu'ils transforment leur vie en enfer et se font la guerre. Nous n'avons pas besoin de ces religions qui poussent les gens au fanatisme en les amenant à se sacrifier pour une cause. Tout individu qui a trouvé une cause est un mercenaire qui s'ignore. L'esclavage doit cesser. Il faut aller reconduire les censeurs aux portes de la ville et rétablir la grande fête orgiastique de la vie sans pudeur et sans culpabilité pour que le mental des individus explose et retrouve la simplicité de l'absolu.

-186-

LE RABBIN MENAHEM MENDEL SCHNEERSON ANNONCE LA VENUE DU MESSIE. – Ce rabbin sait-il que j'existe ? Assurément, puisque je l'ai constitué. Si le monde existe dans ma pensée, ce foutu rabbin s'y trouve. Or, ce rabbin-comme-représentation attend le Messie. Mais ce Messie est aussi un Messie-comme-représentation. Si j'ai constitué le rabbin, j'ai aussi constitué le Messie. Et maintenant, qu'est-ce que je fais ? Est-ce que j'attends le Messie à mon tour ? C'est absurde. Je ne peux pas attendre quelque chose qui se trouve déjà en moi, puisque cela fait déjà partie de moi. L'idée du Messie est donc une idée que je m'autorise au plus secret de mes pensées. Et quelle différence cela peut-il faire que je dise : il l'est, ou : je le suis ? Aucune ! Je peux donc être le Messie de toute l'humanité puisque celle-ci réside au cœur de mon être tout embrassant. Évidemment, mon point de vue m'est propre, sauf qu'il constitue l'élément fondamental de ma vie, étant donné que j'ai à vivre avec lui. Le fameux rabbin en question est le chef du mouvement Loubavitch, la plus importante secte juive ultra-orthodoxe, "Le Messie arrive : les faits parlent d'eux-mêmes", affirme un placard publicitaire financé par le mouvement. Les récents événements – l'abolition du mur de Berlin, la chute du rideau de fer, la défaite de Saddam Hussein, l'arrivée massive des Juifs éthiopiens et soviétiques en Israël, l'avènement du nouvel ordre mondial promulgué par les États-Unis – sont pour le rabbin autant de miracles qui se déroulent devant nos yeux. Le Messie devrait faire son apparition très bientôt, dit-il ; il est annoncé par des événements exceptionnels dont plusieurs sont déjà arrivés comme l'Holocauste, la création de l'État d'Israël et l'effondrement du communisme. Je le veux bien, sauf que les paroles du rabbin qui résonnent à mes oreilles sont constituées par moi et que je n'attends rien. Je suis ce qui arrive. Je ne sais pas si on connaît les prophéties de Nostradamus concernant le Grand Jovialiste dans la confrérie Loubavitch, mais il est évident que l'être qu'ils attendent correspond exactement à l'idée que je me fais de moi-même : un César avec un mental de Christ. On en a ri, on en rit, on en rira. Mais moi je fais avancer mon affaire hardiment par mes salons philosophiques, mes publications, mes conférences et mes apparitions à la télévision. J'ai beau l'annoncer, le crier ; plus je parle et plus on rit. Curieuse situation que la mienne. On pourrait presque dire que c'est celle d'un pourfendeur de vent, d'un Don Quichotte du Grand Nord. Mais qu'importe, puisque je suis tout pour moi. Il m'est égal qu'on ne m'aime pas, puisque je m'aime tellement moi-même. Désormais, je rapporterai tout à mon essence. Je suis le roi de ce qui se passe dans ma pensée, si bien que si j'ajuste ma réalité à cette idée que je suis Dieu, quelque chose ne manquera pas d'arriver sur la base de ce qui arrive déjà. Une chose est sûre, je vais de par le monde comme si je marchais en moi-même. Rien ne m'est étranger, je ne suis séparé de rien. Ma splendeur anime les formes.

-187-

L'ARGENT ÉTAIT LA PREUVE DE L'EXPLOITATION : IL EST DEVENU LE SIGNE DE LA PROSPÉRITÉ.

– Tout individu industrieux peut vivre du fruit de sa création. Un tel principe cependant échappe à la majorité des gens. C'est la raison pour laquelle il y a tant d'humains sur cette terre qui travaillent pour des grandes compagnies sans jamais participer aux profits de leur travail. Lorsque j'ai commencé ma carrière, j'ai bien vu que je pouvais travailler pour des institutions. Mais j'étais déjà trop libre pour m'entendre avec elles. Je fus donc exclu. On essaya de me faire croire que j'étais incapable de fonctionner avec une équipe et que c'était là la raison de mon insuccès. Mais en réalité, jamais je n'ai considéré comme un échec le fait d'être mis à la porte d'un certain nombre de maisons d'enseignement ou de différentes stations de télévision ou de radio. J'irais jusqu'à dire que j'en étais fier. Et j'ajouterai même que je ne vois pas l'utilité de s'adapter aux autres, puisque chacun de toute façon n'en fait qu'à sa tête. On aura beau décerner le prix Nobel à des groupes ou à une association, c'est toujours l'individu singulier qui est le génie et non le groupe. L'ère des bons sentiments est terminée. De plus en plus, les maîtres enseigneront qu'il faut vivre par soi-même et que l'individu accompli est inclassable. Salvador Dali sur ce point est délicieusement ironique quand il demande d'essayer de concevoir un Jésus prix Nobel. On voit tout de suite que la chose n'a aucun sens et que même cette très haute distinction ne rime à rien dans le domaine de la réalisation de soi. J'ai longtemps pensé que je pourrais obtenir ce prix prestigieux. Aujourd'hui, je n'y songe même plus. Si James Joyce, Tennessee Williams et Borges n'ont pas pu l'obtenir, c'est que les membres de cette illustre institution sont fous. Ils sont directement liés à l'appareil manipulateur ploutocratique et distribuent des récompenses à ceux qui servent bien le système. Un grand changement cependant est intervenu dans le domaine de l'argent. Autrefois, les grandes familles, les grands industriels étaient les seuls à en posséder. Aujourd'hui, n'importe qui peut faire de l'argent s'il a de bonnes idées et du cœur au ventre. Bien sûr, un marchand en fera toujours plus qu'un philosophe, mais toujours il écoutera le philosophe avec nostalgie, car il sait qu'il a perdu sa vie à force de la gagner tandis que le philosophe s'est consacré à lui-même et à sa paix. Encore hier, l'argent était synonyme d'exploitation. C'est sur cette évidence que le marxisme a pu grandir et devenir à son tour un appareil d'oppression des peuples. Mais le vent a tourné. Les différents régimes communistes se sont effondrés. Je n'aurai pas à faire amende honorable en public, puisque j'ai toujours été un critique virulent du marxisme. Je n'aurai pas à faire amende honorable non plus lorsque le capitalisme tombera, parce que je n'aurai jamais vendu mon âme pour posséder des biens. Comment considérer ceux qui ont consacré toute leur vie à faire fortune ? Comme des misérables, au même titre que les pauvres. L'avoir est triste comparé à l'être. La formidable abondance de l'être dispense une énergie ensoleillée qui n'a rien à voir avec le matérialisme ; il est temps qu'on comprenne que la richesse n'est pas le fruit du travail mais de pensées de prospérité, le travail n'étant qu'un prétexte pour justifier l'accumulation. Ce que je vois maintenant avec beaucoup de clarté, c'est que la prospérité d'un individu va de pair avec sa joie, son amour, sa créativité. Je ne peux imaginer qu'un individu soit riche tout en étant laid, malade et dépourvu de lumière spirituelle. Un tel individu est une sorte de fossile comme il en subsiste tant dans notre monde. Je vois tout de suite quand quelqu'un s'est rendu malade à trop travailler pour faire fortune. Il est moche, desséché, haineux, angoissé, mais bien habillé. Bref, c'est de la merde dans un bas de soie. Beaucoup de ces gens ont voulu me faire la cour dans ma vie et je les ai fuis parce qu'ils sentaient mauvais. J'espère que les femmes qui réussissent en affaires ne chercheront pas à imiter les hommes en cette matière car ce serait vraiment triste d'avoir à les fuir elles aussi. En examinant ma vie consciemment, je vois mon triomphe. C'est peut-être une chose invraisemblable à dire, mais je suis resté pur.

LA DOUCE VÉRITÉ. – La lecture des journaux m'oblige à reconnaître qu'on nous ment à tour de bras. On nous révèle certaines choses sans importance comme étant d'un intérêt capital et on nous cache finalement l'essentiel. Bien sûr, ce n'est pas là une opinion nouvelle, mais lorsqu'on réalise que le trucage des médias est systématique et universel, on se prend à se demander à qui ils obéissent. Dire que c'est à l'appareil manipulateur ploutocratique n'éclaire pas suffisamment le débat. Identifier cet appareil en énumérant les institutions qui le composent – "État-Église-syndicat-mafia-banque-media-famille-morale" – ne nous éclaire pas davantage ; car ce sont là des mots plutôt abstraits pour le commun des mortels ; ils ne recouvrent pas une réalité suffisamment connue. Existe-t-il des moyens de la connaître mieux ? Oui, mais ces moyens sont aux mains du système. Que peut un homme fatigué de se faire manipuler et suffisamment résolu pour mener un combat ? Décrocher ! C'est ce que j'ai fait dès l'âge de douze ans quand j'ai refusé de me rendre à la distribution des prix de l'école primaire où j'étudiais pour protester contre le favoritisme. C'est également ce que j'ai fait à dix-huit ans quand j'ai cessé d'aller au collège classique pour m'orienter vers la philosophie. J'étais convaincu qu'on me manipulait. On connaît assez bien le reste de ma vie pour que je n'aie pas à insister ici sur la façon dont je m'y suis pris pour sortir du système. Qui lit attentivement mon journal philosophique ne voit que trop clairement comment celui-ci a tenté à plusieurs reprises de me reprendre en me proposant de défendre les valeurs du milieu. Non content d'avoir décroché une fois ou deux, j'ai décroché dix fois, cent fois. La lutte n'est pas finie. Au fur et à mesure que je deviens une légende, l'intérêt pour ma personne grandit. Ce serait si facile s'il ne s'agissait que de moi. Mais il y a mon œuvre qui empêche les éminences grises du système d'oublier ce que je pense. Quelle est la base de mon attitude face à l'appareil manipulateur ploutocratique ? L'exposé le plus honnête possible de la vérité, même si cela tourne contre moi. Je ne cherche pas plus à me défavoriser qu'une autre personne, sauf que n'étant plus concerné, par moi-même, il m'arrive de hausser les épaules avec indifférence quand je constate que le rejet dont je fais l'objet est trop brutal. Il y a néanmoins une chose qui me fascine profondément et c'est de constater que mes détracteurs, mes opposants et mes critiques vieillissent plus vite que moi. Ce n'est pas une blague. J'ai vu passer beaucoup de ces antijovialistes chevronnés et je suis toujours là. Les gens disparaissent littéralement de la scène que j'occupe. On me dira que mes formules de pouvoir ne sont que des fadaises qui encouragent les illusions. Mais je vois bien dans mon miroir que je reste étonnamment jeune et je constate en relisant mes livres qu'ayant échappé aux modes, je demeure toujours d'actualité. Ma typographe me fait remarquer au moment où je lui dicte ces choses que c'est pour le portefeuille, que ça ne marche pas. Je reconnais que mes rentrées d'argent m'imposent un rythme lent. Elles ne sont jamais assez fortes pour soutenir ma création. Mais cela doit avoir du bon, car si je vois une limite s'imposer dans ma vie, je constate parallèlement que je ne me brûle jamais. Les gens ne me voient ni ne m'entendent jamais assez ; ils me réclament donc, à cor et à cri, et on leur accorde un soupçon de Moreau, juste assez pour entretenir le scandale ou pour réveiller ceux qui doivent l'être. Alors que mes propos pourraient devenir dévastateurs si j'étais financé par la machine publique, les quelques excès auxquels je me livre contribuent à maintenir la pression sur les consciences sans les lasser. Même si je reste un provocateur partisan de la délivrance instantanée des esprits, je prône une vérité douce dite en beauté. Ce n'est qu'en y repensant que les gens s'excitent et deviennent enragés, mais il est trop tard : j'ai déjà quitté les lieux ou quelque chose d'autre occupe leurs pensées.

Mais n'y aurait-il pas un moyen de hâter les choses ? me demanderez-vous. Qui parle de hâter les choses ? Ceux qui veulent ruiner mon entreprise ? J'ai appris à ne pas être pressé. Je connais maintenant le poids de mes pensées trop austères. J'enrobe mes sentences d'un soupçon d'humour pour qu'on continue d'ignorer que je suis le souverain juge tant redouté.

-189-

ADIEU MANDIBULE CÉLESTE. – On a volé la mâchoire de Saint Antoine de Padoue. Aussitôt des milliers de fidèles italiens se sont mis en prière pour demander au saint – invoqué souvent pour retrouver les objets perdus – de localiser sa propre mâchoire. La chose me semble à la fois loufoque et métaphysique. Imaginez un individu désincarné à la recherche de sa mâchoire. Le tableau me fait penser à moi lorsque, refusant de m'identifier à mon corps, je me mets à chercher ma plume pour écrire. N'est-ce pas un peu étrange. La différence entre Saint Antoine et moi, c'est que j'ai encore une attache sur le plan terrestre alors que lui n'en a plus. J'aimerais bien participer à la recherche de sa mâchoire, mais j'ai malheureusement autre chose à faire, comme par exemple de me trouver lorsque je me réveille le matin et que je ne sens plus mon corps. Il ne s'agit plus ici de retrouver une simple mâchoire mais mon squelette en entier ainsi que les muscles, la chair et les humeurs qu'il comporte. Bien sûr je compatis avec l'évêque de Padoue qui considère les voleurs de la célèbre mâchoire comme des blasphémateurs. Il y voit un signe du désarroi de notre époque, mais aussi la preuve de l'existence de forces obscures qui veulent ruiner la crédibilité de l'Église. Or, je vous parie que ces forces obscures sont très claires. La mâchoire reposait en effet dans un calice serti de pierres précieuses. Les voleurs ont dû sauter sur le calice sans trop porter attention aux ossements qu'il contenait. Je les imagine filant sur l'autoroute avec leur butin et découvrant soudainement les vieux os au fond du calice. L'un d'entre eux a dû baisser la vitre de la portière et jeter tout ce bric-à-brac hors de la voiture. On pourrait maintenant imaginer le périple de cette mâchoire qui va se retrouver au soleil et à la pluie jusqu'à ce qu'un chien passe par là et croque dedans. Adieu mandibule céleste ! En aura-t-on jamais fini avec ces balivernes ? Réfléchissons seulement à l'intervention de l'évêque. Comment un homme cultivé peut-il encore s'abaisser à ce genre de réflexion aberrante ? Je me suis souvent posé la question. Qu'est-ce qu'ils ont tous à se déguiser pour se livrer à des pitreries en face du public, distribuant des morceaux de pain où ils s'acharnent à voir le corps de Jésus ? Quand on y pense, c'est absurde. Les Russes ont fait la même chose avec le cerveau de Lénine et l'ont rangé dans une armoire du KGB comme une sorte de talisman capable d'exorciser le scepticisme qui s'empare de tous depuis la chute du Rideau de fer. J'imagine qu'ils ne veulent pas être en reste avec les adorateurs de la pierre noire de la Mecque. Tous ces rituels, toutes ces breloques disparaîtront un jour, usés par le temps qui dispense l'oubli. J'ai compris cela le jour où j'ai jeté aux poubelles un plein tiroir de vieilles choses qui avaient appartenu à mon père. Le meilleur de lui-même réside maintenant dans mon esprit et je ne ruinerai pas ma vie pour quelques fétiches.

-190-

JETER SES COMPLEXES AUX ORTIES. — Les occasions d'être vraiment soi-même peuvent sembler rares dans la vie à celui qui commence à s'éveiller. Mais c'est seulement là une impression, car au fur et à mesure que le travail sur soi s'accomplit, on découvre que la vie tout entière en chacun de ses détails est une occasion d'être soi-même. Cependant, il arrive que l'individu qui brigue le privilège de s'éveiller reçoive en rêve un message de pouvoir qui le bouleverse au plus haut point. C'est ce qui m'est arrivé en 1973 comme je l'ai décrit dans le tome I du *Journal d'un démiurge*. "Tu es le Christ, tu es le Dieu vivant", disait le message et il était clair qu'il s'adressait à moi. À ce moment même, je devins un initié dans le vrai sens du terme tout comme Jésus et Mahomet. Ramakrishna accordait une grande importance à cette sorte de révélation qui vient à l'occasion d'un rêve, car en se manifestant de l'intérieur elle indique sans détour la provenance psychique du message et ne permet pas de douter de son authenticité. Lorsque je me levai ce matin-là, je courus relire les premières pages de *L'énergie divine* pour voir si mon œuvre était bien en accord avec mon grand rêve d'initiation. Elle l'était. Mais que peut faire celui qui vit une semblable expérience ? À part s'en pénétrer dans la solitude et le silence ou la communiquer à des proches dont il est sûr, il n'y a rien qu'il puisse faire de plus. Il m'a fallu quatorze ans avant de pouvoir l'annoncer à la télévision. Je n'étais tout simplement pas capable de parler de ces choses-là à un vaste public. Mon intuition m'a bien guidé, car si je n'avais pas été fortifié par mon rêve, jamais je n'aurais pu supporter sans me détruire le ridicule dont je fus couvert pour avoir osé confesser une chose aussi insensée aux yeux du vulgaire. On se doute qu'après avoir expérimenté les réactions de la foule, j'ai comme acquis une sorte de pouvoir qui m'a permis d'endurer à peu près n'importe quelle réaction face à ma conduite. On me dira qu'un homme de cinquante ans qui se met à se conduire comme un adolescent est particulièrement risible. J'en conviens si on se limite à considérer l'homme en général. Mais il ne faut pas oublier que je m'orientais vers la beauté, l'érotisme, la jeunesse et la joie depuis des années et que ces réalités étaient déjà profondément imprégnées dans ma chair, si bien que j'ai pu me permettre de vivre mes phantasmes les plus aberrants, et de jeter mes complexes aux orties sans qu'on songe seulement à me critiquer. Ce que j'avais déclaré à la télévision était déjà trop scandaleux pour que la suite de ma vie indispose davantage les gens. Maintenant que je sais qui je suis réellement, c'est-à-dire le Grand Jovialiste annoncé par Nostradamus, rien ne peut plus m'ébranler. D'où ma formidable compréhension à l'égard des jeunes, des marginaux, des réprouvés, des créateurs, des criminels et en général de tous ceux qui disent oui à la vie. Bien sûr, ma philosophie n'a pas obtenu l'approbation populaire inconditionnelle au cours des vingt premières années de son développement. Nul ne peut transmettre une révélation de cette importance sans être mis au ban de la société où il vit. Mais au moment où les uns déplorent votre attitude et vos propos, il y en a d'autres qui vous appuient secrètement et qui prennent très au sérieux ce que vous annoncez même quand vous badinez. Il est sûr que ceux qui font fortune en servant l'appareil manipulateur ploutocratique trouvent mes propos séditieux et s'opposent à l'expansion de ma philosophie par tous les moyens. J'ai sûrement plus d'amis chez les punks, les rockers, les homosexuels, les danseuses nues et les prêtres défroqués que chez le bon peuple ou la bourgeoisie. Mais je me suis entouré de gens décidés au premier rang desquels se trouvent mes compagnes. Ce bataillon de choc rayonne d'une très puissante énergie dont les ondes libératrices bouleversent les habitudes acquises de ceux et celles qui nous côtoient. Tranquillement, mon œuvre se développe. Plus considérable jusqu'ici dans l'invisible, elle commence à se manifester dans le visible. Nul ne peut imaginer que de mon petit bureau de la Côte Ste-Catherine ma pensée puisse rayonner sur le monde. Mais moi je sais, et cela suffit.

-191-

L'ANIMAL, L'HOMME, LE DIEU. – Yahagi Toshihiko déclare : "C'est la France qui a donné à l'homme ses droits. On a inventé l'animal, elle a créé l'homme !" Il faut maintenant que l'Amérique française accouche du Dieu. Je prédis qu'au cours du troisième millénaire, tous les citoyens d'Amérique affirmeront être Dieu et revendiqueront leur identité divine à cor et à cri. Que va-t-il se passer ? Les gens vont peu à peu cesser de s'identifier à l'homme. Les philosophes ont indiqué la voie. Kant, dans sa *Critique de la raison pure*, escamote l'idée de l'homme et la remplace par celle d'unité synthétique de l'aperception pure. Certains protesteront en disant que c'est le réduire à l'état d'insecte. En réalité, Kant ne faisait que prévoir l'orientation de l'humanité. Les gens veulent de plus en plus s'identifier à la lumière. Ils veulent être des lumières pensantes selon le beau mot de Belline. Ils n'ont que faire de la publicité de masse qui régente leur vie au nom d'une soi-disant psychologie du comportement. Un grand nombre d'individus se rebellent déjà contre l'existence machinale. La hausse du taux de chômage n'est pas due au manque de travail mais au refus de s'identifier à la machine. On préfère encore flâner dans les champs et cueillir des fraises que de lutter pour maintenir à flot le système capitaliste fatigué. Un de mes amis qui arrive des Philippines m'a dit que ce pays est vraiment fait pour la fête. Tous les gens qu'il a rencontrés rient et badinent. Le contraste est violent en face d'une Europe intellectuelle et sérieuse et d'une Amérique matérialiste et ignorante. Personnellement, j'ai abandonné depuis longtemps l'idée que je suis un homme. Pourquoi me limiter à une espèce quand je peux briguer la présidence des cieux ? Je n'ai rien à espérer de l'humanité qui s'enlise dans des conflits qui tiennent encore de sa nature animale et déjà un peu d'autre chose de plus haut qu'elle ne peut identifier. Je veux savourer la sensation d'être sans frontière, d'être ouvert à l'infini, de me mouvoir librement dans l'immensité de mon être. Les gens qui m'observent bien me disent que je n'ai pas des réactions normales. Je ne ressemble plus beaucoup à un humain au niveau du comportement. Même si je possède le physique d'un homme, j'ai les préoccupations d'un Dieu. L'important pour moi est l'énergie. Je ne pense pas ici à quelque chose de biologique. Je pense plutôt à l'énergie douce de la pensée pure qui harmonise toutes choses dans l'invisible. L'individu véritablement intelligent et volontairement conscient agit sans qu'il n'y paraisse. Ses mobiles ne sont plus ceux des hommes. Il obéit à des motifs supérieurs qui le rangent sous la loi d'exception. Plus je me suffis intérieurement et plus je vois ma vie changer. Mes satisfactions ne sont plus strictement terrestres. Ce que je ressens en moi relève d'une densité métaphysique étrangère aux vibrations humaines. Ce que Yahagi Toshihiko veut dire quand il parle de la France qui a donné à l'homme ses droits, c'est que celle-ci a permis à l'humanité de faire un grand bond en avant. Mais je prévois qu'un autre bond, ultime celui-là, est nécessaire pour que le royaume tant annoncé par les religions devienne possible sur terre. J'ai tendance à croire que face à une société élitiste triomphante, une grande partie du monde tombera dans une ignorance profonde après avoir perdu ses traditions. Heureusement, la philosophie et la science sauront faire face conjointement à la recrudescence des superstitions, si bien qu'un gouvernement mondial endiguera progressivement l'influence retardataire des nationalismes et des Églises. D'ici peu, la science quêtera les lumières de la philosophie pour pouvoir se renouveler. Ce n'est qu'à ce prix qu'elle échappera au matérialisme grossier où elle s'enlise depuis trois siècles. Il reste à l'humanité à découvrir son superpouvoir psychique qui lui permettra d'oublier ses racines imaginaires, le passé n'étant toujours que l'objet d'une constitution rétroactive de la conscience à la faveur du présent la belle totalité, il ne lui reste plus qu'à fuir. Il n'en va pas de même dans la perspective que je propose. Il ne peut pas y avoir d'origine au sentiment de Dieu, car l'infini est central partout. Si je pense Dieu, je suis Dieu. Et si au cœur de cette lumière éclatante je me heurte à quelque obscurité qui cherche à me retenir, c'est parce que j'ai à comprendre l'importance de mon choix d'être Dieu. Si je dois affronter mon vivre profond, c'est pour bien comprendre que la seule issue qui s'offre à moi est de m'arracher au néant pour me donner l'être. C'est moi qui pense cela, qui ai à le vivre et qui doit comprendre maintenant comment cette tâche s'actualise. Projet de moi-même, j'ai à être tout l'être d'un seul coup tout en sachant que ma personne est coincée : ou bien elle en pâtira ou bien elle s'ajustera. Vous retrouvez ici les deux voies fondamentales : le christianisme qui invite au renoncement et le Jovialisme qui propose l'intégration dans la jouissance. Ainsi, si d'une part on peut vouloir lutter contre le vivre, soumettre la chair, contrôler les émotions, il est question d'autre part de rendre cette nuit intelligible, de dire oui à l'opacité, à la résistance, à la lourdeur pour pouvoir mieux alimenter le noyau êtrique enflammé et lumineux. D'un côté, il y a la souffrance rédemptrice, la tâche est ardue ; de l'autre, on travaille sur du velours, on approuve le mal pour mieux le faire servir. C'est sans doute la raison pour laquelle l'axiome de Nisargadatta me sert si bien : ici c'est partout et maintenant c'est toujours. Si j'échoue à me sentir maintenant au sommet du bonheur, j'ai peu de chances d'y parvenir plus tard. Avec le Jovialisme, point de fuite en avant. L'improvisation transcendantale supérieure de soi exige un acte fondateur radical. Je me veux heureux sans concession, du seul fait d'être un avec moi et tout ce qui existe. Si mon bonheur est menacé, il fait de ce qui le menace l'occasion d'un plus grand bonheur.

-193-

LA DIVINISATION DES ÉMOTIONS. — J'ai remarqué que tout le monde ne prend pas de la même façon le fait que je leur dise que je suis Dieu. Lorsque je tiens une jolie femme dans mes bras après lui avoir fait l'amour, elle a plutôt tendance à consentir avec un soupir au sens de cette déclaration. Lorsque je fais la même affirmation à la radio, je reçois un paquet de bêtises. Les auditeurs enragés monopolisent les lignes ouvertes pour m'insulter. Les téléphonistes débordées me regardent avec de gros yeux. Certains animateurs quittent même le studio par une porte dérobée au cas où on les associerait à mes propos. Dans mon salon du samedi soir cependant, la même déclaration s'attire un silence recueilli et méditatif. Il y a quelques poignées d'hommes et de femmes qui me croient sincère et pensent qu'ils pourraient en faire autant si seulement ils avaient le courage de dire tout haut ce qu'ils pensent tout bas. Bien sûr, le fait que j'aie tendance à privilégier les échanges avec ceux qui partagent mes vues entraîne une diminution de ma vie sociale. Pourquoi irais-je à tel vernissage ou à tel lancement ? Pourquoi participerais-je à tel anniversaire ou à telle soirée de vie d'artiste ? Je ne sens pas du tout le besoin d'être remis en question par des gens que je ne saurai pas toucher en retour parce qu'ils ont trop bu ou qu'ils font un "ego trip". On ne me voit donc pas dans les bars, les cinémas ou les salles de danse en quête des jolies femmes qui pourraient me combler sexuellement tout en me décevant intellectuellement. J'ai plutôt tendance à les attirer dans mon intimité soit à partir d'une lettre que j'aurai reçue ou d'un appel téléphonique de demande de renseignements qui me révélera à qui j'ai affaire. Auprès de ces personnes, il me sera plus facile de m'épancher. Peu d'hommes trouveront grâce à mes yeux parce que trop rationnels ou trop dominateurs. Je parlais l'autre soir à un groupe d'inconditionnels qui recueillaient mes propos avec bienveillance tout en émaillant notre conversation de leurs propres expériences. Devant eux, je sentais qu'il était facile de m'expliquer. Ils ne riaient pas quand je leur parlais de mes chagrins divins ou de mes colères êtriques. Le fait que je me sente Dieu, leur disais-je, ne m'empêche pas d'éprouver des émotions humaines. Mais l'intensité du rayonnement de ma sphère êtrique transforme celles-ci en émotions divines. Dès qu'un individu se sent Dieu, toute sa vie change. Il mange divinement, il dort divinement et chie divinement. Plus que quiconque, il est à même de vérifier le bien-fondé de mon principe : rien n'est dans la matière, tout est dans la manière ! À ces gens qui sont les amis de mon essence, je peux donc parler de la divinisation des émotions, des maladies ou même du mal en quelque sens que vous voudrez bien le concevoir. Je sais que je réussirai à leur transmettre mon vécu comme s'ils sentaient couler en eux le nectar de la vie êtrique subtile et comprenaient comment leurs amours ou leurs angoisses se fondent aux accents de cette harmonie infinie qui les absorbe en les dématérialisant sans pour autant les changer. Tout réside dans cette pointe de pensée pure qui sonde le vécu dans le but de transformer en conscience une expérience aussi vaste que possible. Ces choses sont si faciles à saisir quand c'est un sage oriental en djellaba qui les dit. Un homme comme moi serait sans doute vénéré à New Delhi, mais il ne peut être que ridiculisé au pays des épinettes. L'important consiste à rester centré et à réaffirmer le prima de ma vie divine sur tout ce qui existe avec confiance et dévotion.

-194-

LA VERTU DE L'ÊTRE. – Je n'ai pas de la vertu la même conception que les chrétiens. Ceux-ci empruntèrent aux Romains d'autrefois cette notion toute empreinte d'austérité et ils lui donnèrent un tour inspiré comme pour montrer qu'elle tenait à la fois de la morale et de la grâce. La vertu à mes yeux n'est rien d'autre qu'un attribut êtrique chez celui qui manifeste son énergie en toute pureté. À ce compte, Hitler est aussi vertueux que Saint François d'Assise. Mon point de vue, bien entendu, s'inspire d'une vision qui est située par-delà le bien et le mal. Je suis celui qui met le Diable et le Bon Dieu dans la même poche de sa veste. Rien ne m'impressionne moins que ces dichotomies manichéennes qui partagent l'univers en deux. Ma vision est moniste. Elle aspire en son centre par une force gravitationnelle toutes les données antithétiques susceptibles d'être pensées. Elle assume toutes les tensions d'un point de vue qui est celui de l'être. Par définition, l'opposition traditionnelle entre le laïc et le sacré disparaît. Le cinéma a tenté d'évaluer ce qui reste des croyances face à la science en confrontant récemment un détective au démon dans le film *L'exorciste*. Bien sûr, le détective s'étonne mais il ne cède pas à l'attrait de la superstition. Il mène son enquête du point de vue de la légalité qui n'a rien à voir avec le bien et le mal du point de vue de la morale. Bien sûr, l'être n'a rien à voir avec la légalité en ce sens là, mais il constitue une sorte de législation immanente qui rapporte tout au *nucleus* êtrique. C'est en ce sens nouveau qu'il faut considérer la vertu dans mon système philosophique. Les privations que s'impose un mystique pour se grandir dans l'amour de Jésus-Christ ne sont pas moins dépourvues de sens à mes yeux que les sacrifices que s'impose un politicien pour monter dans l'échelle sociale. Ce qui compte ici, c'est le geste juste, la parole juste ; l'attitude juste, c'est-à-dire débarrassés de toute considération morale, religieuse, esthétique ou autre. La vertu est le triomphe de l'énergie dans la clarté de la pensée. Elle n'a rien à voir avec le ton neutre de l'enquête policière ou de la science. Il y a en elle un rayonnement, une force stable condensée et du triomphe. Ce qu'il y a de joyeux et de glorieux dans l'existence se trouve assujetti à une vision qui permet l'équilibration et l'harmonisation du monde, de la pensée et de la vie. Être vertueux en ce sens renvoie au jugement sain que porte tout individu volontairement conscient sur lui-même et les autres. On ne pourra nier que mon œuvre philosophique exalte la plus haute vertu puisqu'elle contribue à dépasser la faiblesse des opinions dans la toute-puissance d'une métaphysique de l'absolu. Par cette vertu de l'être, tous ceux qui étaient éteints s'allument par la force de cette connaissance jubilatoire sans laquelle rien de permanent ne peut être entrepris sur terre.

IL N'Y A RIEN À FAIRE, SAUF DE RESTER FERME DANS SA CONSCIENCE. – Je regardais à la télévision une jeune chanteuse américaine exalter ses charmes aphrodisiaques avec un sourire éclatant et complice. Le vidéoclip nous la montrait en maillot sur une plage, en tenue de gala au cours d'une soirée, habillée en teenager au volant d'une décapotable sous les regards machos ou attendris d'une volée d'hommes sensuels à moitié habillés. Et je me disais qu'elle avait autant de chances d'assumer son être en stimulant les désirs des mâles et en faisant une carrière dans le show-business que ceux qui s'adonnent à la méditation pendant des années dans une retraite du désert. Tout est dans la façon dont on habite son corps et sa personne. Pourquoi faudrait-il se soumettre à d'exigeantes pratiques, se priver de tout, se contrôler, s'emmurer dans la solitude quand on peut très bien obtenir les mêmes résultats en restant conscient de chacun de ses gestes quotidiens. Bien sûr, le quotidien d'un philosophe n'est pas le même que celui d'une chanteuse ou d'une actrice. Mais il reste confronté aux menus détails de l'existence et en cela, il rejoint toute l'humanité. En effet, prendre une tasse de café consciemment, traverser la rue consciemment en évitant de se faire frapper, faire l'amour consciemment est à la portée de tout le monde. Chacun peut travailler avec application à réaliser son être à l'endroit même où il se trouve, au moment même où il en prend conscience. Cette attitude de présence à soi équivaut pour plusieurs personnes à ne rien faire puisque cet exercice n'implique aucun déplacement, aucun investissement financier, aucune durée de travail spécifique. Je suis d'accord en partie sur le fait qu'il n'y a rien à faire, sauf de rester ferme dans sa conscience.

Mais d'un point de vue transcendantal, c'est encore faire quelque chose. La plupart des gens ne comprennent pas cette attitude puisqu'elle ne comporte aucun changement dans le mode de vie. L'individu peut très bien continuer à vaquer à ses occupations. Tout se passe dans l'invisible. On peut presque dire que les effets d'un tel travail n'ont rien à voir avec les manifestations naturelles du labeur humain. C'est dans l'intensité de la personne qu'ils se manifestent. Quelqu'un m'a demandé un jour de le quitter parce que j'existais trop fort ; je le dérangeais. Il ne pouvait pas dire en quoi je perturbais son existence, mais il m'accusait de vouloir changer sa vie. Curieusement, je me mêlais parfaitement de mes affaires et je me gardais bien de lui donner des conseils. Mais mon regard appliqué, ma respiration différente, mes gestes précis l'énervaient. Une de mes compagnes a déjà déclaré en public que c'était du travail à plein temps que de vivre avec moi. Les gens ont ri. Ils devinaient un peu de quoi elle voulait parler. Quand on est éveillé, même le sommeil est changé. Dormir consciemment donne au dormeur une attitude étrange à laquelle on ne s'habitue pas. Dans la vie de tous les jours, il est difficile de s'approcher de lui sans qu'il le sache. Il semble avoir des antennes. Il évite minutieusement les lieux ou des querelles pourraient éclater. Il n'est jamais à la banque quand se produit un hold-up. Ou bien il vient de quitter l'endroit, ou bien il n'est pas encore arrivé. En fait, l'éveil consiste en une forte dose de lumière que chacun applique à sa vie et cela dans le but d'être mieux avec lui-même à l'infini. Il n'y a rien d'autre à dire.

-196-

MA PHILOSOPHIE RUINE LE PRÉJUGÉ MORAL.
– Lorsque j'ai découvert l'idéalisme romantique allemand et que j'ai compris ce que signifiait le Moi transcendantal, je me suis demandé quelle place restait à la morale dans un

tel système de pensée. Aucun philosophe n'est aussi peu moral que Hegel. La dialectique emporte tout dans son mouvement incessant, faisant de la contradiction l'élément fondamental de la réflexion et du devenir. Or, je n'ai rien d'allemand. Curieusement, bien que je m'exprime en français, je tiens mon goût de la clarté et de la transparence de la fréquentation des penseurs anglo-saxons. Berkeley et Joyce m'ont aidé à me situer en ce sens. C'est moins par le recours à une vision transcendantale que par ma conception immatérialiste que j'anéantis le préjugé moral. En effet, je considère la distinction qu'on fait entre le bien et le mal comme un artifice qui n'a rien à voir avec la réalité unique du "Je Suis" intussusceptif. Le fait de me tenir bien centré dans mon être m'amène à voir de l'être partout. Ce qu'on appelle la guerre, la violence, le mensonge, l'hypocrisie se trouve dépouillé de toute forme de réalité propre. Ce sont là des aspects de l'expérience qui ont été durcis, hypostasiés, matérialisés. C'est de là que naît ma conception de la réalité schizophrénique. Lorsque la conscience reprend ses droits et étend sa limpide vision à l'ensemble du réel, tout cet échafaudage entretenu par le découpage culturel moral et religieux s'effondre instantanément. Il n'y a plus devant nous un tortionnaire ou un dictateur mais des complexes de sensations qui correspondent à des représentations constituées. Je comprends Dali qui jugeait le dos de Hitler aussi comestible qu'un morceau de fromage "La vache qui rit". Dans son délire surréaliste, il avait ruiné la nocivité du personnage en la remplaçant par des impressions sensibles colorées. On m'objectera que Hitler l'aurait sans doute tué lui aussi s'il l'avait rencontré. Mais la réalité obéit à la pensée, si bien que pour connaître Hitler et subir les exactions de son pouvoir, il fallait être vachement masochiste, autodestructeur et porté au tragique. Mais ceci est une charge contre les Juifs, s'écrieront mes détracteurs. Absolument, car il n'arrive à un peuple que ce qui lui ressemble, et il a été fait à ce peuple-là selon ses pensées de sacrifice, de culpabilité, de goût de la souffrance apitoyée, de persécution et de vengeance divine. On aura beau jeter les hauts cris, consulter des experts, assembler les témoignages, tout est reçu selon la forme du récipient. Celui qui porte le mal dans son esprit voit le mal s'acharner contre lui et le mal qu'il subit, bien que souffrant, n'est pas moins imaginaire que le mal auquel il pense. Quand je parle de voir l'être partout, de reconnaître qui je suis en toutes choses, j'invoque le pouvoir d'absorber l'univers entier dans l'unité de ma compréhension. Tout individu se voit offrir une chance de s'en sortir même s'il a été l'artisan de son propre malheur. C'est pourquoi je suis absolument convaincu que la souffrance subie par l'homme est à l'image de ses malaises psychiques et que celui-ci va même jusqu'à constituer son bourreau, la torture qu'il endure et le monde en guerre. Constatant que je ne veux pas en démordre, on se rabattra sur le bien en m'objectant qu'on ne peut pas aller au-delà du bien une fois qu'on l'a posé. "Mais je rappellerai ceci : lorsqu'on travaille dans l'invisible, il arrive que le bien que l'on attend ne se produit pas et que le mieux que l'on n'attendait pas arrive. En d'autres mots, si je m'installe dans mon être, l'idée même du bien me devient étrangère, car elle renvoie au mal tandis que mon être ne renvoie à rien. Le néant n'étant pas, tout ce que je suis prend toute la place. Et si le pire se produit ? me demandera-t-on. Il me suffit de l'approuver pour qu'immédiatement il devienne le mieux, car la finalité de la vie ramène toutes choses à ce que je suis et il ne peut rien m'arriver qui ne soit conforme à mon entéléchie, celle-ci s'apparentant dans mon cas à Dieu. C'est à cause de cette confiance êtrique que ma philosophie s'éloigne du tragicisme européen ou chinois par la contestation de toutes les valeurs et le renversement de la morale.

UN PHILOSOPHE DANS LA CITÉ. – On a utilisé cette expression à propos d'Alain, sans doute parce qu'il représentait pour ses concitoyens un point de repère sûr dans la masse des opinions. On se tournait vers lui pour mieux comprendre l'existence et définir les grands problèmes humains. Il y avait évidemment dans la personnalité d'Alain quelque chose de sérieux et de réconfortant qui dépassait les cadres d'une salle de cours puisqu'il était chroniqueur et rejoignait un vaste public. Ses fameux propos ont d'ailleurs été réunis en livres nombreux qui nous laissent entrevoir toutes les facettes de son génie. J'imagine qu'on n'oublie pas facilement un homme de cette envergure et qu'on se réfère longtemps à lui après sa mort comme on invoque l'âme protectrice de la cité. Certains penseurs ont été identifiés de la sorte à une ville : Socrate à Athènes, Kierkegaard à Copenhague, Sartre à Paris, Tennessee Williams à la Nouvelle-Orléans et Borges à Buenos Aires. Curieusement, c'est peut-être moins à une ville qu'à un coin de rue de Montréal qu'on m'identifie de plus en plus. Il suffit de mentionner quelque part le 1 Côte Ste-Catherine pour qu'aussitôt on s'exclame : "Tiens, c'est là que demeure le philosophe André Moreau". Mais qu'est-ce qu'on veut dire par ces mots ? On entend par là qu'il y a à cet endroit une zone de pouvoir où s'exerce le génie d'un homme connu qui contribue à transformer l'atmosphère des lieux. La plus grande partie de mon œuvre philosophique a été écrite à cette adresse et j'y reçois mes lecteurs depuis vingt ans lors de mon salon philosophique du samedi soir. Il est sûr que mon esprit imprègne les lieux, non seulement mes appartements, mais les corridors, les ascenseurs, le hall d'entrée et le garage. Quand je sors de chez moi, les automobilistes qui attendent le feu vert au coin de la rue Mont-Royal tendent le cou pour vérifier mon identité. Certains m'envoient la main, d'autres se contentent d'un sourire, certains encore détournent la tête, gênés ou furieux de me retrouver dans leur champ de vision. Les ouvriers de la voirie, les policiers et les pompiers me connaissent bien. Parfois une voiture s'arrête à quelques pieds de moi et l'on m'interpelle joyeusement. Il y a quelque chose d'étonnant à sentir que l'Esprit se promène sur deux jambes ou habite un appartement en ville. C'est peut-être la raison pour laquelle on vénère les lieux où ont séjourné les grands hommes. C'est moins leur personne qu'on vénère que le porteur de l'Esprit. Le fait que j'habite au 1 Côte Ste-Catherine signifie qu'il y a une ouverture sur un autre univers à cet endroit, une brèche qui mène à quelque chose de meilleur. On ne peut pas déployer autant de pensées et de méditations que j'en déploie en un lieu donné sans qu'il en résulte une transformation des vibrations, un certain état de grâce qui enveloppe l'immeuble et qu'on ressent plus particulièrement quand on entre dans les appartements que j'occupe. J'imagine qu'il en sera toujours ainsi tant que les hommes auront à se confronter à une situation pour mieux se rencontrer eux-mêmes dans leur essence authentique.

-198-

LA NOUVELLE RÉVÉLATION. — Il faut entendre par là une voix exprimant la vérité de l'être dans le domaine de la vie, c'est-à-dire une masse de silence qui se met à parler au cœur du non-dit. Curieusement, c'est toute la vie qui est cachée, qui refuse de se livrer. La beauté de la nature n'a rien de très expressif à mes yeux. Je reconnais que les arbres et les chèvres ont quelque chose à dire, mais leur langage est muet et comme clos sur lui-même. De toute façon, les grandes forêts sont solitaires et les yeux des animaux sont tristes précisément parce qu'ils sont prisonniers de la chair. Il n'en va pas de même pour l'homme éveillé dont la chair tout entière révèle l'être. Je sais faire la différence entre les chairs qui parlent et les chairs prisonnières du non-dit. La majorité des humains ne sont guère plus intéressants que les animaux, sauf qu'on rencontre parfois chez eux quelques spécimens remarquables. Ainsi, Salvador Dali et Marilyn Monroe anéantissent par la seule intensité de leur présence des bataillons de midinettes et de travailleurs incapables de s'arracher à la loi générale. Ce qui fait la classe de ces individus d'exception, c'est qu'ils se soustraient aux influences du milieu et ne s'en remettent qu'à eux pour évaluer ce qui a du prix à leurs yeux. Quand j'écris, quand je donne des conférences, quand je vais à la télévision, c'est à eux que je m'adresse. C'est en parlant aux meilleurs qu'on élève le niveau de la masse. Fraterniser avec les va-nu-pieds ne donne rien. Comme je l'ai déjà dit, je ne suis pas le frère d'un sot. Et pourtant, je m'abstiendrai de tout mépris envers le populo barbaro. Les gens sont bien gentils, mais la nouvelle révélation touche les élites : élites du cœur, élites de l'esprit. Elles ne font pas nécessairement partie des classes sociales favorisées. En cela, ma philosophie prophétique va chercher ceux qui peuvent l'entendre. Elle annonce l'avènement de l'être. En un sens, elle répond aux questions angoissées de Heidegger. Le Dieu du futur est arrivé et va tout chambarder. C'est moi et tous ceux qui rêvent de l'être. Rien ne peut empêcher l'individu qui veut s'éveiller de parvenir à ses fins. Notre époque favorise les exploits singuliers. Tout est possible à condition qu'on s'y mette. Pour ceux qui savent bénir, la chose est facile. Il faut apprendre à se déplacer dans l'invisible, à travailler incognito. Pour ce faire, rien de plus solide qu'une bonne couverture publique. Jésus-Christ aurait été bien étonné de faire rire de lui autant qu'on a ri de moi. Un Messie comique et ridicule peut-il être le révélateur de l'impossible réalisé ? Je ne me pose pas cette question. Je fonce en laissant mon être emprunter toutes les voies. La nouvelle révélation utilise les moyens électroniques. Beaucoup de gens m'appellent après m'avoir vu à la télévision. Une femme m'a arrêté sur la rue pour me dire qu'elle avait rêvé de moi et que je lui avais donné dans son rêve un supplément d'informations sur l'exposé que j'avais fait à la télévision. Je constate que la vie psychique s'ajuste très bien aux nouveaux outils de la communication moderne. Il s'agit cependant de ne pas vulgariser. Tout réside dans la mystique des actes. Ce que j'ai à être devant les caméras est plus important que ce que j'ai à dire. Mon langage n'est pas celui de l'opinion mais celui du savoir absolu. Parfois je me brasse la tête pour me rappeler que ce flot de pensées infini passe par mon cerveau. Je pourrais très bien ne pas être là et continuer d'ensemencer la terre de mes réflexions. L'important, c'est l'excès, la sûreté du ton dans le passage à l'infini. Je refuse de voir la fonction éclipser l'être. Je considère comme des vendus tous ceux qui falsifient leur talent pour gagner de l'argent. Dans mon cas, la loi générale semble s'être découragée ; je ne suis pas achetable. J'ai commis un si grand nombre d'erreurs du point de vue d'une évaluation stricte d'un savoir-faire réaliste qu'aucune association n'est prête à risquer sa réputation en fondant sa démarche sur moi. Je suis un "couleur" professionnel. Je n'ai aucun souci de ce qui va arriver. Je crois sincèrement que beaucoup de gens ont plus à gagner à être des perdants plutôt que des gagnants. Les justifications de la société de consommation ne trouveront jamais grâce à mes yeux. Je me moque de tout y compris de moi-même. L'essentiel c'est d'aller à l'être en s'amusant. J'aspire toujours à ce qu'on me confie une tâche où je pourrai échouer de façon grandiose ou un projet que je pourrai ruiner en riant de cette mascarade abrutissante de la vie. Je ne suis pas du côté des gens qui se prennent au sérieux. Quand je conduis, je suis toujours prêt à tuer quelqu'un. Aussi, les gens s'effacent-ils vite de devant ma voiture. Je ne veux être ni poli, ni civique, ni compatissant. Il y a trop d'existences absurdes. L'absolu, c'est l'ivresse des profondeurs qui bouscule la sobriété ennuyeuse du réel. Plus je me sens moi-même et plus j'ai le goût de la fête. M'a-t-on compris ?

IL N'Y A QUE LA CONFIANCE. – La société dans laquelle nous vivons ne peut continuer à fonder son avenir sur des chiffres et des calculs. Toute forme de spéculation numérique est l'expression d'une forme d'ignorance. La comptabilité est comptabilisation de la misère. Toute forme d'évaluation des chances qu'ont les gens de s'en sortir est absurde. Toutes les statistiques constituent un fieffé mensonge. Et même si l'on cherche à me convaincre que la science est valable parce qu'elle a créé le téléphone, la télévision, les voitures et les avions, je persiste à dire qu'elle fait fausse route, qu'elle abuse des intelligences et qu'elle met l'humanité sur une voie de garage. C'est le pouvoir spirituel de l'homme qui doit être développé et non la technologie. Ce n'est pas avec une fusée que l'homme doit se rendre sur la Lune mais par la pensée. Tout cet amoncellement de processus, de relations, de techniques est la preuve de son aliénation. Il suffit de penser que nos maisons sont éclairées parce que des fils électriques conduisent l'électricité jusqu'à des ampoules pour comprendre, que nous nageons dans l'ignorance. Ce sont nos corps qui doivent créer leur propre lumière et non des arrangements artificiels complexes de turbines, de pilonnes, de centrales électriques, de câbles et de fusibles. Et pourquoi en est-il ainsi ? Pourquoi l'homme a-t-il abandonné son pouvoir pour créer des machines de plus en plus perfectionnées qui lui volent son initiative et l'acculent à l'inaction ? C'est à cause de son insécurité. L'être humain cherche constamment à se rassurer par des gadgets. Au lieu de penser l'être, il organise le néant. Si seulement il cherchait à exister plus fort, mais il ne fait que multiplier ses outils. Pour être heureux, il a besoin de la technique. Il s'invente des prétextes pour ne pas viser la fin directement et se cherche des moyens. Ne sachant plus assumer sa liberté sans ses traditionnelles béquilles, il questionne son destin. Mais celui-ci est muet, car le destin d'une machine n'a rien à dire. L'individu-appareil questionne les devins et les astrologues pour savoir où il va. Mais personne n'en sait rien, car un appareil est un produit qu'on peut jeter quand il est cassé. Tout individu machinal est remplaçable. C'est pourquoi il est de plus en plus important de trouver un individu parfaitement libre et détaché de tout. S'il existe, c'est celui-là qu'il faut questionner. L'individu libre ne craint pas la récession, les crises économiques, l'inflation, l'effondrement des cours de la Bourse, le chômage ou la famine. Il se tire toujours d'affaire parce qu'il est imaginatif et créateur et qu'il n'a besoin de personne pour survivre. Demandez à un tel individu les trois questions suivantes : 1- croyez-vous en un Dieu ? 2- croyez-vous que la matière existe ? 3- êtes-vous romantique ? Il vous répondra qu'il est trop vaste pour se laisser engloutir par ses passions et qu'ayant compris ainsi qu'il est Dieu, il considère la matière comme une illusion. Et qu'est-ce qui caractérise le comportement d'un tel homme ? La confiance. Celle-ci ne réside pas tant dans le fait qu'il sait qu'il pourra s'en sortir s'il est mal pris, mais bien dans le fait que tout s'arrangera toujours au mieux pour lui parce qu'il laisse son être prendre toute sa place. Comme on le constate, la liberté ne consiste pas nécessairement à agir, mais plutôt à laisser les choses trouver leur place au cœur de la compréhension. Si l'homme libre jouit d'un souverain avantage sur tous les autres, c'est que la confiance chez lui transcende le destin. L'esprit débarrassé de questions, d'hypothèses et de théories, il n'a pas besoin d'une enquête pour établir le vrai. Il n'a qu'à s'examiner et à laisser son être agir. Le vrai est le résultat de sa confiance. On aurait beau imaginer ce que donnerait un progrès s'étendant à l'infini, on ne trouvera jamais mieux que la liberté qui, s'étant affranchie de tout ce qui la détermine, s'affirme comme inconditionnée, étrangère à toute programmation, au-delà de toutes prévisions. La volonté de vivre librement ne peut qu'entraîner un manque d'intérêt total envers les créations de l'appareil manipulateur ploutocratique. On voudra un jour forcer les hommes à travailler et à produire et on les verra s'éloigner en souriant d'une telle naïveté. Ce jour est proche.

-200-

LE COMIQUE EN PHILOSOPHIE. – Qui ne se souvient pas de la fameuse thèse de Bergson sur le rire ? Jamais ne vit-on un écrit aussi ennuyeux sur la nature de ce qui est supposé être drôle. Comment Bergson a-t-il pu rédiger cette thèse sans s'éclater de rire devant son sérieux monumental totalement absurde ? Voilà le genre de philosophe qu'on ne peut pas se représenter en train de rire. Mais poussons plus loin notre enquête. Pouvez-vous imaginer Hegel en train de s'esclaffer en pensant aux malheurs de l'Histoire ? Cela serait presqu'inconvenant. Qui donc de tous ces philosophes avait le sens de l'humour ? Malebranche ? Spinoza ? Kant ? Certainement pas. On me citera Rabelais. Il est jovial certes, mais est-il drôle ? Il aura fallu attendre notre époque pour m'entendre énoncer un certain nombre de propositions philosophiques à caractère étrange, voire drôle. Oui, ça y est, j'ai réussi à rendre la philosophie comique tout en restant un penseur authentique. Il était temps que quelqu'un se mette à rire dans cette maison de vieilles barbes académiques. Le comique en philosophie cependant n'est pas assuré du succès pour plusieurs raisons. Quand le public rit, il ne se donne pas la peine de penser que ce qui le fait rire est philosophique. Pour tous ceux qui m'ont entendu à la télévision, je suis un comique. Et pour eux, si je suis philosophe, c'est d'abord parce que je suis comique. Vous devinez la réaction des universitaires qui ne voient pas d'un bon œil la philosophie crouler sous le rire. Certains d'entre eux jugent même de ce fait leur profession dévalorisée et leur carrière ternie. Je n'en ai cure. Il était temps qu'ils abandonnent cet air sinistre qui a toujours caractérisé la gent philosophique. Certains mettent la

418

plus mauvaise volonté du monde à transformer leur image et me conspuent ouvertement comme si je leur avais communiqué la lèpre. Un philosophe drôle pour eux est un philosophe fini. Curieusement, c'est seulement là que moi je me sens accompli. Les lourdes réformes de la faculté de penser, de l'enseignement ou de la société prônées par les philosophes n'ont abouti qu'à un durcissement des structures qui empêche le fond de la réflexion humaine de se rénover au complet. On m'apprenait récemment qu'un jeune penseur de vingt ans, Éric Russo, avait proposé à l'université un mémoire intitulé *Mort aux institutions*. Je ne sais trop comment on a accueilli son mémoire, mais je sais qu'on devrait lui accorder une grande importance. Si les professeurs chevronnés ne se montrent pas au moins aussi révolutionnaires que ce jeune homme dans ses propos, c'est l'université tout entière qui devra en payer le prix et le département de philosophie n'aura plus qu'à fermer ses portes. Il est dommage qu'il n'y ait pas de révolutionnaires de cinquante ans et plus. Rendus à un certain âge, les gens ne pensent plus qu'à prendre leur retraite et à s'en aller en Floride. Ils abandonnent leurs idéaux de jeunesse et passent le flambeau à d'autres qui chercheront à les imiter. Or, si vous me comprenez bien ici, il n'y a rien de vénérable à prendre sa retraite. Je comprends qu'il en soit ainsi quand on n'a jamais aimé ce que l'on fait. Mais, m'imaginez-vous à la retraite ? Impossible. Je voudrai toujours enseigner, courir d'une ville à l'autre, publier des livres, regrouper les jeunes chez moi. Un Jésus à la retraite est impensable, n'est-ce pas ? Et que dire d'un Socrate rentier de l'État ? On voit tout de suite qu'il est urgent de ruiner le sérieux de la philosophie, des professeurs fatigués et des institutions. Au moment où j'écris ces lignes, à l'orée de l'année 1992, le monde connaît une crise économique majeure et l'on nous annonce que 70% des banques américaines auront fait faillite d'ici cinq ans. Ce n'est pas en maintenant notre attitude de dinosaures conservateurs que nous réussirons à endiguer le tragique provoqué par ces changements devenus nécessaires. Il faut que l'humanité apprenne à rire ou bien le nombre des suicides et des dépressions videra les rues de toute présence humaine. On comprendra que je préfère perdre ma réputation que d'être au nombre des macchabées illustres que le sérieux aura tués.

-201-

FAIRE DE L'EXTRAORDINAIRE AVEC DU BANAL. – Je n'ai pas eu l'occasion de flotter dans l'espace ou de marcher sur la Lune comme les astronautes. Je n'étais pas à bord du Nautilus vingt mille lieues sous les mers lorsqu'il a franchi la calotte polaire. Je ne conduirai jamais une Formule 1 sur le circuit Gilles Villeneuve. Mais je sais qu'il y a de la magie et du surnaturel dans ma vie. Sans doute l'existence méditative du philosophe semble-t-elle moins excitante que celle d'une vedette de Hollywood ou d'un champion de soccer, mais chacun se donne à vivre sa vie et rien ne me prédisposait à accomplir des exploits dignes de passer aux bulletins de nouvelles de la télévision. Aussi, je me suis appliqué à vivre chez moi avec la même intensité que les grands explorateurs ou les conquérants. Quand j'y pense, je n'excelle en rien... sauf à prendre conscience de moi-même. La belle affaire, me dira-t-on ; le fait d'être attentif ne change rien à la vie. Et pourtant, je sais maintenant que d'une pensée appliquée peuvent naître de grandes joies. En réalité, je sais pourquoi je n'ai participé à aucune guerre et n'ai mérité aucun trophée. Je suis paresseux. Oui, je l'avoue, rien ne me plaît autant que de ne rien faire. On m'objectera que c'est y aller un peu fort que de parler de paresse dans mon cas, puisque contrairement à l'idéal de ma jeunesse qui était de travailler quatre heures par jour, j'en travaille quinze. Mais je m'entête ; je soutiens que je suis paresseux. Tout ce que j'ai entrepris de faire le fut sous l'empire d'une recherche frénétique de la facilité.

Contrairement à l'opinion reçue, il y a plusieurs façons de conduire sa voiture ou de donner une conférence, de remplir une feuille blanche ou d'attendre quelqu'un. Tout ceci peut être fait au comble de l'exaspération ou en badinant. J'ai toujours aimé me jouer des obstacles même si je passe pour quelqu'un qui cherche à les éviter. Au fond, j'en tiens compte, mais je m'amuse avec eux. Quand je conduis ma voiture, je sais très bien que je peux me donner une crise cardiaque à force de stress ou m'imaginer en train de faire une balade alors que je m'en vais travailler et qu'il y a une heure d'attente aux ponts de Montréal. Il en va de même lorsque je considère les petites choses de la vie. Certains s'ennuient dans le métro. Personne ne parle à personne. Moi, je parle à tout le monde. Parfois je me fais prendre à mon propre jeu. Quelqu'un me souriait l'autre jour. Je lui ai demandé : me connaissez-vous ? Non, m'a-t-il répondu. Ça m'apprendra à jouer à la vedette. Mais je suis content de mes gaffes. J'aime me tromper, avoir l'air fou, me faire reprendre parce que j'ai utilisé une expression inexacte. Rien ne me réjouit plus que ces intérieurs de maisons quelconques où l'on peut voir une statue de Saint Antoine, un coucou, un chat qui dort dans un fauteuil, une fougère au soleil, des fenêtres à volets ou encore un crachoir. J'étais il y a quelques années chez une amie de ma mère qui avait conservé le crachoir de son mari décédé. Ce dernier, de son vivant, réussissait fort adroitement à lancer sa chique dans le crachoir avec une précision qui soulevait mon admiration. C'était chez lui un geste à la fois indifférent et désinvolte. Mais on décelait dans ses yeux une pointe de fierté quand on le regardait, car c'était une des seules choses dont il pouvait se vanter encore. J'aime observer attentivement les gestes banals d'une autre époque. Les cireurs de souliers m'ont toujours enchanté. Je les examine avec émerveillement, surtout s'ils sont de race noire. Ils ont toute ma sympathie à cause de l'amusement que je vois toujours dans leurs yeux. J'aime aussi les bornes-fontaines, les urinoirs publics et le port de

Montréal. Il y eut une époque où l'on tendait de grands filets entre les bateaux accostés et les quais pour éviter que les débardeurs ne tombent à l'eau en trébuchant. J'allais avec mon père observer leur travail et je prenais plaisir à humer les odeurs d'épices qui ne manquaient pas d'attirer mon attention. Ma mère, quand j'étais petit, m'emmenait avec elle acheter du poivre chez le grossiste. Je me rappelle que j'étais fasciné par la cuillère à mesurer dont se servait le marchand. J'aimais la sentir parce qu'il y restait toujours quelques grains de poivre moulu. Un jour, je soufflai dans la cuillère et m'aveuglai net. Je connus immédiatement les effets du poivre dans les yeux et je compris alors qu'il y avait certaines choses dans le monde dont il fallait se méfier. Tous ces souvenirs sont devenus aujourd'hui de véritables joyaux à mes yeux parce que je les ai transformés en moments de vérité conscients. Il n'est pas une expérience de mon enfance que je ne considère comme une œuvre d'art. C'est comme si j'avais réussi à éclairer ma vie d'une façon prodigieuse en la rendant consciente. Nous étions pauvres, mais je ne voyais que le faste des couleurs et des sons. Je ne me sentais ni sale ni misérable, mais joyeux et comblé. Au fond des ruelles obscures de mon quartier, j'étais un roi sans couronne faisant l'inventaire de ses biens impalpables et mystérieux. C'est à cette époque que remonte mon habitude de faire de l'extraordinaire avec du banal, de changer la vie pour qu'elle ne m'apparaisse plus comme une vallée de larmes mais bien comme un jardin magique aux fruits étonnants.

-202-

VIVRE SELON SES IDÉES, NE RIEN DEVOIR À PERSONNE. – Foucault rêvait de déraciner le champ structural au complet. Son entreprise me semble étrangement parallèle à celle de Ludwig Wittgenstein dont l'hyperlogique aboutissait au silence, c'est-à-dire à la suppression de la logique. Si l'on ajoute à l'orientation de ces deux hommes celle de Horkheimer dont le but avoué est la déconstruction du monde et l'annulation de la métaphysique, on en arrive aux recherches de Pierre-Gilles de Gennes, prix Nobel de physique pour 1991, sur le chaos organisé et l'ordre chaotique. Où veulent-ils tous en venir ? À l'être, évidemment. Mais leurs tentatives maladroites donnent plutôt l'impression qu'ils cherchent à cerner un élément abstrait tout à fait inconnu qui reste encore à identifier. Le grand drame avec la science, c'est qu'elle se cherche des objets au lieu de se définir comme un savoir de l'être, c'est-à-dire sans véritable objet. Le fait devient patent avec Pierre-Gilles de Gennes qu'il faut considérer comme un touche-à-tout génial intéressé à la fois par les aimants, les supra-conducteurs, les cristaux liquides, les polymères, les colloïdes et la matière molle, si bien que la tâche la plus ardue du jury Nobel consista à choisir parmi ces travaux lequel devait être récompensé. Ce savant croyait pouvoir résoudre le problème fondamental de l'univers en donnant des coups de tête de tous les côtés. Brillante stratégie qui ne lui a pas permis toutefois de découvrir l'essentiel. Voilà certes un homme auquel on ne pourra pas reprocher d'avoir cherché à vivre selon ses idées. Et le fait qu'il ait obtenu le prix Nobel seul montre assez bien qu'il était un pionnier dans les domaines qu'il a explorés et qu'il ne devait rien à personne. Il faudrait cependant qu'il s'arrête un jour et en vienne à examiner le principe d'une science sans objet, qui serait elle-même l'élément fondamental de sa démarche sans qu'on puisse dire qu'elle tende à quelque chose. Plusieurs penseront à la *Mathesis universalis* de Descartes, mais encore là, cette science issue de toutes les sciences et fortement inspirée des mathématiques ne saurait comprendre l'être, à cause du génie même des mathématiques qui consiste à donner de l'unité de l'être une compréhension fondée sur le multiple, donc tout à fait étrangère au genre de vision globale que véhicule le savoir absolu. Savoir considérer son être du point de vue de l'être, qui est un point de vue au-delà de tout point de vue, nécessite une grande simplicité que les sciences ne possèdent plus. Je comprends l'attitude des mystiques qui ont cherché dans le renoncement aux bruits du monde un moyen de se concentrer sur eux-mêmes, mais il faut également comprendre mon attitude qui consiste à retrouver son être dans ces mêmes bruits comme l'unité qui les travaille de façon immanente et les ramène à une vision de la totalité. On me dira que la chose reste discutable, mais il est possible d'atteindre à cette unité et de développer l'intuition de l'être par une attitude rigoureuse fondée sur le souci qu'a l'être de rester être. C'est seulement en expérimentant le vécu de l'être qu'on en vient à laisser l'être prendre toute sa place en absorbant ce vécu lui-même.

-203-

JE T'AIME, ANDRÉ, M'A DIT UN HOMME. —

J'accueille l'univers avec équanimité, sans souci, sans besoin. J'observe ceux et celles qui viennent à moi : des fous, des génies, des mères de famille, des professionnels, des homosexuels. Ils ont tous l'air correct. J'écoute ce qu'ils ont à me dire. Je parle très peu. Ne sont-ils pas des représentations de mes propres "Je" ? Je n'ai pas à me soucier d'eux, mais je peux les écouter. Certaines personnes délirent carrément, d'autres m'annoncent qu'ils vont tuer leur femme. Derrière chaque film personnel, par-delà l'imaginaire, je pressens l'être que je suis, car mon être supplée à celui que les autres ne possèdent pas. Il y a une grandeur à laisser venir à soi ceux qui veulent dire quelque chose. Je ne me sens bien que dans ce rôle, car alors je peux donner la pleine mesure de mon talent. Un homme que je connais depuis des années s'est approché de moi pour me dire qu'il m'aime. Je sais qu'il est homosexuel, il ne s'en est jamais caché. Je l'ai connu autrefois alors qu'il sortait de l'adolescence. Certains naïfs croyaient que je couchais avec lui parce que je le prenais dans mes bras. Mais il avait besoin de réconfort. On me disait qu'il était amoureux de moi, mais je ne l'ai jamais cru, étant peu familier avec les embrasements homophiles. Nous avons été un long moment sans nous voir, puis il est revenu en me disant : "Après t'avoir connu, je ne peux aimer aucun autre homme. Qui pourrait te remplacer ? Tu occupes tout l'horizon de ma vie". J'ai écouté sa déclaration avec sérénité sans me demander pourquoi cela m'arrivait. Je dois émettre des vibrations qui attirent plusieurs types de personnes très différentes les unes des autres. Au fond de moi, je ne suis pas concerné par ce qu'il ressent. Comment le serais-je, puisque je ne suis même pas concerné par moi-même ? Cet homme semble nourrir envers moi une passion singulière. Ce qui l'attire, c'est ma façon de comprendre les problèmes, de faire de la métaphysique. Ardent comme il est, il a dû avoir des échanges sexuels avec des centaines d'hommes. Je me rappelle encore l'époque où il décrivait ses expériences nocturnes de façon très crue à une de mes amies d'un certain âge. Elle se demandait pourquoi il l'avait choisie pour se confier. "Je n'ai pas besoin, me disait-elle, de savoir qu'il sodomise des garçons. Mais il me décrit la chose avec un luxe de détails que je trouve effarant". C'est curieux, car il ne m'a jamais raconté ses ébats érotiques. Peut-être voulait-il seulement la provoquer. Or, ce qui émane de moi l'empêche de se livrer à ses calembredaines. Il sent mon énorme pouvoir, totalement inutile d'ailleurs, comme s'il y avait un lien mystérieux entre moi et l'humanité qui se dévoile au cours de certaines conversations. On est venu me voir plusieurs fois au cours des trente dernières années pour me confier des choses inénarrables. Meurtriers, voleurs, menteurs, femmes battues ou violées, victimes du sida ont défilé devant moi comme si le fait de me dire ce qui les troublait les délivrait. Et moi, j'écoute inlassablement, c'est-à-dire de deux à cinq minutes, ceux et celles qui me confient l'essence de leur vie.

JE N'AI RIEN REÇU, JE ME SUIS TOUT DONNÉ.

– Je crois qu'il existe deux génies, un bon et un mauvais,
qui cherchent à influencer ma vie tour à tour. C'est sans
doute là les séquelles d'une éducation chrétienne qui m'a
enseigné la différence entre le bien et le mal. Ce sont deux
forces sans identité précise qui semblent se nourrir des
énergies de ma personne. Elles n'ont rien à voir avec mon
être profond. Elles sont toutes deux liées à l'exercice de la
loi générale. Leur influence est associée au déroulement de
ma vie. Le bon génie m'alimente en idées, en images, en
scénarios, en suggestions extraordinaires. Je crois qu'il est
lié à l'usage positif de mon mental. Il ne fait pas de vagues
et son action est inconstante. Plus constante est celle du
malin génie qui s'applique à contrecarrer mes projets
transcendantaux. Curieusement, il ignore délibérément le
bon génie. Ce n'est pas avec lui qu'il entre en lutte, mais
avec mon entéléchie. Le malin génie en question me semble
l'expression toute crachée de ce que j'ai appelé avec Mauri-
ce Blondel ma nolonté. Sa force d'obstruction est tout entière nourrie de mes hésitations intérieures. Son action se fait
sentir à travers les événements, les situations, les états
corporels et émotionnels. Je ne lui accorde aucune importance, mais je sais qu'il existe. C'est une sorte de tentateur
mièvre et sans couleur. Je pourrais l'associer à l'ombre dont
parle C. G. Jung, sauf que je ne lui donne aucune connota-
tion inconsciente. Si je le connais si bien, c'est qu'il est en
pleine lumière comme tout le reste de ma personnalité, qui
est soumise à mon être. Même si je peux vivre des périodes
de ma vie plus ou moins accablantes, en aucun moment je
n'attribue leur existence à des forces inconscientes. Je sais
que Jung considère comme un péché le fait de s'identifier à
ces forces pour les soumettre à sa volonté. Mais comme je
sais que tout est constitué par la conscience et qu'un au-
delà de la pensée est impensable, je n'accorde pas une

grande importance aux propos de Jung à ce sujet. Ce qu'il appelle inconscient, je le nomme psyché-univers bien que ce nouveau concept le déborde largement. Aucune séparation n'est légitime à mes yeux. Seules certaines distinctions peuvent être faites, mais elles n'ont pas de portée ontologique. Le fait de considérer mon psychisme tout entier comme l'absolu de ma volonté m'oblige, lorsque je subis un coup dur par exemple, à m'examiner afin de mieux saisir comment mon être m'amène à mieux me comprendre moi-même. Ainsi, je suis plus en mesure de réaliser que je me suis tout donné dans ma vie, y compris les deux compagnons fictifs dont je parlais tout à l'heure.

-205-

JE SUIS PRÊT À DYNAMITER LE MONDE. – Je suis un homme résolu. J'ai formé dans mes pensées le projet de changer l'atmosphère de la planète au moyen du Jovialisme et j'y parviendrai quoiqu'il arrive. Bien sûr, en trente ans, je n'ai pas accompli grand-chose. J'ai publié des livres dont aucun ne s'est mérité un prix littéraire ou une traduction. J'ai prononcé dix mille conférences dont l'écho s'est perdu dans la brume. Je suis devenu immensément populaire à la télévision à mon grand détriment. Aujourd'hui je passe pour un comique, mais demain viendra mon heure de gloire. On ne rira plus lorsque ma pensée, menaçant les Églises, les banques, les institutions, les éminences grises du pouvoir, renversera tout sur son chemin, ne laissant aucune chance aux anciens ténors de l'appareil manipulateur ploutocratique. On ne veut pas de ma pensée ? Eh bien, on en entendra parler pour l'éternité ! On ne veut pas de ma personne ? Qu'à cela ne tienne, j'obtiendrai quand même ce que je veux et j'accomplirai ce que j'ai promis. Je ne renoncerai jamais à l'idée du Jovialisme comme système de force et vision intégrale de l'homme et de l'univers. Tout peut changer du jour au lendemain. Le succès tant attendu

427

peut survenir à l'improviste. Ce que je suis pour moi est indubitable. Je ne souffre pas de mégalomanie, même si j'en ai déjà douté. J'ai une vision juste de qui je suis, c'est-à-dire Dieu. C'est mon droit de penser ainsi ; je le prends. On en dira ce qu'on voudra. Je suis prêt à dynamiter le monde pour réaliser mon grand rêve. Celui-ci ne s'inspire pas d'une quelconque ambition, mais d'une force très douce, mais opiniâtre et têtue, qui ne renonce jamais à l'expression d'elle-même. J'ai hâte de voir les rieurs, les critiques et les sceptiques confondus par mon succès. On aura beau m'opposer les meilleurs arguments, m'isoler, rejeter mes manuscrits, dénoncer ma santé mentale, m'exclure des grands circuits de communication, me mettre au ban de la grande société, je passerai. On ne pourra pas me résister encore longtemps. Avec insistance et persistance, armé de la plus grande fermeté, décidé à soutenir le Jovialisme comme un tout systématique et doctrinal sans renoncer à aucun de ses aspects, je maintiendrai le cap. Un Dieu ne peut se faire user au contact du réel ; c'est le réel qui s'usera. Beaucoup de gens s'étonnent que je n'aie pas changé de style. Mais s'il avait vécu, Jésus eût-il changé en quoi que ce soit ? La question est absurde. Comment l'éternité pourrait-elle changer ? Comment pourrait-elle revenir sur ce qui a été dit et dénoncer ses erreurs de jeunesse ? Ne voit-on pas que les changements d'orientation sont nuisibles à une création permanente ? Au fond, rien ne vaut la détermination lucide et la constance tranquille même s'il arrive que cette dernière ne soit pas si tranquille que ça.

-206-

LA RÉVOLUTION DU LANGAGE. – De la même façon que le public se levait jadis pour applaudir les premières scènes d'amour jamais vues au cinéma, il faut que mon interlocuteur en entendant le langage que je lui parle s'émeuve au point de sortir son calepin pour y prendre des notes. Mais quel est donc ce langage qui fait haleter les gens et les amène à crier, à rire, à vomir ou se recueillir ? Il s'agit d'un langage de puissance, bien sûr, ce qui signifie pour notre époque un langage révolutionnaire, émouvant, incantatoire, sibyllin, capable de toutes les audaces, susceptible d'éveiller comme d'hypnotiser, de porter à l'amour comme au sacrifice. La révolution du langage que je prépare est fondée sur le dévoilement total de ce que les psychanalystes appellent l'inconscient. Elle se propose de rendre clair tout ce qui est confus, obscur, caché, interdit. Le but de cette révolution est de dévoiler, de dénuder, d'exprimer l'impensable en des termes qui subjuguent, provoquent, stimulent, rendent heureux. Tout le monde y gagnerait à dire la vérité, car c'est bien de cela qu'il s'agit quand il est question de révéler l'essence de la pensée. La clé de ce langage nouveau est dans l'audace que chacun devra avoir pour s'exprimer en profondeur. Nombre de maladies disparaîtront du fait que certaines émotions pourront être dites. Ce que je prépare, c'est une guerre au non-dit et au mi-dit. Il faut révéler la vérité à tous même s'ils doivent en crever, disais-je il y a vingt ans. J'ajouterais aujourd'hui même si je dois en crever, car je ne connais pas plus grande hypocrisie que d'essayer de tromper les autres en se trompant soi-même. Ce qui doit être dit n'est pas du ressort de la diplomatie mais de la révélation brutale, même si celle-ci peut être adoucie, non par souci des convenances mais par cette volonté de témoigner à l'autre de l'affection et de l'amour même quand il se révèle indigne de ces sentiments. Parler selon son cœur comme on disait autrefois exige beaucoup de clarté. Les peuples primitifs ne savaient pas mentir. J'imagine qu'il y a encore certains peuples qui disent la vérité. Mais où sont-ils ? Cachés au fond des forêts ou isolés dans le désert ? Notre société moderne ne favorise pas la vérité. Elle la dissimule sous des tonnes de prétextes et d'attitudes qui tiennent à la fois du savoir-vivre et du mensonge. On parle souvent de la langue de bois des dirigeants. Et que dire de celle des hommes de loi et des médecins ? Y aurait-il aussi une langue de bois des amoureux qui se mentent à bouche que veux-tu ? Le temps est venu de corriger la nature de la communication. L'époque où l'on disait que l'homme avait inventé le langage pour pouvoir dissimuler sa pensée est terminée. Je chasse le malentendu de nos conversations. Je bannis la peur d'avoir l'air fou pour avoir dit la vérité. Désormais, comme toujours, je veux tout dire même à ceux qui ne veulent rien savoir. Ils ne s'en porteront pas plus mal et je m'en porterai mieux.

-207-

FÊTER LA POLICE, C'EST DÉSAMORCER LE CONTRÔLE. – Je me rappelle de l'époque où les hippies offraient de pleines marmites de spaghetti à la police de Haight Ashbury. Ces jeunes aux cheveux longs et aux vêtements fleuris avaient compris que la seule façon de désamorcer le contrôle répressif de l'appareil manipulateur ploutocratique est d'aller dans son sens mais avec des intentions absurdes. En fêtant la police, ils se trouvaient à neutraliser les préjugés des représentants de la loi à leur égard. Ils attirèrent l'attention de la presse qui exposa à grand renfort de gros titres l'idéologie sereine et l'attitude pacifique des hippies. Si quelqu'un n'avait pas décrété quelque part que la révolution fleurie devait prendre fin, il y aurait encore des hippies aujourd'hui. Mais il fallait que ces doux enfants se taisent pour que se répande la consommation des drogues dures et que se développe la mafia gouvernementale qui l'encourage. Aujourd'hui, nous en sommes à nouveau à fêter la police, les dirigeants, les représentants du "nouvel ordre mondial" qui constituent l'élite la plus pourrie qu'on ait pu voir croître sur cette planète depuis l'empire romain. Je ne dis pas que tout le monde est croche, loin de là. Je maintiens qu'il y a d'honnêtes naïfs qui tentent de faire leur devoir au cœur même de

430

l'appareil d'État. Mais je crois qu'il est vain de vouloir s'opposer de front à un système aussi complexe. Il faut bloquer les rouages de la machine. Nul besoin d'encourager le sabotage ici. L'ignorance, l'incompétence, le mécontentement feront l'affaire. Lorsque les autos ne pourront plus circuler dans les rues parce qu'il y a un million de personnes qui s'embrassent et distribuent des roses, il faudra bien que le rythme de la ville change. Si l'on me confie un jour un travail d'une quelconque importance, c'est un naufrage assuré, je coulerai l'affaire en riant, à la suite d'une erreur involontaire, bien sûr, provoquée par mon incapacité de travailler avec des fonctionnaires. Les machines fonctionnent, moi je suis. Je retiens cette idée de jeter deux cents kilos de LSD dans les réservoirs d'eau potable de la ville. J'aimerais bien voir tous les citoyens rester chez eux un bon matin et refuser d'aller travailler parce qu'ils ont des visions multicolores qui les invitent à faire l'amour. Je n'encourage pas l'usage des drogues, mais je crois aux surprises. Il est bon de temps en temps de perdre le nord et d'afficher à sa porte "Absent pour cause de bonheur".

-208-

DIVULGUER TOUS LES SECRETS.- Je ne parle pas seulement ici des secrets d'État, des loges maçonniques et des confessionnaux, mais des secrets qu'on nous demande de garder quotidiennement pour des motifs insignifiants. Je ne vois pas pourquoi je m'empêcherais de dire quelque chose que je sais quand je sens en moi une pression pour le dire. Se retenir est particulièrement néfaste. Tout doit être dit. L'exercice de la vérité passe par le dévoilement de ce qui est caché. La signification du Verseau avec son amphore qui déverse sur terre l'eau purificatrice va dans ce sens. Quant aux initiés qui se considèrent dépositaires d'une sagesse, ils devraient la dévoiler à tous. Ceux qui ne comprennent rien n'auraient pas accès au secret même une fois dévoilé et ceux qui ont des chances de comprendre, seraient bien servis. En un sens, tout a été dit, tout finit toujours par être dévoilé, mais avec des retards et des altérations. On apprend trente ans après qui fut l'auteur de tel ou tel crime demeuré non résolu ou encore que les extraterrestres ont atterri mais qu'on a caché la chose à tout le monde pour ne pas effrayer la population. Mais voilà, il aurait fallu effrayer la population, quitte à nuire aux intérêts de certains. Nous ne pourrons entrer dans l'Âge de l'illumination qu'en prônant la vérité totale pour tous. Cela ne va pas sans heurter de front les habitudes institutionnelles. Si un jovialiste prend un jour la tête du gouvernement, il faudra qu'il dévoile au grand public tous les dossiers classés confidentiels par les différents services gouvernementaux, quitte à créer un journal quotidien, pour le faire. Il est peu probable qu'un tel projet soit accueilli dans l'enthousiasme. Mais si tout n'est pas révéré, le monde connaîtra encore des époques de grande noirceur. Déjà Alvin Toffler parle d'un Nouvel Age des ténèbres pour notre planète. Il ne sera pas le fait cependant, comme il le pense, des écologistes, des philosophes et des prophètes libertaires qui prônent un retour à la nature et une meilleure hygiène de vie, mais bien celui des élus cachottiers, friands de codes, de mots de passe et de petits secrets qui substitueront progressivement la notion d'information à celle de connaissance. Le peuple sera merveilleusement bien informé et complètement ignorant de ce qui se passe vraiment. Tant que notre monde vivra en fonction de l'argent, les secrets seront bien gardés, d'énormes barrières sépareront les humains les uns des autres et l'incommunicabilité règnera en maîtresse des communications. On m'accusera d'être un utopiste. En réalité, ce que je propose, je le vis déjà. En m'amenant à vivre dans la transparence, je pose la première pierre de l'édifice que je veux ériger. D'autres m'imiteront.

LEÇON PRATIQUE D'OUBLI. – Ma philosophie du rappel de soi, toute proche de celle de Gurdjieff, invite ceux qui font un travail d'harmonie sur eux-mêmes à battre en brèche, la sempiternelle notion chrétienne d'oubli de soi au nom de l'attention, de la vigilance et de l'impeccabilité. Lors d'une conférence récente qui a créé quelques remous, je soulignais qu'on ne devait pas s'étonner qu'il y ait autant de cas de la maladie d'Alzheimer dans un pays comme le nôtre où l'on a enseigné l'oubli de soi pendant des siècles dans les cadres d'une religion étouffante. On commence par s'oublier soi-même, disais-je, puis on oublie sa femme, son adresse, ses culottes, et finalement on oublie tout. Ce n'est certes pas à cette forme d'oubli que je veux convier mes lecteurs par le présent article. Je désire plutôt poursuivre ma réflexion en rappelant que j'évalue le degré d'élévation d'une personne à sa souveraine capacité d'oubli de l'inessentiel. Mais qu'est-ce que l'inessentiel ? C'est du futile, du provisoire, de l'aberrant, de l'accessoire, bref rien de solide, de profond et de vrai. Lorsque quelqu'un veut déposer dans mon esprit une information que je juge inutile, je le fais taire. Il en va de même pour la télévision. Ai-je vraiment besoin de savoir ce qui agite l'humanité ? Je ne me juge pas du tout soutenu par les médias dans mon travail de rencontre avec moi-même. Ceux-ci m'invitent à m'oublier pour me consacrer à des informations futiles. Mais moi, je mets la plus mauvaise grâce du monde à m'oublier et par suite, il devient difficile aux autres de m'oublier à leur tour. Car lorsqu'un homme refuse de s'oublier, invariablement il finit par accorder de moins en moins d'importance aux autres. Concentré sur lui-même, il refuse de se laisser décentrer. Son unique souci consiste à ne pas se perdre de vue, il prend des notes sur ce qu'il pense, sur ce qu'il fait. Il s'étudie au fur et à mesure qu'il s'invente. Fidèle à lui-même, il refuse d'être fidèle aux autres. Il les laisse courir à leurs obligations sans s'émouvoir. Que le flot les emporte, pense-t-il ; il ne m'emportera pas, car je suis le flot. Le nombre des choses à oublier méthodiquement est prodigieux. J'applique le sceau de l'oubli à tout ce qui me paraît suspect. Je ne veux pas vivre en fonction de ma mémoire, mais en fonction de moi-même. On ne se souvient pas vraiment des choses, on ne se souvient que de soi. Mon être se moque du temps et de l'Histoire, des babioles qui occupent les gens sérieux, des frivolités au nom desquelles on se tue. Mon être est centré sur sa joie et cette constatation constitue une souveraine leçon pratique d'oubli.

FINIS CORONAT OPUS

La bête est porteuse de la divinité

TABLE DES MATIÈRES